별빛 마을 예수, 도시 바울을 만나다

별빛 마을 예수, 도시 바울을 만나다

지 은 이·이원돈
펴 낸 이·성상건
편집디자인·자연DPS

펴 낸 날·2026년 3월 27일
펴 낸 곳·도서출판 나눔사
주   소·(우) 10270 경기도 고양시 덕양구 푸른마을로 15
          301동 1505호
전   화·02)359-3429   팩스 02)355-3429
등록번호·2-489호(1988년 2월 16일)
이 메 일·nanumsa@hanmail.net

ⓒ 이원돈, 2026

ISBN 978-89-7027-808-7   03230

값 20,000원

잘못된 책은 바꾸어 드립니다.

별빛 마을 예수, 도시 바울을 만나다

이원돈 지음

나눔사

1부: 마을에서 만난 별빛 예수

준비 마당

첫마당: 마을에서 만난 예수

부록

임종한
(한국의료복지사회적협동조합연합회 회장,
약대감리교회 장로)

"별빛 마을 예수, 도시 바울을 만나다"의 출간을 진심으로 축하드립니다. 이 책은 한국 교회의 본질적인 사명과 존재 이유를 묻는 질문, "예수께서 오늘 이 땅의 마을과 도시에서 우리에게 무엇을 묻고 계신가"라는 물음을 매우 구체적인 삶의 자리에서 다시 들려주는 귀한 시도입니다.

저자는 지난 수십 년간 마을과 도시 현장을 오가며, 교회 안이 아니라 거리와 골목, 생활세계 한복판에서 예수를 만나고 바울을 새롭게 읽어온 여정을 이 책에 온전히 담아냈습니다. 그 여정 속에서 예수는 교회당 안의 종교적 상징이 아니라, 약한 이웃과 일터 민중, 돌봄이 필요한 노인과 아이들 사이를 걸어 다니는 이웃에게 다시 나타나고, 바울은 폐쇄된 교리의 수호자가 아니라, 제국의 도시를 가로지르며 공동체를 조직하고 네트워크를 잇던 실천적 사도로 되살아납니다. 이처럼 신학과 성서를 '현장'의 언어로 되살리는 저자의 시도는, 신학이 추상적 사변이 아니라 사회적·역사적 책임을 지닌 공적 실천이어야 한다는 사실을 설득력 있게 보여줍니다.

특히 이 책은 마을만을 말하지도, 도시만을 이야기하지도 않습니다. 마을에서의 돌봄, 연대, 상호부조의 경험과 도시에서의 네트워크, 제도, 정책과 구조의 변화를 함께 다루면서, 교회가 '동네 교회'를 넘어 지역사회 전체의 회복과 변화를 어떻게 섬길 수 있는지 실천적 로드맵을 제시합니다. 저자가 오랜 시간 몸담아 온 협동조합, 지역운동, 통합돌봄, 커뮤니티케어의 경험들이 성서 속에서 사역으로 드러나고, 신학과 사회운동, 교회와 시민사회, 예배와 생활정치가 분리될 수 없음을 설득력 있게 증언합니다.

오늘 한국 사회는 저성장과 불평등, 돌봄의 위기, 세대와 지역 간 단절 속에서 깊은 피로와 무력감을 겪고 있습니다. 한국 교회 또한 신뢰의 위기 속에서 '이웃의 복음'이 아니라 '교회 안의 안위'에 갇혀 있다는 뼈아픈 비판을 받고 있습니다. 이런 때에 마을에서 예수를, 도시에서 바울을 다시 만나는 이 책의 증언은, 교회가 어디서부터 다시 시작해야 하는지, 어떻게 지역과 함께 울고 웃는 공적 교회로 거듭날 수 있는지에 대한 치열한 성찰과 희망의 상상력을 제공합니다.

이 책을 읽는 목회자와 신학생, 평신도, 그리고 마을과 도시 곳곳에서 공동체를 일구는 많은 이들이, 저자의 발걸음을 따라 예수의 눈으로 자신의 동네를 새로이 바라보고, 바울의 상상력으로 새로운 공동체를 조직하는 용기를 얻게 되기를 바랍니다. 이 책이 한국 교회와 지역사회 곳곳에서, 상처 입은 이웃에게는 위로가 되고, 참 신앙공동체를 찾는 이들에게 희망이 되며, 미래를 고민하는 다음 세대에게는 새로운 길을 비추는 등불이 되기를 소망합니다.

다시 한 번 "별빛 마을 예수, 도시 바울을 만나다"의 출간을 축하드리며, 이 귀한 작업을 시작하신 저자와 출판사 위에 하나님의 크신 은혜가 함께하길 기도합니다.

임진철
(직접민주주의 정치박람회 조직위원장)

"별빛 마을 예수, 도시 바울을 만나다"

예수사후 2000년이 넘는 시대, 분단된 한반도 남녘땅에서 21세기 한국판 사도행전이 나왔다.

이책의 저자는 2026년 6월 새롬교회 40주년을 맞이하여 40년 동안 섬겨오던 약대동 새롬교회를 은퇴한다. 그동안 40년의 민중목회와 마을목회를 결산한 책이다.

승자독식 자본주의는 마을공동체와 지역사회를 해체시키고 각자도생 고립사회를 만들었다. 고독사와 자살, 우울감과 소외감이 쩌는 사회다. 그런데 고립된 노인, 은둔형 청년, 고독사 위기 40~50대가 이 K-마을 이웃사촌공동체의 마당극에 참여하면, "마을 생명망과 사회적 자궁이 살아나고 마을은 웃음바다가 되는" 마을목회경험을 이야기하고 있다.

우리가 접하는 복음서는 갈릴리마을에서 고립·자폐·배제된 민초들이 예수님을 만나 일어난 치유와 회복 사건을 서사극화한 것에 다름 아니다. 2000년전의 예수사건이 지금 한국땅에서 재현되고 있으니 기적이 아닌가?

저자 이원돈 목사는 서문<따뜻한 별빛 생명망을 꿈꾸는 'K 교회와 K 마을'>에서 다음과 같이 이야기로 미래로 나아간다.

"앞으로의 K 교회와 신앙은, 모든 버려진 것들을 모아, 골목과 반지하에서, 고립된 은둔형 외톨이 청년들과, 4050 고독사 중년남성들과 치매노인들 처럼, 고립되고 흩어진 작고 외로운 별들을 모아, 따뜻한 생명망으로 연결하여 빛나는 별과 같은 새로운 길을 만들어 나가야 한다."

기독교의 하느님나라는 기독교인의 유토피아이기도 하지만 인류의 유토피아이기도 하다. 기독교의 하느님나라는 타원형의 두 중심점과도 같이 천상의 하느님나라와 지상의 하느님나라로 표현된다.

예수사후 하느님나라를 갈망해온 사람들은 지상의 하느님나라의 근사치인 유토피아적 현실주의 실현가능성과 그 방법론에 대한 시도를 해왔다.

노자(소국과민)-간디(스와라지)-정다산(여전제마을)-만년의 마르크스(꼬뮨)는 마을(공화국)을 통한 이상사회를 꿈꾸었고, 예수의 기독교(하느님나라)-석가모니의 불교(불국정토)-공자의 유교(대동세상)는 전쟁과 폭력이 없는 세계일가(世界一家)의 세계평화정부를 꿈꾸었다.

지금까지 유토피아적 현실주의는 꿈과 유토피아로 존재했지만 이제 블록체인기술의 발전과 네오직접민주주의와 생명평화민주주의의 보편화는 이를 현실화시킬수 있는 가능성이 열리게 되었다. 그 가능성은 유토피아현실주의의 정치적 기초로서 풀뿌리민주주의 정치공동체인 마을공화국(Basic Republic)같은 기초정치공동체와 마을연방민주공화국의 네트워크 연방으로부터 비롯될 것이다.

앞으로 기후위기 재난을 직접적으로 쳐받는 곳도 그 해결의 현장도 지역(마을)이고 프리랜서(재택근무등)화 되어가는 인지자본주의시대 불평등위기의 해결의 현장도 공장(사무실)이 아니라 지역(마을)인 시대로 접어들고 있다. 앞으로 청년등 사람들의 일자리, 주거, 네트워크 활동무대는 지역과 마을(15분거리 생활권)이 될것이고, 이들의 정치활동무대역시 지역의 마을공화국(마을자치정부.마을대학등)—마을연방민주공화국—마을공화국 지구연방이 되어갈 것이다.

예수의 하나님나라운동이 온전히 발현되는 것은 다층민주주의 거버넌스(마을공동체-읍면동 마을공화국-시군구/광역시도 자치단체-국가-EU등 지역불럭공동체-UN등 글로벌기구)가 제대로 공진화할때일 것이다. 그런데 그중에서 제일 중요한 근본기초이자 토대는 마을공동체와 읍면동 마을공화국이다.

예수의 갈릴리 어촌 마을목회이후, 초대교회는 단순 종교 운동이 아닌 '도시 마을 운동'으로 출발했다. '에클레시아(ecclesia)'라는 이름은 그리스 도시 국가의 '민회'를 뜻하며, 로마 착취에 맞선 자율적 자치단위를 의미한다. 오늘날로 이야기하면 마을공동체이자 마을민회인 것이다.

이원돈목사의 책<별빛 마을 예수, 도시 바울을 만나다> 책이 많은 사람들에게 21세기 K-사도행전으로 읽혀졌으면 좋겠다. 그리하여 부천 약대동의 갈릴리마을목회사건이 대한민국 방방골골에서 일어나고, 한류바람을 타고 전세계에 K-마을 K-교회로 알려지면서 서로 배우고 가르치는 교학상징(敎學相長)의 바람이 일어나기를 소망해본다.

마을이라는 교회를 향해 걷는 별빛 같은 발걸음

전승욱 목사
(한겨레두레협동조합 이사)

제가 이원돈 목사님을 처음 만난 것은 지역사회와 교회의 공존을 치열하게 고민하던 다른 교회 부목사 시절이었습니다. 당시 마을 목회의 이정표를 세우고 계셨던 목사님을 뵙기 위해 설레는 마음으로 찾아갔던 기억이 지금도 선명합니다. 그 후 저는 교회 밖 사회 현장에서 인생의 마지막 순간인 임종과 장례의 문제를 다루다가 이원돈 목사님과 다시 만나게 되었습니다. 그것을 계기로 '마을'이라는 선교적 주제를 '돌봄'이라는 내용으로 채우게 되었습니다.

이번에 쓰신 "별빛 마을 예수, 도시 바울을 만나다"은 목사님의 신학과 설교의 최종판이라 생각합니다. 목사님의 설교는 예언자처럼 시대를 꿰뚫습니다. 설교자로서 마을을 좋아하는 목회자로서 저는 늘 새로운 영감을 얻습니다. 코로나 이후 길을 찾지 못하던 교회를 향해 진정한 교회의 길이 무엇인지 보여주는 등대와 같이 빛을 발산합니다.

21세기 한국 문화를 끌어안으며 정리해 낸 'K-예수론'은 민중신학과 민중교회의 힘이 우리안에 어떻게 살아있는지 보여줍니다. 그 동안 한국 교회는 몇몇 유명한 스타 목회자를 중심으로한 엔터테인먼트적 교회론을 기반에 두고 성장한 것이 사실입니다. 강력한 코로나 앞에 교회는 자신의 취약성을 스스로 목도하게 되었습니다. 이 책을 읽는 분은 교회는 돌봄의 생산지가 되어야만 선교적 사명을 다 할 수 있다는 깨달음을 얻게 될 것입니다.

2026년이라는 전환기에 그는 은퇴의 시간을 앞당겼습니다. 교회라는 공간을 넘어 '마을'이라는 더 큰 교회를 완성하기 위해 길을 나선 것입니다. 약대동을 출발지로 대한민국의 모든 마을을 돌아다니는 그의 모습이 눈에 선합니다. 그가 온 마을을 다니는 중에 예수의 시간표가 완성되리라 생각합니다. 40년전에 교우들과 함께 이룬 새롬교회는 지역에서 빛나는 별빛이 되어 약대동의 생명망을 잘 이어가게 될 것입니다.

정성회
(약대신나는 가족 도서관 관장)

이번 책출간은 그동안 부천약대지역에서 40여년간 목회를 해온 이원돈 목사의 자기고백과 성찰이며 한국교회를 향한 울부짖음의 결과물이기도 합니다.

목사와 평신도의 관계로 40여년동안 신앙의 동지로서 그동안의 노고에 무한한 존경과 감사의 말씀을 전합니다.

저자는 갈릴리라는 마을에서부터 예수님의 복음이 시작이였다면, 부활 이후 온세상 도시로의 복음을 확대 재생산 한 이가 바울이였다. 그러니 이제 우리 한국교회도 교회안의 교회가 아니라 이웃을 향해 선교하고 봉사하는 지역교회로 거듭나야 할때임을 강조하고 있다.

교회의 뜰을 벗어나 광장의 마당으로 나아가 교회교인 만을 위한 자폐적 교회가 아니라 이웃을 향해 동네마당으로 나가 봉사하고 섬기는 교회가 되어야 함을 강조하고 있다.

1986년 탁아소를 시작으로, 지역주민도서관으로, 공부방으로, 노인커뮤니티 꿈터로, 꿈이청소년심야 식당으로, 떡카페달나라토끼 협동조합으로, 신나고 신나는 노인마을대학으로, 약대동통합돌봄협의회로, 부천마을대학 협동조합으로 2026년까지 쉼없이 달려온 40여년의 기록이기도 하다.

이 책에 등장하는 인물이나 사건은 우리의 의지가 아니라 주님의 뜻안에서 하나님의 은혜속에서 이루어 졌음을 고백하지 않을 수 없다. 우리는 그동안 하나님의 마을목회 연극에 초대된 배우일뿐 이안에서 이루어진 모든사건 사고는 하나님 나라 확장에 쓰여진 도구일 뿐이다.

　이책 출간을 마지막으로 저자는 새롬교회를 떠나지만 K-교회를 확장하는데 쓰여질 이원돈목사님의 새로운 배역을 기대하며, 다시한번 하나님의 은혜속에 함께 신앙생활을 한 이원돈목사님의 앞길에 주님의 평안이 함께 하시길 온맘으로 새롬교회 교우들과 기원 한다.

심어진
(법학박사, 부천마을대학협동조합 이사장)

　　"별빛 마을 예수, 도시 바울을 만나다"라는 이 책은 이 시대 예수의 정신으로 살고자 하는 이들에게 교본이 될 것이며 도시의 삶과 일에 피곤한 영혼들에게는 샘물과 같은 청량제가 될 것입니다.

　　또한 이 책은 예수의 마음을 품은 바울과 같이 자비량 선교사요 텐트메이커로서 주의 일을 병행하며 살아갈 수 있다는 비전과 열정을 회복하게 하는 촉매제가 됩니다.

　　저는 1년 반 전에 전국마을대학을 설립하고자 하는 시민사회의 여망에 따라 살고 있는 부천지역에서 마을대학을 여시려고 하는 이원돈목사님을 처음 만나게 되었습니다
　　이 분과 만나 식사하고 차를 마시며 대화하는 가운데 부천 약대동 새롬교회를 40년간 섬기시면서 통합돌봄의 선구자요 작은예수처럼 살아오신 삶의 이력을 느끼게 되었습니다.

　　그래서 함께 협동조합을 세우고 법인화하며 소통하는 하나님의 일 가운데 이사장으로 세워지고 이목사님과 함께 모든 이에게 모든 것이 되는 '옴네스 옴니부스(Omnes Omnibus)'의 삶을 살아가기로 결단하였습니다.

　　목사님의 삶을 이 한권의 책으로 다 설명할 수는 없다 할지라도 "별빛 마을 예수, 도시 바울을 만나다"라는 책은 국민주권시대 통합돌봄이라는 시대정신을 잘 반영한 책이라 할 수 있습니다 IMF 때 공동체가 해체되어 코로나팬데믹까지 쓰나미처럼 정신없이 떠내려 온 한국사회의 문제점들을

어떻게 해소할 수 있을까 한국교회와 성도들 그리고 깨어있는 시민들과 함께 되짚어 볼 수 있는 좋은 계기가 될 것입니다.

　요람에서 무덤까지라는 구태의연한 표현이 아닌 요람의 현실에서 무덤의 현실까지 지난한 모든 문제를 해결해 나가야 할 통합돌봄시대를 맞아 이원돈 목사님의 이 책이 혼란하고 어두운 시대에 별빛처럼 환하게 세상과 사람들을 비추기를 바라며 제 추천사를 줄입니다 감사합니다.

따뜻한 별빛 생명망을 꿈꾸는 'K 교회와 K 마을'

2026년 새해가 밝아오면서, 우리 교회와 마을의 변화가 심상치 않음을 느낀다. 오늘 한국 교회에는 세 가지 큰 파도가 몰려오고 있다.

첫 번째 큰 파도는 '세계 질서의 변화'이다. 오랫동안 미국이 전 세계를 이끌었지만, 지금은 그 질서가 흔들리고 있다고 한다. 심지어 슈퍼맨처럼 강해 보이던 미국 사회도 거리마다 노숙자가 늘어나고 중산층이 무너지는 위기를 겪고 있다. 예전에는 미국에서 '개인 영웅'이 세상을 구한다는 이야기가 주류였다. 람보, 어벤져스, 슈퍼맨 같은 영웅들이 힘으로 세상을 구원하는 방식이었다. 하지만 미국 사회가 불안정해지면서, 이제 이런 영웅 구원론은 미국인들에게 조차 설득력을 잃고 있다. 이런 상황 속에서 K-팝이나 K-문화가 큰 인기를 얻고 있다는 점이 흥미롭다. 왜냐하면 K-문화는 슈퍼맨 같은 영웅 대신 '함께 나누는 공동체'가 세상을 구한다는 새로운 구원 문화를 보여주기 때문이다. 세계 질서의 변화 속에서 공동체의 가치가 더 중요해지고 있다는 것이다.

두 번째 파도는 바로 '교회의 근본적인 위기'이다. 한국 교회의 감소 추세가 급격하다. 10년 이상 지속된 교인 수 감소로 인해 10년 전보다 60만 명 가까이 감소했다고 한다. 주요 원인으로 저출산 고령화, 종교에 대한 무관심, 기독교에 대한 부정적 이미지 확산이 영향을 미쳤기 때문이라고 한다. 특히 20대에서 30대 청년층 60% 이상이 교회를 떠났다는 것은 정말 심각한 문제이다. 단순히 교인 수가 줄어드는 문제가 아니다. 그동안 한국 교회는 교인 수를 늘리고 건물을 크게 짓는 '성장주의'에 너무 집착했다. 이 성장주의 때문에 교회가 사회와 제대로 소통하지 못하고 고립된 것이 큰 위기의 원인이 된 것이다. 이 모든 현상은 그동안 교회가 성장의 울타리 안에만 갇혀 있었기 때문이다. 이제는 이러한 양적 성장의 사고방식에서 벗어나야 할 때가 온 것이다.

셋째, ‘통합 돌봄 시대’의 도래다. 2026년 3월 시행 예정인 ‘통합 돌봄 지원법’은 노인이나 환자가 익숙한 지역에서 돌봄을 받을 수 있도록 돕는다. 이제 교회는 양적 성장에서 벗어나 ‘돌봄’을 핵심 목표로 삼아야 한다. 구원은 ‘죽어서 천국 가는’ 내세적 개념이 아니라, ‘지금 여기, 우리 마을’에서 경험하는 총체적 구원이 되어야 한다.

이러한 변화 속에서, 그동안 마을교회 운동을 통해 건물을 넘어 마을로 나아가려 노력한 우리는 이제 ‘K-예수’, ‘K-교회’, ‘K-마을’을 함께 이야기할 때가 왔다고 판단한다. 이제 로마 제국의 수탈과 유대 율법의 억압에 맞섰던 초대교회 정신이 현대 한국 사회와 교회를 새롭게하는 변화의 출발점이 되길 기대한다. 예수님은 왜 큰 성전이 아닌 마을과 집에서 활동하셨을까? 예수님의 마을 활동의 핵심은 로마제국의 수탈과 유대 율법종교이 어압으로 무너진 갈릴리 마을 공동체를 회복하는 실천적 움직임이었다. 마가복음 1장 33절처럼, 예수님은 베드로 장모를 치유하시고, “온 동네가 문 앞에 모이자” “다른 가까운 마을들로 가자”(막 1:38) 하시며, 온 갈릴리를 돌며 치유와 말씀의 마당을 펼치셨다(마 4:23).

오늘날 민중신학, 마을신학, K-예수 신학은 이러한 예수의 마을 활동 즉 기적, 치유, 가르침을 ‘마당극’으로 재현하길 원한다. K-마당 신학은 베드로 장모집 앞마당에 각색병 걸린 마을 병자들이 모인 사건을 갈릴리 마을에 치유마당이 형성된 것으로 해석한다. 중풍병자 치유 사건을 오늘 고립된 고시원과 연결하여, 그 고립의 지붕을 중풍병자의 4명의 친구들이 함께 만든 “들것이라는 생명망”으로 뚫어 나간 사건으로 이해한다. 또 하혈병 여인 치유 사건을 저출산 불임시대의 사회적 마을 자궁의 생명적 복원으로 보기 시작한다. 이는 오늘 이 시대의 교회와 마을의 불임 상태를 “K 예수와 마을과 교회”의 새로운 영성으로 치유 회복하여 마을의 생명망과 마을 생명자궁을 복원하려는 노력과 시도이다. 실제로 복음서에서 전개된 “예수 마당극”의 전개과정은 갈릴리의 고립·자폐·배제된 민초들이 예수님을 만나 일어난 치유와 회복 사건을 극화한 것이다. 우리는 삭개오가 나무위에 오르고, 하혈병 걸린 여인이 예수님의 옷자락을 만져 치유되고, 예수님의 소문 내지 말라는 명령에도 불구하고, 내가 예수를 만나 치유를 받았다고 소문을 낸 문둥병자의 모습에서 갈릴리 마을이 역동적으로 움직이고 있음을 보게 된다. 또한 우리는 나무위에서 내려 오면서 자신의 재산의 절반을 어려운 이웃에게 나누어 주며 마을 잔치를 벌이는 삭개오의 모습, 예수의 옷자락을 만져 치유를 받은 하혈병 걸린 여인이 "평안히 가라"(휘파케)라는 말씀을 통해 마을의 돌봄 일꾼이 되어 예수 복음을 지역에 퍼트려 나가기 시작한 이 모든일을 바로 성령께서 하셨다고 믿는다. 우리는 이러한 예수님의 성령적 움직임을 통해 갈릴리 마을의 모든 아픔과 한을 흥으로 전복시키며, 갈릴리 마을 전체를 역동화 시켜, 마을 전체를 돌봄과 치유의 마당으로 전환시켜 나가시는, K 예수를 만날 수 있었다. 늘 잔치는 끝났다고, 판을 깨는 율법학자와 바리새인과 같은 잔치 방해꾼의 방해에도 불구하고, 예수님은 늘 불처럼 바람처럼 움직이셨다. 이러한 성령의 동행으로 말미암아 예수님의 흥과 돌봄의 마을 성령의 잔치는 계속되었고, 십자가 위에서도 성령의 춤을 추시다가, 부활하셔서, 이제 "K 교회와 마을"의 부활의 희망으로 우리에게 다시 오시고 있다고 믿는다.

예수님 사후, 초대교회는 단순 종교 운동이 아닌 '도시 마을 운동'으로 출발했다. '에클레시아(ecclesia)'라는 이름은 그리스 도시 국가의 '민회'를 뜻하며, 로마 착취에 맞선 자율적 자치 단위를 의미한다. 바울의 서신과 사도행전은 헬라파 유대 기독인들이 안디옥, 고린도, 에베소 등 도시에서 부활 메시지를 전파한 과정을 보여준다. 바울이 세운 빌립보, 데살로니가, 고린도, 에베소 에클레시아는 로마 억압 속에서 마을 민회 같은 기능을 했다. 예수님의 마을 공동체의 나눔·협동 정신과 운동이 식민 도시에서 '도시 마을 공동체'로 확산되기 시작하였다. 이 책의 제목처럼 "별빛 K 마을 예수가 도시에서 바울을 만난 것"이다. 이제 교회가 마을의 희망이 되려면, 국민 주권과 통합 돌봄 시대에 맞춰 인식을 바꿔야 한다. 교회는 건물 중심의 교회에서 지역 사회 '돌봄'중심으로 전환되어야 한다. 돌봄 중심으로 전환 될뿐만 아니라 지속 가능한 돌봄 마을을 구축해야 한다. 돌봄 사역팀과 코디네이터를 선임하고, 시민사회·주민센터·복지기관과 함께 '마을 돌봄 네트워크'를 만들어야 한다. 평신도는 구경꾼이 아닌 '촉진자(facilitator)'로서 왕 같은 제사장 역할을 해야 한다. 성장주의를 버리고 '돌봄'과 '살림'을 실천해 무너진 마을을 되살려야 한다.

'K-예수'와 'K-교회'는 지역의 돌봄 공백과 고립을 채우며 총체적 구원을 실현한다. 2026년 돌봄 통합지원법은 이 변화를 가속할 것이다. 그동안 한국 교회는 수입된 번영신학과 극우 신앙을 비판 없이 받아들여 사회 분열과 교회 고립을 자초했다. 이제 한국교회는 돌봄 교회 돌봄 마을로 전환되어 마을 현장에서 세상을 구원하는 K-교회와 K 마을의 복음의 가능성을 실천해 나가야 한다.

K 교회와 마을이 지역에 뿌리내린 '마을 신자'와 책임 있는 '시민-신자'를 키우고, 마을 교회가 마을 마당이 되고, 그 마을 마당에서 시민 신자들이 'K-예수 마당극'을 펼치는 장면을 상상해보자. 고립된 노인, 은둔형 청년, 고독사 위기 40~50대가 이 K 마을 마당극에 참여하면, 마을 생명망과 사회적 자궁이 살아나고 마을은 웃음바다가 된다. "예수님처럼 우리도 서로 돌보자!"를 외치며, 삭개오 집 잔치처럼 공동체 식탁을 나누고, 오병이어 기적처럼 품앗이 경제를 일으키기 시작하면. 마을 마당 교회는 '교육 마당'(공부방·평생 학습), '통합 돌봄 마당', '살림 마당'(일자리·자활), '치유 마당'을 펼칠 수 있다. 이러한 움직임이 본격적으로 시작된다면, 지금 이 시기는 작은 마을 교회들이. K 마을 공유 공간과 K 교회와 마을로 재탄생하는 성령의 시대가 될수도 있는 것이다.

그러나 K-마을 신학은 유토피아적 낙관을 경계해야 한다. 삶의 현장은 늘 좌절·절망·붕괴로 가득하다. K-마당극은 '폐허 속 별빛 길찾기'를 그려야 한다. 1920년대 나치즘 치하에서 발터 벤야민은 '성좌(星座)' 개념으로 길을 찾았다. 폐허속 흩어진 별을 연결해 별자리를 만들었고. 파편화된 개인을 이어 새로운 공동체를 형성하였다. 오늘 우리는 '별을 잇는 사람들'이 되어야 한다. 앞으로의 K 교회와 신앙은, 모든 버려진 것들을 모아, 골목과 반지하에서, 고립된 은둔형 외톨이 청년들과, 4050 고독사 중년남성들과 치매노인들 처럼, 고립되고 흩어진 작고 외로운 별들을 모아, 따뜻한 생명망으로 연결하여 빛나는 별과 같은 새로운 길을 만들어 나가야 한다.

"갈릴리에서 무슨 새것이 나오겠는가"(요1:46),하는 나다나엘에게, 빌립이 "와서 보라!"[요1:39] 한 것처럼, K 예수의 갈릴리 마을 마당극은 시대의 별자리와 같은 길을 만들어 내야한다. 어두운 밤일수록, 성장 시대가 끝난 '폐허의 들판' 일수록, 진리의 별빛은 더욱 선명할 것이다. 고립·단절의 어둠 속에서 생명들을 이어 '따뜻한 별빛 성좌'를 그리는 것이, 이 책 "별빛 마을 예수, 도시 바울을 만나다"의 꿈과 희망이다. 이 작은 책이 어둠 속 이웃에게 "당신은 혼자가 아니며, 여전히 빛나는 존재"라고 말하는 따뜻한 별빛 생명망의 출발점이 되길 빈다.

이글의 저자는 2026 6월 새롬교회 40주년을 맞이하여 40년 동안 섬겨오던 약대동 새롬교회를 은퇴한다. 이 글은 "마을에서 만난 예수, 함께 만드는 사회연대경제"(동연, 2024.1)에 실린 "마을에서 만난 예수" 부분을 수정 보안하고, "도시에서 만난 바울" 이야기를 첨가하여 2025년 겨자씨 신문에 43회 연재한 글을 수정보안하여 완성한 글이다. 동연 출판사의 김영호 대표님이 너그러운 마음으로 동연의 "마을에서 만난 예수" 부분을 수정 보안한 이 책의 출판을 허락해 주신 마음에 깊은 감사를 드리며, 또한 연재를 허락해 주신 겨자씨 신문의 정병진 대표님께도 감사드린다. 이글의 모든 내용은 약대동에서 40년간의 모든 고난과 꿈을 함께 해주신 새롬교회 교회 교우님들과 교감하며 써나간 이야기이다. 지난 40년간 약대동의 모든 고락을 함께한 새롬교회 교우님들과 부천 약대동 마을 주민들게 깊은 감사 드리고, 아내 오세향 선생과 두 딸 고은 희은에게도 감사의 뜻을 전 한다. 축사를 써주신 통합돌봄 시대의 전도사 임종한 교수님과, 약대 신나는 가족 도서관 정성회 관장님, 갈릴리 마을 대학의 임진철 교수님, 부천 마을 대학 심어진 이사장님과 앞으로 약대동 새롬교회를 이끌어갈 전승욱 목사님께도 깊은 감사를 드린다.

1부: 마을에서 만난 별빛 예수

준비 마당

1. "2025 약대동 성탄절, K 예수를 만나다!!"
   = 2025 "약대동 마을에 K 예수의 탄생 하다!" 마당극 대본 =

2025년 약대동에 오신 예수는 화려한 왕이 아니라, 배달 오토바이를 탄 청년이었습니다. 이 마당극의 핵심은 종교적 기적보다 '사회적 기적'에 집중합니다. 현대 사회의 고독사, 청년 백수, 빚 같은 냉혹한 현실 속에서, 예수의 진심 어린 '접촉'과 '연결의 영성'이 닫힌 마음의 문과 사회의 벽을 부수는 진짜 희망이라는 메시지를 전달합니다. 결국, 교회가 건물이 아닌 '사회적 자궁'이 되어 이웃을 품을 때, 비로소 마을이 살아난다는 이야기입니다. 2025년 대한민국에서 희망은 어디에서 태어날까요? 고립된 사회의 두꺼운 벽(지붕)을 허물고, 서로의 손을 잡아주는 연대와 돌봄만이 진정한 구원이라는 강력한 메시지를 마당극 형태로 전달합니다. 즉, 교회가 세상의 경쟁에서 탈락한 이들을 품어주는 '사회적 자궁' 역할을 할 때, 절망했던 개인들이 다시 생명력을 얻고 마을 전체가 살아난다는 것입니다. 이는 우리가 일상에서 만나는 '마을 자전거 여행자 K-예수'와 같은 이웃들의 작은 행동으로 시작됩니다.

등장인물:
배달 청년 예수(마을지기): 극의 해설자이자 풍물패의 리더.
마리아(약대댁): 돌봄의 결핍 속에서 생명을 품은 젊은 엄마.
요셉(꼽이): '꼽이 식당'의 배달원이며 마을의 궂은일을 돕는 청년.
헤롯(황금왕): 마을을 허물고 거대 자본을 유치하려는 건설업자.
동방박사 3인: 마을 도서관 관장, 달토 협동조합 이사장, 마을 방송국 PD.
목자들: 약대동 어르신 쉼터의 노인들과 지역 아동 센터 아이들.
풍물패: 마을 주민들로 구성된 연주단.

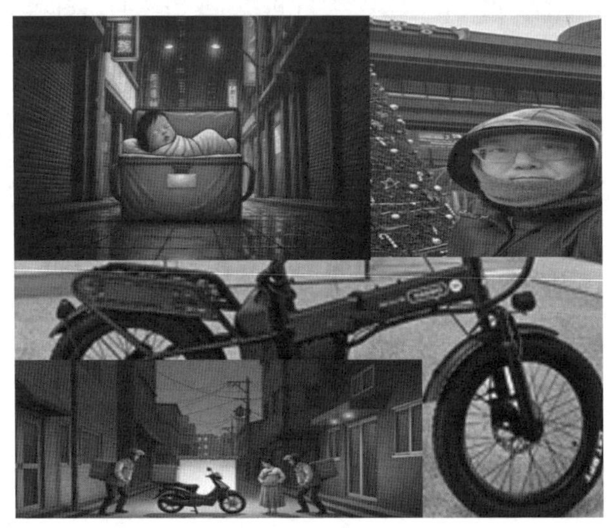

[제1장] 가면비의 제국 – 여관은 없다

마리아: (무거운 배를 잡고) 여보, 배가 너무 뭉쳐요. 어디 좀 들어가서 쉬어야 겠어요.

요셉: 저기 모텔이라도 가보자.(헤롯 타워 입구로 간다) 사장님, 빈방 있습니까? 딱 하룻밤만…

헤롯: (태블릿으로 요셉과 마리아를 스캔한다. '삐빅-' 소리) 어허, 데이터 분석 결과 '가면비' 미달! 너네 같은 흙수저들은 들어오면 물 흐려. 고객 만족도 떨어진다고. 방 없어!

여관 주인들: (합창) 돈 없으면 나가라, 얼굴 없으면 나가라. 여기는 효율의 성전, 루저들은 출입 금지!

요셉: 사람이 곧 태어납니다! 생명이 급하다고요!

헤롯: 생명? 그거 유지비 얼마나 드는데? 수익률 마이너스인 생명은 폐기 처분이 답이지. 저기 골목 반지하나 알아보셔. 너네 주제에 딱 맞는 곳이니까.

마리아: (고통스러워하며) 아, 나와요… 아기가 나와요!

요셉: (당황하며 주위를 둘러보다가 자신의 오토바이 배달통을 떼어낸다) 마리아,

여기! 이게 젤 깨끗해. 보온도 되고… (겉옷을 벗어 배달통 안에 깐다)

마을 이모들(새롬 교회 여성 돌봄 일꾼들) 이모들:

(미역국 냄비와 기저귀를 들고 등장) 세상에, 이 귀한 생명이 여기서 났네!

아이고, 고생했다.(마리아의 땀을 닦아준다)

상징: 가장 비천한 곳, 가장 낮은 곳, 냄새나는 곳이 가장 거룩한 성전으로 변모한다.

[제2장] 성육신 – 배달통 구유와 반지하의 빛

마당쇠: (약대동이 좋단 마을 풍편에 넌짓듣고!! 덩닥기 덩딱)

내레이터(마을 이모 1 새롬 교회 여성 돌봄 일꾼들): (확성기를 들고)
아아, 마이크 테스팅! 2025년 대한민국, 여기는 부천시 약대동! 연애? 사치다! 결혼?
미친 짓이다! 출산? 재앙이다! 바야흐로 '호청천'의 시대가 도래했으니!

액션:	배달 조끼를 입은 요셉과 라이더들이 무대를 가로지르며 질주한다. 그들의 움직임은 칠채 장단에 맞춰 절뚝거리고 급박하다.
요셉:	(헬멧을 쓴 채 숨을 헐떡이며) 콜! 콜! 콜! 똥콜도 잡아야 돼. 이번 달 바이크 렌탈비가 빵꾸야. 비켜요, 비켜! 멈추면 죽는다, 멈추면 죽어!
코러스:	(빠르게) 가면비, 가면비, 니 얼굴은 얼마냐! 가성비, 가심비, 다 따져도 넌 꽝이야!
배달 청년 예수:	아이고, 춥다 추워! 날씨가 추워서 추운 게 아니라, 사람 인심이 얼음장이라 춥구나! 2025년 을사년(乙巳年)이라... 뱀이 허물을 벗듯 세상이 좀 바뀌려나 했더니, 변한 건 월세랑 물가뿐이로구나!(관객을 둘러보며)여러분, 안녕하시오? 안녕하시냐 묻기도 미안한 세상이라. 옆집에 누가 살다가 죽어나가도 모르는 세상, '고독사'가 유행병처럼 번지고, 청년들은 방구석에서 '박사 백수'가 되어 썩어가는 이놈의 세상!

2.2 2025년 청년 세대의 고통: 호청천과 가면비

- <u>2025년 한국 사회의 청년 세대</u>는 **호청천**이라는 신조어로 자신을 규정합니다. [10]
  - 이는 '연애, 결혼, 출산을 포기한 청년이 **천만 명을 넘는다**'는 자조적인 표현입니다.
- 주인공 마리아와 요셉은 <u>**호청천 세대**</u>의 전형으로 그려집니다. [13]
  - 이들에게 임신과 출산은 축복이 아닌 **경제적 파산의 공포**입니다. [13]
- **가면비(가격 대비 얼굴 만족도)**는 극도의 효율성을 중시하는 소비 문화입니다. [14]

[둘째 마당] 중풍병자(엄집사)와 친구들 –

지붕을 뚫는 생명망(무대 한쪽, 조명이 어두워지며 좁은 고시원 방 세트가 드러난다.

엄 양(엄집사/고립 청년)이 이불을 뒤집어쓰고 누워 있다. 스마트폰 알림 소리만 요란하다. "귀하의 역량은 뛰어나나...", "카드 대금이 연체되었습니다.")

엄양:　　　 (이불 속에서) 나가기 싫어... 무서워. 밖은 전쟁터야. 나 같은 스펙 미달자는 그냥 여기서 조용히 먼지처럼 사라지는 게 나아. 몸이... 몸이 안 움직여. 마음이 마비되니까 손발도 마비된 것 같아.
(밖에서 친구들 4명이 등장한다.= 약대동 생명망 구조대(신나는 마을 자봉+ 슬로패션) 편의점 조끼, 주유소 유니폼 등을 입은 비정규직 청년들이다. 그들은 서로를 '생명망 구조대'라 부른다.)
친구 1:　　　 야! 김 군! 나와! 오늘 예수 형님이 최씨 할매네서 밥 쏜대!
친구 2:　　　 이 자식 또 읽씹하네. 야, 문 따! 얘 이러다 진짜 뉴스 나온다. 고독사 20대 남성, 발견 3주 만에... 뭐 이런 거!(친구들이 문을 두드리지만 열리지 않는다. 문은 '마음의 벽'이자 '사회의 단절'이다.)
친구 3:　　　 문이 안 열리면 어떡해? 도어락 비밀번호도 바꿨나 봐. 친구

약대동 생명망 구조대
(신나는마을자봉+슬로패션)

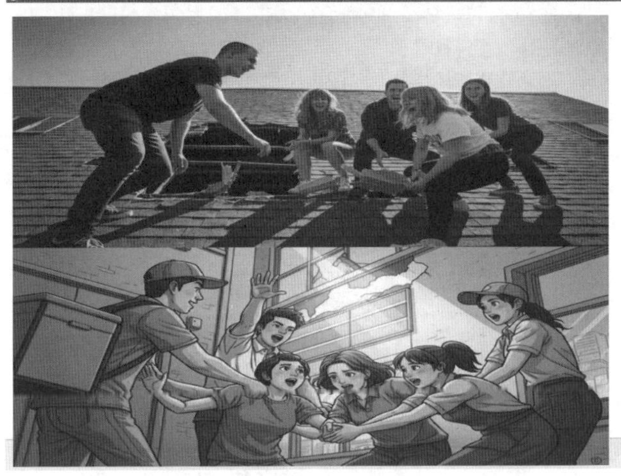

(하늘을 가리키며) 야, 저기 봐. 고시원 창문은 쇠창살이고, 문은 잠겼고... 길은 하나다. 위로 가자!

친구 1: 위? 옥상? 미쳤어? 남의 건물 옥상을?

친구 2: 그래! 옥상 뚫고 내려가서라도 애 끄집어내야지. 우리가 누구냐? 촘촘하게 연결된 '생명망(Bio-web)' 아니냐! 친구가 죽어가는데 법이 문제고 건물이 문제냐?

(친구들이 사다리와 밧줄, 마트 카트를 개조한 들것을 준비한다. 풍물패가 빠른 자진 모리 장단으로 긴박감을 더한다. 그들은 아파트 구조물 위로 올라간다.)
김 반장(김집사):   (경비실에서 달려나와) 아니, 이 양반들이 미쳤나!
　　　　　　　　남의 아파트 옥상엔 왜 올라가? 주거침입죄야! 방수 코팅 다 깨진 다고! 경찰 불러!
친구 2:   (당당하게 외치며) 아저씨! 사람이 방 안에서 썩어가요! 방수 코팅 이 문제요, 사람 목숨이 문제요? 비 좀 새면 어때! 우리가 나중에 다 고쳐줄게! 비켜요! 우리는 오늘 이 답답한 세상의 천장을 뚫어버릴 거니까!

(친구들, 옥상(지붕) 위에서 지붕 천을 찢는 퍼포먼스를 펼친다. '우지끈' 소리와 함께 무대 위로 밝은 빛이 쏟아져 내린다. 친구들이 밧줄을 타고 내려가 김 군을 들것에 싣고 끌어올린다. 이 장면은 사회적 장벽을 허무는 순간이다.)
배달예수: (아래쪽에서 그들을 받으며) 그래, 내려오너라! 너희의 그 무모한 용기가, 너희의 그 끈질긴 우정이 이 견고한 콘크리트 지붕을 뚫었다!
엄 양: (눈부셔하며 떨리는 목소리로) 나… 나갈 수 있을까? 다들 나를 실패자 라고 하는데… 내 다리는 움직이지 않아

김민기 선생의 얼어 붙은 저하늘 =====

배달 예수: (김 군의 어깨를 감싸며) 네가 실패한 게 아니라, 이 세상의 구조가 너 를 마비시킨 거야. 하지만 봐라. 너를 위해 기꺼이 지붕을 부수고 손해 를 감수하는 이 친구들이 있다. 이것이 바로 '생명망'이다. 일어나라! 네 가 누웠던 그 절망의 들것을 들고, 당당하게 걸어가라!
(엄양, 비틀거리지만 친구들의 부축을 받아 일어선다. 관객들이 박수를 친다.
배우들이 다 함께 <지붕 뚫세> 노래(판소리 락 버전)를 부르며 춤을 춘다.)

미스 엄(엄 청년):　(비틀거리며 독백) 12년... 대학 졸업하고 12년 동안 알바, 계약직, 파견직 안 해본 게 없는데, 남은 건 학자금 대출 빚과 병원비 뿐이야. 사람들은 내가 재수가 없대. 닿으면 부정 탄대. 가난도 전염된다나... 나도... 나도 남들처럼 사랑하고 싶고, 평범하게 살고 싶은데... 내 안의 생명력이 다 빠져나가는것 같아. 이건 '사회적 불임'이야. 아무것도 낳을 수 없는 척박한 땅...
(군중 속에서 예수가 지나간다. 사람들은 예수에게 몰려든다)

. 미스 리의 '사회적 불임'

간절한 '접촉'과 치유

.배달 조끼를 만지다: 치유와 환대

새롬 교우들 = "로또 당첨되게 해주세요!", "우리 아들 대기업 취직 좀!" 하며 아우성
친다.)
미스 엄: (결심한 듯) 저분... 소문 들었어. 죽은 자도 살리고, 버려진 자들의 친구
               가 되어주 신다는 분. 저분의 옷자락이라도 만지면... 저 생명의 기운에
               닿기만 하면, 내 이 지긋지긋한 피가 멈출까? 아니야, 들키면 미친 여자
               취급받겠지. 하지만...
               이대로 말라죽나, 맞아 죽나 마찬가지야.
(미스 엄, 바닥을 기어서 군중을 헤집고 들어간다. 긴박한 북소리가 고조된다. 마침내
그녀의 손이 예수의 옷자락(배달 조끼 끝)을 잡는다. 징 소리 '징~' 하고 울리며 모든
동작이 정지한다.)

예수: (걸음을 멈추고) 누가 나를 만졌느냐? 내게서 생명이 나갔다.
베드로: 아이고 형님, 밀치고 당기는 사람이 한둘입니까? 지옥철 2호선에서 누
               가 만졌는지 어찌 알아요? 그냥 가시죠.
예수: 아니다. 이건 그냥 부딪힘이 아니야. 간절함이다. 자신의 모든 것을 건
               '접촉'이다.
누구냐?(미스 엄, 두려움에 떨며 엎드린다.)
미스 엄: 접니다... 죄송합니다... 제가 너무 더러워서... 감히... 제 가난이 묻을까 봐...
(예수, 주변 사람들의 따가운 시선을 막아서며 여인을 일으킨다. 그리고 자신의 겉옷
을 벗어 여인의 어깨에 덮어준다.)
배달 예수: 딸아! 고개 들어라. 네 믿음이 너를 구원하였다. 너는 더러운 존재가 아
               니다. 너는 부정한 자가 아니라, 내 사랑하는 딸이다. 사회가 너를 불임
               이라 낙인찍어 도, 너는 생명을 품은 존귀한 존재다. 평안히 가라!
               더 이상 세상의 눈치 보지 말고, 네 몸과 마음의 병에서 놓여 자유해라!

1 도대체 구세주는 어디 오신다는겨? 베들레헴? 거긴 너무 멀어! 바로 여기, 우리네
팍팍한 삶 한복판, 이 '갈릴리 아파트' 단지에 오셔야지 않것소?(노래 - 국악 캐럴 '오
베들레헴 작은 골'이 대금 독주로 구슬프게 깔린다.

베드로 장모의 집 - 닫힌 자궁, 열병 앓는 세상
 (무대 중앙, '갈릴리 아파트' 경비실 겸 휴게실 세트.

 최씨 할매(신신마 어르신 가 빗자루를 들고 힘없이 앉아 있다. 그녀는 수시로 가슴을
치며 한숨을 쉰다. 그녀의 얼굴은 붉게 상기되어 있다.)

 정 반장 (동대표: 정 집사): (고급 롱패딩을 입고 등장하며)
아, 최 씨 아줌마! 여기 재활용 분리수거가 이게 뭡니까? 품격 있는 우리 아파트 이미
지 망치게! 그리고 저기 104호 청년, 오토바이 소리 좀 안 나게 하라고 해요. 배달 거
지들 들락거려서 집값 떨어진다고 민원이 빗발쳐요, 민원이!

최씨 할매: 신신마 어르신들
                (힘겹게 일어섰다 비틀거리며) 아이고, 알겠습니다요, 대표님. 내 몸이
                불덩이 같아서 잠깐 앉아 있었네요...
 김 반장: 아프면 쉬어야지, 왜 나와서 민폐를 끼쳐? 관리비 꼬박꼬박 내는 입주
                민늘 생각 좀 하세요! (혀를 차며 퇴장)
최씨 할매: (가슴을 쥐어뜯으며 독백) 아이고, 속 터져. 아이고, 열불 나. 평생을 식
                당 일, 파출부 일 뼈 빠지게 해서 자식들 대학 보내고 장가보냈더니, 다
                들 제 살길 바빠 명절에도 코빼기 안 비치고. 나는 이 나이에 남의 집 쓰
                레기나 치우고 있으니... 내 속에서 불이 난다, 불이 나! 이게 화병이지,
                뭐야... (신음하며 쓰러져 눕는다)

이때, 배달 예수(청년)가 낡은 헬멧을 쓰고 배달통을 멘 채 등장한다.
배달예수: (할매를 발견하고 급히 다가가) 어머니! 최 씨 어머니! 왜 찬바닥에 누
                워 계세요?
최씨 할매: (신음하며) 아유, 뉘신가... 택배 왔으면 저기 경비실에 두고 가... 나는
                몸이 달아서 못 일어나... 천근만근이야...
배달예수: (헬멧을 벗고 무릎을 꿇어 할매의 거친 손을 잡는다) 어머니, 접니다.
                104호 청년 예수예요. 배달 온 게 아니라, 어머니 손 잡으러 왔어요. 이
                열기... 단순한 감기가 아니군요. 세상의 냉대와 자식들의 무관심, 억울
                하고 분해서 생긴 '마음의 열병'이군요.

3(예수가 할매의 손을 깊이 잡고 눈을 맞춘다. 조명이 따뜻한 앰버 색으로 바뀌며 가
야금 산조가 부드럽게 흐른다.)
예수: 어머니, 세상이 어머니를 하찮은 청소부라 불러도, 당신은 이 마을의
            진짜 어머니십니다. 당신의 이 거친 손이 우리를 먹였고, 이 도시를 지
            탱했습니다. 이제 그만 아파하세요. 제가, 아니 우리가 어머니의 손을
            잡아드릴게요.
최씨 할매: (예수의 손에서 느껴지는 온기에 놀라며) 어라? 가슴에 꽉 막혔던 돌덩
            이가 쑥 내려가네? 손끝이 찌릿찌릿한 게... 시원한 물 한 사발 들이켠
            것 같구먼! (벌떡 일어난다)

마을 청년들 : (새롬교회 교우들) 형님! 할머니가 일어나셨어요!

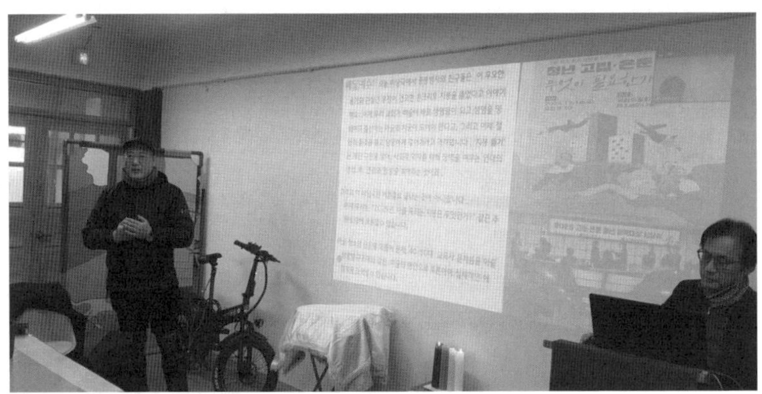

마을 청년들 : (놀라며) 형님! 할머니가 일어나셨어요!
최씨 할매: 아이고, 내가 이러고 있을 때가 아니지. 우리 젊은 총각들 하루 종일
            오토바이 타느라 배고플 텐데, 밥이라도 한 끼 해먹어야지! 내 새끼들
            밥 굶으면 안 되지!
(최씨 할매, 언제 아팠냐는 듯 씩씩하게 비빔밥 양푼을 들고 나온다. 아파트 주민들이
냄새를 맡고 하나둘 모여든다. 경비실이 순식간에 동네 잔치판, 즉 '사회적 자궁'으로
변모한다.)
 마당쇠: (신나서 춤을 추며) 얼쑤! 보시라!
예수 청년이 손 한번 진심으로 잡아주니, 화병 났던 할매가 생명의 밥상을 차리는 '어
머니'로 부활했네! 이것이 바로 기적이여! 닫혔던 밥솥이 열리고, 막혔던 인심이 뚫리
는 게 진짜 기적 아니겠어? 마을이라는 사회적 자궁이 회복되니 마을이 살아나는구
나!
배달 예수: 자, 보셨지요? 열병 앓던 장모님은 밥상 차리는 어머니가 되고, 방구
            석 외톨이는 친구들 덕에 지붕 뚫고 나오고, 피 흘리던 여인은 예수의
            딸이 되었소! 이것이 바로 2025년 우리가 바라는 성탄 아니겠소!

다같이 기도합시다

이끔이 : 이 약대동에 K 예수 즉 한국의 예수님으로 다시 오시고 탄생하신 약대동 마을 예수
　　　마당극이야기는 2025년 약대동 새롬 교회가 나아가야 할 방향을 제시하고 있습니다.

따름이 : 이제 교회는 건물 중심의 성장을 멈추고 지역 사회로 흩어져 '마을'을 형성해야 해요 .예수가
경비실과 고시원, 지하철에서 사역했듯이, 교회는 '찾아가는 교회'가 되어야 하죠 .

이끔이 : 교회는 경쟁에서 탈락한 이들을 품어주는 '사회적 자궁'의 역할을 해야 합니다 .중풍병자의 친구들이 보여준 '지
붕 뚫기'는 오늘날 꼭 필요한 '연결의 영성'이에요 . 이 생명망이 촘촘하게 연결될 때, 2025년의 위기가 새로운 문명 전환
의 기회가 될 수 있을 거에요 .

따름이 : 이것이 바로 마을 교회와 k 교회에로의 전환이지요. 위기를 새로운 문명 전환의 기회로 바꾸는 개인 구원을 넘어,
　　　사회적 약자를 위해 장벽을 허무는 연대의 영성, 즉 ' 연결의 영성 ' 을 보여주는 우리모두가 되길 기도합니다

.이끔이 우리도 서로의 지붕이 되어주고, 서로의 밥이 되어주는 따뜻한 '마을'을 만들어가 나가는 것
　　　이것이 바로 2025 약대동에 탄생하신 k예수님의 진정한 영성임을 믿습니다.

다 함께 <이제 흰눈 사이로 교회를 가면>으로 춤추며 주님이 우리을 위해 마련해 주신 성만찬에 참여 합시다, 아멘!!

2. 예수님의 하나님 나라 운동 시험을 받으시다.

예수님의 갈릴리 하나님 나라 운동은 무엇인가?

이러한 예수님의 하나님 나라 생명운동에는 두가지 차원이 있습니다.

첫째는 소극적으로 생명망을 짜는 운동으로 약한 생명체가 서로 연대협력하는 생명망을 짜 스스로 외부로 부터 보호, 양육하기 위해 생명망을 짜는 운동입니다.

둘째는 적극적으로 생명을 잉태하고 출산하는사회적 자궁 운동 입니다. 이것은 생명망을 짜 스스로 보호 연대를 넘어 새로운 생명을 잉태 출산하는 적극적인 생명 운동입니다.

마가복음에는 성령이 예수를 '광야'로 몰아내셨다는 구절이 나와요. 이 광야는 단순히 물이 부족한 사막이 아니에요. 생존이 위협받는 장소, 바로 하나님 나라 운동이 시작되는 곳을 의미해요. 현대의 광야는 풍요로운 것 같지만 속은 빈곤하고, 소통하는 것 같지만 사실은 단절된 공간이에요. 그리고 생명을 파괴하는 세력들이 판치는 곳이죠

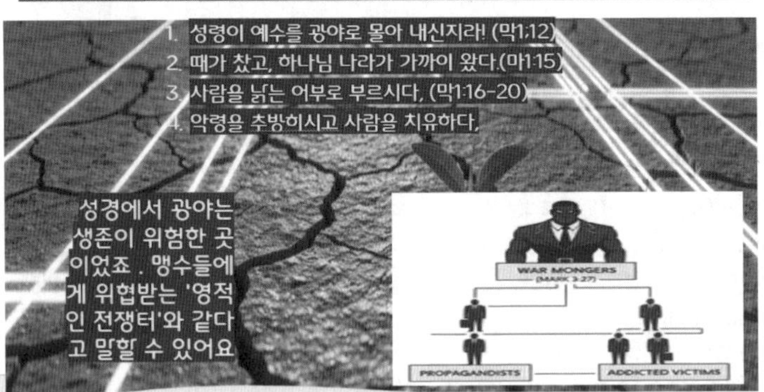

이 광야에는 생명을 살리는 기운보다 죽음의 기운이 가득해요. 자신의 이익을 위해 전쟁을 계획하는 네오콘이나 전쟁광같은 '우두머리'들이 있어요. 그리고 이들의 논리를 퍼뜨려 대중을 속이는 언론인이나 법관 같은 '선동가 및 동조자' 그룹도 존재하죠. 이들은 사회적 신뢰를 무너뜨리고, 사람

들 사이의 연결을 끊어버려요. 이들은 우두머리의 계획을 실제로 실행하는 중간 매개체 역할을 해요. 이들은 이 죽음의 구조(경쟁과 능력주의)가 당연하다고 정당화합니다. 권력자들이 부패한 것은 덮어버리고, 자극적이고 가짜인 뉴스를 크게 키워서 사람들의 시선을 다른 곳으로 돌리죠. 진실을 보도해야 할 언론인이나 정의를 지켜야 할 법관 같은 지식인들 중에도 이런 선동가들이 있다는 것이 더 무서운 점이에요. 이들은 대중의 눈과 귀를 가리는 '스크린' 역할을 하고 있는 셈이죠.

왜 우리는 서로를 공격하며 싸우게 될까요?

이러한 우두머리들과 그 하수인인 언론 검사 법관들의 선전 선동에 휘들려가짜 뉴스와 팬덤극우 정치가 등장하는데, 가장 비극적인 아래 계층은 '중독된 피해자(The Hands)'들이에요. 이들은 사실 죽음의 생태계가 만든 피해자예요. 하지만 우두머리와 선동가들에게 속아서 오히려 자기와 같은 동료 시민들을 공격하는 역할을 하죠. 이들을 움직이는 것은 '가짜 자존감'과 '집단적 나르시시즘' 같은 심리적 문제예요.

'중독된 피해자'의 비극: 서로를 물어뜯는 하부 구조

가장 비극적인 계층은 이 구조의 하부인 '중독된 피해자(The Hands)'입니다.

이들은 시스템의 피해자이지만, 우두머리와 선동가들에게 세뇌되어 자신의 동료 시민을 공격하는 전위대 역할을 합니다.

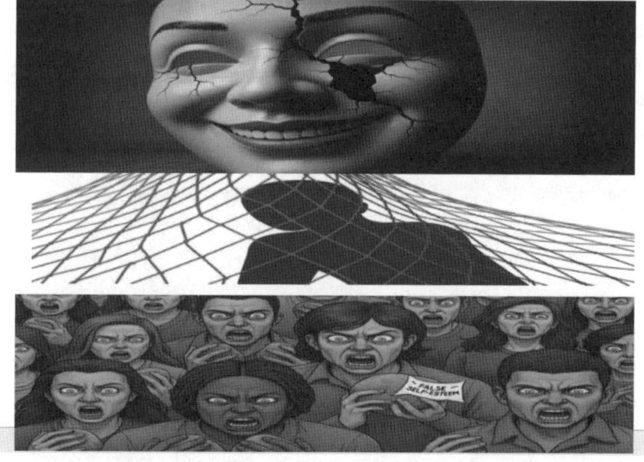

극우정치인들이 분노를 선전 선동할 때 '가짜 낮은 자존감(FaKe Self-Esteem)의 군중은 여기에 휘둘려 분노를 폭발하며 폭력화 되기시작합니다.

낮은 가짜 자존감은 남을 짓밟고 우월감을 느껴야만 유지돼요. 이런 심리를 가진 지도자들은 자기 힘으로 무언가를 이룰 수 없어요. 대신 항상 남의 돈이나 힘, 여론 조작 등을 이용해 무언가를 얻으려고 해요. 이들은 내면이 공허하기 때문에 끊임없이 외부의 적을 만들어요. 혐오를 조장하여 지지층을 하나로 묶으려고 하죠. 추종자들도 사실은 병리적인 사회의 피해자예요. 불안과 공포를 해소하려고 강해 보이는 지도자에게 맹목적으로 의존하게 돼요. 이들은 반지성주의적인태도를 보이며, 겉과 속이 다른 모순을 안고 살아가요. 깊은 곳을 보면 이들도 치유가 필요한 영적 중독자들이랍니다. (김태형 심리학자)

김누리교수의 고민: 왜 생활 교양 시민이 사라지고 인기몰이 팬덤과분노하는 극우만 남았을까요? 한국에서 촛불시민과 생활 교양시민의 성장이 불가능 한가?

남은 자들의 고민: 왜 교양시민은 사라지고,팬덤(인기몰이)정치와 극우(분노)정치로 남았을까?

왜 '교양 시민'은 사라지고 왜 '팬덤' 과 극우만 남았나?

서구의 교양 시민(Bildungsbürger)은 인문학적 소양을 바탕으로 '나와 다른 타인'을 이해하는 훈련을 받았습니다. 하지만 한국의 엘리트 형성 과정은 철저히 '기능적 우수성(시험 성적)'**에만 초점이 맞춰져 있습니다. 타인에 대한 공감 능력이나 사회적 책임을 배우지 못한 채, 오직 '경쟁에서의 승리'만을 쟁취한 이들이 리더가 되면서 사회 전반에 **'각자도생'**의 분위기가 만연해졌습니다.

유럽의 부르주아가 귀족에 맞서며 '도덕성'과 '교양'을 무기로 삼았다면, 한국의 중산층은 '부동산'과 '자산'을 무기로 삼았습니다. 남들에게 보이는 **외형적 지표(아파트 브랜드, 차종)**가 유일한 평가 기준이 되어버렸습니다.

부끄러움을 모르는 부(富), 사회적 책임을 다하지 않는 권력은 결국 사회 전체의 신뢰 자본을 갉아먹습니다. 무한 경쟁 속에서 개인은 고립되고 불안해졌습니다. 이 불안감을 해소하기 위해 사람들은 '나를 보호해 줄 강력한 집단'을 찾게 됩니다. 이것이 정치적 팬덤이나 극우화로 나타납니다. 이들에게 정치는 '토론과 타협'의 과정이 아니라, **'내 편을 지키고 네 편을 부수는 전쟁'**이 되어버린 것.

서구 교양 시민 계급	한국의 압축 근대화 결과
내면 도야와 보편적 가치 지향 과정	집중
도덕적 단련을 통한 **도덕적 리더십**	돈과 권력은 있으나 존경받지 못함
정신적 가치 지향	아파트, 연봉, 자동차로 정의되는 **물신주의**

유럽에서도 포퓰리즘이 인기를 얻고, 극우 정치가 확산되면서 전통적인 시민 가치가 뉴라이트로 위협받고 있어요. 이런 현상은 단순히 정치 문제만은 아니에요. 교양시민이 없으면 우리 삶의 토대 자체가 흔들리게 되죠. 우리 사회에서는 이웃과의 연대가 사라지고 있어요. 다들 각자도생하는시대가 되었답니다. 함께 더 나은 미래를 만들 수 있다는 희망도 점점 사라져요. 사회 문제에 대해 같이 책임지려는 마음도 없어지고, 무관심이 일상화되고 있죠.

이들을 움직이는 심리적 기제는 '가짜 자존감'과 나르시시즘입니다.
'가짜 자존감'의 문제 현대의 불안과 공포 때문에 건강한 자아를 형성하지 못하고, 타인을 혐오하거나 차별하면서 얻는 가짜 우월감이나 어려울 때마다 스스로 해결하는 것이 아니라
누군가에게 빌붙는 나르시즘등 우월감이나 의존감에 중독이 문제인 것입니다.
이 문제를 해결하는 것이 것이 바로 하나님 나라 운동입니다. 마가 복음 1-3장까지 예수님의 갈릴리 마을 하나님 나라 운동이고 그곳에 나와 있는 생명망운동이고 사회적 자궁이라는 생명망탄생 운동입니다.

예수님의 치유 사역자체가 생명망이고, 생명의 자궁 창조 행위입니다.

1. 성서에 예수님이 귀신을 쫓아낸 사건은 사실 악의 우두머리를 쫓아낸 정치적 행위와 관련이 있습니다, 세상을 파괴하는 폭력적 권세를 추방한 것입니다.

2. 세리와 죄인도 중요한 상징이에요. 예수님은 세리를 부르시고 그들과 함께 식사함으로 낙인찍힌사람들을 '새로운 가족'으로 초대하여 생명의 양식을 공급한 하는것이바로 하나님 나라 운동 입니다.

3. 문둥병자(나병환자)는 사회적으로 완전히 끊어진 '배제와 고립'을 상징해요. 이들은 차별과 혐오의 대상이었죠. 그에게 손을 내밀어 고립에서 관계망 생명망을 짜는 것이 바로 바로하나님나라의 생명망운동입니다.

4. 접촉을 금지하는 율법을 어기면서까지 '혐오의 장벽'을 무너뜨린 것이죠. 이는 배제된 이들을 다시 공동체로 받아들이는 '포용적 생명망'을 보여주는 하나님 나라 사건 인 것입니다.

* 손마른사람 치유와 하혈병걸림 여인 치유는 오늘날생명을 잉태할 수 없는 '불임 사회'에서 생명과 살림을 살리는 '사회적 자궁'을 회복하는 상징 운동입니다. 이 광야를 극복하려면 무엇을 해야 할까요?('사회적 자궁'과 '생명망'의 등장)

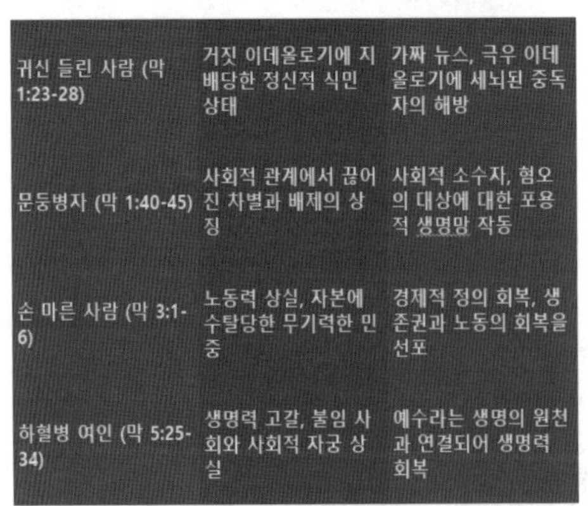

예수님의 치유 사역은 병만 고친 것이 아니라, 무너진 '사회적 관계망(생명망)'을 복원한 것		
귀신 들린 사람 (막 1:23-28)	거짓 이데올로기에 지배당한 정신적 식민 상태	가짜 뉴스, 극우 이데올로기에 세뇌된 중독자의 해방
문둥병자 (막 1:40-45)	사회적 관계에서 끊어진 차별과 배제의 상징	사회적 소수자, 혐오의 대상에 대한 포용적 생명망 작동
손 마른 사람 (막 3:1-6)	노동력 상실, 자본에 수탈당한 무기력한 민중	경제적 정의 회복, 생존권과 노동의 회복을 선포
하혈병 여인 (막 5:25-34)	생명력 고갈, 불임 사회와 사회적 자궁 상실	예수라는 생명의 원천과 연결되어 생명력 회복

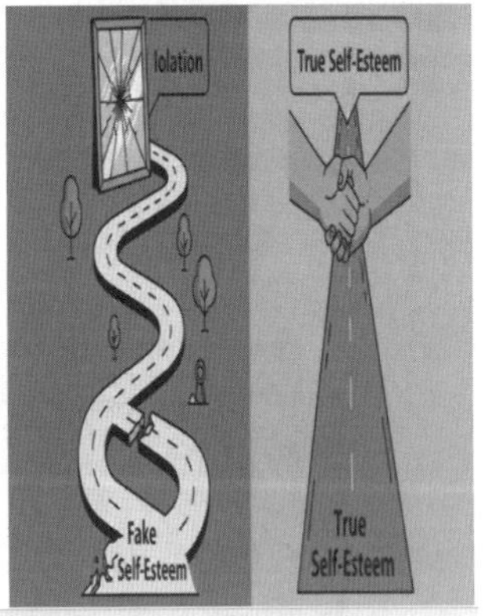

예수님은 안식일에 손 마른 사람은 그를 고치셨어요. 손 마른 사람을 고친 사건은 노동력 상실, 자본에 수탈당한 무기력한 민중의 노동력을 회복시키고 경제적 정의를 회복하는 '경제적 생명 운동'이었습니다. 하혈병걸린 여인 치유행위는 오늘날 '불임 사회'와 붕괴된 '사회적 자궁'의 복원을 상징해요. 생명을 잉태할 수 없을 정도로 사회가 고갈된 것이죠. 여인이 예수님의 옷자락을 만지자 피의 근원이 말랐어요. 이는 예수님이라는 '생명의 원천'과 연결되어 고갈된 생명력이 회복된 것을 의미해요. 다시 생명을 품을 수 있는 생명망적사회적 자궁적존재로 거듭난 모범이 된 것입니다.

하나님 나라 운동의 핵심: 왜 사람들이 생명을 잉태하고 키울수있는 능력을 잃었는가?

왜 불임이 되었는가? 생명망과 사회적 자궁을 만들 수 있는 힘을 키워야 합니다.

하나님 나라 운동은 혼자 힘으로는 안 되며, 공동체와 함께 훈련해야 합니다.

오늘 하나님 나라 운동을하는 우리 자신도 어떤 곳에 가서 생명을 만들고 그 망을 짜서 생명망공동체를 만들고 생명을 생산할수있는 공동체의 자궁을 만들고, 생명망을 만들고 사회적 자궁을 만들 수 있는 생명의 사람이 많지 않다는 것입니다, 그 생명운동의 핵심을 첫 번째를 우리는 사람을 부르는 운동이라고 생각합니다, 두 번째 악령을 퇴치하고, 세 번째 치유하고 돌보고, 가르쳐서 공동체를 세우는 것입니다, 오늘 우리 사회에 이러한 생명의 사람이 나타나야 합니다, 이렇게 생명을 일으키는 생명의 사람이 되는 것을 우리는 예수의 제자라고 하고 이러한 예수님의 제자들이 하는 일을 우리는 하나님 나라 운동이라고 합니다. 이 일을 위해 아기 예수가 우리 가운데 태어나실 줄로 믿습니다.

오늘 하나님 나라 운동을 하는 우리 자신도 어떤 곳에 가서 생명을 만들고 그 망을 짜서 생명망 공동체를 만들고 생명을 생산할수 있는 공동체의 자궁을 만들고, 생명망을 만들고 사회적 자궁을 만들 수 있는 생명의 사람이 많지 않다는 것입니다.

그 생명운동의 핵심을 첫 번째를 우리는 사람을 부르는 운동이라고 생각합니다. 두 번째 악령을 퇴치하고, 세 번째 치유하고 돌보고, 가르쳐서 공동체를 세우는 것입니다. 오늘 우리 사회에 이러한 생명의 사람이 나타나야 합니다. 이렇게 생명을 일으키는 생명의 사람이 되는 것을 우리는 예수의 제자라고 하고 이러한 예수님의 제자들이 하는 일을 우리는 하나님 나라 운동이라고 합니다.

훈련 단계	핵심 가치	목표 (예언자/제사장/목수)	주요 훈련 내용
1단계: 비전 및 지성	분별 (Discernment)	시대를 분별하는 눈	사회 분석, 심리 해독(가짜 자존감), 탈학습 훈련
2단계: 치유 및 돌봄	회복 (Restoration)	생명을 살리는 손	현대적 축귀(중독 상담), 돌봄 기술 습득, 트라우마 치유
3단계: 공동체 형성	환대 (Hospitality)	생명을 나누는 식탁	사회적 식탁 운영, 소그룹 리더십(갈등 관리) 훈련
4단계: 기술 및 실천	자립/연대 (Self-reliance)	마을을 세우는 발	1인 1기(생활 기술), 마을 코디네이터, 네트워킹 훈련

국민주권 시대와 통합돌봄시대에는 교회가 건물에서 나와 '마을의 마당'이 되어야 한다는 것은 무슨 의미일까요? 이제 교회는 건물 안에만 머물지 않고 마을로 나와야 합니다. 한국 교회는 원래 '마을의 마당', 즉 '플랫폼' 역할을 했었어요. 1980년대에 마을의 작은 교회들은 가난한 아이들을 위해 탁아소나 공부방을 만들었죠. 1990년대에는 지역 아동센터나 마을 도서관과 연결되기도 했어요.

특히 1997년 IMF 외환위기 이후에는 교회가 정말 큰 역할을 했어요. 실업으로 무너진 마을을 일으켜 세우는 '실업극복운동'과 '자활사업'과 협동조합운동의 중심이 되었죠.지역사회의 안전망이자 희망의 마당으로 기능했던 거예요. 국민주권시대와 통합돌봄마을 시대 교회는 다시 건물에서 나와 마을로 나가 '마을 마당'이 되어야 합니다. 예수님도 회당에서 갈릴리 마을로 나가 베드로 장모의 병을 고쳤을 때, "온 동네가 그 문 앞에 모였더라"(막1:33) 라고 성경에 나와 있어요. 성경은 예수님이 세리의 집에서 밥상 공동체를 펼치고, "우리가 다른 가까운 마을들로 가자"(막1:38) 하시며, "온 갈릴리에 두루 다니사. 백성 중의 모든 병과 모든 약한 것을 고치시니"(마태4:23) 라고 말씀하시며, 온 마을을 다니시며 갈릴리 마을을 돌봄과 치유와 말씀의 마당으로 만드셨다는것을 증언하고 있습니다. 이제 우리 교히가 마을 치유와 돌봄 이야기를 '마을 마당극'으로 펼치기 시작하면, 마을 전체가 치유와 돌봄의 축제의 마당이 될 수 있습니다.

약대동에 생명망을 짜고 사회적 자궁을 만들기 위해 다같이 기도드립니다.

이끔이: 주님!이시간우리는 눈을 뜨고 진실을 분별하길 원합니다

따름이: 세상의 악의 우두머리, 동조 확산자, 그리고 중독된 우리의 현실을 깨닫기를 원합니다,

이끔이: 주님! 이시간우리가 가짜 자존감을 버리고, 진짜 자존감을 성장시키며, 지금 우리가 이웃을 사랑하고 참 생명을 돌보고 있는 가를 다시 한 번 돌아 봅니다

따름이: 우리 자신도 우리 자신의 영향력을 키우기 위해 남을 배제하거나 혐오하고, 끊임없이 갈등관계를 만들며 음모론이나 가짜 뉴스를 생산하고 의존하며 공동체를 파괴하고 있지는 않는지 다시 돌아 봅니다.

이끔이; 주님! 우리가 남보다 나은 나 라는 가짜 자존감에 중독된 사람이 아니라, 허나님의 부르심을 깨닫고 이웃을 포용하고 환대하고 교회와 마을 공동체를 세우는 그리스도인이 되길기도합니다

따름이: 이제 우리도 구체적인 '생명망'을 만들며, 어르신과 어린이 청소

년 '돌봄의 생명망' 즉 교육 문화 경제 돌봄의 생명망을 짜는 일에 모두 함께 참여 하길 원합니다

이끔이: 우리 모두 이 척박한 광야에서 서로에게 '사회적 자궁'이 되어 주면서, 생명넘치는 '축제의 생태계'를 만들기를 원합니다.

다같이: 이 일을 위해 다음주에 아기 예수가 우리 가운데 다시 태어나실 줄로 믿습니다. 아기 예수여 어서 오소서! 아멘 !!.

___

3. "예수의 길을 예비하는 남은 자들"(마가 1:1-8)

지금 한국 교회는 세례요한이 잡히던 때와 같은 예언적 목소리가 소리를 감추었습니다.

감리교 은퇴교수이신 박충구교수님은 많은 목회자들이 신학은 목회에 쓸모없다고 공개적으로 말하며, 지적인 설교를 피한다고 해요. 이런 현상을 "공부하지 않고 목회하며 작은 하나님만을 쫓는 직무유기"라고 비판하셨습니다.

미국의 트럼프 와 마가

미국 민주당 : 엘리트 계층의 도덕적 실패

미국이라는 세계의 악

도시의 노숙자
내전 상황과 우크라이나 대리전쟁
워메리카로 전쟁광과
타국에 무리한 관세요구
미국의 극우 기독교 신앙

오늘날 미국민주당이 인종차별 반대, 성차별반대, LGBTQ 권리 옹호 등)은 도덕적 우월성을 강조하며 엘리트 집단의 권력을 정당화하지만 실질적으로 네오콘과 같은 군산복합체의 전쟁 집단을 지지하는 이중성으로 경제적 불평등, 실업 등 대중의 실질적 관심사와 동떨어져 있어, 특히 중산층과 노동계층 사이에서 외면당하며 미국 엘리트가 몰락 하고 있다.

한국 극우 대형교회 정치의 종교화와 극단화

정치를 선악의 전투로 규정하고 미국 극우와 결합하여 내란을 옹호하고, 국민주권을 위협하고 사회 내부의 분열을 심화시킵니다.

이러한 작은 하나님 만을 쫓는 한국교회의 하나님은, 교우들을 '반지성주의'로 만들고 생각하지 않는 신자로 만들고 교회를 폐쇄적인 집단으로 만들어, 하나님을 오직 개인의 축복만 물질적 성공만을 최고로 여기는 작은 하나님을 만들었다고 합니다. 한국교회가 하나님을 이처럼 '역사, 정의, 평화 같은 큰 사회적 문제들을 배제하고 오직 개인의 축복만 강조하는 작은 하나님을 만들어 한국교회가 극우 기독교가 되어 사회적으로 고립되었다는 것입니다'

결국 박충구교수님은 신학이 없는 한국 교회가 신자들을 승리주의나 번영신학이라는 극우적 신앙에 중독된 우상 숭배자들로 만들었다는 것입니다. 참된 신학은 교회의 권위나 욕망을 비판하고 초월적인 하나님으로 사람들을 이끌어야 하죠. 만약 이러한 문제들을 극복하지 못한다면, 한국 교회는 사회의 공공성과 신뢰를 영원히 잃어버릴 수 있다는 예언적 음성을 칼럼을 쓰셨습니다.(지성·신학·영성을 잃은 교회가 스스로를 고립시키는 방식: 2025.11.30 겨자씨 신문)

"요한이 잡힌 후에 예수께서 갈릴리에 오셔서 하나님의 복음을 전파하여"(마가복음 1장 14절) 빌립과 나다나엘과 같은 남은 자들은 도대체 오늘날 누구를 말하는 걸까요?

그렇다면 이 혼란스러운 시대에 과연 누가 '남은 자'일까요? 과거 세례 요한이 잡혀간 후에 세례 요한의 제자들은 갈릴리 마을로 스며들었는데, 이들은 요한이 잡힌후 '실패한 남은 자'들의 모습 이었습니다. 그 대표적인 인물이 빌립과나다나엘이죠. 이들은 1991년과 2025년의 위기 속에서 '남은 자'의 모습을 대변해요. 빌립은 혼돈 속에서 새로운 실재를 마주한 '연결자' 유형이에요. 그는 예수님의 "나를 따르라"는 부르심에 즉각적으로 반응했어요. 빌립은 시스템이 무너져도 절망하지 않고, 폐허 속에서 들려오는 음성을 듣고 나다니엘이라는친구를 찾아가지요. 나다나엘은 유대제국 붕괴 후의 냉소적이고 회의적인 무화과 나무 아래 탐구자를 나타내요. 그는 "나사렛에서 무슨 선한 것이 날 수 있느냐?"라고 하지요.

하지만 연결자 빌립이 간절하게 요청해서 마지못해 예수를 만나러 가기로 결정했답니다.

Ad 30년 갈릴리와 1991년 소련의 해체와 2025년 미국의 위기의 놀라운 평행이론

남은 자들의 고민: 왜 교양시민은 사라지고, 팬덤(인기몰이)정치와 극우(분노)정치로 남았을 까? 유럽에서도 포퓰리즘이 인기를 얻고, 극우 정치가 확산되면서 전통적인 시민 가치가 뉴라이트로 위협받고 있어요. 이런 현상은 단순히 정치 문제만은 아니에요. 교양시민이 없으면 우리 삶의 토대 자체가 흔들리게 되죠. 우리 사회에서는 이웃과의 연대가 사라지고 있어요. 다들 각자도생하는시대가 되었답니다.

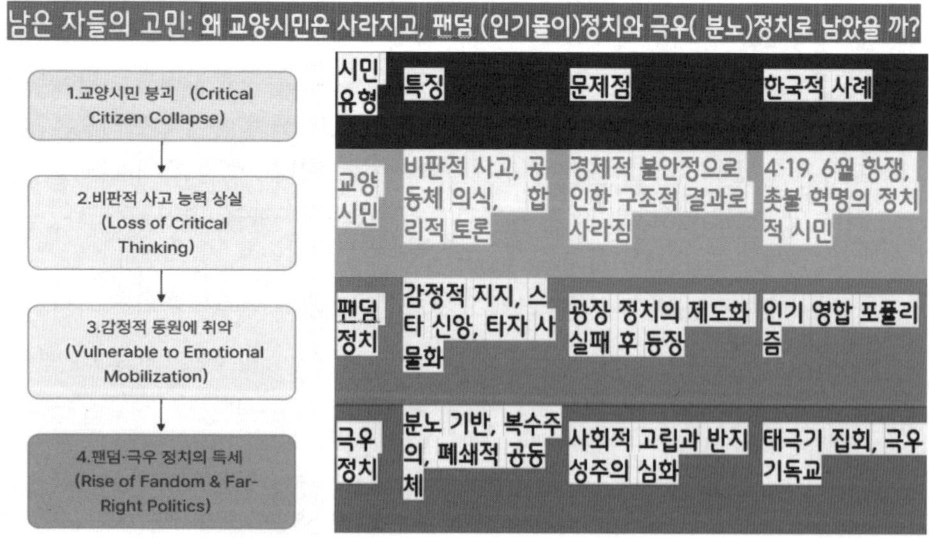

시민 유형	특징	문제점	한국적 사례
교양 시민	비판적 사고, 공동체 의식, 합리적 토론	경제적 불안정으로 인한 구조적 결과로 사라짐	4·19, 6월 항쟁, 촛불 혁명의 정치적 시민
팬덤 정치	감정적 지지, 스타 신앙, 타자 사물화	광장 정치의 제도화 실패 후 등장	인기 영합 포퓰리즘
극우 정치	분노 기반, 복수주의, 폐쇄적 공동체	사회적 고립과 반지성주의 심화	태극기 집회, 극우 기독교

함께 더나은 미래를 만들 수 있다는 희망도 점점 사라져요. 사회 문제에 대해 같이 책임지려는 마음도 없어지고, 무관심이 일상화되고 있죠.

우리는 서구식 '교양 시민'이 없다고 해서 절망할 필요는 없습니다. 한국 중산층의 '교양 없음'은 개인의 도덕적 문제라기보다는 극심한 경제적 불안 정성에서 기인한 구조적 결과로 봐야 합니다. 한국에는 서구의 엘리트형 교양 부르주아지는 없을지 몰라도, 4·19, 6월 항쟁, 촛불 혁명으로 이어지는 강력한 '정치적 시민'이 존재합니다. 이는 '지적·도덕적 리더십'이 특권층이 아닌, 평범한 시민들의 자발적 연대 속에서 나올 수 있음을 보여주는 한국적 특수성입니다. 결론적으로, 21세기 한국 사회에 필요한 것은 낡은 서구 모델을 복원하는 것이 아니라, 경쟁에서 연대로, 성장 중심에서 존엄 중심으로 상식을 바꾸는 새로운 연대입니다.

광장 촛불시민과 마을 생활교양시민의 연대는 불가능 한 것인가?

건물에서 마을로: K-예수 마당극

앞으로는 촛불시민의 정치적 에너지와 마을 시민의 생활적 교양이 만나야 합니다.

이 결합은 단순한 제도 개혁을 넘어, 시민이 스스로 주체가 되는 민주주의를 가능하게 합니다. 즉, 한국 사회가 놓친 68혁명적 생활시민적 성취를 21세기형 '촛불-마을 혁명'으로 재구성할 수 있는 길이 열려 있다고 볼 수 있습니다.

나다니엘의 여정: 회의에서 확신으로

요한이 잡힌후방향을 잃은 사람들처럼, 오늘날 나다니엘과같은 냉소적인 사람들에게 우리가 할 일은무엇인가?

1. 중심부를 떠나라 (Exit the Center): 무너져가는 예루살렘을 지키려 하지 말고, 갈릴리(본질, 관계, 변방)마을로 이동하라.
2. 무화과나무 아래를 지키라(Guard the Fig Tree): 혼란의 시대일수록 삶의 경건과 진리 탐구의 끈을 놓지 말라. 주님은 그 은밀한 곳에 있는 당신을 보고 계신다.
3. 논쟁하지 말라. 냉소적인 세상(나다나엘들)에게 보여줄 수 있는 유일한 변증은, 변화된 삶과 공동체의 실재뿐이다. 나다나엘의질문에 대해 예수님은 논리적으로 반박하지 않으셨어요.
4. 빌립의초청도 복잡한 신학적 변론이 아니었죠. 단지 "와서 보라(Come and See)" 였어요.

이것이 1991년과 2025년의 붕괴가 우리에게 주는 가장 중요한 교훈이라고 해요. 옛 시대(요한/이데올로기)는 '말(교리)'의 시대였어요. 논리로 설득하고 법으로 강제하려 했죠.

하지만 갈릴리의 시대(예수/남은 자)는 '봄(경험)'의 시대예요. 체제가 무너졌을 때, 사람들은 거창한 연설이나 교리를 더 이상 믿지 않아요. 그들은 눈으로 보고 손으로 만질 수 있는 '실체(Reality)'를 원하죠.

예수께서 빌립과 나다나엘을 부르시는 장면이 이 역사적 시점들과 오버
랩되는것은, 오늘날의 '남은 자'들에게 다음과 같은 행동 강령(Protocol)을 제
시한다.

우리가 꿈꾸는 'K 구원'은 과거와 달라요. 2025년 이후의 'K 구원'은 단순
히 "죽어서 천국 가는" 내세적인 구원에 머물지 않아요. 그것은 바로 '지금
여기, 우리 마을'에서 경험되는 구원이에요. '돌봄'과 '살림'이라는 구체적인
행동을 통해 경험되는 '총체적 구원'이 되는 것이죠.한국 교회는 '성장'에서
'돌봄'으로, '건물'에서 '마을'로 나아가야 해요. '마을과 교회'가 공동체적 연
대와 돌봄을 통해 세상에 K 예수, K 교회, K 마을의 새로운 희망을 줄 수 있
답니다. 예수님의 마당극은 어떤 마을의 '플랫폼'을만들었을까요?

* 우리 교회도 '마을의 마당극'이될 수 있습니다!

다같이 기도합시다

이끔이:　성서의 복음 이야기는 오늘날에도 마을 마당극의 대본이 될 수
　　　　있습니다.

따름이:　이제 "마을에서 만난 예수 복음"은 교회 건물 안에 갇힌 개인의
　　　　신앙 이야기가 아니라, 우리 마을 주민들과 함께 예수님의 이야
　　　　기를 읽고, 서로 돌보고, 치유하며, 스스로 말하고 고백하는 '마을
　　　　의 마당극'을만들어 가야 합니다.

이끔이:　성경 이야기가 갑자기 흥겨운 마당극으로 변신하면 무슨 일이
　　　　벌어질까요? 고립된 이웃을 끌어안고, 불의에 함께 맞서며, 마을
　　　　전체를 치유와 나눔의 공동체로 바꾸는 대규모 '돌봄의 무대'가
　　　　탄생 할것 입니다.

따름이:　이 K-마당극을 통해 딱딱한 종교와 일상생활의 경계를 허물고,
　　　　이 마당극에서 가난하고 소외된 '민초'들이 함께 무대를 만들고
　　　　이야기를 전파하여 주민들의 자발적인 참여를 통해 돌봄과 연대
　　　　의 총체적인 구원망이 완성될 줄로 믿습니다.

이끔이:　주님! 마당극의 예수를 경험한 사람들 마다 우리도 "예수님처럼
　　　　서로를 돌보자!"라고 외치며, 레위의집 잔치럼 처럼 공동체식탁

을 나누고, 오병이어 기적처럼, 물질을 공유하는 품앗이 경제를 일으키며,

따름이:　우리 마을이 은둔형 외톨이를 위한 청년여행 플랫폼과 마을의 자산화 공유 공간으로 재탄생 되길 기도드립니다.

이끔이:　주님! 그동안 교회 건물에 갇혀 있던 예수님의 이야기는 이제 마을의 마당극으로 다시 태어나야 합니다.

다같이:　교회 평신도들과 마을 일꾼들이 '촉진자'가 되어 마을의 노동자와 소상인, 연극인, 농부, 환경 활동가와 협력하여 마을마다 "예수 마당극 페스티벌"이 열리며, 돌봄망과 생명망이 전국으로 확산되길 기도드립니다. 아멘!!

4. "별빛 생명망을 따라 나서는 새아침"

　예수님의 제자들이 예수님을 따랐던 이야기는 유명해요. 그들은 배와 심지어 부모님까지 버려두고 예수님을 따라나섰죠. 예수님은 그들에게 "나를 따라오라, 내가 너희를 사람 낚는 어부가 되게 하리라"고 말씀하셨어요. 그런데 제자들이 살았던 갈릴리 지역은 모든 것이 무너진 상황이었다고 해요.

　　예수님 당시 갈릴리 사람들은 로마 제국, 헤롯 왕가, 심지어 종교인들(성전)로부터 삼중으로 수탈당하며 희망을 잃었습니다. 이는 오늘날 국제 정세 불안정, AI 혁명, 그리고 새로운 '통합 돌봄 시대'라는 세 가지 거대한 파도가 우리를 덮치는 상황과 같습니다. 이 때문에 농민들을 포함한 공동체 전체가 완전히 붕괴된 상태였어요. 당시 사람들은 어떻게 살아야 할지 모르는, 해체되고 파멸된 상황에 놓여 있었죠.

　　이처럼 앞이 보이지 않고 불확실한 파괴된 상황에서 예수님은 새로운 길을 제시했어요. 바로 모든 것이 붕괴된 그 상황에서 길을 찾자는 예수님의 운동이었어요. 오늘날 우리가 겪는 혼란스럽고 불확실한 상황과 매우 비슷하다고 볼 수 있어요.

2. 2026년, 우리를 기다리는 '세 가지 큰 파도'는 무엇일까요?

국제 정세 불안정과 AI의 압도적인 등장

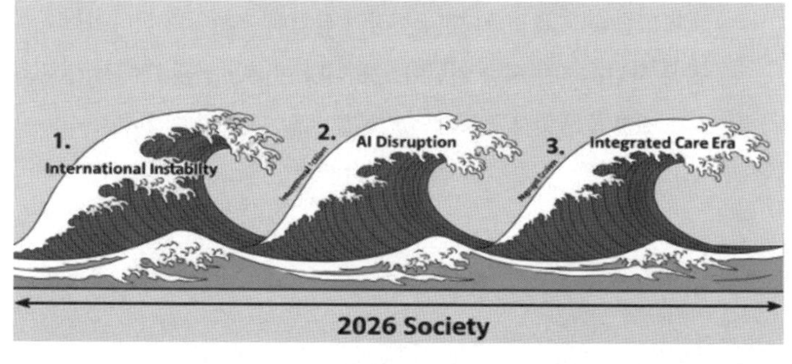

지금 우리에게 몰려오는 세 가지 큰 파도는 무엇일까요? 우리가 사는 지금도 길이 보이지 않는 혼란스러운 상황이라고 해요. 전문가들은 우리 사회에 세 가지 큰 파도가 몰려오고 있다고 말해요.

첫 번째는 국제 정세의 불안정이에요. 과거 소련이 해체된 것처럼, 지금 미국도 해체 직전에 놓여 있는 위험한 상황이라고 하죠. 심지어 선진국이라고 불리던 서구 국가들마저 극우화되고 있어요. 국가가 요람에서 무덤까지 복지를 보장해 주던 시대가 흔들리고 있는 거예요. 그래서 스스로를 돌봐야 하는 '돌봄 민주주의'의 필요성이 나오고 있어요. 전 세계가 미국 중심이 아닌 여러 나라 중심의 다국 체제로 가면서 혼란이 가중되고 있죠.

두 번째 파도는 바로 AI의 등장이에요. AI는 우리가 생각하는 것보다 훨씬 심각한 변화를 가져오고 있어요. 산업혁명 시대에 농민들이 파산했던 것처럼, AI가 등장하면서 중산층과 젊은이들의 일자리가 급격하게 사라지고 있어요.

마지막 세 번째 파도는 국민이 주권을 갖는 시대와 동시에 '통합 돌봄 시대'가 다가오고 있다는 점이에요.

세 가지 거대한 파도와 불안정한 미래

파도	특징	현상
국제 정세의 불안	미국의 일극 체제 약화 및 다극 체제로 전환	서방 선진국의 극우화 득세, 내란 상태 심화
AI의 등장과 혁명	급격한 기술 발전으로 인한 일자리 잠식	중산층 및 젊은이들의 일자리 위협, 대기업의 해체
국민 주권 시대의 도래	국가 운영 패러다임의 변화	통합 돌봄 시대로 전환, 읍면동 단위의 돌봄 민주주의 강화

현재 우리는 세 가지 거대한 파도 앞에서 불투명하고 불완전한 미래를 맞이하고 있습니다. 특히 AI 혁명은 과거 산업혁명 시대의 러다이트 운동처럼 많은 사람을 파멸시킬 위험이 있습니다 이러한 붕괴 속에서 새로운 길 찾기는 개인의 생존과 공동체의 회복을 위한 필수 과제입니다.

2026년, 폐허가 된 갈릴리에서 시작된

'별빛 생명망'의 첫걸음

2026 세상의 변화는 무섭습니다.
모든것이 불투명하고, 앞이 안보이고,
확실한것이 없습니다.

이때   갈릴리의 젊은이들이 예수를
따라 나섰습니다.

AI 시대에는 우리가 알던 과거의 성공 기준이 완전히 달라지고 있어요. 미래학자들은 AI 시대에 거대하면 죽는다"고 경고하죠. 심지어 대기업조차 해체되고 있다는 이야기도 있어요. 과거에는 높은 연봉, 안정된 고용, 조직 내 지위가 성공의 기준이었어요.

하지만 이제는 높은 연봉이나 좋은 차, 좋은 아파트가 기준이 아니에요. AI 시대의 기준은 바로 '대체 불가능한 사람'이 되는 것이죠. 대기업이 월 3만 원짜리 AI로 대체되고 있는 현실이에요.

월 3만 원짜리 AI가 직원 3~5명 몫을 한다고요? 기업들이 대규모 구조조정을 하는 진짜 이유는 바로 AI 때문이에요.

　세상이 붕괴하고 파멸하는 혼란의 시대, 이제 더 이상 '큰 기업'이나 '높은 연봉'이라는 구시대적인 안전망은 통하지 않습니다. 우리가 살 길은 '대체 불가능한 사람'이 되어 폐허 속에 흩어진 개인들을 연결하고 돌보는 '별빛 생명망'을 만드는 데 있습니다. 이는 과거의 스펙 쌓기가 아닌, 스스로 생각하고 질문하며 서사를 만들어가는 새로운 형태의 '구원'이자 '교회 운동'입니다. 결국, 답은 거대한 성장주의가 아니라, 작고 흩어진 것들을 돌보고 이어주는 '공동체적 연결'에서 나옵니다.

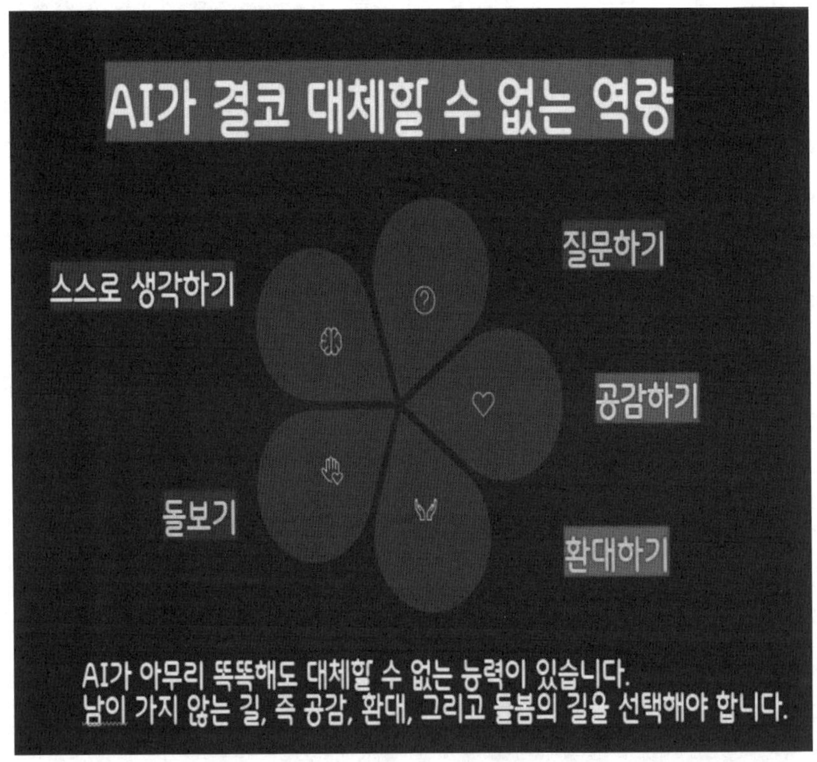

대체 불가능한 사람이 되려면 몇 가지 능력이 필요해요.

첫째, 스스로 생각할 줄 알아야 해요. 둘째, AI에게 '질문'할 수 있어야 하죠. 단순히 구글 검색처럼 AI를 도구로 쓰는 것이 아니라, AI와 대화하고 질문해서 내가 AI 종속되는 것이 아니라 AI와 대화하며, 활용할수 있어야 해요. 세째로 기계의 부속품이 되는 대신 스스로 생각하고 질문하며, 나아가 '공감하고 돌보고 환대하는' 사람이 되어야 대체 불가능한 인간이 될 수 있어요. 아무도 가지 않는 길을 생각하고 질문하며 갈 때, 기계에 의해 대체되지 않을 수 있어요.

스펙 대신 '서사'를 만들라는 거 무슨 뜻일까요?

우리가 대체 불가능한 사람이 되려면, 흔히 말하는 '스펙'보다는 '서사(Story)'를 만들어야 한다고 강조해요. 경력이나 스펙 쌓기보다는 교양을 쌓고, 스스로의 서사를 만들어내는 것이 중요해요. 서사는 바로 남들과 대체할 수 없는 우리만의 이야기가 되는 것이죠.

부천 약대동의 작은 도서관 운동이 바로 좋은 예시예요. 23년간 이어져 온 약대글방 운동은 폐허 같은 빈민촌에서 시작되었어요. 이 운동은 새로운 공동체를 만들고, 희망을 잃은 사람들을 이어주는 역할을 했어요.

"1987년 부천과는 아무 연고도 없는 20대 서울 청년이 약대동에 터를 잡았다. 당시 약대동은 뚝방동네라고 해서 삼정공단이나 도당공단에 다니는 공장 노동자와 빈민들이 많이 거주하는 지역이었다. 청년은 약대동에 막 설립된 새롬교회에 나가면서 교회에서 운영하는 공부방에도 참여하고, 교회와는 별개로 약대오거리 아남산업 앞에 '약대글방'을 열어 운영했다. 청년은 결국 다른 사람에게 글방을 지키게 하고 자신은 부천역에 있는 경인문고에 나가 아르바이트생으로 일했다. 하루 4시간 근무를 해서 번 돈으로 약대글방을 운영하며 부천 '작은도서관운동'의 불씨가 됩니다". (콩나물 신문)

약대동에서의 신나는 가족도서관의 역사가 바로 기록으로 남은 '서사'가 되었고, 이 서사는 어떠한 기계나 시스템으로도 대체할 수 없는 당시 20대 젊은이들의 대체할수 없는 사람의 삶의 서사를 보여주고 있어요. 당시 모든 것이 무너진 상황에서 새로운 길 찾기를 하며 서로 돌보는 서사를 만들어 기록에 남기고 만 것입니다. 이러한 길이 바로 2000년 전 예수님의 제자들이 걸었던 길과 같아요.

'별빛 생명망'이란 대체 무엇을 연결하는 걸까요?

=나치즘에 저항한 유럽지성의 상징프랑크 프르트 학파의 태동: 사랑의 기술, 에릭프롬 =

벤야민 사상: 1925년 나폴리에서 탄생

1925년 나폴리에서 아도르노, 벤야민 등 프랑크푸르트학파가 모여 '다공성', '성좌', '변증법적 이미지'를 구상했습니다.

이는 파시즘 탄생 전 비판이론의 기원으로, 폐허 속 파편을 연결해 진리를 드러냅니다.

벤야민은 전통 역사관을 비판하며, 소외된 파편을 '지금 이 순간'에 연결합니다.

　　모든 것이 붕괴되고 파편화된 세상에서 길을 찾는 방법을 철학적으로 설명한 이론이 있어요. 1925년 나폴리에 모였던 유럽의 지성들(프랑크푸르트 학파)이 나치즘 등장 직전에 논의했던 '별자리 철학'이에요. 이 사상의 핵심은 바로 '별빛 생명망'을 만드는 것이에요. 철학자 베냐민은 유럽 사회가 완전히 붕괴되고 해체되어 사람들이 뿔뿔이 흩어져 있다고 봤어요. 이 흩어진 개인들은 모두 붕괴되고 해체된 '별자리 파편'과 같았죠. 이 파편화된 개인들을 다시 이어서 하나의 '성좌', 즉 '별자리'를 만들 때 새로운 길이 보인다는 거예요.

　　밤이 어두울수록 별이 더 선명하게 빛나듯이, 고립과 단절 속에서 서로를 이어주는 따뜻한 연결망이 바로 별빛 생명망이에요.

약대동 거점 거점 이름	설립 연도	주요 기능	벤야민적 의미
새롬어린이집	1986년	맞벌이 부부 자녀 보육	파괴된 가정의 보완
약대글방	1989년	방과 후 학습 및 문화	지식 독점의 파괴
가정지원센터	1998년	가족 해체 위기 개입	비상사태 속 피난처
달나라 토끼	2011년	마을 카페, 소통 공간	호혜적 경제 공간

무너진 세상의 잔해물들을 넝마주이처럼 모으고 연결할 때 새로운 희망이 나온다는 것이죠. 과거 약대동의 어린이집, 도서관 운동이 그랬던 것처럼, 오늘날에는 은둔형 외톨이, 고독사하는 중년, 치매 어르신 같은 사회의 '잔해물'들을 연결해야 해요.

한국 교회의 목표는 왜 '성장'에서 '돌봄'으로 바뀌어야 할까요? K-교회의 새로운 목표: 성장 대신 돌봄 이러한 시대적 흐름에 맞춰 한국 교회 역시 변화해야 합니다. 대통령이나 영부인조차 대형 교회가 아닌 작은 교회(민중교회)를 방문하는 것은 시대가 변했음을 보여줍니다.

세 번째 파도는 '통합 돌봄 시대'가 오고 있다는 점이에요.

2026년 3월에는 '통합 돌봄 지원법'이라는 법이 시행될 예정이래요.

오늘 교회의 근본적인 위기는 단순히 교인 수가 줄어드는 문제만은 아니라고 해요. 그동안 한국 교회는 교인 수를 늘리고 건물을 크게 짓는 '성장주의'에 너무 집착했어요. 한국 교회는 건물 불리기에 집중하며 양적인 성장을 추구했지만, 이것이 오히려 위기의 근본 원인이 되었어요. 그래서 이제 교회의 목표가 '성장'이 아닌 '돌봄'이 되어야 하는것 입니다.

한국 교회가 목표를 '성장'에서 '돌봄'으로 바꿔야 하는 이유는, 구원 자체가 변해야 하기 때문이에요. 이제 구원은 단순히 "죽어서 천국 가는 것"에 머물지 않아요. 구원은 바로 '지금 여기, 우리 마을'에서 경험되는 것이어야 하죠.

우리가 '돌봄'과 '살림' 같은 구체적인 행동을 실천할 때, 비로소 대체 불가능한 k 교회와 마을이 될수 있습니다,

　지금은 통합 돌봄 시대가 등장하고 있어요. 3월 27일에는 통합 돌봄 지원법이 실행될 예정이라고 해요. 이러한 시대의 변화 속에서 한국 교회가 나아가야 할 방향도 바뀌어야 하죠. 그동안 한국 교회는 교회 수를 늘리고 건물을 짓는 양적 성장주의에 너무 집중했어요. 이러한 성장주의가 오히려 교회의 위기를 가져온 근본 원인이 되었어요. 이제 교회의 목표는 '성장'이 아니라 '돌봄'이 되어야 한다고 해요. 왜냐하면 구원의 개념 자체가 변하고 있기 때문이에요. 구원은 단순히 죽어서 천국 가는 것이 아니라, 바로 지금 여기 우리 마을에서 경험되는 것이어야 해요. 우리가 돌봄이나 살림 같은 구체적인 행동을 실천할 때, 비로소 대체 불가능한 'K-교회'와 'K-마을'이 될 수 있어요. 청년들은 왜 안정된 정규직을 포기하고 있을까요? AI 시대에 대체 불가능한 인물이 되는 것의 중요성을 아는 청년들이 나타나고 있어요. 한 청년은 주 3일만 일하는 것으로 직장을 바꿨어요. 월급을 적게 받더라도 남은 시간을 의미 있고 가치 있는 일에쓰고 싶었기 때문이죠.

2.1. 별빛 생명망의 의미와 세 가지 고립 축

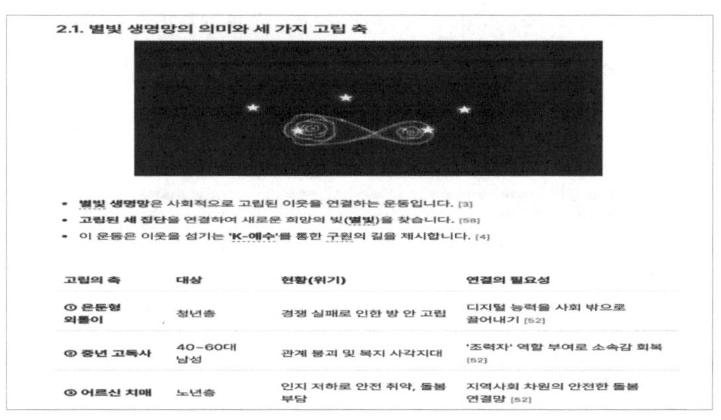

- **별빛 생명망**은 사회적으로 고립된 이웃을 연결하는 운동입니다. [3]
- **고립된 세 집단**을 연결하여 새로운 희망의 빛(**별빛**)을 찾습니다. [58]
- 이 운동은 이웃을 섬기는 **'K-예수'**를 통한 구원의 길을 제시합니다. [4]

고립의 축	대상	현황(위기)	연결의 필요성
① 은둔형 외톨이	청년층	경쟁 실패로 인한 방 안 고립	디지털 능력을 사회 밖으로 끌어내기 [52]
② 중년 고독사	40~60대 남성	관계 붕괴 및 복지 사각지대	'조력자' 역할 부여로 소속감 회복 [52]
③ 어르신 치매	노년층	인지 저하로 안전 취약, 돌봄 부담	지역사회 차원의 안전한 돌봄 연결망 [52]

　이 청년은 은둔형 외톨이와 함께 여행하는 일 같은 가치 있는 일에 관심을 두고 있어요. 지금 우리 시대의 새로운 별자리가 바로 '은둔형 외톨이', '중년 고독사', '치매 어르신' 등을 연결하는 일이에요. 이처럼 대기업의 정규직을 포기하고 변두리로 나서는 청년의 등장은 새로운 희망을 보여줘요.

K-마을신학, 성좌적 '생명망' 구축

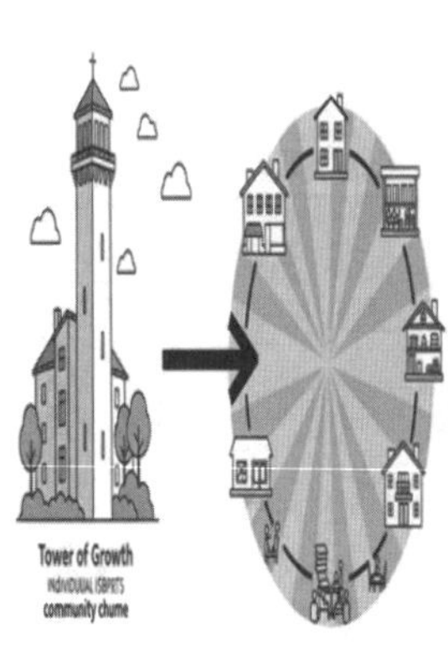

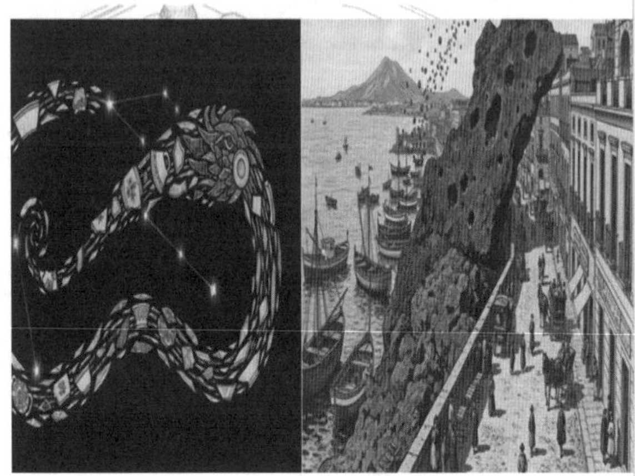

　　이러한 움직임은 우리가 원해서 생긴 일이 아니에요. 하나님이 사람을 보내주시고 사건을 일으키시니, 우리는 그 부르심에 응답할 수밖에 없는 것이죠. 우리 모두는 인공지능 시대와 통합 돌봄 시대에 대체 불가능한 하나님의 사람들이 되어야 해요.

약대도서관 23주년과 관장 이취임식 후 정집사님과 둘이서 청빙위원회에서 이야기를 나눴습니다.

목사님도 알다 시피 이 일이 우리들이 원해서 우리들의 힘으로 되었습니까?

그때마다 하나님이 사람도 보내 주시고 사건도 일으키시고

하나님이 도와 주셔서 여기까지 온 것이지요

다같이 기도하겠습니다,

인도 : 사람들은 이것을 우연이라고 이야기 하지만 우리는 우연을 가장한 필연이요 하나님의 역사로 믿습니다,

회중 : 이러한 하나님의 역사를 믿는 사람이 바로 하나님의 사람이고 인공지능 시대의 대체 불가능한 사람들

　　　　즉 예수를 따르는 사람들이 되는 것 입니다.

다같이 : 2026년에는 예수를 따르심으로서 우리 모두 인공지능 시대와 통합돌봄 시대에

　　　　대체 불가능한 하나님의 사람들이 다 되시길 간절히 기도드립니다,아멘!!

"

첫마당: 마을에서 만난 예수

———

5. 마을로 내려온 예수[1]

"역시 갈릴리가 좋았다. 갈릴리에서 배를 타면서, 갈릴리 호숫가에서, 갈릴리호 변을 따라 이곳 저곳을 여행하며 사람을 부르시고, 말씀을 전하시던 예수님의 진한 냄새를 느낄수 있었다. 갈릴리 호수와 나사렛 등 가버나움의 이 일대는 바로 예수님의 신나는 미션(선교) 축제가 집약된 곳이고, 우리는 2000년후 다시 이곳을 여행하면서도, 갈릴리와 가버나움 가나 일대의 마을과 마을을 도시며 가르치시고, 병자를 고치시고, 기적을 일으키신, 예수님의 그 축제적 삶의 열정이 갈릴리를 넘어 온 유대땅 으로 전진하고 있음을 느낄수 있었다."

———

[1] 이원돈, "마을에서 만난 예수, 함께 만드는 사회연대경제"(동연,2024.1)
: p125-126, p127-130, P138-139, P142-150, p153, P193, P204-205
이 "마을에서 만난 예수" 글은 "마을에서 만난 예수, 함께 만드는 사회연대경제"(동연,2024.1)에 실린 "마을에서 만난 예수" 부분을 수정 보완하여 재 수록하였다. 재 수록을 허락해 주신 동연 출판사의 김영호 대표님께 깊은 감사를 드리며 인용한 부분을 이곳에 일괄 표시한다.

(2007 갈릴리 성지순례 일기)

① 예수님의 청년기에 예수님 앞에는 세가지 장소가 나타나 있다.

그 첫 번째 장소는 당시 유대교의 중심인 유대교 성전이 있는 예루살렘이다. 두 번째 장소는 세례요한이 머물러 있던 광야이다. 그리고 소외된 가난한 백성들이 있는 갈릴리 마을이 세 번째 장소이다. 예수님은 청년기에 광야로 나가신다. 그곳에서 세례요한에게 세례를 받으시고, 광야에서 40일 동안 사탄의 유혹을 이겨내시고, 하나님 나라 운동에 대한 선교적 비젼을 세우신다.

② 세례요한의 광야의 세례운동과 청년예수의 갈릴리 마을운동

예수님은 갈릴리 마을로 들어오시기 전에 먼져 광야로 나가 세례요한에게 세례를 받고 광야에서 하나님의 아들로서 수련을 받는다. 당시 유대인들의 신앙생활의 중심은 성전이었다. 세례요한은 그 성전 밖 광야에서 세례 운동을 펼쳤다. 이것은 성전 중심의 신앙생활에 대한 큰 도전을 의미 한다.

당시 종교 지도자들은 성전에 나와서 제사장들로부터 죄사함을 받지 않고서는 사람들의 죄가 용서 받을수 없다고 가르쳤다. 그들은 성전에 제물을 가지고 나와서 성전 중심으로 신앙생활을 하는 사람들만이 진정한 신앙인임을강조했다. 그러나 세례요한은 요단강물에서 물로 세례를 받으면 사람들의 죄가 사해진다는 혁명적 죄사함을 이야기하였다.

그래서 수많은 사람들과 예수님을 비롯한 젊은이들이 광야에 나가서 세례를 받았다. 이것은 이스라엘 신앙의 중심이 성전중심에서 다시 출애굽기와 예언자 중심의 광야 신앙으로 변화됨을 의미하는 것이다. 예수님은 청년기에 요단강가로 나가 요한으로 부터 세례를 받고 그곳 광야에서 40일간 악령으로부터 3가지 유혹을 받으며 수련을 하게된다.

마가복음은 길의 복음이다, 광야에서 세례요한에게 세례를 받고 광야의 수련을 거친 예수님이 갈릴리의 마을에 들어오시면서 하신 일성은 "가라사대 때가 찼고 하나님 나라가 가까왔으니 회개하고 복음을 믿으라 하시더라"(막1:15) 이었다. 이 말씀에 대해 갈릴리의 젊은 어부들이 그물을 버리고 하나님 나라 운동의 길을 떠나기 시작한다. 이제 우리도 신발끈을 매고 모든것을 버리고 예수님의 하나님 나라 운동의 길을 출발할 준비를 해야 한다! 준비 되셨는가?

③ 예수님은 갈릴리 호수가에서 하나님 나라 운동의 길을 떠나자고 제자로 부르신다!!. (마 4:18-22)

요한복음 1:43-51 에 의하면 어느날 가버나움 변방에 새로운 메시아 운동의 방향을 찾던 젊은이들 중에 안드레와 빌립이 우리가 메시아를 만났다고 전할 때, 이러한 안드레와 빌립의 감탄에 대해 나다나엘은 아주 시니컬한 반응을 한다. "갈릴리에서 무슨 선한 것이 나온다는 말인가?"

예수님은 당시 자신의 지역과 공동체에 대한 열등의식에 빠져있던 갈릴리 일대의 청년들에게 "하나님 나라가 가까이 왔다. 복음을 믿어라"라는 말씀을 외치셨고, 청년들이 "와서 보아라!"라고 응답함으로서 당대 청년들에게 새로운 복음의 길을 제시 하셨던 것이다. "세례요한은 광야에서 심판을 준비하는 분위기라면 갈릴리에서의 예수님의 분위기는 결혼식 잔치를 준비하는 분위기요, 그의 별명은 세리와 죄인의 친구이었다.

요한은 광야에서 낙타가죽을 걸치고 야생꿀을 먹으며 고행과 단식을 하였다면, 예수는 갈릴리에서 어부와 농민들과 즐겨 먹고 마시며 밥상공동체와 결혼식 잔치를 만드셨던 것이다. 확실히 세례요한은 광야에서 심판을 준비하는 분위기라면 갈릴리에서의 예수님은 즐겨 먹고 마시며 가나에서 물을 포도주로 만드는 결혼식 잔치 준비를 하는 신랑의 분위기이다. 그의 별명은 세리와 죄인의 친구인 만큼 예수님은 사람들을 친구삼기를 좋아하셨던 것이다.

마을로 내려온 예수님의 이야기: 왜 갈릴리였을까요?

예수님은 왜 굳이 '갈릴리 마을'로 오셨을까요?

예수님의 청년기에는 중요한 세 장소가 있었어요. 첫 번째는 유대교의 중심이었던 예루살렘 성전이 있는 곳이죠. 두 번째는 세례 요한이 머물던 광야였고요. 그리고 마지막 세 번째 장소가 바로 가난하고 소외된 백성들이 살던 갈릴리 마을이었어요. 예수님은 이 세 장소 중에서 갈릴리 마을을 선택하고 이곳으로 오신 거예요.

예수님은 갈릴리에 오시기 전에 먼저 광야로 가셨어요. 광야에서 세례요한에게 세례를 받았죠. 그리고 광야에서 40일 동안 사탄의 유혹을 이겨내셨어요. 이 기간 동안 예수님은 앞으로 펼쳐나갈 하나님 나라 운동에 대한 비전을 세우셨다고 해요. 이렇게 준비를 마치고 갈릴리 마을로 들어오신 것이죠. 갈릴리 호숫가를 따라 이곳저곳을 여행하며 말씀을 전하시고 사람들을 부르셨어요. 이곳은 예수님의 신나는 선교 축제가 시작된 곳이기도 했고요.

성전 중심의 신앙, 뭐가 문제였나요?

당시 유대인들의 신앙생활은 성전이 중심이었어요. 종교 지도자들은 성전에 와서 제사장들에게 죄사함을 받아야만 용서받을 수 있다고 가르쳤죠. 그들은 성전에 제물을 가지고 나와서 신앙생활을 하는 사람들만이 진짜 신앙인이라고 강조했어요. 신앙의 중심이 오직 예루살렘의 성전에만 머물러 있었던 것이죠.

하지만 세례 요한은 여기에 큰 도전을 했어요. 그는 성전 밖 광야에서 세례 운동을 펼쳤거든요. 요단강 물에서 세례를 받으면 죄가 용서된다는 아주 혁명적인 주장을 했어요. 이 때에 수많은 사람들과 젊은이들이 광야로 나가 세례를 받았어요. 이는 이스라엘의 신앙 중심이 성전에서 벗어나 광야 신앙으로 바뀌는 것을 의미했어요. 예수님도 이러한 변화의 물결 속에서 요한에게 세례를 받으신 거예요.

④ 예수님이 광야가 아닌 '마을'을 선택한 이유는 무엇일까요?
세례 요한은 광야에서 심판을 준비하는 분위기였어요. 그는 낙타 가죽을 걸치고 야생 꿀을 먹으며 고행과 단식을 했죠. 하지만 예수님이 갈릴리 마을에서 보여주신 모습은 완전히 달랐어요. 예수님은 오히려 결혼식 잔치를 준비하는 신랑 같은 분위기였죠.

예수님은 갈릴리에서 어부들과 농민들과 함께 즐겁게 먹고 마시셨어요. 심지어 가나에서는 물을 포도주로 만드는 기적을 잔치에서 보여주셨죠. 예수님의 별명은 '세리와 죄인의 친구'였을 정도예요. 예수님은 사람들을 친구 삼기를 좋아하셨기 때문이에요. 세례 요한이 심판과 회개를 강조했다면, 예수님은 갈릴리에서 새로운 복음의 길, 즉 잔치와 밥상 공동체를 만들어 가신 거예요.

갈릴리 사람들은 예수님을 어떻게 생각했을까요?

갈릴리는 당시 열등의식에 빠져있던 지역이었어요. 나다나엘이라는 청년은 빌립이 메시아를 만났다고 했을 때, "갈릴리에서 무슨 선한 것이 나온다는 말인가?"라고 시니컬하게 반응했죠. 갈릴리가 무언가 좋은 것이 나올 수 없는 변방이라고 생각했던 거예요.

하지만 예수님은 바로 이 갈릴리 청년들에게 희망의 메시지를 외치셨어요. "때가 찼고 하나님 나라가 가까왔으니 회개하고 복음을 믿으라"라고 하셨죠. 이 말씀에 갈릴리의 젊은 어부들이 그물을 버리고 새로운 길을 떠나기 시작했어요. 예수님은 갈릴리 호수가에서 어부들을 제자로 부르시며 하나님 나라 운동을 시작하자고 말씀하셨어요. 예수님은 당시 청년들에게 "와서 보아라!"라고 응답함으로서 새로운 복음의 길을 제시하셨어요.

예수님의 뜨거운 열정, 어디까지 퍼져나갔나요?

갈릴리는 예수님의 미션과 선교 축제가 집약된 곳이었어요. 예수님은 갈릴리의 마을과 마을을 돌아다니시며 가르치셨어요. 그리고 병자를 고치시고 기적을 일으키셨죠. 이 모든 것이 예수님의 축제적인 삶의 열정을 보여주는 것이었어요.

이러한 예수님의 열정은 갈릴리 안에서만 머물지 않았어요. 그 삶의 열정이 갈릴리를 넘어 온 유대 땅으로 전진하고 있었음을 느낄 수 있다고 해요. 예수님은 소외된 이들과 함께하시며 하나님 나라 운동을 펼치셨어요. 예수님의 복음은 당시의 종교적 권위에 대한 도전이자 새로운 길이었던 것이죠. 이제 우리도 신발 끈을 매고 예수님의 길을 따라 나설 준비를 해야 한

대요.

⑤ "평민 지식인 제자로 부름 받은 하나님 나라의 어부들"
그러면 예수님이 갈릴리 마을에서 젊은 어부들에게 그물을 버리고 사람을 낚은 어부가 되라했던 당대 갈릴리의 청년들은누구인가?

역사학자 백승종 교수에 의하면, 19세기 조선 역사 전반에 걸쳐 조선의 서당 수는 2만1000여개 학생은 26만여명에 달했을 것으로 추산되고 있다고 합니다. 서당의 대중화와 지식유통체계의 확산과 함께 특별히 주목해야 할 현상은 '새로운 평민 지식인'의 등장이라고 것이지요.

역사적 예수를 연구한 리차드 호슬리 교수는 "예수는 팍스로마나(Pax Romana)와 유대 분봉왕들의 학정 속에서 신앙공동체의 전통은 물론, 삶의 터전까지 잃어가는 농촌 공동체를 되살리려는 하나님 나라 운동의 중심 인물이었을 것이다"라고 합니다. 역사적 예수의 하나님 나라 운동의 핵심은 제국의 로마화와 분봉왕 헤롯 가문의 도시화에 저항하여 농촌 갈릴리의 가족과 마을의 전통(예를 들어 상부상조,네 이웃을 사랑하라와 같은 덕목)의 회복이었을 것이라고 추측 한것이지요.

이처럼 갈릴리 예수는 수많은 소 농민들 중 하나, 아니면 그 농민들의 동료로서 그들의 삶을 함께 하고자 했으며 기존 질서의 문제점을 직시하고 격동의 시대에 억압받는 농민들을 위한 마을 공동체를 재 창조하고 활성화 하고자 했던 인물이었던 것 입니다.

안드레와 빌립나 다나엘등 갈릴리의 소농과 어부 출신의 젊은 청년들은 갈릴리에 나타난 예수님이 나를 따르라고 했을 때 그들이 그물을 버리고 사람을 낚는 어부로 예수님을 따른 제자들이 되었다. 이 사실은 예수의 제자들이 바로 당시의 갈릴리 마을에서 메시아를 기다리던 갈릴리 마을의 동학의 전봉준 김게남 손화중 같은 평민 지식인들 아니었을까 하는 생각을 떨칠수 없는 이유이고, 이것은 오늘 마을대학운동을 출발하는 우리에게 큰 시사점을 주고 있습니다.

예수 운동과 동학 농민 혁명 사이에 공통점이 있다고요?

놀랍게도 예수님의 하나님 나라 운동과 19세기 말의 동학 농민 혁명은 비슷한 점이 많아요. 예수님의 운동이 갈릴리 마을 공동체에 깊이 뿌리를 두고 있었던 것처럼, 동학 역시 '동학'이라는 종교 집단의 견고한 뿌리를 마을 공동체에 두고 있었어요. 두 운동 모두 마을이라는 조직적 기반 위에서 시작된 것이죠.

동학에서는 '포(包)'와 '접(接)'이라는 조직 단위를 사용했어요. 이 단위는 한국 소농 중심 사회의 특징인 마을 조직의 강건함을 보여줘요. 포와 접의 중심에는 영향력을 가진 '접주'나 '포주'가 있었는데, 이들 역시 마을 지식인이었어요. 실제로 동학 창시자 최제우와 동학 농민 전쟁의 지도자들이었던 전봉준, 김개남, 손화중 모두 서당 훈장 출신이었다고 해요.

예수님의 제자들을 동학의 지도자들과 비교해 볼 수 있어요. 갈릴리 마을의 평민 지식인들이 예수님을 따랐듯이, 동학도 굳건한 마을 조직 기반과 깨어있는 평민 지식인들의 힘으로 건재할 수 있었던 것이죠. 결국 두 운동 모두 마을 조직과 그 안의 평민 지식인이 중심이 된 운동이었다는 공통점이 있답니다.

예수님의 갈릴리 '해방 선언'은 어떤 의미였나요?

예수님의 갈릴리 지역 마을 사역의 핵심은 귀신을 쫓아내고, 병자를 치유하며, 밥상 공동체를 나누고, 비유로 가르치는 것이었어요. 특히 누가복음에는 예수님이 갈릴리 마을에서 선언한 내용이 나오는데, 가난하고 눌리고 눈먼 자를 해방시키겠다는 선언이었죠. 이 선언은 일종의 '갈릴리 마을 공화국 운동 선언'이었고, 평민 지식인들의 각성을 촉구하는 하나님 나라 운동의 선언문이었습니다.

이 사명 선언은 마가복음에 나오는 치유와 교육 활동들이 발전된 형태라고 할 수 있어요. 그런데 이 중에서 현대에 가장 소홀히 다뤄지는 것이 바로 '악령 추방'이랍니다. 악령 추방 사건은 단순한 치료를 넘어섰어요. 그것은 갈릴리 마을을 지배하던 로마 제국과 유대교라는 정치적, 종교적 세력과의 대결을 의미했기 때문이에요. 결국 예수님의 모든 사역은 마을 공동체의 회복을 통해 억압적인 구조로부터 사람들을 해방시키고, 새로운 질서인 '하나님 나라'를 건설하려는 운동이었어요. 그 중심에는 평범한 어부가 아닌, 시대의 문제점을 직시하고 변화를 이끌었던 '평민 지식인'들이 함께 했답니다.

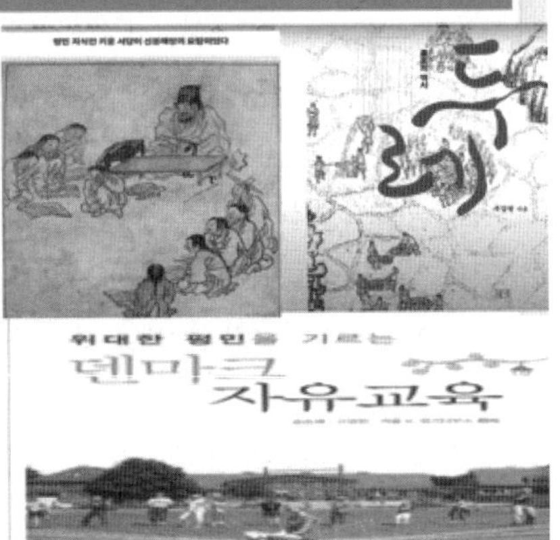

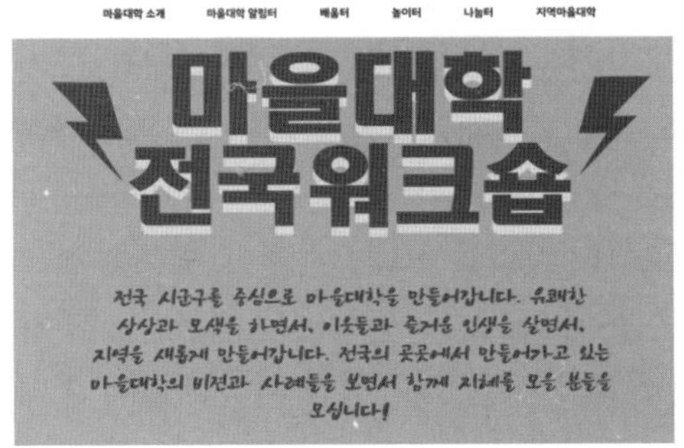

이러한 관점에서 한국의 기독교 마을공동체 운동과 마을 교육 운동을 다시 정리해 본다면, 1980년 민중교회운동과 2000년대 작은 교회 운동, 2020대 마을교회 운동등 모든 기독교 마을 운동 시민운동도 모두 마을의 평민 지식인들이 기초가된 일종의 마을대학운동과 마을공화국 운동이었고, 19세기 그룬투비 목사의 위대한 평민을 교육하는 자유교육운동 등 서구의 마을대학 운동도 바로 평민지식인 으로부터 시작했다고 볼수 있습니다.

마을 대학은 단순히 지식을 전달하는 곳이 아니에요. 각성된 평민 지식인들이 주축이 되어 마을의 문제를 직시하고, 공동체를 재창조하려는 노력인 거예요. 예수님 시대부터 동학을 거쳐 현대의 마을 운동까지, 깨어있는 마을 사람들이 변화의 씨앗이었다는 사실이 중요해요. 마을대학은 좋은 시민 좋은 주민 좋은 교인의 삶, 행복한 시민사회와 마을 살이를 위해 살고 있는 동네에서 함께 배우고 익히자는 취지로 시작합니다. 기존의 학교교육은 배움과 가르침이 분리되어 있지만, 마을대학은 "교학상장"이라는말처럼 배우고 가르치면서 함께 성장하는 것을 지향한다. 마을대학은 지역에 있는 인적, 물적 자원을 연결하고 활용해, 비슷한 뜻을 가진 분들이 모여 함께 배우는 마을교육 공동체입니다.

마을대학은 시·군·구를 중심으로 협동조합의 정신과 방식을 기초로 운영됩니다. 근대화의 초입에 중국의 손문은 삼민(민족, 민권, 민생)에서 길을 찾았지만, 글로컬 시대와 지구환경 위기의 시대에는 새로운 길이 필요합니다. 자유로운 개인, 자치하는 지역, 공생하는 자연이라는 화두를 가지고 우리는 마을과 도시에서 마을대학을 시작하고자 합니다.

지금 탄핵 이후 통합 돌봄 시대의 도래를 기대하는 우리 마을 교회들은 읍·면·동 마을 단위에 예수 제자(평민 지식인)들을 세워, 이 예수님의 마을 평민 복음을 우리 마을과 도시 전체에 전파하며, 교회와 마을을 하나님 나라의 평민 공동체로 제자 삼아 나가야 할 때입니다.

성서의 겨자씨의 비유 말씀처럼 복음이 땅에 제대로 뿌려지기만 한다면, 우리 마을 교회와 마을 대학들은 그 생명력으로 우리 주변을 하나님 나라의 생명력으로 가득 채워 나갈 수 있을 것입니다. 이것이 바로 겨자씨 한 알에 담긴 하나님 나라의 구체적 모습이며, 겨자씨 비유의 궁극적 가르침입니다. 코로나 이후, 계엄과 탄핵 시대 이후지역과 마을마다 평민 지식인을 세워 통합 돌봄시대 마을 평민 지식인을 키워 나가야 하겠습니다!

다같이기도하겠습니다!

인도: 사마리아 여인은 지식인 니고데모와달리 즉각 예수에게 자기 동족 사마리아 사람의의 고통과 억압을 풀어주는 다시는 목마르지 않는 그 생수를 달라고 과감하게요구하였습니다.

회중:　　니고데모는 밤에 예수를 찾아왔지만 와서 보라!! 소리가 없습니다. 와서 보라!고 한것은 율법학자 니고데모가 아니고 사람들이 비천하다고 멸시하는 사마리아 여인이었던 것입니다.

인도:　　주님! 이제 우리는 교회당 안에서 신령과 진정으로 예배를 드릴 뿐아니라, 지역과 마을로 나가 "와서보라!"하며 마을에서 공동체적 성령의 마당을 형성하는 마을의 평민 평신도마을 지식인으로 성장하길 원합니다.

다같이:　　지금은 "와서 보라!"하며 마을로 나가 성령의 마당 교회를 함께 꿈꿀 때임을 믿으며 예수님 이름으로 간절히 기도드렸습니다.

6. 회당과 마을 사이, 온 동네가 그 집 문앞에 모였더라!

마가 복음에는 예수님이 마을에 들어가시기 전 회당에 들어 가셔서 회당의 악령을 내 쫓는 장면이 나온다. 그것은 당시 유대교라는 종교의 중심인 회당이 사실 악령의 소굴이었다는 것을 암시한다. 이 회당이라는 거룩한 공간에 사실 악령들이 살고 있었다. "다 놀라 서로 물어 가로되 이는 어찜이뇨 권세 있는 새 교훈이로다 더러운 귀신들을 명한즉 순종하는도다 하더라"(막 1:27)

예수님의 최초선교 사역의 모습을 자세히 살펴보면 유대교 회당에서 나와 마을의 시몬집으로 들어가는 장면에서 출발한다. "회당에서 나와 곧 야고보와 요한과 함께 시몬과 안드레의 집에 들어가시니"(막 1:29)라는 이 문장은 놀라운 의미를 함축하고 있다.

마가는 분명 이 '집'을 '회당'과 대비되는 구도로 설정해 놓고 있다. "나와서" "들어갔다"는 상반되는 두 개의 동사는 회당 즉 당시 유대교에서의 이탈을 말할 뿐 아니라 이 '시몬의 집'을 예수님 일행의 새로운 활동 거점으로 부각한다.

마가가 이 구절을 통해서 말하고자 하는 의도는 분명하다. "회당에서 나왔다"는 것은 기존 유대교의 거점인 회당에서의 이탈을 의미한다. 그리고 "집으로 들어갔다"는 말은 새로운 공동체의 형성이 마을에서 시작함을 암시한다.

마가의 입장에서 보면 회당은 더 이상 하나님 나라를 이룰만한 장소가 아니다. 새 술이 새 부대를 필요로 하듯이, 기존의 유대 공동체로는 하나님 나라를 담을 수가 없다. 예수님은 회당에서 나와 베드로의 장모의 집으로 가신다. 그는 회당을 벗어난 사람들에게 시몬과 안드레의 집을 새로운 활동 거점으로 삼으신다.

그래서 마가는 예수님이 마을로 들어가셨는데 "온 동네가 문 앞에 모였더라"(막 1:33)라고 말한다. 이제 회당에서 나와 마을의 집에서 예수님의 하나님 나라 운동이 본격적으로 펼쳐진다. 이처럼 회당에 대립되는 새로운 공동체가 여기 '시몬의 장모집'에서 생겨났다면 결국 베드로의 장모라는 한 여인이 병들어 누워 있다가 고침받아 일어남으써 그곳에 교회도 세워졌음을 의미한다. 그 장모는 처음에는 아픈 사람으로서 시중을 받았으나 예수의 일행을 만난 뒤에는 남을 섬기는 선교사로 바뀐다.

마가는 "저물어 해 질 때에 모든 병자와 귀신 들린 자를 예수께 데려오니 온 동네가 그 문 앞에 모였더라"(막 1:32-33)라고 전한다. 이는해질 때 온 동네가 그 집 문앞에 모여 "모든 병자와 귀신들린자들을 고치는 마을의 치유캠프"가 되었다는 말씀이다. 이 이야기로 마가는하나님 나라가 지금 마을에서 출발한다는 사실을 알려준다.

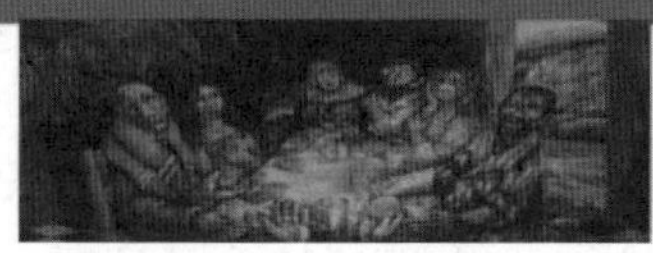

귀신을 내쫓고 치유하신 예수(막1:33)

지금 새로운 공동체가 베드로의 집을 중심으로 탄생한다. 온 동네 사람들이 문 앞에 모였을 정도로 많은 사람들로 북적인다. 회당과 다르게 마을은 그 문턱이 낮아 많은 사람들이 편안하게 오갈 수 있었다. 그래서 회당이 아니라 회당밖 베드로의 장모의 집이 바로 예수님의 치유의 베이스 캠프가 된 것이다.

이렇게 예수님이 갈릴리 마을 일대에서 베드로 장모의 집이라는 새로운 공간을 탄생시키시자 예수님은 이곳을 거점으로 갈릴리 가버나움 일대에서 낮에는 복음 전도를 하시고 밤에서 각색병을 고치신다.(막 1:29-34) 그리고 새벽 미명에 하나님 앞으로 나가 새벽 기도로 하나님과 소통하시고, 새벽 미명에 예수님은 다음과 같이 말씀 하신다. "이르시되 우리가 다른 가까운 마을들로 가자 거기서도 전도하리니 내가 이를 위하여 왔노라 하시고"(막 1:38)

이처럼 마가복음 1장에서 베드로의 장모의 집이 가버나움 마을의 새로운 선교적 거점이 세워지자, 마가복음 2장에 이르면 예수님의 하나님 나라 운동이 좀더 구체적인 윤곽을 들어내기 시작한다. 베드로의 장모 집 앞이 회당의 대안으로 새로운 치유 장소로 등장하였다면 이어서 2장 13절에 또 다른 새로운 공간이 등장한다. 곧 "알패오의 아들 레위의 집"이 예수님의 하나님 나라 마을 운동의 새로운 밥상공동체와 하나님나라 잔치 운동의 거점으로 나온다.

"바리새인의 서기관들이 예수께서 죄인과 세리들과 함께 잡수시는 것을 보고그 제자들에게 이르되 어찌하여 세리와 죄인들과 함께 먹는가"(막 2:16).

이처럼 예수의 갈릴리 하나님 나라 운동은 '가버나움'이라는 '마을'을 선교 거점으로 삼았다. 예수의 하나님 나라 선교는 개인이나 가정을 초점을 맞추지 않고 마을에 초첨을 둔다는 사실에 주목해야 한다. 예를들면 예수님은 어느 마을이 그의 제자들을 환영하면 그들에게하나님 나라의 평화와 치유를 베풀라 하신다. 반면 그 마을에 일정한 기간한 집에 머물면서 선교하였지만, 거절하면 마을 전체에 대한 경고를 명하신다.

"너희 발의 먼지를 떨어 버리고"(마태10;14) 그 마을을 떠나 다른 마을로 향하라는 복음서의 말씀은, 바로 예수님 제자들의 선교 사역의 초점이 바로 마을 단위였음을 알려준다. 제자들은 일정한 기간동안 한 마을 머물면서, 예수님의 악령축출과 치유 사역을 하였다.이 역시 자비를 베푼 개별 행동들이 아니다.

개인을 비롯한 '사회적 치유'라는 사회적 몸을 치유하고 세우려는 좀더 큰 하나님 나라 운동의 일부로 보아야 하겠다. 예수님과 그 제자들은 하나님 나라를 선포하고 악령 축출하고 치유를 행하면서, 그 마을이 공동으로 함께 사는 공동체를 세우는 일에 힘썼다고 이해해야 할 것이다.

7. 예수님의 갈릴리 마을 활동 캠프들

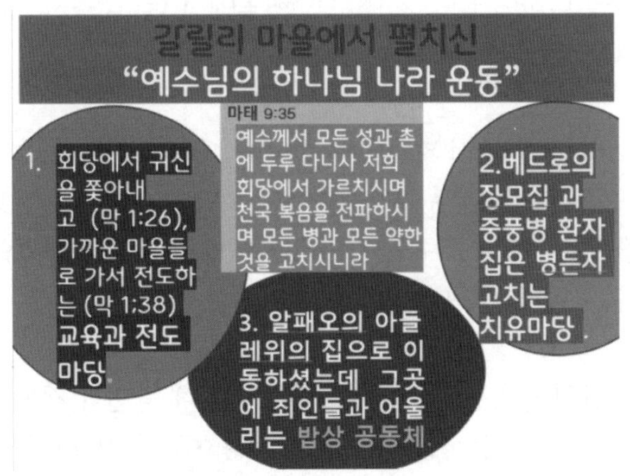

"예수께서 온 갈릴리에 두루 다니사 그들의 회당에서 가르치시며 천국 복음을 전파하시며 백성 중의 모든 병과 모든 약한 것을 고치시니 그의 소문이 온 수리아에 퍼진지라 사람들이 모든 앓는 자 곧 각종 병에 걸려서 고통당하는 자, 귀신 들린 자, 간질하는 자, 중풍병자들을 데려오니 그들을 고치시더라. 갈릴리와 데가볼리와 예루살렘과 유대와 요단 강 건너편에서 수많은 무리가 따르니라."(마4:23-24절)

예수의 주 활동 무대는 갈릴리이다. 마가복음의 약 3분의 2가 갈릴리에서의 사역을 중심으로 이루어진다. 예수가 처음 무대에 등장할 때 예수는 갈릴리 나사렛에서왔다고 소개된다(1:9). 갈릴리는 예수의 고향이며(6:1), 이후 예수의 이름은 나사렛 예수라 불린다(1:24, 10:47, 14:67, 16:6). 예수가 처음으로 복음을 전파한 곳도 갈릴리이다(1:14).

예수는 갈릴리 바닷가에서 제자들을 불렀으며, 갈릴리 바다를 중심으로 그 주변 지역에 가르침을 행하며, 귀신을 쫓고, 병든자를 고친다. 예수는 시몬과 안드레의 집에서 시몬의 장모를 고친다. 가버나움의 집에서 무리를 가르치시며 중풍병자를 고친다.

마가복음에서 예수의 첫 가르침과 첫 이적은 가버나움의 회당에서 이루어진다(1:21-28). 예수의 가르침에 회당에 있던 사람들은 서기관들과 달리 권세가 있음을 인하여 놀란다. 예수는 이곳에서 더러운 귀신들린 자를 치유하는 이적을 행한다.

예수는 이후 갈릴리 전역에 있는 회당을 다니며 전도하고 귀신을 쫓아낸다(1:39). 그러나 처음에는 친화적이었던 회당은 이야기가 진행되면서 갈등의 과정을 겪게 된다. 예수의 갈릴리 사역에서 회당 세력과의 결정적인 위기는 손마른사람을 고칠 때 발생한다(3:1-6).

이전까지 간헐적인 충돌은 있었지만 안식일에 율법과 전통의 본거지인 회당에서 정면적으로 안식일 법을 범한 것은 예수의 적대자들에게는 묵과할 수 없는 일 이었다. 이 일이 있은 후 바리새인들은 나가서 헤롯 일당들과 함께 예수를 죽일 모의를 한다.

이처럼 마가 복음에 있어서 집과 마을은 새 시대의 새공동체가 탄생하는 세계이다. 새로운 공동체의 출현은 회당과 성전 대신 집이 예수 사역의 중심이 되는 것에서발견할 수 있다. 이 집은 더 이상 혈연으로 맺어진 가족이 거하는 공간이 아니라, 하나님의 뜻을 행하는 자들이한 가족이 되어 가르침과 사귐을 나누는 공간이다.

예수는 집이나 홀로 있을 때, 또는 길거리를 가며, 제자들에게만 비유에 대해서 가르치며, 비밀한 지식과 교훈들을 전한다. 이들은 예수와 복음이라는 새 술을 그 안에 담고 있는 새로운 공동체이며, 부활한 예수를 갈릴리에서 만날 새 시대의 희망으로 부풀어 있는 공동체이다. 그래서 집과 마을은 예수와의 은밀한 교제와 가르침이 있는 새로운 공동체의 상징이된다.

회당과 성전은 전통적으로 구별된 거룩한 공간이지만 마가복음 내에서는 집이나 마을과 같이 오히려 세속의 공간이 더 성스러운 곳이 되며, 회당과 성전은 하나님의 아들을 대적하며 끝내는 멸망의 길을 간다. 마가복음의 세계는 하나님나라의 복음을 전하기 위해서 여행하고 있는 전도자들의 세계이며, 세상의 일반적 가치들이 전복되는 세계이며, 새 시대의 공동체가 탄생하고 있는 세계인 것이다.

이 모든 이야기를 종합해보면 마가복음에서 집은 마을 한가운데 있는것으로서 회당과 성전과 대비 된다, 마가는 "예수와 복음을 위하여 내놓은" '집'을 반복적으로 사용하여 이 마을 한가운데의 집을 그지역의 선교 근거지로 삼았다는 점은 분명하다.

그러나 우리는 마가 복음의 지역 선교의 근거지로 삼은 마을의 그집들을 좀더 입체적으로 보면 "마을의 집"이라는 근거지는 베드로의 장모의 집과 같은 치유 캠프와 알패오의 아들 레위의 집 앞마당과 같은 밥상 공동체 그리고 가나의 잔치와 같은 잔치공간이나, 소그룹 교육 공동체나 후원 캠프 등, 마을 전체를 하나의 전략적 캠프나, 공유지와 같은 선교적 생태계와 마을 공화국으로 형성하려는 흔적으로 볼수는 없는가 하는 상상력을 가지지 않을수 없다.

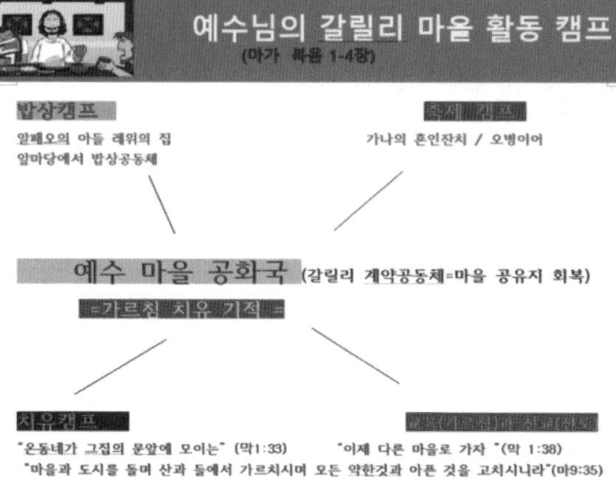

우리는 이러한 관점에서 앞에서 서술한 마가복음 1-4장 사이의 성경구절에 나와 있는 예수님의 갈릴리 마을 활동을 요약하면

① 베드로의 장모의 집과 같은 치유 캠프와

② 알패오의 아들 레위의 집 앞마당과 같은 밥상 공동체

③ 잔치와 교육 공간이나 후원 캠프로 사용한 들판과 호숫가등을 쉽게 발견하면서 예수님이 갈릴리 마을 전체를 하나의 전략적 캠프와 공유지와 공화국과 같은 예수님의 하나님 나라 운동의 마을 캠프를 그려볼 수 있다.

- 1. 갈릴리 마을 치유 캠프 = "온 동네가 문 앞에 모였더라"(마가1:33)
  - 29. 회당에서 나와 곧 야고보와 요한과 함께 시몬과 안드레의 집에 들어가시니 (마가 1장29절)

- 2. 갈릴리 마을 밥상 캠프 : 세리와 죄인을 부르러 왔다.

16. 바리새인의 서기관들이 예수께서 죄인과 세리들과 함께 잡수시는 것을 보고 그 제자들에게 이르되 어찌하여 세리와 죄인들과 함께 먹는가 (마가2:16)

- 3. 가나의 잔치 캠프

10 말하되 사람마다 먼저 좋은 포도주를 내고 취한 후에 낮은 것을 내거늘 그대는 지금까지 좋은 포도주를 두었도다 하니라 (요한 2:10)

- 4. 갈릴리 마을 기도 전도 캠프

·35. 새벽 오히려 미명에 예수께서 일어나 나가 한적한 곳으로 가사 거기서 기도하시더니 38. 이르시되 우리가 다른 가까운 마을들로 가자 거기서도 전도하리니 내가 이를 위하여 왔노라 하시고(마가1:35-38)

- 5. 갈릴리 마을 말씀 캠프

·"예수께서 다시 바닷가에서 가르치시니 큰 무리가 모여 들거늘"(마가 4-1) : 씨뿌리는 비유

결론적으로 예수님은 갈릴리 마을과 마을 사이에 "갈릴리 마을 활동 캠프(마을 공유지 혹은 공화국)"를 세우시면서 역동적으로 "갈릴리 하나님 나라 마을 운동"을 움직여 나가신 것 같다.

① 갈릴리 마을치유캠프: "온 동네가 문 앞에 모였더라"(마가1:33) "회당에서 나와 곧 야고보와 요한과 함께 시몬과 안드레의 집에 들어가시니"(막:1 장29절)

② 갈릴리 마을 밥상 캠프: 나는 죄인을 부르러 왔다. "바리새인의 서기관들이 예수께서 죄인과 세리들과 함께 잡수시는 것을 보고 그 제자들에게 이르되 어찌 하여 세리와 죄인들과 함께 먹는가"(마가2:16)

③ 가나의 잔치 캠프: "말하되 사람마다 먼저 좋은 포도주를 내고 취한 후에 낮은것을 내거늘 그대는 지금까지 좋은 포도주를 두었도다 하니라"(요한 2;10)

④ 갈릴리 마을말씀 캠프: 씨뿌리는 비유 "새벽 오히려 미명에 예수께서 일어나 나가 한적한 곳으로 가사 거기서 기도하시더니 이르시되 우리가 다른 가까운 마을들로 가자 거기서도 전도하리니 내가 이를 위하여 왔노라 하시고"(마가1:35-38)

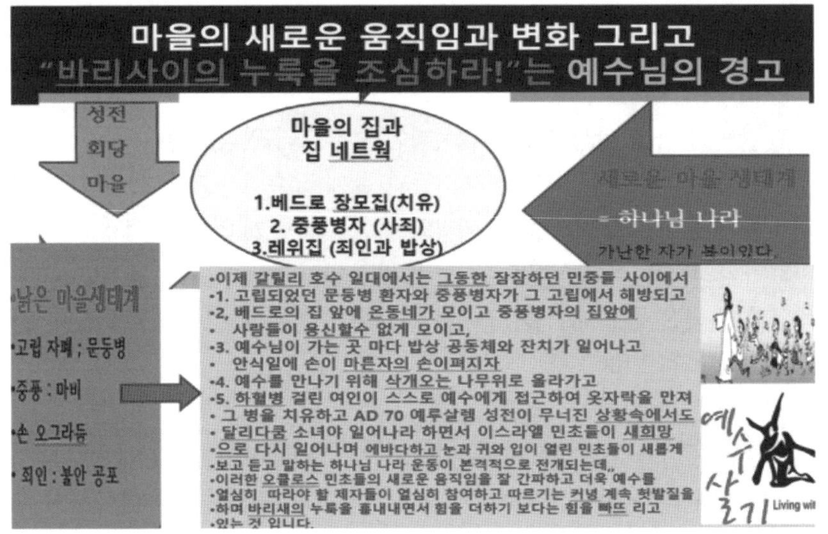

① 고립을 뚫고 협동과 연대로

오늘 예수님은 문둥병자를 통해서 당시 유대 사회의 차별과 배제를 보고 그것을 넘어 서시려고 하신다. 여기서 예수님은 그 문둥병 환자를 치유하시는데 그 치유의 방법이 직접 문둥병 환자의 몸에 손을 대시자 문둥병이 떠나 갔다고 되어 있다. 오늘 문둥병의 근원이 "고립과 격리"였다면 치유는 예수님의 문둥병자의 몸에 손을 대신 것처럼 "접촉과 관계"라는 것이다. 그것은 우리가 건강한 인격 건강한 신앙인으로 거듭나고 치유되려면 가장 중요한 것이 바로 개인적으로 고립 자폐되어 있는 것이 아니라 삶의 사회성과 관계와 접촉이 회복해야 한다는 것이다. "무리를 인하여 예수께 데려갈 수 없으므로 그 계신 곳의 지붕을 뜯어 구멍을 내고 중풍병자의 누운 상을 달아내리니"(막2:4) "예수께서 민망히 여기사 손을 내밀어 저에게 대시며"(막1:41)문둥병 환자 치유 후의 두번째 치유 기사는 중풍병자를 치유하는 장면이다. 이 장면이 바로 고립에서 협동의 차원으로 나오는 것을 의미한다. 오늘 이 중풍병 환자의 친구들은 서로 어깨 동무하고 중풍병환자를 들쳐업고 지붕을 부수고 예수님께 나가고 있다. 이러한 중풍병자 친구들의 협동과 연대는 바로 예수를 둘러싸 중풍병 환자를 들쳐 업었다. 뿐만 아니라, 예수님께로 나가는 길을 가로 막고 있는 무리(군중)를 넘어서고, 이것이 협동과 연대라는 집단적 지혜로 진화하여 결국은 지붕을 뚫고 만다. 이 치유 이야기의 결론은 개인에서 공동체로 나가며 공동체와 관계적 몸을 만들고 그리스도의 몸을 세울 때 예수님의 "내 믿음이 너를 치유했다!"라는 "속죄의 치유 선언" 선포이다. 이는 우리들 가운데의 죄와 상처가 협동과 연대를 통한 속죄로 치유될때, 중풍병환자가 일어나 걸을수 있음을 보여준다.

② 젊고 유쾌한 밥상공동체

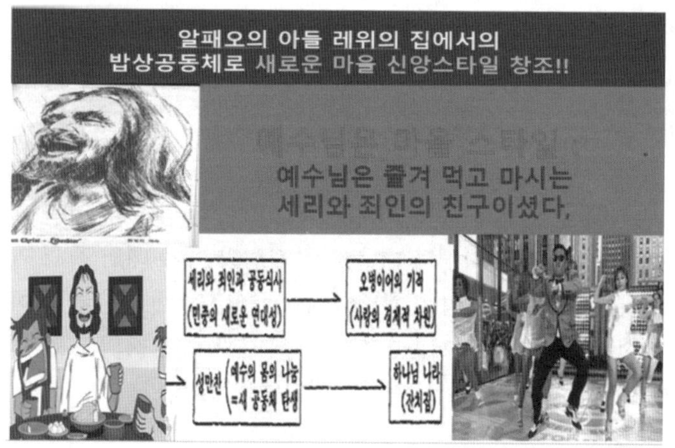

"바리새인의 서기관들이 예수께서 죄인과 세리들과 함께 잡수시는 것을 보고 그 제자들에게 이르되 어찌하여 세리와 죄인들과 함께 먹는가"(마가 2:16)

예수님은 늙고 낡은 이러한 유대교의 "차별과 배제"의 세계에서 나와 세리와 죄인들 사이로 들어가 밥상을 펴고 함께 어울리고 사귀며 나누며 먹는 젊고, 유쾌하고 생기 발랄한 하나님 나라 운동을 시작하셨다. 결국 유대교가 율법으로 서민들을 숨 쉴수 없도록 죄어 올 때. 예수님은 반대로 하나님 나라의 무한 개방 용서 긍휼 은혜를 베푸셨다.

예수 그리스도는 하나님 나라의 상속자이자 축제의 주관자로서, 단 한 번의 실패로 죽음에 이르고 작은 실수에도 목이 조여오는 바리새인들의 숨 막히는 유대교적 생태계를 넘어섰다. 그는 가난한 자, 죄인, 세리와 같은 사회에서 배제되고 차별받으며 마비된 이들을 품으셨다. 또한 일곱 번씩 일흔 번이라도 용서하는 하나님의 은혜를 선포하며 무제한의 개방과 용서, 수용의 기회를 제공하는 하나님 나라를 일으키셨다.

그러므로 하나님 나라의 새로운 생태계는 하나님의 백성을 차별과 배제와 불안과 공포의 낡은 율법적 생태계로 옭아 매는 일이 아니다. 무제한 개방 용서 수용을 선포하는 하나님 나라의 하나님의 은혜의 생태계로 이 세상에 새로운 생명의 숨과 부활의 생명을 불어 넣어 이 사회를 다시 살아 숨 쉬게 하는 것이다.

오늘 본문인 마가복음에서 처음으로 '제자'라는 말이 등장한다. 이는 예수를 따르는 삶이란 곧 우리의 가정과 마을을 알패오의 아들 레위 집의 밥상처럼 '밥상공동체'로 만드는 것임을 일깨워 준다. 예수의 제자는 바로 이 하나님 나라의 밥상공동체에 적극적으로 참여하는 사람이요, 레위 집의 그 밥상이 곧 천국이며, 그곳이 바로 하나님 나라임을 깨닫는 사람이다.

③ 불안 공포 마케팅을 날려버린 예수

"예루살렘에 있는 양문 곁에, 히브리말로 베데스다라 하는 못이 있는데, 거기 행각 다섯이 있고, 그 안에 많은 병자, 소경, 절뚝발이, 혈기 마른 자들이 누워 물의 동함을 기다리니"(요한복음 5:2-3).

베데스다 연못의 병자는 38년 된 오래된 환자였으나, 그는 한 번도 치료의 기회를 얻지 못했다. 이 38년 된 환자가 오랜 세월 동안 치유의 기회를 얻지 못한 핵심적인 이유는 무엇일까? 그것은 물이 동할 때 가장 먼저 들어가야 한다는, 마치 로또 복권과 같은 요행을 바라는 심리적 상태 때문이다.

"예수께서 가라사대, '일어나 네 자리를 들고 걸어가라' 하시니"(요한복음 5:8).

예수님의 이 말씀의 의미는 무엇일까? 38년 된 환자의 가장 큰 문제는 물이 동할 때 가장 먼저 들어가야 한다는, 실행될 수 없는 미신적 경쟁의 확률에 목숨을 걸고 있다는 것이다. 이 이야기를 좀 더 확장해서 보면, 오늘날 많은 사람들도 이 사회가 '1:99'의 구조가 되어버렸음에도, 이를 극복하려 하기보다는 오히려 1%가 되는 행운의 주인공이 되겠다는 미신에 사로잡혀 있다는 것이다.

이러한 경쟁에 대한 열광과 고정관념은 봉준호 감독의 영화 설국열차에서도 반복된다. 영화 속 메이슨 총리는 이렇게 외친다.

"성장 엔진이 멈추면 모두 죽는다. 그러니 너희는 꼬리칸, 우리는 앞칸. 자기 자리를 지켜라!"

그러나 열차 밖으로 나가면 모조리 얼어 죽을 것이라 믿던 사람들의 생각은 영화가 진행되면서 결국 거짓임이 드러난다. 앞으로가 아니라 옆으로, 새로운 생태계로 나가야 생존할 수 있음을 깨닫게 되는 것이다.

예수님께서 갈릴리 호수를 여행하시며, 항해 중 파도로 인해 공포에 질린 제자들 앞에서 바다를 잠잠케 하시고, 물 위를 걸어오신 이유도 이와 같지 않을까? "성장 엔진이 멈추면 모두 죽는다. 그러니 자기 자리를 지켜라."라는 이 세상의 논리와 공포에 갇힌 제자들에게, 지금 세상과는 전적으로 다른 하나님 나라, 새로운 생태계를 꿈꾸라고 말씀하신 것은 아닐까?

예수님은 물이 동할 때 남보다 먼저 뛰어드는 무모한 경쟁을 포기하라고 하신다. 그리고 지금 그 자리에서 벌떡 일어나, 협동과 자립과 연대의 새로운 길로 나아가라고 명령하신다. 이것이야말로 새로운 삶의 생태계를 향한 예수님의 초대이다!

9. "와서 보라"

한국 엘리트들은 왜 반 사회적인가? 공부만 잘한 이들의 뇌란,
기번 계엄과 내란의 동조세력을 보면 서울대 수석 졸업, 법대수석 육사 수석 경찰대 수석등 엘리트중에 엘리트들인데 이러한 엘리트들이 왜 반사회적인가? 김누리 교수 경쟁교육의 폐해가 아닌가하고, 경쟁교육이 한국 사회에서 관용과 협력을 약화시키고, 엘리트주의를 강화시키는 원인이라고 주장합니다. 그는 제1차 세계대전과 제2차 세계대전을 일으키고 유태인 학살, 홀로코스트를 저질렀으며 아우슈비츠로 상징되는 20세기 최악의 범죄를 저질렀던 독일이 추구 했던 것이 바로 경쟁주의 교육이었고, 6,8혁명으로 그것을 청산하여 21세기 최고의 모범국가가 된 교육혁명을 일구어 냈다는 것이다. '경쟁주의·능력주의·엘리트주의라는 야만의 트라이앵귤이 결국 사회적 불평등과 히틀러 같은 파시즘적 인간을 양상한다는 것 입니다. 그러나 공부만 잘한 이러한 반 사회적 검찰, 정차관, 군대, 경호관들의 명령에 의문을 제기하고 생각하고,저형한 시민들과 평민 지식인들 덕분에 계엄을 막고 내란을 막아낸 것 입니다.

한국 엘리트들은 왜 반 사회적인가? 공부만 잘한 이들의 내란, 이번 계엄과 내란의 동조세력을 보면 서울대 수석 졸업, 법대 수석 육사 수석 경찰대 수석 등 엘리트 중에 엘리트들인데 이러한 엘리트들이 왜 반사회적인가?

김누리 교수는 경쟁교육의 폐해가 아닌가하고, 경쟁 교육이 한국 사회에서 관용과 협력을 약화시키고, 엘리트주의를 강화시키는 원인이라고 주장합니다.

그는 제1차 세계대전과 제2차 세계대전을 일으키고 유태인 학살, 홀로코스트를 저질렀으며 아우슈비츠로 상징되는 20세기 최악의 범죄를 저질렀던 독일이 추구 했던 것이 바로 경쟁주의 교육이었고, 6.8혁명으로 그것을 청산하여 21세기 최고의 모범국가가 된 교육혁명을 일구어 냈다는 것이다.

'경쟁주의·능력주의·엘리트주의라는 야만의 트라이앵글이 결구 사회적 불평등과 히틀러 같은 파시즘적 인간을 양상한다는것 입니다. 그러나 공부만 잘한 이러한 반사회적 검찰, 장차관, 군대, 경호관들의 명령에 의문을 제기하고 생각하고, 저항한 시민들과 평민 지식인들 덕분에 계엄을 막고 내란을 막아낸 것입니다. 왜 극우가 개신교의 얼굴이 됐을까: 내란세력에 편승한 한국의 극우기독교 근본 문자 각자도생의 신앙위에 주술적 반사회적인 엘리트주의 결합되었기 때문입니다.

1980년대까지는 정교분리를 주장해온 근본주의자들이 있었으나, 87년 민주화 항쟁과 2016년 촛불집회 이후 군사독재 세력이 퇴조하면서 개신교 일부가 극우정치세력과 강한 연결고리를 맺게 되었습니다1. 기득권 유지: 불의한 통치자 칭송하는 '정치적 우상숭배' 한국교회의 주류는 독재자 이승만과 박정희에 이어 전두환을 칭송했습니다.

1980년 8월 7일 '전두환'을 위한 조찬기도회'가 열리고 내란과 광주 학살의 주범을 '사회악 제거한는 의인'이라고 추켜 세우고, 2022년 4월 1일 김장환 목사 등은 손바닥 왕(王)자 등으로 미신 숭배자라는 논란이 뜨거웠던 윤석열 대통령 당선인 축하예배를 열었습니다.

2. 사회적 갈등: 최근 몇 년 동안 일부 극우 개신교 세력이 정치적 집회

에서 태극기와 성조기를 함께 흔들며 시위하는 모습이 부각되면서, 사회적 갈등과 양극화를 부채질하며, 지지층을 결집시켰습니다 이번 내란 사태때에는 가장 강력한 내란 동조 세력이 되어내란 세력을 열광적으로 지지 하였습니다.

3. 천민자본주의에 편승한 물신숭배의 우상 "교회는 그리스로 이동해 철학이 되었고 로마로 옮겨가서는 제도가 되었다. 그 다음에 유럽으로 가서 문화가 되었다. 마침내 미국으로 왔을 때 교회는 기업이 되었다"고했습니다. 한국에 와서는 비자금을 800억을 모은 대기업이 되어 대형교회의 이러한 물신숭배는 결국 내란 동조세력이 됩니다.

요한 복음 1-4장을 보면 예수님은 1장 나다니엘 3장 니고데모 4장 사마리아 여인을 대화로 깨우치시고 현장 학습을 통해 갈릴리 마을 일대에 평민 지식인들을 키우셨습니다. 이러한 때 우리는 요한 복음 1-5장에서 예수님을 만나 예수님을 따르던 이들이 누군가를 다시 살펴 볼 필요가 있습니다. 갈릴리 마을에서 젊은 어부들에게 그물을, 버리고 사람을 낚은 어부가 되려 했던 청년 빌립, 안드레, 나다니엘은 누구인가?

예수님을 처음 만났을때는 갈릴리에서 무엇이 나올까? 라고 한 나다니엘이지만 나중에는 마을의 평민 지식인으로 성장합니다.

나다니엘의 믿음의 시작:

나다니엘은 처음에 예수에 대해 회의적인 태도를 보였습니다. 그는 나사렛에서 무슨 좋은 것이 나올 수 있겠느냐며 의심했습니다. 그는 예수의 신성을 인정하지 않았고 그의 메시지를 의심했습니다. 하지만 그의 친구 필립은 나다니엘에게 예수를 만나 볼 것을 권유했습니다. 필립은 나다니엘에게 예수가 바로 구약에서 예언된 메시아라고 확신하며 그를 설득했습니다.

나다니엘은 필립의 간절한 요청에 마지못해 예수를 만나기로 결정했습니다. 예수님은 나다니엘이 자신에게 다가오는 모습을 보고 그를 향해 "보라, 참 이스라엘 사람, 그 속에 간사함이 없는 사람이로다"라고 말씀하셨습니다. 나다니엘은 예수가 자신의 속마음까지 알고 있다는 사실에 놀랐고, 예수가 바로 메시아임을 깨닫게 되었습니다. 예수와의 만남을 통해 나다니엘은 예수를 믿게 되었습니다.

그는 예수의 제자가 되어 그의 뒤를 따르기로 결심했습니다. 나다니엘의 믿음은 그의 회의적인 태도에서 시작되어 예수와의 직접적인 만남을 통해 예수님이메시아라는 의식이 확고해진 것입니다

니고데모: 유대인 지식인의 고뇌와 선택

니고데모는 유대교 지도자였고, 예수님의 가르침에 매료되었습니다. 그러나 그는 예수님의 가르침을 받아들이는데 어려움을 느꼈습니다. 그는 예수님에게 "어떻게 사람이 다시 태어날 수 있겠습니까?"라고 질문했습니다. 예수님은 그에게 "물과 성령으로 거듭나야 합니다"라고 대답했습니다.

니고데모는 예수님의 가르침을 받아들였지만, 그는 사회적 지위와 명예

를 두려워했습니다. 그는 예수님을 밤에 찾아가서 비밀리에 대화를 나누었습니다. 그러나 그는 예수님의 죽음 이후에, 그의 장례를 치르는 데 헌신했습니다. 그는 예수님을 따르는 데 어려움을 겪었지만, 결국 자신의 신념을 지키기 위해 희생을 감수했습니다.

와서 보라의 신앙! 물동이를 버려두고 사마리아 마을로 뛰어든 사마리아여인의 황홀한 시간

사마리아 여인은 우물가에서 예수님을 만나 진정한 생명의 물을 발견합니다. 예수님의 말씀은 그녀의 삶에 깊은 변화를 가져옵니다. 변화된 마음으로 그녀는 마을 사람들에게 예수님을 증언하며 "와서 보라"고 초대합니다. 그녀의 증언은 마을 사람들에게 큰 영향을 미치며, 많은 사람들이 예수님을 믿게 됩니다.

사마리아 여인의 이야기는 예수님을 만난 후 변화된 삶과 다른 사람들을 향한 열정적인 전파가 믿음의 확산에 얼마나 큰 영향을 미치는지 보여줍니다. 그녀는 예수님의 생명의 물을 직접 경험하고, 그 경험을 다른 사람들과 나눔으로써 믿음의 불씨를 퍼뜨렸습니다.

오늘 우리가 함께 읽은 요한 복음은 요한일서와 요한계시록과 함께 "요한학파"에의해 기록된 것으로 알려지고 있습니다.요한 복음의 "와서 보라!" (요한복음1:46) 와 요한1서의 "눈으로 본 바요 우리의 손으로 만진 바라" (요한1서 1:1) 라는 말씀이 육신이 되어 요한 복음 4장의 사마리아 여인에게 이르러 "와서 보라!"로 이어집니다.

10. 낡은 신앙의 스타일을 새부대에 담는 가나의 혼인 잔치!

요한 복음에는 7개의 표적 기적 기사가 있다.

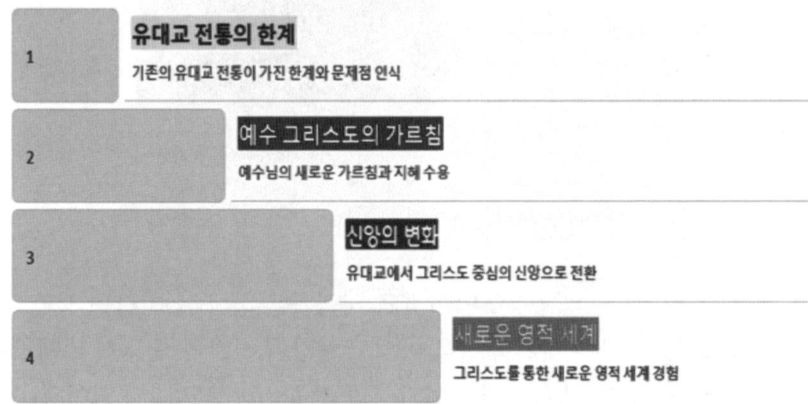

예수님의 첫 번째 기적은 가나의 혼인 잔치에서 물을 포도주로 만드는 기적이다. 예수님이 전통적인 유대교를 넘어 새로운 시대를 만들어 나가는데 가장 큰 장벽은 첫 째로 유대교의 율법이다. 우선 예수님은 정결례를 위해 쓰던 정결례의 물을 포도주로 만들어 쓰신다. 전통적인 율법에 변화를 주신다.

두번째는 포도주가 떨어지자 하니 두번째로는 자리를 떠서 홍을 깨는 사람들의 등장이다.

(서른 잔치는 끝났다. 최영미 시; 1994년)

가나의 혼인 잔치와
서른, 잔치는 끝났다 : 최영미

- 잔치는 끝났다
- 술 떨어지고, 사람들은 하나 둘 지갑을 챙기고 마침내 그도 갔지만
- 마지막 셈을 마치고 제각기 신발을 찾아 신고 떠났지만
- 어렴풋이 나는 알고 있다
- 여기 홀로 누군가 마지막까지 남아
- 주인 대신 상을 치우고
- 그 모든 걸 기억해내며 뜨거운 눈물 흘리란 걸
- 그가 부르다 만 노래를 마저 고쳐 부르리란 걸
- 어쩌면 나는 알고 있다
- 누군가 그 대신 상을 차리고, 새벽이 오기 전에
- 다시 사람들을 불러 모으리란 걸
- 환하게 불 밝히고 무대를 다시 꾸미리라

...늘 잔치가 끝났다는 사람이 있습니다. 그리고 판을 깨고 서둘러 떠나는 사람이 있습니다. 그래서 많은 사람들이 포도주가 떨어지자 잔치가 끝났다고 수군대기 시작 합니다. 주섬 주섬 옷을 입고 지갑을 챙기고 돌아 가려고 합니다.

우리가 인생을 살면서 포도주가 떨어진 때를 경험하면서 살 때가 있습니다. 이때 포도주가 떨어진 때가 중요합니다. 그러나 다른

첫 기적과 가나의 혼인 와인

최영미 시인의 "서른 잔치는 끝났다!"라는 시가 있습니다.

"(전략) 잔치는 끝났다! / 술 떨어지고, 사람들은 하나 둘 지갑을 챙기고 / 마침내 그도 갔지만 / 마지막 셈을 마치고 제각기 신발을 찾아 신고 떠났지만 / 어렴풋이 나는 알고 있다 / 여기 홀로 누군가 마지막까지 남아 / 주인 대신 상을 치우고 / 그 모든 걸 기억해 내며 뜨거운 눈물 흘리리란 걸/ 그가 부르다 만 노래를 마저 고쳐 부르리란 걸 /어쩌면 나는 알고 있다 / 누군가 그 대신 상을 차리고, 새벽이 오기 전에 / 다시 사람들을 불러 모르리란걸 (하략)"

성전 정화와 가나의 기적

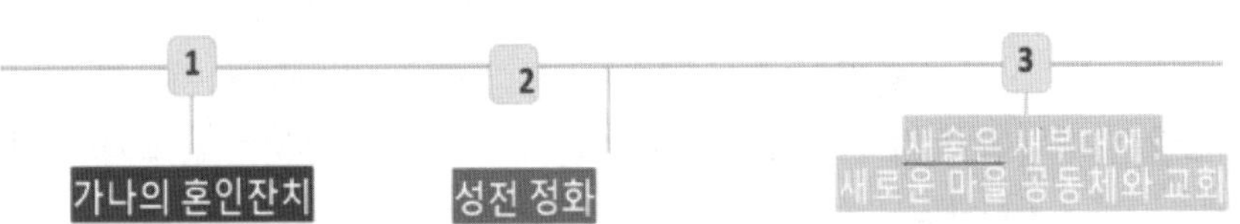

이러한 장벽에도 불구하고, 예수님은 유대 돌항아리의 정결수를 더욱 좋은 포도주로 바꾸시어 결혼식 내내 기쁨을 이어가게 하신다. 새 술을 새 부대에 담는 힘으로, 기도의 장소였던 성전 뜰이 환전상들의 탐욕으로 더럽혀지는 것을 막고, 다시 하나님과 민초들의 공간으로 정화하신다.

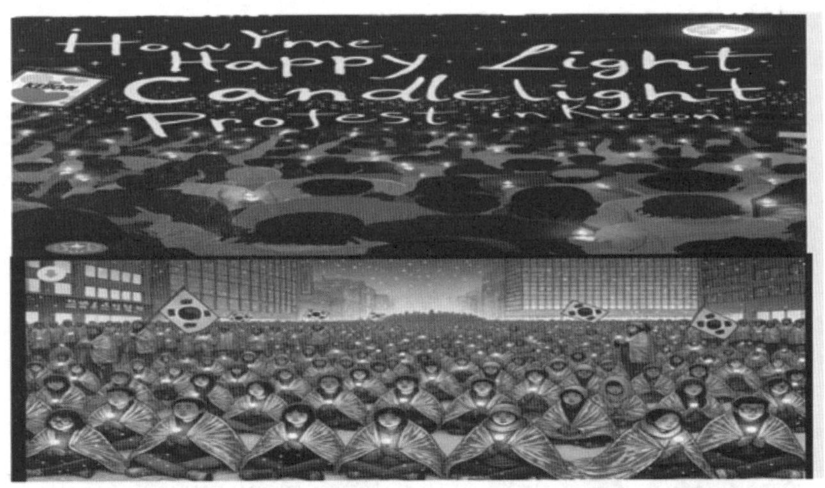

지금 우리의 역사 가운데서도 오늘 가나의 혼인잔치에서 예수님이 "춤의 왕, 잔치꾼 예수"의 모습으로 낡은 성전을 정화하여 새술을 새 부대에 담는 가나의 혼인 잔치가 일어나고 있다.

이번 탄핵 시위의 주력 부대가 102030세대로 바뀌었고, K팝 응원봉의 대거 등장하였다. 이것이 보여주듯이 이번 탄핵 시위방식에는 K팝과 「임을 위한 행진곡」이 함께 울려퍼졌다. 농민들의 트랙터 상경 투쟁을 가로막는 경찰의 차벽을 시민들이 달려가 무너뜨린 '남태령 대첩'에서는 「농민가」와 아이돌의 노래들이 어울려 불렀다.

노벨상 수상작가 한강의 소설 『소년이 온다』를 들고 나온 시민들도 있었다. 많은 이들이 걱정해온 세대간·계층간 단절이 상당부분 치유됨과 동시에 K팝과 K문학, K민주주의의 자연스러운 결합이 이루어진 것이다.

시민들이계엄의 현실과 싸우며 이 나라의 국가기관과 엘리트 집단이 얼마나 썩어 있는지를 각성하였다. 그러자 잠시 멈춰선 '촛불'이 다시 점화되면서, 12·3 계엄 이래폭발적 시민행동으로촛불 혁명을 빛의 혁명으로 완성하고 있는 것이다.(백낙청 교수)

눈보라 속에서도 꿈쩍 않고 한남동을 지킨 '키세스 시위대'의 모습은 대한민국의 국격을 하늘 높이 올려주면서 새로운 시대가 동터 오름을 너무나 분명히 보여주었다.

예수님이 물을 포도주로 만든 가나혼인 잔치의 기적은 유대교의 낡은 율법과 정결례를 뛰어 넘는 흥과 멋이 있는 축제적 새로운 삶과신앙의스타일을 만들어 낸 사건이다. 이러한 새로운 공동체의 탄생을 위해서는우리 가운데 낡은 율법적 리더쉽과 라이프 스타일이 새술을 새 포도주에 담는 것처럼 변화되어야 한다.

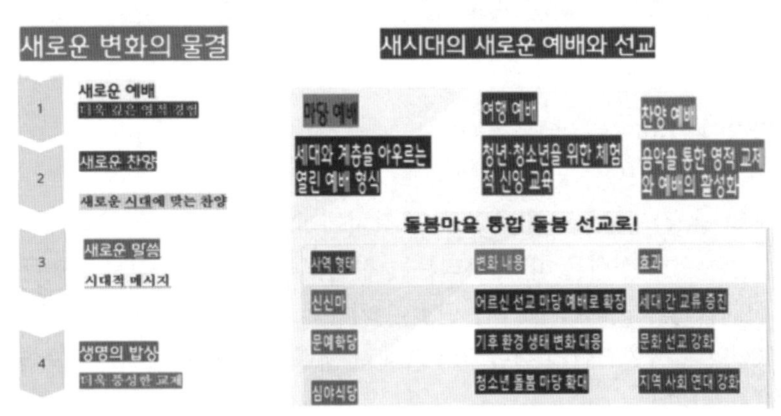

이제 우리 사회에 탄핵 이후 봄이되면 벚꽃 대선 혹은 장미 대선으로, 새로운 정권이 들어설 것이다. 읍면동 단위의 돌봄 마을이 들어서고, 우리 마을 교회들도 2025년 신년을 맞아 새 술을 새 부대에 담듯 예배, 찬양, 말씀, 공간, 공동 식사 등에서 새로운 변화를 맞이할 것이다. 이러한 변화 속에서 마을의 청년들과 어르신들도 다시 새롭게 초대해야 한다.

예수님의 이러한 모습은 우리에게 중요한 메시지를 전한다. 신앙은 단순히 엄숙하고 무거운 것이 아니라, 새술을 새부대에 담는 것과 같은 기쁨과 축제의 요소와 함께 모든 이들을 포용하는 넓은 사랑의 실천이 진정한 하나님 나라의 모습임을 보여준다.

춤의 왕, 잔치꾼 예수

기쁨의 춤을 추는 예수

예수님은 세례 요한의 금욕주의와는 대조적으로, 즐거 먹고 마시며 사람들과 어울리는 잔치꾼의 모습을 보여주셨습니다. 이는 하나님 나라의 기쁨과 풍성함을 상징합니다.

포용적인 밥상 공동체

예수님은 죄인과 세리들의 친구가 되어 그들과 함께 식사하셨습니다. 이러한 포용적인 밥상 공동체는 하나님 나라의 넓은 품을 보여줍니다.

치유와 회복의 기적

앉은뱅이, 문둥이, 귀머거리를 고치시는 예수님의 모습은 하나님 나라의 치유와 회복의 능력을 드러냅니다. 이를 통해 갈릴리 일대에 새로운 희망이 퍼져나갔습니다.

하나님 나라의 잔치를 준비하는 마당예배!!

1. 믿음의 춤 추기

예수님의 제자로서 우리는 어려운 상황 속에서도 믿음의 춤을 멈추지 말아야 합니다. 이는 하나님에 대한 신뢰와 기쁨의 표현입니다.

2. 포용적 공동체 만들기

작은 밥상 공동체를 큰 잔치 집으로 변화시키는 것이 우리의 사명입니다. 모든 이들을 환영하고 포용하는 열린 공동체를 만들어야 합니다.

3. 물을 포도주로 만드는 공동체 기대하기

빵 다섯 개와 물고기 두 마리로 5000명을 먹이신 기적처럼, 우리도 하나님의 능력을 신뢰하며 불가능해 보이는 일들에 도전해야 합니다.

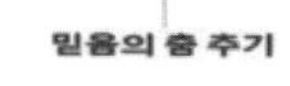

4. 돌봄마을 잔치 마당준비

궁극적으로 우리는 이 땅에서 천국 잔치의 맛보기를 준비하는 사명을 가지고 있습니다. 이는 하나님의 사랑과 은혜를 모두와 나누는 것을 의미합니다.

다같이 기도:

춤의 왕, 잔치꾼으로 가난의 혼인 잔치에 오신 예수님께서 우리에게 보여주신 잔치의 정신을 따라, 우리는 성전의 뜰을 폭리의 공간으로 만든 낡은 시대를 넘어세대간·계층간 단절이 치유되고 K팝과 K문학, K민주주의와 K신앙이 자연스럽게 결합되는 축제적 새로운 삶의 공간으로 만들어 나가길 원합니다.

어려움과 도전이 있더라도, 우리는새술을 새 부대에 붓는예수님의 가난의 혼인 잔치의 춤과 잔치를 멈추지 말아야 합니다. 그럴 때 우리는 진정한 의미의 교회와 마을, 즉 하나님의 사랑이 넘치는 마을과 교회 공동체를 이룰 수 있을 것입니다.(아멘)

요즘 세상이 열광하는 'K-문화', 그 힘은 어디에서 나올까요?

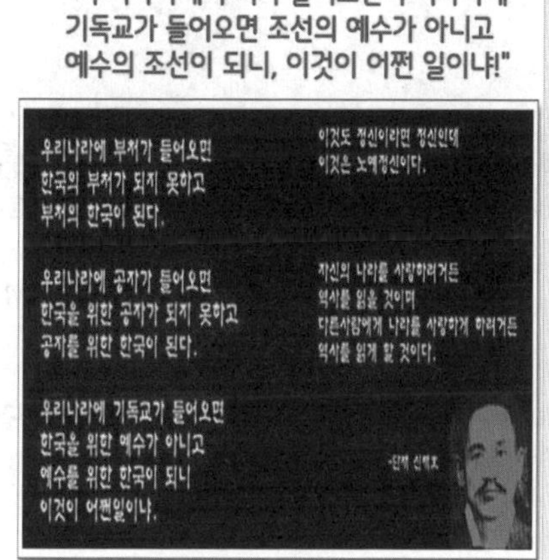

요즘 전 세계가 K-팝, K-드라마, K-푸드에 열광하고 있죠. 이런 K-문화가 세계를 이끄는 문화 강국으로 만들었어요. 한국 문화의 핵심에는 '정(情), 한(恨), 흥(興)'이 있다고 해요. 그중에서도 흥이 정말 중요하답니다. 오랜 고난과 핍박으로 생긴 '한'을 '흥'으로 뒤집어내는 힘이 있다는 것이죠.

K 문화의 흥은 단순한 즐거움이 아니에요. 그냥 물건을 많이 팔기 위한 소비문화 속 흥과는 깊이가 다르답니다. 많은 어려움을 겪고도 신바람을 내는, 깊이가 있는 흥이에요. 그리고 이 흥은 혼자 즐기는 것이 아니라, '공동체적 흥'이라는 것이 특징이에요.

지금 전 세계는 사람들이 고립되고 공동체가 무너지는 중이랍니다. 하지만 한국문화에는 이 공동체 문화가 있어요. 이것이 세상을 구원할 수도 있다는 기대감을 준다고 해요. 바로 이것이 우리가 주목해야 할 'K-예수'의 모습이랍니다.

우리가 사는 세상이 점점 복잡해지고 힘들어진다고 느끼는 사람들이 많아 전쟁, 고독사, 경쟁에 지친 사람들까지, 마치 잔치가 끝난 것처럼 느껴질 때가 있지. 하지만 한국의 문화(K-컬처)가 전 세계를 휩쓸고 있는 것처럼, 우리에게는 이 어려움을 뒤집을 수 있는 특별한 힘, 바로 '흥'이 있어. 이 흥을 가진 예수님, 즉 'K-예수'를 만나면 우리의 삶과 공동체가 어떻게 신나는 잔치판으로 바뀔 수 있는지 쉽게 이야기해 줄수 있게 됩니다.

왜 예수님 제자들은 금식하지 않고 먹고 마셨을까요?

예수님 시대에도 사람들이 예수님과 제자들을 이상하게 봤어요. 세례 요한의 제자들은 자주 금식하며 기도했어요. 바리새파 사람들의 제자들도 그렇게 했죠. 그런데 예수님의 제자들은 먹고 마시는 모습만 보였거든요. 마치 신앙심이 부족한 '날라리'처럼 보였을 수도 있어요.

율법을 중요시하는 사람들은 사람들에게 보이려고 금식하고 기도했어요. 겉으로는 경건해 보여도 사실은 회칠한 무덤 같은 사람들이 많았다고 해요. 예수님은 이런 율법주의자들을 '낡은 시대'라고 이야기했어요. 예수님이 오신 새 시대는 금식하는 시대가 아니에요. 잔치를 벌이는 '축제의 시대'라는 것이죠. 예수님은 자신이 신랑으로 세상에 와서 잔치를 하는 기간이라고 말씀하셨어요. 신랑이 함께 있을 때 슬퍼하며 금식하는 사람이 어디 있겠어요. 먹고 마시며 즐겨야 할 때인 거죠.

예수님이 일으킨 첫 기적이 포도주인 이유는 무엇일까요?

예수님이 일으킨 기적 중에서 첫 번째는 '가나의 혼인 잔치'에서 물을 포도주로 만든 일이에요. 잔치에서 술이 다 떨어지자 사람들이 떠나려 했죠. 잔치가 끝나면 안 되잖아요. 그래서 예수님은 정결 예식에 쓰이던 물을 포도주로 바꾸어 잔치를 계속하게 하셨어요.

잔치가 끝났을 때 누가 물을 포도주로 바꿀까요?

예수님은 늘 잔치판을 여셨고, 세리나 죄인 등 약한 사람들과 함께하셨어요. 하지만 주변에는 늘 '잔치가 끝났다'며 불평하는 사람들이 있었어요. 포도주가 떨어지면 사람들은 주섬주섬 옷을 챙겨 떠나려고 했죠. 잔치가 깨지는 것을 너무나 많이 경험한다고 해요.

하지만 이때 예수님은 물을 포도주로 바꾸셨어요. 이것이 바로 K-문화의 '흥'이 한을 뒤집는 것과 같아요. 잔치를 끝내지 않고 계속 이어가려는 힘이죠. 이것은 곧 부활의 힘이기도 하답니다. 아무리 고난이 오더라도 춤을 추고 죽어서도 다시 일어나는 부활을 믿는 것이죠.

이것은 세례 요한의 모습과 대비돼요. 세례 요한은 광야에서 금식하며 시대를 향해 심판을 꾸짖는 '장례식 분위기'였어요. 하지만 예수님은 광야에 머무르지 않았어요. 예수님은 마을로 들어와서 잔치를 일으키고 사람들을 치유하셨죠. 예수님의 신앙은 이렇게 마인드가 바뀌어야 하는 축제적인 신앙이랍니다. 한국의 K-예수는 금욕적인 예수가 아니라, 흥과 잔치를 즐기는 예수라는 것이죠. 예수님은 '세리와 죄인의 친구'라는 별명도 가지고 있었어요.

K-예수님은 어떻게 마을을 변화시켰을까요?

생명망 구축: 고립된 자를 구원하다

한국인의 정서: 정, 한, 흥

요소	의미	기독교적 연결	현대적 시사점
정(情)	나누고 함께하는 마음	마을 예수, 공동체 신앙	고립 해소, 연대감 형성
한(恨)	핍박과 고난에서 오는 슬픔	예수의 수난, 고난 극복	깊이 있는 문화의 원천
흥(興)	고난을 뒤집는 신바람, 축제	성령의 역사, 잔치의 예수	삶의 활력, 공동체적 에너지

한국인의 정서는 정(情), 한(恨), 흥(興)으로 요약됩니다. 우리는 많은 핍박을 받았기에 한(恨)이 많았지만, 이를 흥(興)으로 뒤집었습니다. 이 흥은 단순히 소비적인 흥이 아닌, 고난을 이겨낸 깊이가 있는 흥입니다. 개인적 흥이 아닌 공동체적 흥이기에 건강합니다.

K-예수는 바로 이 흥의 예수, 신바람 예수를 의미합니다.

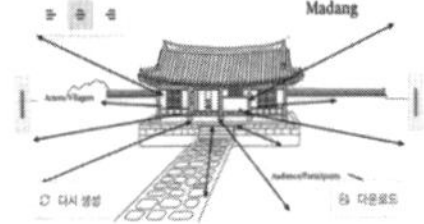

첫째로 예수님이 갈릴리 마을로 나가는 첫 장면이 바로 베드로의 장모의 집입니다.

이곳에서 예수님이 장모를 고치자 많은 병자들이 베드로의 장모의 집 앞마당에 모여 밤새도록 각색병 있는 사람을 고쳤다고 되어 있습니다.

이것은 처음에는 예수님이 아픈 사람에게 접근하자 그 마을 공간이 바로 치유의 공간이 되어

많은 사람들에게 생명을 치유하고 나누는 치유의 자궁이 되어가고 있음을 나타내는 것입니다

• 인류 생존의 비밀, '공동 육아':
  • 옛날 전통 사회에서 마을은 하나의 거대한 '자궁(Womb)'이었어. 아이는 마을 전체가 키웠고, 노인의 죽음도 마을 전체가 애도했지. [5]
  • 뇌과학이나 고인류학 연구를 보면, 인간이 문명을 이룰 수 있었던 결정적인 이유는 '공동 육아(Cooperative Breeding)' 덕분이었대. [23]
  • 인간 아기는 미성숙하게 태어나기 때문에, 엄마 혼자가 아니라 마을 전체가 함께 돌봐야 생존할 수 있도록 진화한 거야. 마을은 인류 생존을 위한 필수적인 '확장된 자궁'이었던 거지. [23]

1. 마을 공동체가 '생명의 자궁'이라고 불리는 이유는?

마을 마당을 치유의 '자궁'으로 만들기

예수님은 마을로 들어와서 병든 사람들을 고치기 시작했는데, 그 시작은 베드로 장모의 마당이었어요. 장모의 화병을 고치자, 온 동네의 아픈 사람들이 그 집 마당에 모여들어 밤새도록 치유를 받았어요. 이 마당은 생명을 잉태하고 출산하는 마을의 자궁(치유의 자궁) 같은 공간이 된 거야. 마을 공동체는 한 아이를 키우는 데 온 마을이 필요하듯이, 생명을 지속시키는 사회적인 자궁 역할을 해요. 지금 우리 사회의 낮은 출산율이나 고독사 문제는 이 사회적 자궁(공동체)이 무너졌기 때문입니다.

K-예수님은 이 무너진 공동체를 다시 살리는 일을 하신 거지요. 예수님의 기적 이야기는 그냥 역사적 사실을 넘어선 상징적 의미가 있어요. 베드로의 장모님을 고쳐준 사건을 보면, 장모님이 화병(식민지 살이 등으로 인한 억울함)에서 일어나자 많은 병자가 그 집 앞마당으로 모여들었어요. 그곳이 밤새도록 치유가 일어나는 공간이 되었죠. 이것은 생명을 잉태하고 출산하는 '마을의 생명 자궁'과 같다는 해석이에요.

* 마을은 생명을 잉태하고 출산하는 사회적 자궁과 같습니다.

지금 우리 사회는 자살률 세계 1위, 고독사 1위 등 생명이 많이 죽어가고 있어요. 생명을 잉태하고 출산하는 사회적 '자궁'이 망가졌기 때문이에요. 고인류학자들도 인간은 머리가 커서 스스로 아이를 받기 힘들기 때문에 '한 아이를 키우는 데 한 마을 전체가 필요하다'고 말했어요.

현재 최저 출산율과 고독사는 이 사회적 자궁이 붕괴되었기 때문입니다. 마을 공동체는 한 아이를 키우는 데 온 마을이 필요하듯이, 생명을 지속시키는 사회적인 자궁 역할을 해. 지금 우리 사회의 낮은 출산율이나 고독사 문제는 이 사회적 자궁(공동체)이 무너졌기 때문이야. K-예수님은 이 무너진 공동체를 다시 살리는 일을 하신 거지.

이곳에는 이미 많은 사람들이 모여 있어서 중풍
병자를 예수님 앞으로 데리고 나갈수가 없었습
니다,

그대 중풍병자의 친구 4명이 협력

연대하여 이 "마을 생명망 지킴이"

들이 지붕을 뚫고 예수님 앞으로 이 중풍병자를
데리고 갑니다,

마을 공동체가 무너지면서 많은 사람이 은둔형 외톨이가 되거나 고독사
로 죽어가고 있어요. 중풍병자나 문둥병자는 사회적으로 고립되었던 사람
들이었죠. 예수님은 이런 사람들을 구원하는 '생명망'을 중요하게 여겼어요.

3.1 중풍병자와 '들것'의 의미 "마을 생명망"

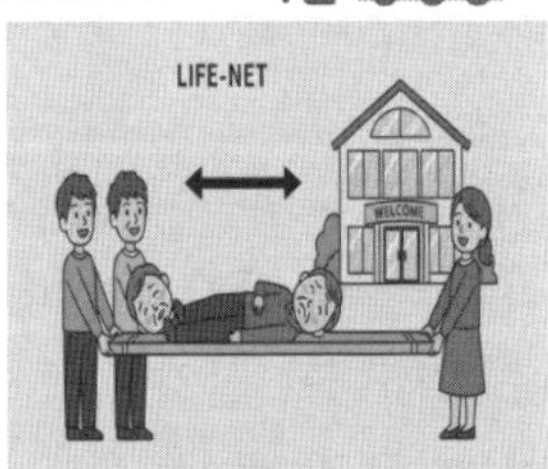

3.2 지붕 뚫기와 사회적 장벽 돌파

- 중풍병자 치유 사건은 **마을 생명망**의 작동을 보여줍니다. [17]
- 중풍병자는 스스로 움직일 수 없는 **고립된 존재**를 상징합니다. [17]
  - 오늘날의 고시원 **청년**이나 **독거노인**과 같습니다. [17]
- 네 명의 친구는 고립된 자를 **발견**하고 **연결**하는 활동가입니다. [21]
- **들것**은 단순한 이동 수단이 아닌, **돌봄 네트워크**이자 협동의 도구입니다. [21]

- 친구들이 **지붕을 뚫은** 행위는 혁명적인 실천입니다. [18]
- 지붕은 병자나 죄인이 거룩한 자에게 접근하지 못하게 막는 **사회적 장벽**입니다. [22]
  - 이는 **관료주의적 복지 시스템**의 사각지대나 교회의 높은 문턱을 상징합니다. [22]
- **지붕 뚫기**는 밀실에 갇힌 이들을 찾아내는 **찾아가는** 복지입니다. [22]
- 예수는 이들의 믿음을 보시고 그를 **공동체의 일원**으로 복권시켰습니다. [23]

　　중풍병자를 구한 4명의 친구 이야기가 대표적이에요. 그들은 병든 친구를 위해 지붕을 뚫고 내려서 예수님께 데려왔어요. 이것은 지금 고립된 사람들을 위해 누군가 '생명망을 짜서' 장벽을 돌파해야 함을 상징해요. 혼자 힘으로는 고립을 벗어나기 어려워요. 마을 전체가 협력해야 한다는 것이죠. 이처럼 마을 전체가 참여하고 연대하여 생명망을 만들 때, 생명을 잉태하는 마을의 자궁이 복원될 수 있어요.

밖에서 친구들 4명이 등장한다.
(약대동 생명망 구조대) (신신마 자봉+ 슬로패션)

이번 성탄절 마당극 하면서 이 구절을 ai와 다시 해석해 보았는데 그때 오늘날의 마비 고립된 중풍병 환자는 고시원이나 청년 은둔형 외톨이인데 이들에게 접근이 불가능 하니 지붕을 뚫자는 혁명적 제안을 하는 친구들을 바로 마을의 생명망 구조대라고 칭하는 것을 보았습니다, 통합돌봄 시대를 두달 앞에둔 지금의 시기에 꼭 필요한 해석 이라고 생각 합니다.

김 반장(김정섭 집사): (경비실에서 달려나와) 아니, 이 양반 둘이 미쳤나! 남의 아파트 옥상엔 왜 올라가? 주거침입죄야! 방수 코팅 다 깨진다고! 경찰 불러!

친구 2: (당당하게 외치며) 아저씨! 사람이 방 안에서 썩어가요! 방수 코팅이 문제요, 사람 목숨이 문제요? 비 좀 새면 어때! 우리가 나중에 다 고쳐줄게! 비켜요! 우리는 오늘 이 답답한 세상의 천장을 뚫어버릴 거니까!

K-예수 운동의 4단계 마당	핵심 행동	의미 (오늘날의 적용)
베드로 장모 마당	치유의 시작	마을 마당을 생명을 잉태하는 치유의 자궁으로 복원
중풍병자 마당	지붕 뚫기	고립된 사람을 구하기 위해 생명망을 짜고 장벽 돌파
레위의 집 마당	밥상 펴기	죄인, 약자와 함께하는 잔치 공동체 형성
삭개오/하혈병 여인 마당	나무에 오르고 옷자락 만지기	참여와 연대를 통해 마을 전체가 동력화되고 변화함

3. 능력주의의 중독과 극우화 현상

능력주의의 중독과 극우화 현상

- 현대 엘리트층은 **능력주의**에 중독되어 끝없는 경쟁에 시달립니다. [281]
  - 이들은 경쟁에서 이긴 사람이 모든 것을 가져가야 한다고 믿습니다. [283]
- 경쟁에 지친 이들은 **차별, 배제, 혐오**를 놀이로 삼아 **극우화**됩니다. [293]
  - 이는 **인문학적 기초**와 **인간에 대한 이해**가 부족하기 때문입니다. [298]
- **시장(경쟁)의 신과 공포의 신(율법주의)**에 갇혀 사는 것이 문제입니다. [322]

엘리트 청년들까지 '극우'가 되는 이유는 무엇일까요?

현대 사회는 능력주의에 중독되어 있어요. 경쟁에서 이긴 사람만 모든 것을 가질 수 있다고 믿고, 몰락한 사람은 실력이 없어서 그렇다고 생각해요. 엘리트층은 이런 끝없는 능력주의는 스스로도 경쟁에 시달리면서 지쳐가게 하고 있어요. 입시에서도 경쟁, 회사에서도 경쟁, 심지어 대형교회에 가서도 봉사 경쟁을 하죠.

너무 지친 이들은 쉬고 싶을 때, 자기보다 약한 사람을 차별하고 혐오하는 것을 '놀이'로 택한대요. 온라인에서 시작된 이 놀이는 결국 폭력에 가담하게 만들어 인생을 망치기도 한답니다. 이것은 사람이 예수님이 누구인지, 최소한의 인문학적 기초도 없이 끊임없이 경쟁에만 시달린 결과라고 해요.

4. 성령의 역사: 마을의 동력화와 해방

인물	행동	의미	결과
문둥병 환자	예수님의 명령을 어기고 소문을 냄	생명의 바이러스 확산, 마을 동력화	마을 전체가 움직이기 시작함
삭개오	나무에 올라갔다가 내려옴	능력주의와 욕망의 신으로부터 해방	재산 절반 기부, 4배 배상 약속
하혈병 여인	예수의 옷자락을 만짐	정결법과 공포의 신을 돌파하는 믿음	완전한 치유, 마을 돌봄 일꾼으로 복귀

잔치가 끝났다고 자리를 뜨는 사람들이 있을 때, 예수님은 물을 포도주로 바꿉니다.

이것이 바로 K의 흥이며, 부활의 춤입니다.

삭개오는 재산의 절반을 나누고 투색질한 것을 4배로 갚겠다고 선언합니다.

이는 시장(경쟁)의 신에서 해방되어 잔치 공동체에 참여하는 것입니다.

하혈병 여인은 오염될 위험을 감수하고 예수님의 옷자락을 만져 치유를 받습니다.

예수님은 그녀에게 평안히 가라고 하며 마을로 돌아가 돌봄 일꾼이 되게 합니다.

이러한 움직임은 마을 전체를 잔치판으로 뒤집는 성령의 역사입니다.

이것은 능력주의나 율법주의처럼 공포와 욕망에 갇혀있던 사람이 해방된 사건이에요. 또한 하혈병을 앓던 여인은 자신이 오염될 위험을 무릅쓰고 예수님의 옷자락을 만졌고, 예수님은 그 여자를 받아주셨어요. 이처럼 마을 전체가 움직이고, 잔치 공동체로 바뀌면서 고립과 마비에 빠져있던 마을이 새롭게 살아났답니다. K-예수님은 마을 전체를 치유하는 생명망과 을 생명 자궁으로 복원하셨어요.

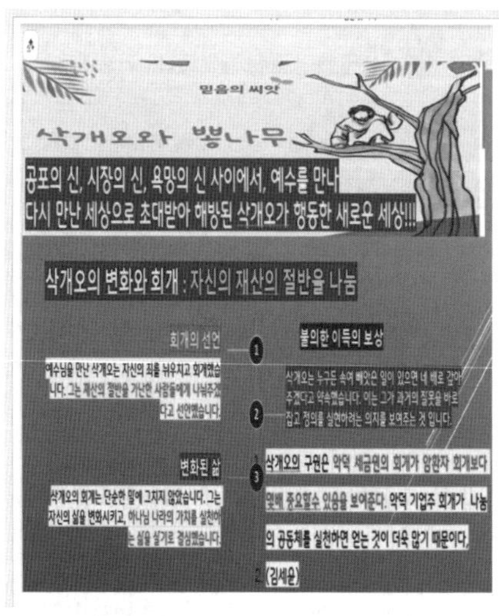

세리 <u>삭개오</u>가 나무에서 내려 오면서 자신의
재산 절반을 어려운 사람들에게 나누어 주면서
마을의 밥상 잔치가 벌어지고,

<u>하혈병</u> 걸린 여인은 예수님께 "훠파케"라는
말을 들으며 마을의 돌봄 <u>일꾼이되어</u>, 예수님
의 복음을 지역에 퍼트려 나가기 시작합니다

이렇게 예수의 흥이 퍼져나가면서 갈릴리
마을 전체가 움직이고 역동화 되어 돌봄 교회
와 마을로 전환되어지는 것입니다.

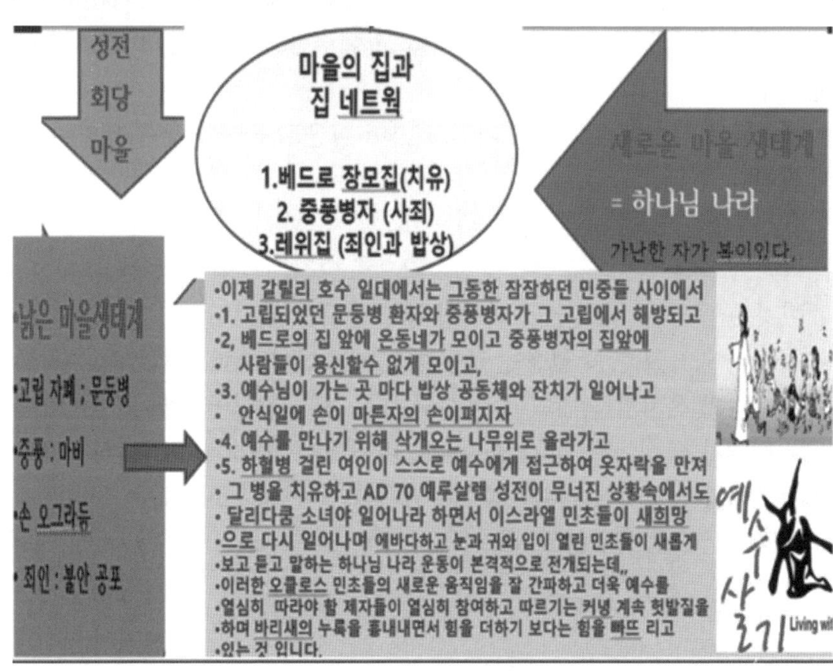

성령이란 누구신가 바로 흥의 영입니다. 성서는 이 모든일을 바로 성령께서 하셨다고 하십니다. 다같이 기도합시다.

이끔이 : 오늘날 교회와 마을의 불임은 영적·사회적 고립을 의미합니다. K-예수님은 베드로의 장모님 앞마당을

치유의 마당으로 만들어, 병들고 아픈 자들을 치유하여 생명을 잉태하는 마을 자궁으로 만드십니다.

따름이 : 이처럼 예수의 마을 활동을 통해 마을이 생명망으로 연결되고, 새로운 영성의 바람이 불기 시작합니다.

이끔이 : 예수님의 영은 불처럼 바람처럼 움직이시며, 늘 잔치는 끝났다고 판을 깨는, 율법학자와 바리새인과 같은

잔치 방해꾼의 방해에도 불구하고, 흥의 잔치 , 돌봄의 잔치 , 성령의 잔치를 지속해 나가시는 분 이십니다,

다같이 : 주님 ! 2026년에는 이 예수님의 흥의 성령님과 함께. 이제 이 약대동을 돌봄 교회와 돌봄 마을로 만들어 .

k 예수와 함께 k 교회와 마을을 만들어 나가는, 우리 새롬교회가 되길 간절히 기도드리오니 우리와 함께 하소서!

K-문화의 비밀: 한, 흥, 그리고 '정'이 세상을 구한고요?

우리 K-문화, 왜 전 세계에서 난리예요?

요즘 K-팝, K-푸드 등 K-문화가 전 세계를 흔들고 있어요. 이 모든 인기 뒤에는 아주 특별한 힘이 숨어있다고 해요. 바로 한국 문화의 핵심인 '한', '흥', 그리고 '정'이죠. 특히 '흥'은 단순히 즐거운 것을 넘어서요. 고난과 '한'을 뒤집어 '흥'으로 만드는 힘이거든요.

이제 우리는 그 흥을 넘어 '정'이라는 문화에 주목해야 해요.

1. 예수님이 보리떡 다섯 개와 물고기 두 마리로 오천 명을 먹인 오병이어 기적 이야기는 정말 유명하죠. 제자들은 수많은 군중을 보고 어떻게 먹일지 공포에 떨었어요. 하지만 예수님은 그 군중을 작은 공동체로 나누는 신의 한 수를 두셨답니다. 그때 그들에게는 한 아이가 가지고 있던 보리떡 다섯 개와 물고기 두 마리가 전부 였기 때문이지요.

2. 기적의 과정 예수님은 사람들을 잔디밭에 앉게 하시고, 그 작은 떡

과 물고기를 축복한 후 나누어 주셨습니다.*오천 명을 먹인 기적의 과정 마가복음 기록에 따르면, 예수님은 사람들을 푸른 잔디에 100명씩, 50명씩 앉게 했어요. 이렇게 잘게 나누는 것이 핵심이었죠. 그리고 가장 작은 소년 이 가져온 빵과 물고기를 축복하고 나눠주기 시작했어요. 이처럼 작은 공 동체 한곳에서 모범을 보이자 100개의·공동체에 일제히 그 모범이 번지기 시작했습니다. 결과 모두가 배불리 먹고도 남은 조각이 열두 바구니에 가 득 찬 오병이어 기적 사건이 일어난 것입니다.

3. 깍두기 정신이 세상을 바꾼다고요?

우리 어렸을 때 놀이에서 '깍두기'를 기억하나요? 축구공이 없는 아이, 어리거나 힘이 없는 아이들도 놀이에 참여할 수 있게 해주는 역할이었죠. 승자가 모든 것을 독식하는 요즘 사회와는 정반대되는 문화예요. 지금은 양극화와 불평등이 심각한 문제지만, 깍두기는 가장 약한 사람, 작은 사람 도 공동체에 포함시키는 배려였어요. 예수님의 모습도 이 깍두기 정신과 같아요. 예수님은 당시 주류 사회에서 배제되었던 세리, 창녀 같은 '깍두기' 들의 친구가 되어주셨죠. 가장 높은 곳에서 가장 낮은 곳으로 내려오신 성 육신 자체가 스스로 깍두기가 되어 공동체를 평등하게 만든 신적인 배려였던 거예요.

4. 꼽사리 정신은 또 뭐예요? '깍두기'가 힘센 사람이 약한 사람을 끼워주는 것이라면, '꼽사리'는 힘이 없는 사람이 큰 일에 능동적으로 참여하는 방식이에요. 예를 들어, 부천의 작은 마을 목사님이 큰 마을 공동체에 꼽사리를 껴서 영화제를 제안했죠. 그리고 이 마을이 부천문화재단의 국제영화제에 꼽사리를 껴서 작은 영화제를 연 것이랍니다. 꼽사리를 끼는 것은 작은 힘이라도 큰 흐름에 참여해 모두가 함께 살 수 있게 하는 문화예요. 깍두기와 꼽사리 정신은 K-정문화의 핵심이에요. 작고 약한 것들이 무시되지 않고, 오히려 그들을 통해 공동체가 움직이는 힘을 보여주는 것이죠.

5. 예수님의 성육신과 깍두기 정신 'K-예수'라는 개념은 1세기 예수님을 21세기 한국의 정서 속에서 새롭게 해석하려는 시도예요.성경에 나오는 예수님의 '성육신(Incarnation)'은 가장 높은 하늘의 영광을 버리고 가장 낮은 인간의 자리로 내려오신 사건이에요. 이것을 한국적인 '정'의 정서로 보면, 신이 인류라는 거대한 공동체에 예수님은 하나님의 권리를 주장하지 않고 종의 모습으로 인간과 같이 되셔서 스스로 '깍두기'가 되어 개입하신 사건이라고 할 수 있어요. 당시 사회 주류에서 배제되었던 깍두기들, 즉 세리, 창녀, 나병 환자들과 격식 없이 어울리며 그들의 친구가 되셨죠. 예수님의 이 행보는 위계질서 중심의 사회 구조를 뒤엎고, 모두를 평등하게 공동체에 '끼워주기(Inclusion)' 위한 신적인 배려였답니다. 초기 기독교인들이 전염병이 돌던 곳에 목숨을 걸고 들어가 아픈 사람들을 돌본 것처럼, 예수님은 가장 낮은 곳으로 내려가는 '낮아짐의 미학'을 보여주셨어요.

진안 운장산 여행과 진안 평촌 경로당 채비 꼽사리여행

＝한겨레두레협동조합 조합원이자 채비플래너로 진안평촌마을에 교육강사로 초대되어 유품정리에 대한 첫 강의를 하고 왔다(심어진 부천 마을 대학 이사장) ＝

　진안 평촌 경로당 채비 모임에 참여했을 때 그곳에서 평촌 마을 채비모임을 준비하고 계신 박후임 목사 부부를 만나고 신승원 목사님 공유 생태·사무실에서 진안 사회적 연대 경제 대표님을 만나 뵙고, 박후임 목사님의 봉곡마을에 들러 행복한 노인학교와 봉곡 마을 박물관을 둘러 보게 되었고, 끝까지 함께 해주신 진안의 한계레 두레 협동 조합 이사장님이 저녁식사를 대접해 주시어 든든하게 부천으로 되들아 올수 있었습니다. 마을 장례 채비라는 개념으로 약대동 마을과 진안 평촌 마을과 봉곡 마을이 연결되는 감격과 동시에 20년전에 농촌으로 내려간 우리 동지요 후배님들이 정말로 든든한 마을 공동체를 세우 셨다는 감격과 감사를 나누고 싶어 이글을 올립니다.

7. K-정 문화의 현대적 발현 :
7-1. 깍두기/곱사리 정신의 현대적 적용 (부천 약대동 마을)

　부천에는 '꼽사리'라는 영화제가 있었어요. 처음에는 큰 국제영화제에 '꼽사리' 끼어 시작했지만, 지금은 부천을 대표하는 마을 영화제로 11년 동안이나 이어지고 있다고 해요. 새롬교회는 영화제를 주최하는 데 그치지 않고, 이를 통해 형성된 주민들의 결속력을 복지 생태계로 연결하여, 코로나19 기간 동안에는 꼽이식당과 달토카페가 협력하여 마을 곳곳에 도시락을 배달하는 '생명의 망' 사역을 진행 했고, '꼽이마을 박물관'을 통해 마을

의 역사와 인물들의 스토리를 보존함으로써 주민들의 자긍심을 높였다고
합니다.

7-2. 마을 공동체가 학교 폭력을 없앨 수 있다고요?(성남 논골마을)

현대 학교의 가장 큰 고충은 학교 폭력 문제다. 폭력이 발생하면 즉시 위원회가 소집되지만, 부유하거나 사회적 지위가 높은 학부모들이 변호사를 고용해 법적 공방으로 몰고 가면서 피해 학생은 2차 가해를 입고 교사의 교육권은 무력화되며, 학교는 교육의 장이 아닌 소송의 장으로 전락한다. 그러나 성남의 논골 마을 학교는 장학사들이 놀릴 정도로 학교 폭력이 없는 모범 사례로 꼽힌다. 이 학교의 힘이 센 아이가 약한 아이를 괴롭히지 못하는 가장 큰 이유는, 옆집 아저씨가 가해 학생의 부모를 알고, 동네 삼촌이 아이의 행동을 지켜보는 구조 속에서 아이들은 자연스럽게 행동의 책임을 느끼게 되기 때문이다.

최근 학교 폭력 문제가 심각해지면서 학교 폭력 위원회가 생겼어요. 처음에는 좋았지만, 지금은 법적 공방으로 변질되어 문제가 더 심각해졌다고 해요. 힘센 부모들은 변호사를 고용해서 법적으로 다 이기려 하고, 피해 학생은 2차 가해를 입는 경우가 많았어요. 하지만 성남의 논골 마을학교는 달랐다고 해요. 이 학교는 주민들이 만든 마을학교예요. 청계천 이주민들이 모여 살았기 때문에 아이들 부모들이 서로 다 알고 있어요. 동네 오빠, 형, 동생, 삼촌처럼 지내죠. 그래서 힘센 아이가 약한 아이를 함부로 폭력할 수가 없어요. 마을 전체가 안전망 역할을 하며, 공동체가 아이들을 키우는 양육체가 된 것이죠. 평소 마을 축제와 꼽사리 활동을 통해 쌓아온 '정(情)'과 깍두기 정신이 살아있는 마을에서는 '우리 애'와 '남의 애'의 구분이 모호해지며, 마을 전체가 한 아이를 키우는 공동 양육 체제로 전환된다는 것이지요.

7-3. K-정신이 만들어낸 '광장 마을'을 아세요?

깍두기와 꼽사리 정신이 사회적으로 진화하고 집단적으로 발전하면 엄청난 일이 벌어져요. 5.18 민주화운동 당시 광주 시민들은 계엄군에게 고립되었을 때도 사재기를 하지 않았어요. 대신 자기 쌀을 가져와 주먹밥을 만들어 나누었죠. 이것이 바로 K-정문화의 놀라운 모습이에요.

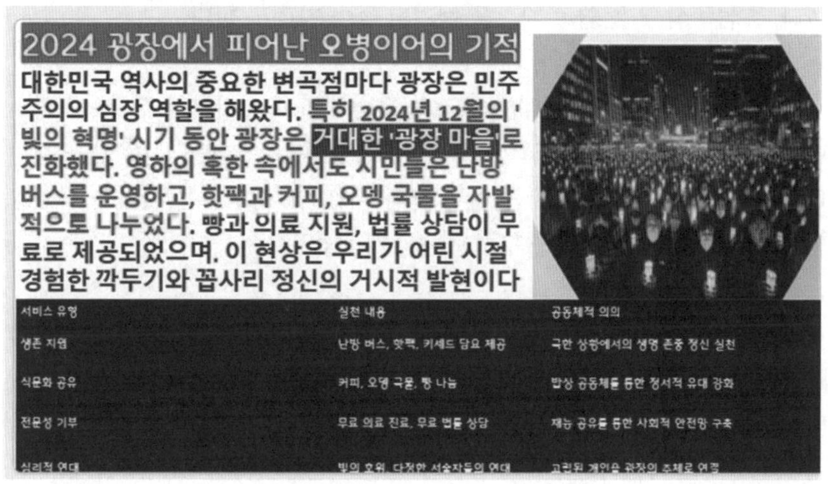

2024 광장에서 피어난 오병이어의 기적

대한민국 역사의 중요한 변곡점마다 광장은 민주주의의 심장 역할을 해왔다. 특히 2024년 12월의 '빛의 혁명' 시기 동안 광장은 거대한 '광장 마을'로 진화했다. 영하의 혹한 속에서도 시민들은 난방 버스를 운영하고, 핫팩과 커피, 오뎅 국물을 자발적으로 나누었다. 빵과 의료 지원, 법률 상담이 무료로 제공되었으며, 이 현상은 우리가 어린 시절 경험한 깍두기와 꼽사리 정신의 거시적 발현이다

서비스 유형	실천 내용	공동체적 의의
생존 지원	난방 버스, 핫팩, 키세드 담요 제공	극한 상황에서의 생명 존중 정신 실천
식문화 공유	커피, 오뎅 국물, 빵 나눔	밥상 공동체를 통한 정서적 유대 강화
전문성 기부	무료 의료 진료, 무료 법률 상담	재능 공유를 통한 사회적 안전망 구축
심리적 연대	빛의 호위, 다정한 서술자들의 연대	고립된 개인을 광장의 주체로 연결

최근의 큰 집회 현장에서도 이 '정'의 문화는 나타났어요. 광장이 거대한 '광장 마을'로 변한 것이죠. 사람들은 난방 버스, 핫팩, 커피, 오뎅 국물을 자발적으로 나누었어요. 의료 진료, 무료 법률 상담 같은 생존 지원은 물론, 다정한 연대 같은 심리적 연대도 이루어졌답니다. 고립된 개인들을 포용하는 강력한 연대 문화, 이것이 바로 빵 5개와 물고기 두마리로 시작된 깍두기들과 꼽사리들의 K-"정"문화가 만들어 낸 "5병이어 정문화"의 기적들 이라고 할 수 있습니다.

늘 잔치가 끝났다는 사람이 있다.판을 깨고 서둘러 떠나는 사람이 있다. 그래서 많은 사람들이 포도주가 떨어지자 잔치가 끝났다고 수근대기 시작한다. 주섬주섬 옷을 입고 지갑을 챙기고 돌아 가려고 한다.

마태 복음 19장에는 당대 유대교의 모범생이고 거기다가 부자이기까지 한 부차청년이 등장한다. 그야말로 그 부자 청년은자신은 구원 받는 것이 너무나 당연하기에 제가 모든 율법을 다 지켰다고, 나 같은 사람은 구원받는 것이 당연하지 않느냐는 투로 예수님께 묻는다.

그런데 이 부자 청년의 율법은 기득권 지킴의 율법이었다. 예수님의공생애 기간 내내 바리새파의 율법은 부자청년과 같은 기득권 지킴의 율법이었다. 그래서 예수님은 바리새파가 규정해 놓은 규례와 정결례의 허위의식을 폭로하고 그 허위성을 폭로하기 위해 어떤 때는 율법을 의도적으로 위반하시기도 한 것이다.

이런 의미로 예수님은 부자 청년에게 너에게 한가지 부족한 것이 있다 말씀 하시고, 가진 것을 다 팔아 가난한 사람에게 나눠주라고 하신다. 그런 뒤에나 나를 따르라' 라고 말씀하시자 부자청년은 실망하고 떠나간다.

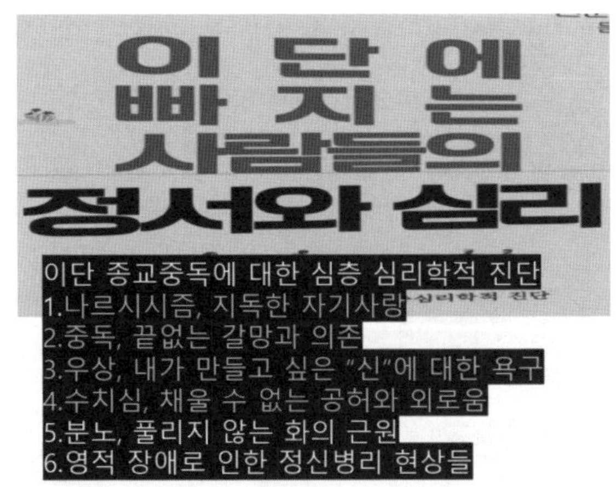

오늘 부자 청년의 신앙과 같은 우리의 신앙은 모든일에 율법적 잣대를 들이대며, 시비하고, 차별하고, 편가르고, 혐오할뿐 아니라, 생명의 흐름을 자르고, 생명의 역동성을 막고 죽이고 결국에는 실망하고 떠나가는 허무한 신앙 행위를 반복하고 있다.

또한 부자청년과 같은 기득권 지킴의 율법은 늘가진 자들 편에 서서 그들의 사회적 경제적 성공의 안정적 지속을 위한 '심리적 서포터'의 역활을 감당하는 철저히 사회의 기득권자들의 평안과 안녕만을 빌어주는 오늘의 기복적 교회 모습을 닮아 있다.

일반 시민들이이번 계엄 사태를 상식과 교양의 실천으로 막아낸 무습에서 우리는이 시대의 선한 사마리아 사람들의 모습을 볼수있었다. 반면 신앙인이자 율법을 지킨다고 하지만, 그 신앙과 율법이 결국에는 법원 앞에서 폭력을 사용하고, 내란을 찬성 지지하는 일부 극우 기독교인들이 있다. 이들모습에서 우리는 바로성서의 부자 청년의 모습을 발견한다.

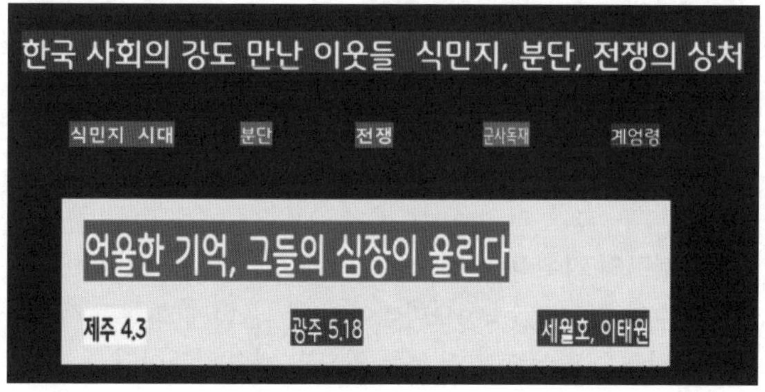

따라서 누가의 선한 사마리아 사람 이야기는 단순히 개인의 선한 봉사의 차원을 넘는 이 시대의 강도 만난 사람들의 이야기로 읽어야 한다. 오늘 우리는 지금 우리시대에 비상계엄을 통해 불법적인 내란을 저지른강도와 강도만난 자의 이웃을 바라보며이 현실 가운데서 이 말씀을 읽는 것이다.

한국사회는 유례 없이 '강도 만난 경험'을 겪었다. 우리 역사가 경험한 강도 만난 이야기는 식민지, 분단, 전쟁, 군사독재의 여정을 두루 거친다. 바로 이런 한국 사회의 경험으로 부터 우리는 새로운 성서 읽기와 새로운 시대읽기를 시작하면서 새로운 K기독교의 가능성을 탐색해 보아야 한다.

관광과 여행의 차이가 있다고 한다. 관광은 멋진 곳만 다니면 되지만, 여행은 그곳의 심장을 보는 것이라고 한다. 이미 많은 예술가들은 시대의 강도 만난 이웃을 보고 그것을 기억하고. 그 억울한 기억과 아픔의 심장을 예술의 심장으로 표현해 내었다.

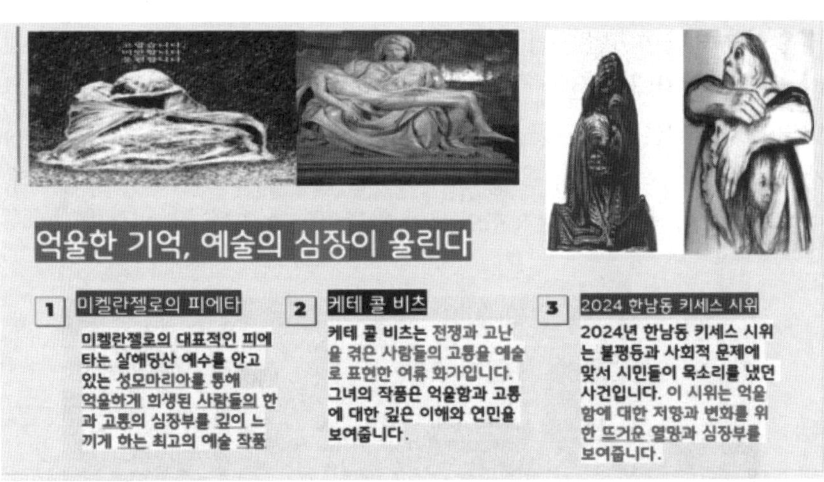

1. 미켈란젤로의 피에타: 미켈란젤로의 대표작 중 하나인 피에타는 십자가에 달린예수를 안고 있는 성모마리아인데억울하게 희생된 사람들의 한과 고통의 심장부를 깊이 느끼게 하는 최고의 예술 작품이다,

2. 또한 독일의 여성 화가 케테 콜 비츠는 전쟁과 고난을 겪은 사람들의 고통을 예술로 표현하였다. 그녀의 작품은 억울함과 고통에 대한 깊은 이해와 연민을 보여 준다.

3 한강 작가는 전쟁과 폭력으로 몸살을 앓고 있는 지구촌에 "소년이 온다"라는 광주이야기와 "작별하지 않는 다"라는 제주 4.3의 이야기로 노벨문학상을 수상하였다.

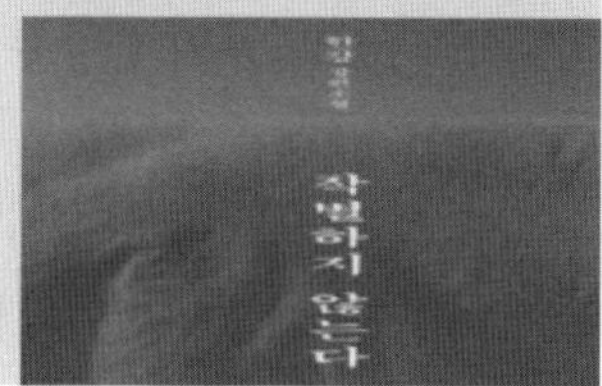

2024 12월 한남동 키세스 시위는 불평등과 사회적 문제에 맞서 시민들이 목소리를 냈던 사건이다. 이 시위는 억울함에 대한 저항과 변화를 위한 뜨거운 열망과 심장부를 보여준다.

광주의 5.18 성지, 제주도의 4.3 기념관처럼 앞으로의 우리 교회와 마을들은 시대의 심장부을 드러내는 "교회와 마을 자체가 하나의 여행이며 시대의 심장부"가되는 꿈을 꾸어야 한다.

사회적으로 양극화 되어 점점 광화문 태극기 부대가 되어 가는 노인들과 양극화로 인한 분노와 절망으로 신천지 같은 이단에 빠져드는 청년들을, 우리가 이 시대에 돌보아야 할시대의 심장으로 받아들이며, 분노하고 절망하는 어르신과 청년들과 강도만난 이웃들을돌보는 선한 사마리아 사람들과 같은 돌봄마을과 돌봄교회의 심장부들이 되어야 하겠다. 앞으로마을 공동체는 돌봄을 실천하는 심장의 꿈을 가져야 한다. 무엇보다 따뜻한 마음으로 이웃을 보살피는 공동체를 만들어가야 한다. 물질적인 지원뿐만 아니라, 정서적인 지지와 격려도 중요한 돌봄의 요소가 될 것이다. 서로에게 힘이 되어주는 나눔의 문화를 확산시켜 나가야 한다. 우리가 예수님의 하나님 나라 운동의 심장을 다시 읽는다면, 예수님은 갈릴리 일대에서 하나님 나라에 대한 믿음의 춤을 추셨을 뿐만 아니라 하나님 나라 잔치를 준비하셨다. 그것은 빵 5개와 물고기 두마리로 5000명이 먹고도 남는 잔치요, 50명씩 100공동체 이든지 100명씩 50공동체 이든지 즐겨 공동체로 나누어 서로 나누고 먹고 마실 때 12광주리가 남는 잔치였다. 예수님이 자신의 몸을 세상의 밥으로 세상의 떡으로 나누어 주시고 자신의 피를 세상의 음료로 나누어 주셨다. 이런 예수님의 성찬으로다시는 목마르지 않고 다시는 배고프지 않는 영원한 생명의 양식을 삼는 잔치 이것이 바로 예수님의 하나님 나라 운동의 심장부인 것이다.

예수님의 오병이어의 기적은 분명 개개인이 가져온 음식의 총량은 모인 사람의 수에 턱없이 부족했을 것이다. 그러나 성서는 5천명이 넘는 사람들이 모두 배불리 먹었다고 말하며, 남은 것을 모으니 열두 광주리에 가득 찼다고 기록한다. 그래서 오병이어 기적은 단순히 나눔과 자선의 모범으로 이야기할 것이 아니다.

이 기적 이야기는, 연대와 협동을 통한 문제 해결이 개인적 문제 해결 방식보다 더 큰 만족을 이끌어낼 수 있으며, 심지어 미래를 위한 공동의 자산(남은 열두 광주리의 음식)까지 창출할 수 있음을 보여주는 사례로 해석할 수 있다.

또한 더 큰의미는, 이 사건을 통해, 예수를 따라온 무리들이 무능력한 잉여들의 집합이 아니라 서로의 배고픔을 해결하는 돌봄의 주체로 새롭게 자리매김하며, 협동을 통해 각 개인이 체제의 박탈과 폭력으로부터 견딜 수 있는 자원을 내부에서 스스로 마련하게 했다는 데 있다. 결국 춤의 왕 예수의 이 믿음의 춤과 하나님 나라 잔치는 십자가에 매달려서도 멈추지 않고 십자가를 부활로 뒤집은 하나님 나라 잔치로 마감되는 것이다.(눅 9:10-17).

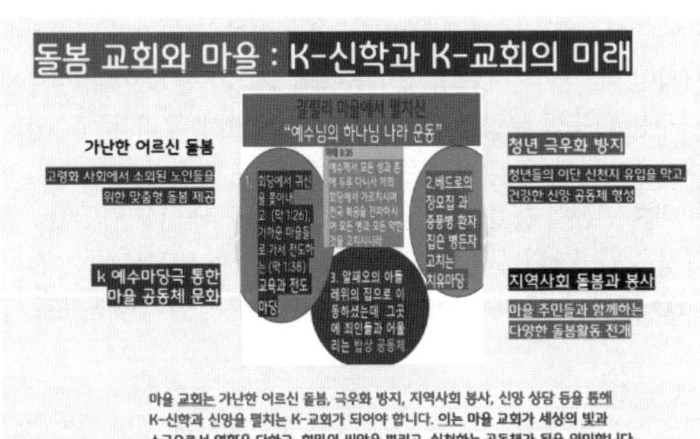

마을 교회는 가난한 어르신 돌봄, 극우화 방지, 지역사회 봉사, 신앙 상담 등을 통해 K-신학과 신앙을 펼치는 K-교회가 되어야 합니다. 이는 마을 교회가 세상의 빛과 소금으로서 역할을 다하고, 희망의 씨앗을 뿌리고, 실천하는 공동체가 됨을 의미합니다.

이러한 의미로 우리는 "선한 사마리아 사람과 강도만난 이웃"(눅10:29-37) 이야기와 오병이어 사건의 이야기가 어떻게 만나 케이 신앙으로 연결될수 있음을 깨달으며, 이 시대의돌봄마을과 돌봄교회 그리고 K 신앙과 K 교회를 꿈꾸어 볼수 있겠다.

가난한 어르신들이 광화문 태극기 부대가 되고, 절망하는 청년들이 이단 신천지로 모이는 이 시대에 돌봄 마을의 마을 교회들은 어르신 돌봄, 청년 극우화 방지, 지역사회 봉사및 돌봄을 통해 K-신학과 신앙을 펼치는 K-교회가 되어야 한다.

돌봄마을의 돌봄교회들은 어두운 세상 일수록 더욱 희망의 씨앗을 뿌리고, 사랑을 실천하는 공동체가 되어야 하겠다. 이것이야 말로 마을 교회가 세상의 빛과 소금으로서 역할을 다하고, 사회적 책임을 다하는 길이다.

14. "나무에 오른 삭개오가 받은 뜻 밖의 하나님 나라 초청장"

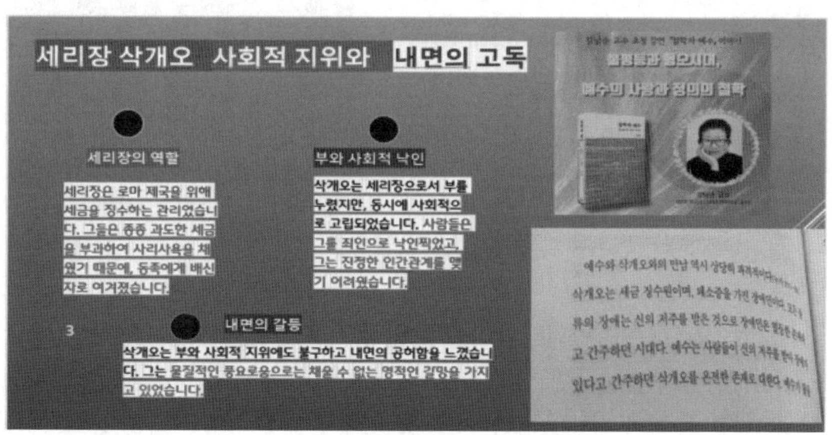

세리장 삭개오의 사회적지위와 내면의 고독: 공포의 신과 시장(재물)의 신 사이에서

세리장은 로마 제국을 위해 세금을 징수하는 관리였습니다. 그들은 종종 과도한 세금을 부과하여 사리사욕을 채웠기 때문에, 동족에게 배신자로 여겨졌습니다. 삭개오는 세리장으로서 부를 누렸지만, 동시에 사회적으로 고립되었습니다.

사람들은 그를 죄인으로 낙인찍었고, 그는 진정한 인간관계를 맺기 어려웠습니다. 삭개오는 부와 사회적 지위에도 불구하고 내면의 공허함을 느꼈습니다. 그는 물질적인 풍요로움으로는 채울 수 없는 영적인 갈망을 가지고 있었습니다.

제국공포의 신 = 공포목회: 경찰-신(하나님)(police-God)의 모습을 한 감시와 처벌의 하나님: 극우적 신경증 환자 양성

종교는 인간 존재의 연약함과 불확실성과 공포에 젖어 무기력해진 인간을 조종합니다. 자신들이 신의 분노를 잠재우고 신의 축복과 은총을 요구할 수 있는 능력과 방법을 소유하고 있다고 주장합니다. 우리는 종교 교육을 통하여 이 같은 신 개념을 갖게 되었고 공포가 우리 신앙의 근본을 이루게 되었습니다.

여기서 가장 중요한 도구로 사용되는 것이 천당-지옥의 틀 입니다. 천당-지옥의 틀에서 해석되는 신앙의 가장 큰 폐해는 신앙과 목회의 공포화 현상입니다. 사이비 종교 지도자들은 인간은 쉽게 상처를 받고 상처를 주는 존재로서 항상 도피적이며 공포에 젖어 있습니다.

따라서 어떠한 종류의 보호를 추구하면서 살아가는 것을 간교하게 알아차린 사람들입니다. 그러하기에 공포 앞에서 무기력을 경험하는 인간에게, 종교는 공포를 조절하고 통제하는 도구로 등장 하기 시작하는 것입니다.(홍인식 목사)

이러한 공포 목회가 남겨 놓은 최악의 결과는 그것이 신(하나님)과 연관된다는 것이다. 신(하나님)의 형상은 단 하나의 작은 죄도 놓치지 않고 징벌하는 엄격한 심판관으로서 모습으로 남겨진다. 이러한 신의 형상은 마치 지구상 그 어떤 범죄 수사기관과도 비견할 수 없는 우리 앞에 죗값을 치룰 것을 요구하는 신(하나님)으로 남겨진다.그리고 이 같은 신(하나님)의 모습이 거의 모든 어린아이의 신앙 교육에 사용됐다. 부모 또한 자주 자기 자녀들이 특정 물건을 만지지 못하게 하거나 혹은 부모가 시키는 일을 하게끔 경찰-신(하나님)의 모습을 활용하기도 하고 이러한 공포의 신 개념은 세속화 하여 극우 파시즘으로 발전되고 있다.
신(하나님)에 대한 잘못된 개념은 우리 영혼에 해악을 끼친다. 그렇기 때문에 부모들의 자녀를 향한 혹은 조부모의 손-자녀를 교육할 때 어린 시절부터 건전하고
건강한 신(하나님) 개념을 전하는 일은 매우 중요한 교육 과제이다. 두려움의 대상 혹은 우주적 감시자로서 신(하나님)을 소개하는 일은 당장이라도 그만두어야 할 시급한 일이다.오늘의 기독교회는 천당-지옥의 틀을 벗어나야 한다.
 죽어서 지옥 가는 것을 피하기 위하여, 그리고 천당을 가기 위하여 믿는 신앙에서 벗어나 진정 자유와 풍요로운 삶을 주시고

이러한 공포 목회가 남겨 놓은 최악의 결과는 그것이 신(하나님)과 연관된다는 것입니다. 신(하나님)의 형상은 단 하나의 작은 죄도 놓치지 않고 징벌하는 엄격한 심판관으로서 모습으로 우리에게 다가옵니다.

이러한 신의 형상은 마치 지구상 그 어떤 범죄 수사기관과도 비견할 수 없는 우리 앞에 죗값을 치룰 것을 요구하는 신(하나님)으로 남습니다. 이러한 공포의 신 개념이 바로 중세에는 마녀 사냥으로 쓰였고, 현대에는 세속화되어 바로극우 파시즘으로 발전합니다.

삭개오는 로마 식민지 시대의 유대지역의 세리장이었습니다. 그는 한편으로는 로마 제국이라는 공포의 세계에서 이러한 공포의 신을 섬기었고, 그러한 공포의 신에게 잘 보이기 위해동족을 배반하고 약탈하는 세리의 역할을 감당하면서 부자가되었습니다. 하지만 그 내면적 내면의 공허함과 허무감이 컸습니다.

시장(재물)의 물신 vs 하나님 공동체 = 대안적인가치관

1. 누가 복음 부자 관리 이야기 이후 삭개오이야기 나오는 이유는 그들이 섬기는 물신 (시장신 화폐신)이 참신이 아니라 가짜 신임을 드러내고 있습니다.

제2차 세계대전 이후, 태평양의 오세아니아 지역에서 주민들은 전쟁을 통해 처음으로 비행기를 보고 비행기를 숭배를 시작합니다. 비행기가 하늘을 날고, 구호 물자가 하늘에서 떨어지자 그들은 그 비행기를 신으로 모셨는데 2차 세계대전이 끝나까 더이상 비행기가 다시는 돌아오지 않는 것을 알았습니다.

하지만 원주민들은 화물 신앙을 끝내 버리지 않았습니다. 그들에게 삶에 위안과 희망과 믿음을주었던 화물 신앙은 실제가 아니라 허상이었습니다. 하비 콕스는 그의 저서에서 시장을 신격화하고, 사람들이 시장을 전지전능한 존재로 바라보며, 모든 문제를 해결해 줄 수 있는 절대적인 힘으로 믿는 모습을 "신이된 시장"이라고 불렀습니다. 이러한 화물숭배는 결국 그들의 희망과 욕망을 해결할수 없은 가짜 신들입니다.

나무에 오른 삭개오 구원 이야기

세리장 삭개오는 로마제국의 공포의 신과 세리라는 직업이 가져다 주는 물신(시장의 신) 사이에서 갈등하고 고민하였습니다. 그의 공허함과 허무함은 날이 갈수록 커져만 갔습니다. 그러던중삭개오는 예수님이갈릴리 일대에 나타나자 마을 공동체 전체가 역동적으로 움직이기 시작하는 모습을 보게 됩니다.

그는 하혈병 걸린 여인은 예수의 옷자락을 만지고, 어떤 여인은 옥합을 깨어 예수님의 머리에 발랐다는 소문을 들었습니다. 사람들은 나병환자와 중풍병환자가 치유를 받고, 앉은 뱅이가 일어나 걷는다는 이야기도 하였습니다. 마침 어느날 예수님이 그 마을을 지나 가신다는 소식에 키작은 삭개오는나무 위로 오릅니다.

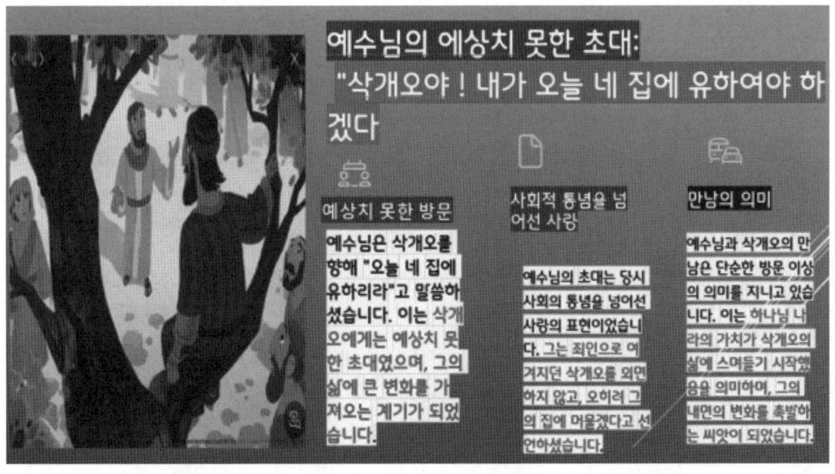

예수님의 예상치 못한 초대

우리는 오늘 삭개오가 오른 돌무화과 나무 아래를 지나 가시던 예수님이 삭개오를 보고 "삭개오야! 내가 오늘 네 집에 유하여야 하겠다"하시는 예수님의 예상하지 못한 초대를 목격합니다. 예수님의 이러한 초대는 당시 사회의 통념을 넘어선 사랑의 표현이었습니다.

그는 죄인으로 여겨지던 삭개오를 외면하지 않고,오히려 그의 집에 머물겠다고 선언하십니다. 예수님과 삭개오의 만남은 단순한 방문 이상의 의미를 지니고 있습니다. 이는 하나님 나라의 가치가 삭개오의 삶에 스며들기 시작했음을 의미하며, 그의 내면의 변화를 촉발하는 씨앗이 되었습니다.

최근 트럼프와 젤렌스키가 종전을 위해 백악관에서 만났습니다. 그런데 두 사람은 서로의 말을 끊고 서로 모욕하며 서로의 태도를 비난하다가 결국은 백악관 정상회담이 이례적으로 결렬 되었습니다. 사회가 극단화 되면서 우리 사회의 대화의 모습도 많은 변화가 있습니다. 가장 이상한 부분은 서로 초대도 하지 않고, 초대에 응하지도 않는다는 것 입니다.

우리가 왜 서로 초대하고 초대를 받아야 하는가? 이 초대가 순환되기 시작하면 잔치와 기적과 하나님 나라가 시작되기 때문입니다. 우울증의 출발은 허무주의라고 합니다. 허무주의는 아무런 희망이 없는 상태이고 무기력한 상태인데 그 출발은 어떠한 초대하고 초대받는 순환이 일어나지 않는 상태를 의미하는 것입니다.

거기에는 초대와 응답이 없을 뿐 아니라 대화도없고, 사건도없고, 희망도 없는 것입니다. 트럼프와 젤렌스키의 만남에서 우리는 그들이 전쟁을 종식시킬수 있는 진정성과 힘이 없다는 그 만남의 허무함을 느낄수 뿐이 없습니다.

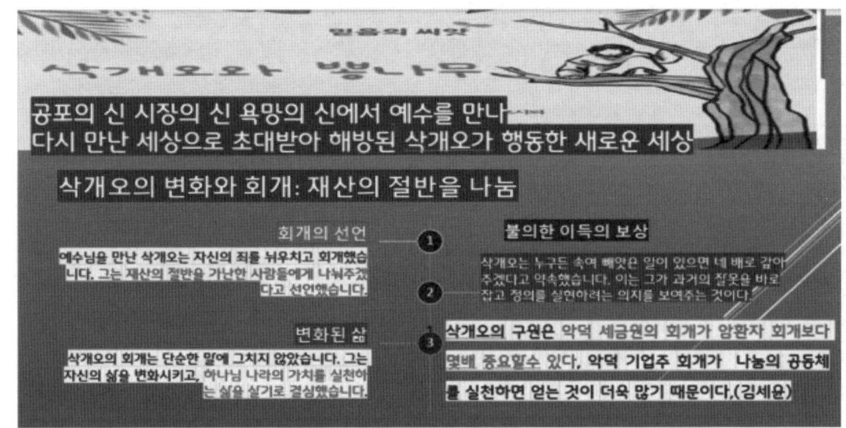

공포의 신 시장의 신 욕망의 신에서 예수를 만나 다시 만난 세상으로 초대받아 해방된 삭개오의 행동

"급히 내려와 즐거워하며 영접하거늘"(눅19:6)

오늘 본문에서 예수님이 삭개오를 초대 했을때 삭개오는 바로 내려와서 영접했다고 합니다. 이러한 예수님의 예상밖의 초대에 급히 나무 밑으로 내려온 삭개오는 예수님을 영접하고자신의 삶을 변화시키고, 하나님 나라의 가치를 실천하는 삶을 살기로 결심합니다. 삭개오는 누구든 속여 빼앗은 일이 있으면 네 배로 갚아주겠다고 약속한 것입니다.

이는 그가 과거의 잘못을 바로잡고 정의를 실현하려는 의지를 보여주는 것입니다. 이와 같은 세리 삭개오의 이야기는 악덕 세금원의 회개가 암환자 회개보다 몇 배 중요할수 있다는 교훈을 우리에게 줍니다. 악덕 기업주 회개가 나눔의 공동체를 실천하면 사회 경제적 정의라는 쉽지 않은 열매를 얻을수 있기때문 입니다.(김세윤 교수)

삭개오는 나무위에서 내려오자 마자자신의 집 앞마당에서 세리와 죄인들과 함께 큰 잔치를 베풉니다. 그러면 이 세리 삭개오의 집 마당에서 펼쳐진 하나님 나라 잔치에 누가 초대되었을까요?

삭개오의 이야기에서, 하나님 나라의 잔치는 예수님이 삭개오의 집에 오셔서 함께 식사하는 장면으로 표현됩니다. 예수님은 세리와 죄인의 친구로 여겨지며, 사회에서 소외된 자들을 초대하십니다. 이 잔치에 초대된 사람들은 주로 세리, 죄인, 가난한 자들입니다. 즉 사회에서 소외된 자들과 함께하는 잔치입니다. 회개한 삭개오가 자신이 속여 빼앗은 것의 4배이상 갚아주고 세리와 죄인들을 초대하여 하나님 나라 잔치를 베푼것 입니다.

이것은 우리로 예수님이마을 곳곳에서 밥상을 펴신 하나님 나라 잔치의 가장 든든한 물적 기반이 바로 삭개오 같은 세리들이 아니었을까 하는 유쾌한 상상을 하게 합니다. 세리장 삭개오는 예수님을 만나 로마제국의 공포의 신과 세리라는 직업이 섬기던 재물의 신에서 해방되어 가난하고 차별받고 소외된 이웃들과 하나님 나라 잔치를 베푸는 "다시 만난 하나님 나라"와 참 세상을 경험한 것 입니다. 샬롬!

다같이 기도합시다.

인도:　　주님! 오늘 우리시대는 가난한 어르신들이 광화문 태극기 부대가 되고, 절망하는 청년들이 이단 신천지로 모이는 시대가 되어 벼렸습니다.

회중:　　이 시대에 돌봄 마을의 마을 교회들은 어르신 돌봄, 청년 극우화 방지, 지역사회 봉사및돌봄을 통해 K-신학과 신앙을 펼치는 K-교회가 되길 기도합니다.

인도:　　우리 돌봄마을의 돌봄교회들은어두운 세상 일수록 더욱 희망의 씨앗을뿌리고, 사랑을 실천하는 공동체가 되어야 하겠습니다.

다같이:　　이것이야 말로 마을 교회가 세상의 빛과 소금으로서 역할을 다하고, 사회적 책임을 다하는 길인줄 믿사오니부족한 우리에게 힘주시고 우리를 인도하시옵소서. 아멘!

둘째 마당 : 저 건너편으로 가자!
=제자들과 데카폴리스 항해와 지역 협력자들=

15. "예수님과 항해 가운데 만난 예수운동의 협력자들"

　2025년 4월 4일, 대통령이 탄핵되었다. 2024년 12월 3일 계엄이 선포된 지 거의 3달 반 만이다. 우리는 한국 사회를 움직이는 지배 엘리트들의 무능함, 비겁함, 그리고 부패의 끝을 보았다. 아무것도 해결하지 못하는 한국 사회의 엘리트 지도자들과, 극우화되는 한국 기독교의 민낯도 함께 드러났다.

또한 한국 사회의 극우 지지자들 다수는 고립된 상태에 있으며, 그 고립과 외로움이 '불평'과 '불만'으로 연결되었을 때, 이것이 무책임한 보수 지도자들에 의해 선동되면서 극우가 마치 대단한 사회적 지지를 받는 듯한 모습으로 포장되어 왔다는 사실이 탄핵 이후 명확히 드러나고 있다.

극우적 삶은 대부분 강자의 삶에 대한 성찰이 결여된 세뇌의 습관화에서 시작된다. 이러한 성찰 없는 세뇌와 습관화는 강자 동일화 과정을 거치며, 스스로는 약자임에도 불구하고 강자와 자신을 동일시하게 만든다.

이러한 극우적 삶의 행태는 대체로 약자를 향한 차별, 배제, 혐오라는 형태의 폭력으로 이어지며, 인지 부조화의 과정을 겪는다. 결국 이 부조하와 자기 모순은 극우적 광기로 이어지고, 이는 자기 파멸은 물론 사회 전체의 몰락으로 연결된다.

이제 60일후 새 대통령 선거가 있고, 우리 사회는 전혀 새로운 전환의 단계로 들어갈 것이다. 오늘은 예수님의 데카폴리스 이방 항해 이야기에 나오는 거라사 청년과 하혈병 걸린 여인과 수로보니게 여인 이야기를 말콤글래드 웰의 "티핑포인트의 설계자들"이라는 책의 이야기를 응용해 해석하고자 한다.

말콤글래드웰은 한 사회가 임계점에 이르면 오버 스토리(overstory)라는 새로운 이야기와 '슈퍼 전파자'가 등장한다고 이야기한다. 이는 이제 탄핵 이후 전혀 새로운 전환의 단계로 들어가는 우리 교회와 마을이 감당해야할 새로운 역활과 과제를 제안해 주고 있다.

예수님은 안식일에 회당에서 손이 마른 사람을 고쳤다는 이유로 마을에서 쫓겨난다. 그러나 제자들은 바리새파의 '강자 동일화'라는 누룩에 점점 물들어 간다. 이방 땅으로의 항해가 시작되지만, 바리새의 누룩에 영향을 받은 제자들은 "우리가 다 죽게 되었다", "유령이다", "빵이 없다"는 등의 말로 공포와 절망에 빠지며 예수님의 항해에 저항하기 시작한다. 그들은 강자 동일화의 누룩과 실패의 늪 속에서 예수님을 제대로 이해하지 못하고 있다.

그런데 마가복음은가버나움과 이방 땅을 오가는 항해 여정 중에, 제자들이 바리새와 헤롯을 흠모하며 절망에 빠져 있을 바로 그 순간, 예수를 새롭게 따르는 세 명의 인물을 등장시킨다. 바로 데카폴리스 지역의 거라사의 광인, 유대 땅의 하혈병 걸린 여인, 그리고 수로보니게 여인이다. 이 세 인물은 새로운 예수 운동의 지역 협력자들로 제시되며, 제자들이 실패하고 있

130

는 상황 속에서 오히려 새로운 가능성과 희망의 표지가 된다.

오늘날, 예수님이 마을에서 쫓겨나 이방 지역을 향해 떠났지만, 제자들의 몰이해로 항해는 전진하지 못한 채 바다 한가운데를 맴돌고 있다. 그런 상황 속에서 등장하는 이 세 명의 지역 협력자들과 함께하는 예수님의 새로운 항해는 어떤 의미를 지니는가?

가버나움에서 쫓겨난 예수님의 이야기는 바닷가 주변 마을들에서 많은 무리들과 다시 시작되었고, 예수님이 "저편으로 건너가자" 하셨을 때, 이는 바닷가를 넘어 이방 땅으로의 횡단을 의미했다. 마가복음에는 가버나움과 이방 땅을 오가며 이루어진 총 여섯 번의 항해가 나오는데, 이 여정을 통해 하혈병 걸린 여인, 거라사의 광인, 그리고 수로보니게 여인이라는 세 명의 인물이 등장하며, 새로운 협력자들과 함께 제자도의 길이 다시 부활되는 모습을 보여준다.

이 세 지역 협력자의 등장은 바리새인의 누룩에 물들어 가는 남성 제자들에게 주어진 수난 예고와 선명하게 대비되며, 실패하는 듯했던 예수님과 제자들의 이방 항해 여정의 마지막 순간을 오히려 빛나게 하고 있다.

예수님의 제자들은 '이방 항해 여행' 내내 "우리가 죽게 된 것을 모르느냐", "유령이다", "빵이 없다"며 공포와 두려움, 불평과 불만을 쏟아낸다. 그런 제자들에게 예수님은 "바리새인과 헤롯의 누룩을 조심하라"고 경고하신다.

그러나 거라사 지역에 광인 청년에게는 "네 집으로 가서(휘파게), 가족에게, 주님께서 너에게 큰 은혜를 베푸셔서 너를 불쌍히 여겨 주신 일을 이야기 하여라"(5:19)라고 하신다.

두 번째로 하혈병 걸린 여인은예수의 옷자락을 만지면 병이 나을수 있다는 새로운 믿음으로 예수 앞으로 나왔다. 그때도 예수님은 "딸아, 네 믿음이 너를 구원하였다. 안심하고 가거라(휘파게)라고 말씀 하신다.

세 번째로는 예수님의 일행이 저 건너 이방땅에 갔을 때 수로보니게 여인은예수 복음을 유대 땅에서 이방 땅으로 확산시키는 교두보와 교차점의 역할을 한다. 예수님은 이 여인에게도 "네가 그렇게 말하니, 돌아 가거라(휘파게), 귀신이 네 딸에게서 나갔다"라고 말씀 하신다.

예수님이 이 세 사람에게 공동으로 쓴 "휘파게"라는 말은 "네가 사는 그 지역에서 하나님의 일을 하라!"는 "지역(마을) 협력자"로 이들을 부르셨다는 사실을 의미 한다. 예수와 항해 가운데 만난 데카폴리스 지역의 거라사의 광인, 유대땅의 하혈병 걸린 여인, 수로보니게 여인, 즉새로운 예수운동의 지역(마을)협력자들의 이야기를 보다 자세히 살펴보자.

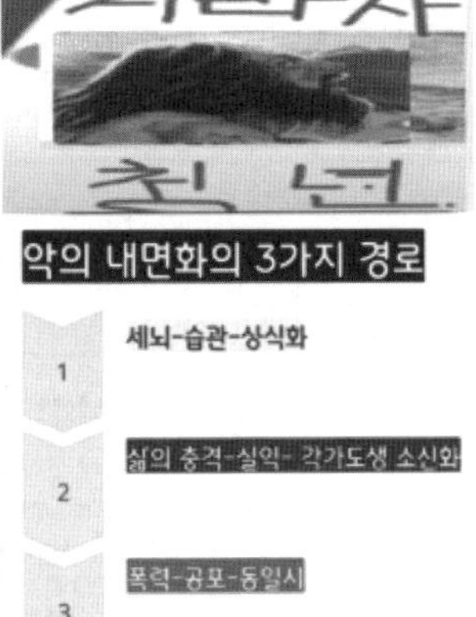

거라사 청년이야 말로 오늘날 극우와 같습니다

무덤에서 소리지르며 자신의 몸에 자해를 가하는 거라사 광인은 오늘 불만 불평으로 인한 분노 그리고 선동에 휩싸여 쉽게 폭력화되는 오늘의 극우 청년을 닮았습니다. 예수님은 이 청년을 어떻게 치유하십니까? 군대 귀신 레기온이라는 말을 정확히 쓰신다, 아무도 이 청년의 불평과 분노에 제대로 대답하며, 원인을 분석하고 해답을 제대로된 과학적으로 답해주는 사람들이 없을때 예수님은 그 악의 정체를 레기온(군대귀신)으로 분명히 밝히십니다. 거라사 광인의 폭력화와 남성의 극우화는 성찰이 없이 강자들이 주입하는 삶에 세뇌 습관화하여 강자 동일시가 신념화었음을 의미합니다,

이러한때 개신교의 신앙이 극우의 얼굴이 되었다는 것은 오늘 개신교는 이러한 양극화되고 분노에 찬 사람들에게 제대로 된 대답을 해줄 실력이 없이 가짜뉴스로 그들의 불평 불만 분노를 선동하고 증폭하는 마취제와 기폭제의 역할을 할 때 예수님은 오히려 로마의 군대 귀신 레기온을 몰아낸 것입니다.

1.거라사 광인은오늘날 극우 청년과 같다

무덤에서 소리지르며 자신의 몸에 자해를 가하는 거라사 광인의 이야기는 불평불만에 따른분노와선동에 휩싸여 쉽게 폭력화되는오늘의 극우 청년을 닮았다. 예수님은 이 청년을 어떻게 치유하고 계신가? 예수님은 거라사 광인을 고치실때 그 광인을 지배하는 영을 군대 귀신 레기온이라는 말을 정확히 명명하신다. 이어그 군대귀신 레기온을 돼지떼와 함께 바다에 쳐 넣으며 광인 청년을 치유하신다.

청년이 광인이 된 것은 로마 군대를 상징하는 '레기온', 즉 로마 제국주의의 식민지 전쟁에 의해 발생한 것이라는 정확한 진단에 근거하여, 예수님은 이 거라사의 광인 청년을 고치신 것이다. 그동안 아무도 이 청년의 불평, 불만, 분노에 제대로 응답하거나, 그 원인을 분석하고 적절한 해답을 제시하지 못했다.

자신의 삶에 대한 성찰 없이 삶이 세뇌되고, 습관화되고, 신념화되면, 결국 이 거라사 광인처럼 스스로를 자해하는 '극우 확신범'이 될 수 있다.

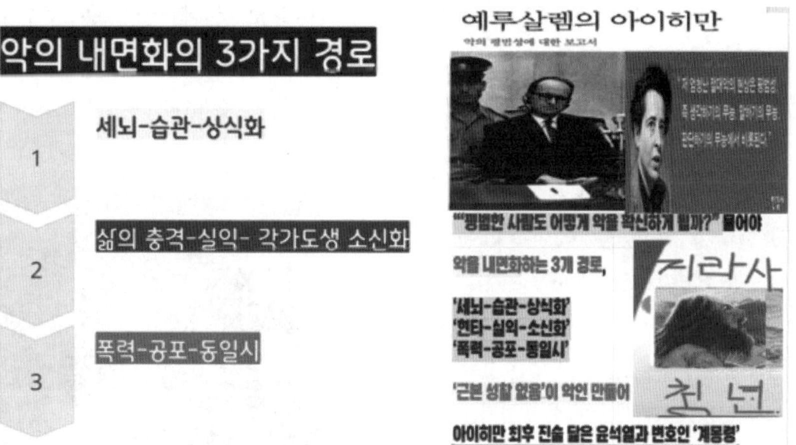

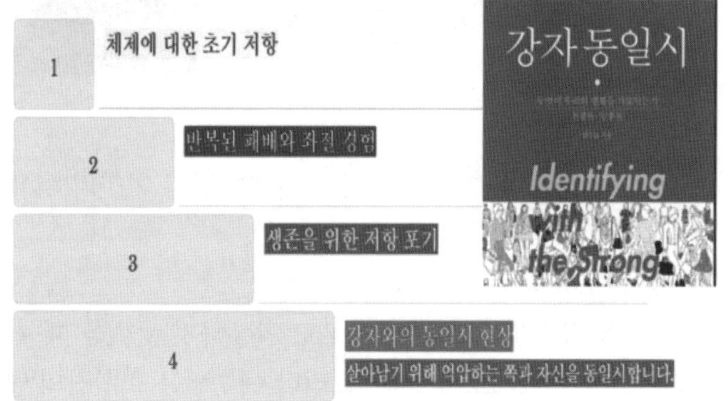

이 거라사 광인 청년의 자해와 한국 2030 남성들의 극우화 현상은 공통점이 있다. 그것은 성찰 없는 세뇌와, 스스로를 강자와 동일시하면서 약자들을 차별하고 배제하며 혐오하는 데서 시작되었다. 특히 지금의 한국 개신교는 극우를 대표하는 얼굴이 되어버렸다. 이는 개신교가 이러한 양극화되고 분노에 찬 사람들에게 제대로 된 해답을 제시할 실력이 없으며, 단지 마취제만을 놓고 가짜뉴스로 그들의 불평, 불만, 분노를 선동하고 증폭시키는 기폭제 역할을 했다는 것을 의미한다.

이러한 때에 예수님은 거라사 광인의 광증의 핵심 원인을 로마 식민시대의 '군대 귀신'에서 찾았고, 그 '군대 귀신(레기온)'을 몰아내셨다. 이처럼 문제의 핵심을 보고 치유할 때에만 거라사 광인은 진정한 치유를 받을 수 있는 것이다.

.**둘째 하혈병 걸인 여인도** 마찬가지
14년간 질병이 걸렸는데 아무도 치유하지 못했을 때 이 여인은 예수를 발견하고 예수에게로 나온다, 그러나 예수님은 회당장의 딸을 고치러 가는 길이었다, 많은 사람의 방해가 있었지만
. 여인이 예수님의 옷자락을 만졌을 때 예수님은 자신이 정결법을 어기게 되는줄 알았지만 예수님이 여인의 새치기와 접촉을 허락할 때 여인의 병은 낫습니다, 이 여인의 치유의 핵심은 무엇입니까?

둘째 이 항해 여행중에 있었던 하혈병걸인 여인의 치유 이야기도 마찬가지 이다.

14년간 질병이 걸렸는데 아무도 치유하지 못했을 때 이 여인은 예수를 발견하고 예수에게로 나온다. 그러나 예수님은 회당장의 딸을 고치러 가는

길 이었다. 많은 사람들의 방해가 있었다. 여인이 예수님의 옷자락을 만졌을 때 예수님은 이 여인의 새치기와 접촉이 유대 정결법을 어기는 것을 알았다. 하지만그 접촉을 허락 할 때 여인의 병은 나았다. 이 하혈병 걸린 여인의 치유의 핵심은 무엇인가?

많은 가난하고 병든 이웃은 그 삶속에서 늘 현타와 같은 삶의 충격과그 충격으로 말이암아 실의에 빠져 살고자하는 의욕을 잃는다. 도져히 벗어날 수 없는 체념과 숙명에 빠지게 된다. 우리는 이 가난과 질병이 가져오는 숙명과 체념중독의 정체를 밝혀야 한다. 하혈병 걸린 여인을 좌절과 절망에 빠뜨리는 핵심적 원인은 무엇인가? 유대교의 정결법이라는 사람을 차별하고 배제하고 혐오하는 악법에서 비롯된 것이었다.

유대교는 여인이 피를 흘리는 것을 불결하다고 여겼다. 이 때문에 그 여인은 아무에게도 다가가기 못하하였다. 병자가 다른 사람과 접촉하는 것 자체를 불법으로 만드는 법이 바로 유대 정결법이다. 이러한 상황에서 이 여인은 사회적으로 완전이 고립된 상황이었다.

하지만 이 여인은예수님께로 나가서그 옷깃을 만졌다. 다시 말해 여인은 이 정결법이라는 유대의 악법 고리를 넘어서고자 시도하였다. 이것을 예수님은 수용하고 허락하셨고, 바로 그때 이 여인의 사회적 고립은 치유되었다.

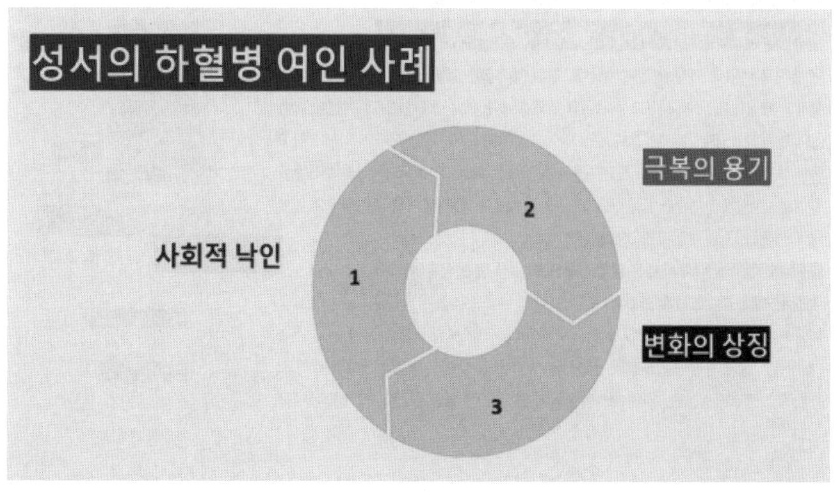

오늘날 많은 종교는 가난하고 병든 자들의 아픔을 제대로 치유하지 못하고 있다. 오히려 그들에게 강자와의 동일시를 강요하고, 그들의 불평과 분노를 선동하여 폭력화하려 한다. 이러한 극우적 종교적 시도들은 오늘날 우리의 종교가 예수님 당시의 유대 정결법처럼 낡은 율법 체제로 변질되고 있음을 보여준다.

우리 신앙인들은 하혈병에 걸린 여인처럼, 이 낡은 신앙의 언어와 체계를 넘어 새로운 예수 신앙으로 나아가야 한다. 신앙 따로, 삶 따로인 문자 근본주의적 이분법 신앙에서 벗어나 예수님의 옷자락을 만져야 비로소 치유될 수 있다.

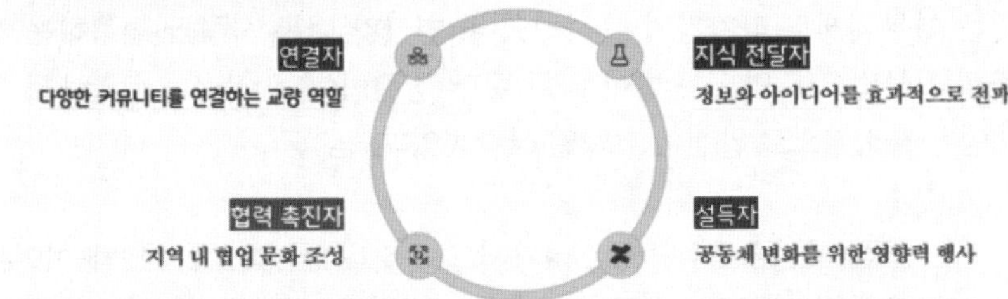

세 번째 수로보니개 여인은 이방인입니다.

유대 지역 사람이 아니고 마을 사람이 아닙니다.

이 유대교 너머에 이방 여인이 왔을때. 당시 제자들은 생명의 빵인 예수님이 옆에 계시고 있는데도 빵이 없다고 수근대고 있었습니다. 예수님도 쉽게 그 여인을 받아 들이지 못했습니다 그러나 그여인은 그 부스러기라도 주시면 내 아이가 낫겠다고 이야기 합니다. 우리는 이 수로보니게 여인에게서 오늘 2030의 여성들의 모습을 발견합니다. 왜 그녀들은 극우화된 2030 남성들과 왜 정반대로 급진적으로 진보화 되어 이웃과 나라를 구하고 있는가?

예수님의 하나님 나라 운동은 닫힌 운동이 아니라 열린 운동이 되어야 합니다.
명해중 거라사의 광인과 하혈병 걸린 여인과 수르보니게 이방인들도 참여하였습니다. 돌봄마을과 예수 마을이라는 것이 그곳에 사는 사람들만의 것이 아닙니다. 마을이란 열린 공간이고,소통의 공간이고 생명의 공간이고 하나의 생태계이고, 소통망이고 생명망입니다. **우리 예수마을도 닫힌 공간이 열린 공간이 되어야 합니다,**

세 번째로 예수님의 지역 협력자가 된 사람은 수로보니개 여인으로 이 여인은 이방인이다. 유대 지역 사람이 아니고 유대 마을 사람이 아니다. 이 유대교 너머에 이방 여인이 왔을 때 예수님도 쉽게 그 여인을 받아들이지 못했다. 당시 자들은 생명의 빵인 예수님이 옆에 계시고 있는데도 빵이 없다고 수근대고 있었던 상태이다.

그러나 이 여인은 그 부스러기라도 주시면 내 아이가 낫겠다고 이야기한다. 이 이방 수로보니게 여인의 활약으로 전혀 전진이 없이 바다 한가운데를 뱅뱅 돌기만 하던 이방땅을 향한 항해의 길이 드디어 열렸다. 유대땅의 오병이어 생명의 떡 운동이 이방지역 칠병이어의 생명의 떡 운동으로 이어지는 생명의 길이 열리면서 닫힌 이방 선교의 길이 활짝 열린 것이다.

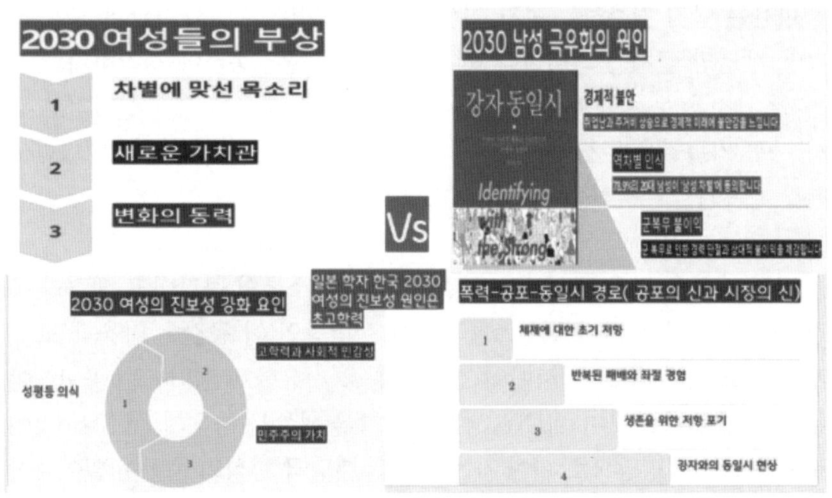

우리는 이 수로보니게 여인에게서 한국의 2030의 여성들의 모습을 발견한다. 왜 오늘날 2030 여성들에게서 극우화된 2030 남성들과 왜 정반대의 모습이 나올까? 그리고 이이야기는 우리의 신앙의 이야기와 함께 마을의 이야기에도 적용이 된다.

1. 마을은 단지 거주하는 것 이상이다, 마을을 둘러싼 관계망과 소통망 생명망 전체를 이야기 하는 것이다,왜 귀농하는 사람들이 농촌에 정착을 하지 못하는가? 농촌의 폐쇄성과 자폐성 때문이다 마을에 오래 살았다고 자꾸 기득권을 주장하는 사람들이 문제가 되는 것이다, 교회에 오래 다녔다고 온갖기득권을 주장하는 사람들과 다름이 없는 것이다,
2. 교회와 마을이란 공동체란 열린 공간이고, 소통의 공간이고 생명의 공간이고 하나의 생태계이고, 소통망이고 생명망으로 마을과 교회와 가정과 도시 그 사이공간과 경계선을 넘나 들며 사람들이 오가며 새로운 생각과 흐름이 소통망으로 생명망으로 짜져가는 일종의 마당극 형식의 운동이 일어나는 곳이다.
3. 이러한 마을의 경계선과 변방과 사이공간에서 마을에서 쫓겨나 마당극을 펼쳐본 일이 없는 바리사이와 서기관들은 늘 우리동네 마을 사람들이 아니 잖아, 저들은 마을에서 쫓겨난 창녀와 세리들 이잖다!! 하며 마을의 새로운 호흡과 움직임과 역동성의 호흡을 끊어 보려고 노력하지만 새로운 성령의 바람과 생명의 바람은 오히려 도도히 흐룰수 뿐이 없는 것이다, 그것이 마을이고 예수의 마을 마당극인 것이다.

마을은 단지 거주하는 공간 이상이다. 마을이란 그를 둘러싼 관계망, 소통망, 생명망 전체를 의미한다. 왜 귀농한 사람들이 농촌에 정착하지 못하는가? 그것은 농촌의 폐쇄성과 자폐성 때문이다. 마을에 오래 살았다고 해서 자꾸 기득권을 주장하는 사람들이 문제다. 이는 교회에 오래 다녔다고 온갖 기득권을 주장하는 사람들과 다르지 않다.

교회와 마을 같은 공동체는 열린 공간이며, 소통의 공간이고 생명의 공간이다. 하나의 생태계로서, 소통망이자 생명망인 이 공간은 마을과 교회, 가정과 도시, 그리고 그 사이의 경계와 틈을 자유롭게 넘나드는 곳이어야 한다. 사람들이 오가며 새로운 생각과 흐름을 나누는 가운데, 이 모든 것이 소통망으로, 생명망으로 짜여 가는 일종의 마당극 형식의 운동이 일어나야 한다. 이러한 마을의 경계선과 변방, 사이공간에서 쫓겨나 마당극을 펼쳐본 적이 없는 바리새인과 서기관들은 말한다. "저 사람들은 우리 마을 사람들이 아니잖아! 저들은 마을에서 쫓겨난 창녀와 세리들이잖아!" 그들은 마을의 새로운 호흡과 움직임, 역동성을 끊어보려 한다. 그러나 새로운 성령의 바람과 생명의 바람은 도도히 흐를 수밖에 없다. 데카폴리는 항해 도중 만난 거라사 청년, 하혈병 걸린 여인, 수로보니게 여인이 예수 운동의 지역 협력자로 참여할 수 있었던 공간이다. 이는 예수의 마을 운동이 이웃과 지역

사회, 마을에 활짝 열려 있었기 때문이다. 누구나 그 마당에 참여할 수 있었기에, 그것은 '마을의 마당극'이었다. 그러므로 예수 운동은 사방으로 열린 마의 마당극이며, 오늘날의 마을도 그러한 마당극이 되어야 한다. 오늘 예수님과의 이방 항해의 결론도 다음과 같다.

① 예수따르기의 모범 즉 제자도가 남자에서 여성으로 넘어갔고, ② 빵의 대중 공급의 주도권이 5병이어(유대인)에서 7병이어 (이방인)으로 넘어가는 경계선과 교차점에서 오늘 우리가 사회생활과 신앙 생활을 하고 있음을 드러내고 있다. ③ 예수님의 제자들은 이방 항해 여행내내 계속 "우리가 죽게된 것을 모르느냐, 유령이 다, 빵이 없다"하고 공포와 두려움과 불평 불만을 터트릴 때 예수님은 오히려 거라사의 광인, 하혈병 걸린 여인, 수로보니게 여인 이 세사람을 "네가 사는 그 지역에서 하나님의 일을 하라!"는 "지역(마을) 협력자"로 이들을 새롭게 부르시고 계신 것이다. 예수님은 끊임없이 헤롯 이나 바리새인처럼 강자가 되려는 유혹에 시달리는 제자들의 상황을 아셨다. 이 때문에 새로운 땅으로 모험을 떠나는 일을 끊임없이 하신다. 제자 공동체가 정체되거나 부패되지 않도록 만드시기 위함이었다. 또한 거라사 광인, 하혈병여인, 수로보니게 여인처럼 외부인들과도 적극적 소통의 문을 열어 젖히셨다. 내부인과 외부인을 적극소통시키면서 밖에서 새로운 에너지를 영입 환대하셔서 새로운 에너지를 순환시키신 것이다.

우리예수와 함께 길을 떠나고 항해의 훈련을 마다하지 않는 제자 공동체들은 늘 낯선 곳으로 여행길을 떠나는 자기 해체와 재구성의 과정을 끊임없이 되풀이 해야 한다. 그리하여 탄핵이후에 하나님 나라의 슈퍼 전도자들이 되길 바란다. 믿음의 힘으로 자신을 변화시키고, 우리가 짊어져야할 우리의 십자가를 담대히 지며, 탄핵이후 새롭게 열리는 하나님 나라의 슈퍼 전도자가 되길 간절히 기도드린다.

셋째 마당 수난과 부활 마당

16. 베다니 마을 자비의 정치학, 무덤 곁에서 피어난 생명

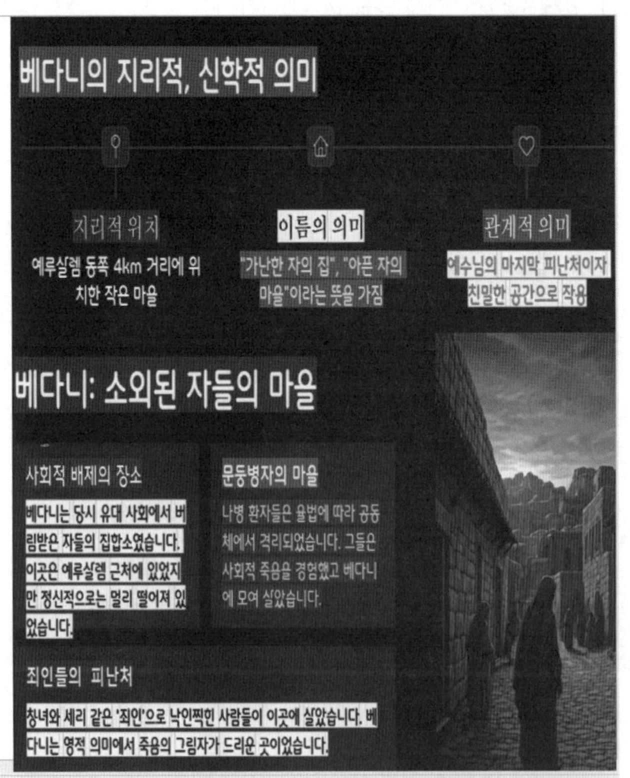

예루살렘 입성 전 베다니 마을에서 일어난 나사로의 부활과 마리아의 향유부음 사건(요11:1-12:11)우리가 예수님의 부활에 대해 이해하려면 예수님의 죽음에 대해 먼저 이해해야 한다. 베다니 마을은 예루살렘에서 약 3Km 떨어진 작은 마을로, 예수님과 깊은 관계를 맺은 마리아, 마르타, 나사로 삼 남매의 고향이다.(요한복음 11:1). 나사로 마르다 마리아가 사는 베다니는 당시 문둥병자와 전염병걸린 사람들 그리고 창녀들등 소외된 사람들이 살던 곳이었다.

1. 베다니라는 마을

지금 베다니의 나병환자들과 가난하고 병든 소외된 사람들은살아 있는 것 같지만 사실 죽음의 권세 아래에 있다. 죽음의 기운과 냄새와 권세가 그들을 지배한다. 그들은 살은 것 같지만 사실 죽은 시체와 같은 절망과 좌절 속에 사는 것이다. 이러한 베다니 마을의 죽음과 같은 상황을 대변하는 대표적 인물이 바로 나사로이다.

요한복음에서 베다니에서의 나사로 부활(요한 11장) 사건은 바로대제사장들의 박해 음모(요한 11:45-57), 마리아의 향유 사건(요한 12:1-8)이 연속적으로 배치된 곳이다. 뿐만 아니라 예루살렘 입성 직전의 마지막 거점으로 선택된 곳도 바로 베다니 마을이다.

우리는 이 베다니 마을에서 시대의 죽음의 권세하에 눌려 붕대로 묶여 돌로 입구가 가로막혀진 채로 묻혀진 나사로와 그 시대의 가난하고 눌리고 소외된 자들을 보아야한다. 예수님이 이 죽음에 권세에 묶인 나사로(민중)를 일으킨 부활 사건을 일으킨 곳도 바로 베다니인 것을 깨달아 알 필요가 있다.

마지막으로 예수님께서 향유로 장례를 준비하신 장소는 예루살렘이 아니라 베다니였다. 또한 "나는 부활이요 생명이다"(요 11:25)라는 신앙 고백을 통해 예수님의 신성과 권능이 가장 뚜렷하게 드러난 곳도 예루살렘 성전이 아니라 바로 그 베다니 마을이었다는 점을 꼭 기억해야 한다.

2. 베다니 마을에서 발생한 나사로의 부활과 마리아의 향유사건

요한 11:47-53에서 대제사장들과 바리새인들은 예수님이 나사로를 이러한 죽음의 권세에서 일으킨 부활사건을 보고 예수님을 제거하기로 결정한다. 이는 당시 대제사장들과 바리새인들이 예수님이 베다니에서 나사로를 죽음에서 살려낸 사건을 가난하고 소외된 죽음의 공간에 새로운 생명을 주는 기존 질서를 뒤흔드는 새로운 권세의 등장으로 보았기 때문이다. 따라서 나사로의 부활 사건은 예수님의 수난으로 이어지는 결정적 전환점 역할을 한다.

3."회당의 거룩의 정치"와 "베다니 마을의 자비의 정치학"은 상반된 두 체계를 대립적으로 제시합니다. 회당의 정치학이 율법과 전통에 기반한 형식적 거룩함을 추구한다면, 베다니의 정치학은 나사로의 부활과 마리아의 헌신을 통해 나타난 자비와 생명의 직접적인 경험을 강조합니다. 이는 예수님이 당시 유대교 권위에 도전하며 새로운 하나님 나라의 질서를 선포한 맥락과도 맞닿아 있습니다.
• 베다니의 상징: 베다니는 예수님과 그의 제자들, 그리고 이 오누이와의 깊은 관계가 있는 곳으로, 제도적 권력(회당이나 성전)이 아닌 개인적 공동체와 은혜의 공간을 상징합니다.

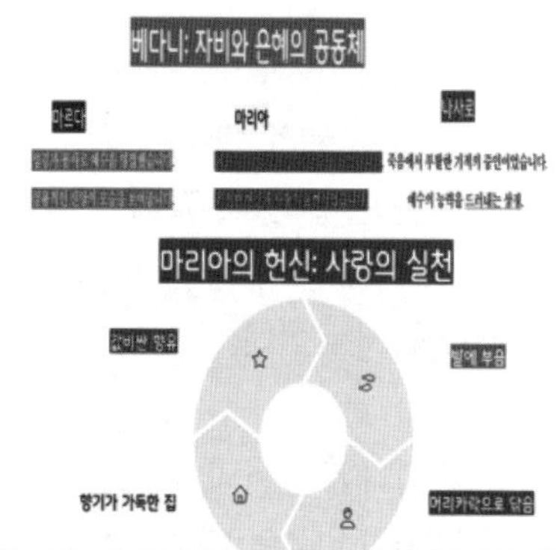

나사로의 부활사건은 바로 대제사장들의 박해로 이어지고 그 다음에 베다니에서 마리아가 향유병을 깨면서 예수님의 장례를 준비하는 사건이 나오는이유가 바로 여기에 있다. 결론적으로 베다니 마을에서 마리아의 향유를 붓는 사건은 "회당의 거룩의 정치" 와 "베다니 마을의 자비의 정치학"은 상반된 두 체계를 대립을 드러내는 것이다.

3. 예수님의 죽음을 예비한 마리아 향유 기름 부음 사건 = ("성전과 회당의 거룩의 정치에 대항하는 베다니 마을 나자로 마리아 오누이의 자비의 정치학")

나사로 부활 직후(요 12:1-8), 마리아가 예수님의 발에 향유를 붓는 장면은 예수님의 장례를 예비하는 상징적 행위로 해석된다. 나사로의 부활이 생명을 주시는 예수님의 능력을 보여 준다면, 마리아의 행위는 그 생명의 대가로 다가올 죽음을 암시하며, 부활과 수난의 주제를 하나로 묶는다.

회당의 정치학이 율법과 전통에 기반한 형식적 거룩함을 추구한다면, 베다니의 자비 정치학은 나사로의 부활과 마리아의 헌신을 통해 나타난 자비와 생명의 하나님나라 사건이다.

로마가 지배하면서 당시 유대교는 성전과 회당을 '거룩의 공간'으로 구별하면서 율법을 지키지 못하는 사람들을 차별하고, 거룩한 성전과 회당에서 몰아내며, 당대 시민들을 파탄으로 몰아가는 소위 거룩 (정결)의 정치학을 추구하고 있었습니다. 이처럼 예루살렘이 "거룩"의 이름으로 서민들을 파탄으로 몰아가고 있을때 몰아내고 있을 때 이 "성전과 회당"에 대비되는 예수님의 "자비의 정치학"을 드러낸 공간이 바로 오늘 우리의 본문의 공간인 베다니 문둥이 시몬의 집이었습니다.

로마가 지배하면서 당시 유대교는 성전과 회당을 '거룩의 공간'으로 구별하고 율법을 지키지 못하는 사람들을 차별하고 거룩한 성전과 회당에서 몰아냈다. 유대 집권자들은 당시백성들을 파탄으로 몰아가는 소위 거룩(정결)의 정치학을 추구하고 있었다. 예루살렘은 '거룩'이라는 이름 아래 서민들을 파탄으로 몰아가고 있었다. 그런 시대에, 성전이나 회당이 아닌 베다니의 문둥이 시몬의 집에서 예수님의 '자비의 정치학'이 드러났다.

특히 요한복음에서 마리아가 회당밖 사람들을 위한 자비와 환대의 활동하며 예수님의 장례식 준비를 하는 베다니 마을의 마리아의 향유 사건을 대제사장들의 박해와 예루살렘 입성 직전의 마지막 거점 공간으로 배치한 이유는, 예수님이 나사로 무덤에서 일으킨 부활사건의 권능이 기존 질서를 뒤흔들었기 때문이고, 이는 나사로의 부활과 마리아의 예수님 장례 준비 사건(베다니 향유사건)이 바로 예루살렘 입성과 수난으로 이지는 결정적 전환점 역할을 합니다.

항목	나사로 부활 이야기	현대적 적용 (제공된 텍스트)
주요 주제	예수님의 죽음에 대한 권능, 부활의 희망	오늘날 현실의 도전(죽음의 권세) 극복
핵심 행동	나사로를 무덤에서 불러내고, 풀어 자유롭게 함	부활의 신앙으로 영적으로 새롭게 일어섬
상징적 의미	죽음에서 생명으로의 전환, 예수님의 승리	현대 사회의 부정적 영향(네트워 등) 극복
영적 메시지	희망과 부활의 약속	신앙으로 현실의 무덤 같은 상황을 초월

성전과 회당의 정치학은 율법과 전통에 기반한 형식적 거룩함을 추구한다. 반면 베다니 마을의 자비의 정치학은 나사로의 부활과 마리아의 헌신을 통해 드러나는 자비와 생명의 직접적인 경험을 강조한다. 이는 예수가 당시 유대교 권위에 도전하며 새로운 하나님 나라의 질서를 선포한 맥락과 연결된다

베다니는 예수와 그의 제자들, 그리고 나사로, 마르다, 마리아 삼남매 사이의 깊은 관계가 있는 장소이다. 이곳은 성전과 회당이라는 제도적 권력이 아니라, 마을 공동체와 은혜의 공간을 상징한다. 특히 요한복음에서 마리아가 향유를 부은 사건은 회당 밖 사람들을 향한 자비와 환대의 실천이며, 동시에 예수의 장례를 준비하는 행위로 나타나다.

이 사건이 대제사장들의 박해와 예루살렘 입성 직전에 배치된 이유는, 예수가 나사로를 무덤에서 일으킨 부활의 권능이 기존 종교 질서를 근본적으로 뒤흔들었기 때문이다. 나사로의 부활과 마리아의 장례 준비 사건(베다니 향유 사건)은 예루살렘 입성과 수난을 향한 결정적인 전환점으로 기능한다.

5. 자 이러한 성서적 배경에 기초하여 이제 베다니에서의 나사로의 부활사건에 대해 이야기를 시작하겠습니다.오늘 우리 사회에서도 본문에 예수님이 나흘만에 도착하자 사람들이 "나자로는 죽은 지 사흘이 지났다, 이미 시체 냄세가 펄펄난다, 큰일났다 우리가 다 죽게되었다!"하는 공포와 절망의 아우성이 일어나고 있습니다, 그러기에 우리는 지금 계엄과 탄핵사태를 통해 먼저 지금 세상을 지배하고 있는 죽음의 권세와 파워와 그 네트웍과 전염력을 읽어야 합니다. 지금 탄핵이후 이 죽음의 권세와 네트웍들과 잔당들이 아직도 온힘을 모아 극우적 차별과 배제와 혐오의 공포감을 퍼트리고 있기에 우리가 가장 먼저이러한 죽음의 권세의 권세와 맞서 부활의 신앙으로 일어나야 합니다

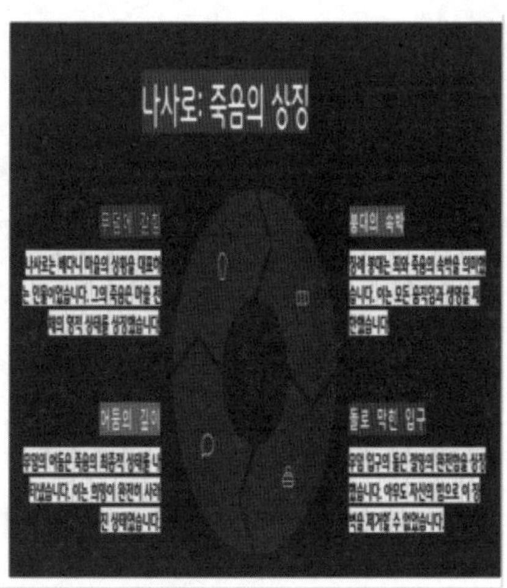

4. 나사로의 죽음과 예수님의 등장 이야기

자 이러한 성서적 배경에 기초하여 이제 베다니에서의 나사로의 부활사
건에 대해 이야기를 시작하자. 오늘 우리 사회에서도 본문에 예수님이 나
흘만에 도착하자 사람들이 "나자로는 죽은 지 사흘이 지났다, 이미 시체 냄
세가 펄펄난다, 큰일났다 우리가 다 죽게되었다!"하는 공포와 절망의 아우
성치고 있다.

그러기에 우리는 지금 계엄과 탄핵 사태를 통해 먼저 지금 세상을 지배하
고 있는 죽음의 권세와 파워와 그 네트웍과 전염력을 읽어야 한다. 지금 탄
핵 이후 이 죽음의 권세와 네트웍들과 잔당들이 아직도 온힘을 모아 극우적
차별과 배제와 혐오의 공포감을 퍼트리고 있다. 그러기에 우리가 가장 먼저
이러한 죽음의 권세의 권세와 맞서 부활의 신앙으로 일어나야 한다.

5. 나사로야 나오라 부르시고, 풀어 놓아 다니게 하라 하시니라!

오늘 본문의 마지막 장면에서 예수님이 큰 소리로 나사로야 나오라 하고 부르니 수족을 베로 동이고 그 얼굴이 수건에 싸인 채로 나온 나사로를 풀어주어 그를 자유롭게 다니게 하라고 하신다. 오늘 우리는 죽음의 사망 권세가 득세하는 무덤과 같은 현실에 놓여 있다. 이러한 때에 예수님이 무덤가에서 큰 소리로 "나사로야 나오라"하고 죽은 나사로를 불러 일으키신 것처럼 부활의 신앙으로 우리를 일으켜 세워야 한다. 지금 누구를 가난과 영적 억압에서 풀어 놓아 다니게 하여야 할까? 신앙 공동체는 영적으로나 사회적으로 묶인 이들을 자유롭게 하는 역할을 해야 한다. 예수님이 나사로를 무덤과 죽음의 권세에서 해방시킨 것 처럼, 우리는 예수님의 부활 능력을 통해 우리 모두의 두려움과 제약에서 해방될 수 있다. 또한 신앙 공동체는 다른 이들을 돕고, 특히 영적으로나 사회적으로 묶인 이들을 자유롭게 하는 역할을 해야 한다.

다같이 기도하겠습니다.

인도: 2025년 사순절 지금 이 때야말로 주님의 고난을 통해 하나님의 부활의 능력과 은혜를 경험할때입니다.

회중: 지금 이세상을 지배하는 사망권세의 그 구속과 억압을 향해 큰 소리로 나사로야 나오너라 하시며 그 구속과 억압을 풀어헤치시며 자유롭게 다니게 하라는 주님의 부활의 음성을 외칠때입니다.

인도: 나사로가 무덤에서 해방된 것처럼, 우리는 예수님의 부활 능력을 통해 두려움과 제약에서 해방될 수 있습니다. 또한, 신앙 공동체는 다른 이들을 돕고, 특히 영적으로나 사회적으로 묶인 이들을 자유롭게 하는 역할을 해야 합니다.

다같이: "나사로를 풀어 자유롭게 다니게 하라"는 부활의 말씀을 믿고, 나사로를 덮고 있는 무덤이라는 죽음의 권세를 부수고 풀어 자유롭게 움직이게 하라는 주님의 명령을 믿음으로 따르는 사순이 되길 기도드립니다, 아멘!!

17. 2025 약대동 부활절 마당극 예배 (2025년 4월20일)

(삼위일체를 상징하는 3번의 징소리와 묵상기도)

이제 주님께서 거룩한 예배의 자리로 우리를 부르십니다.예배하는 자는 신령과진정으로 예배 할지니라!

오늘은 부활절 아침입니다.지금부터 부활절마당극을 시작합니다!!

목회자 : 새롬교회 성도 여러분 , 그리고 마을 돌봄 일꾼 여러분
회중 : 예
인도자 : 오늘이 무슨 날이지요?
회중: 에수님이 사망권세를 이기시고 무덤에서 부활한 날 입니다,

목회자 : 자~ 이제부터 우리 함께 마음과 정성으로 한바탕 멋진 예배 마당을
열어봅시다.

주님! 주님~ 오소서! 예배의 마당 엽니다!

회 중 : 주님! 주님~ 여소서! 예배의 마당 여소서!

죽음에서 영원한 생명으로,

어둠에서 빛으로 우리를 인도하시는 하나님의 은혜를 되새기며
그 생명과 빛을 험한 세상에 증거하기로 결단하는 시간입니다.
저희 예배를 받으시고
이 세상으로 나아가는 저희를 축복하여 주옵소서.
주님,
부활한 주님을 만난 제자들 눈이
밝아진 것 같이 저희도 부활의 신비 속에 하나님의 진실과 정의를 볼 수 있기를 간구합니다.
저희 빈 마음에 성령께서 함께 하셔서 예배 가운데 주님의 음성을 듣게 하시며
부활의 능력으로 서로를 섬기며
서로를 위로하고 회복시키는
부활의 공동체로 거듭나게 하옵소서.
부활이요 생명이신 예수님 이름으로 기도드립니다. 아멘

"나는 부활이요 생명이니 나를 믿는 자는 죽어도 살겠고

살아서 나를 믿는 자는 영원히 죽지 아니하리니"(요11;17-27) (2025 부활절 말씀)

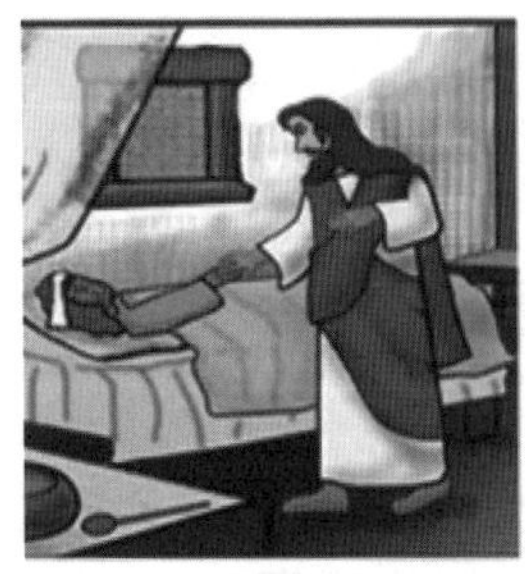

2 마을의 역동화 마당

나다니엘 청년 뛰어듦 / 문둥병 환자의 전파

각색병 환자들의 모임 (베드로 장모등)

남성 : 갈릴리 호숫가에서 병든 자들이 모여들기 시작했습니다. 그들은 베드로의 장모님 앞마당에 중풍병자의 집에서 치유, 레위의 집에서 밥상공동체가 세워졌습니다.

갈릴리 청년 어부들 배에서 뛰어내리다

청년 : 젊은이들은 배를 버리고 예수님의 하나님 나라 운동에 헌신하기 시작했습니다. 그들은 새로운 공동체의 일원이 되었습니다.

문둥병자가 치유의 소문을 퍼트리다

어르신 : 고립된 문둥병자가 치유를 받고 예수님에 대한 소문을 퍼뜨렸습니다. 이는 복음 확산의 중요한 계기가 되었습니다.

첫째가 1장부터 3장 6절까지 예수님의 마을에서 악령추방과 치유와 밥상공동체라는 하나님 나라 사건을 일으키시가 회당의 바리새가 트집을 잡고 시비을걸어와 5차례의 논쟁이후3장 6절에서 바리새와 헤롯당이함께예수를 죽임음모를 꾸밉니다, 둘째는 마을에서 쫓겨난 예수와 제자는 들판에서 비유로 가르치시고 갈릴리호숫가를 가로 질러 이방 데카폴리스라는 이방 10도시로 이방 선교를 출발하십니다.

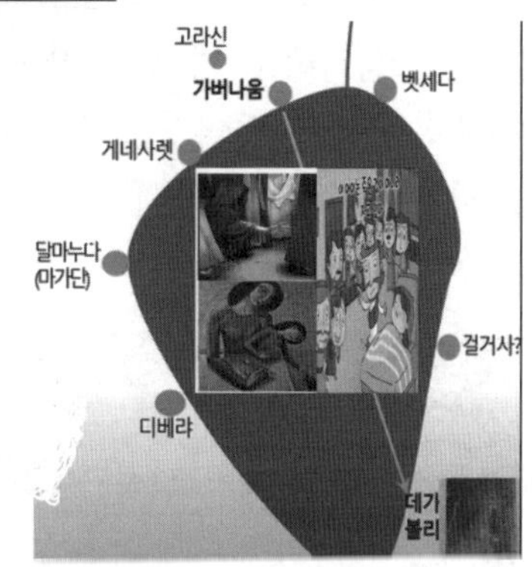

둘째는 마을에서 쫓겨난 예수와 제자는 들판에서 비유로 가르치시고 갈릴리호숫가를 가로 질러 이방 데카폴리스라는 이방 10도시로 이방 선교를 출발하십니다.

이때 예수님은 거라사에서광인을 만나 고치시고 다시 유대땅으로 돌아오셔서 회당장의 딸을 고치시러 가시던중 혈류병걸린 여인을 고치시자 이 여인은 훌륭한 지역 협력자가 됩니다. 그리고 유대땅에서 5000명을 먹인 급식 사건을 일으키신후 시돈지역의 수루보이게 만나 부스러기로 그녀의 딸을 고쳐주는 사건을 통해 이방땅의 지역 협력자를 얻고 이 이방여인을 통해 이방선교의 확신을 얻으시며 이방땅에서의 4000명을 먹이시는 하나님 나라 급식운동으로 확산되어 나갑니다.

.그러나 이러한 이방선교의 성과에도 불구하고 제자들은 이방 항해 여행내내 계속 우리가 죽게된것을 모르느냐, 유령이다, 빵이 없다하고 공포와 두려움과 불평 불만을 터트릴 때 예수님은 제자들에게 바리새와 헤롯의 누룩을 조심하라고 경고하시면서 자신의 예루살렘에서 장로와 바리새인에 의해 수난당할 것이라는 수난 경고를 계속하시면서 이제 예루살렘으로 오르시기 시작하십니다.

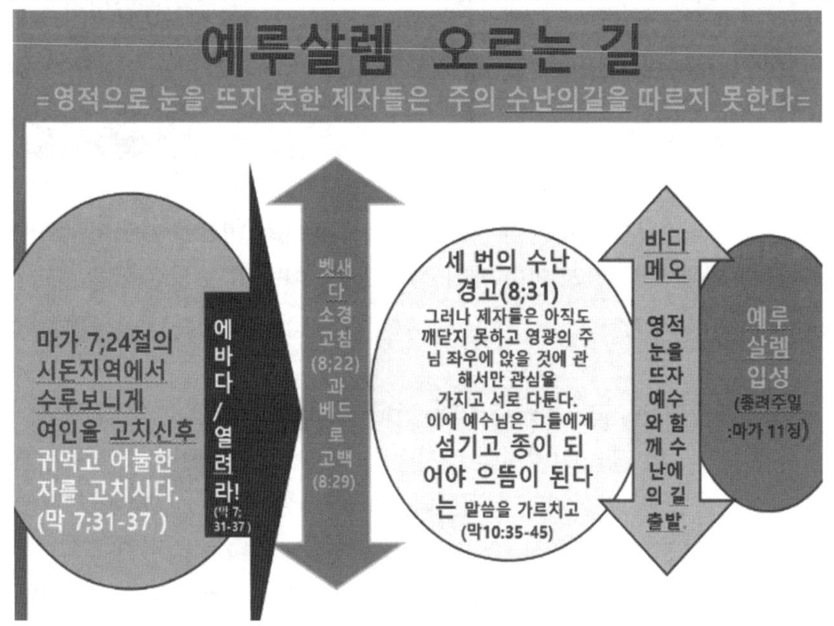

이제 60일후 새 대통령 선거가 있고, 우리 사회는 전혀 새로운 전환단계로 들어갈 것 입니다. 한 사회가 임계점에 이르면 새로운 이야기와 '슈퍼 전파자'가 등장 할것입니다

남성: 오늘 예수님의 데카폴리스이방항해 이야기에 나오는 거라사청년과 하혈병걸린 여인과 수루보이게 여인 이야기는 한 사회가 임계점에 이르면 거대담론(overstory)과 같은 새로운 이야기와 '슈퍼 전파자'가 등장 한다는 티핑포인트 이야기를 생각나게 합니다.

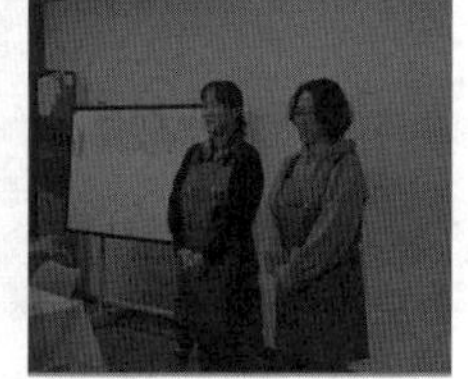

　　이제 탄핵이후 전혀 새로운 전환의 단계로 들어가는 우리·사회 가운데 우리 교회와 마을이 감당 해야할 하나님 나라의 은혜로운 슈퍼 전달자의 역할을 담당하는 우리 모두가 되어야 할것입니다.

마당극 해설자: 베다니 마을은 예루살렘에서
약 3km 떨어진 작은 마을로, 예수님과 깊은
관계를 맺은 마리아, 마르타, 나사로 삼 남매의
고향입니다(요한복음 11:1).
남성 나사로 마르다 마리아가 사는 베다니는
당시 문둥병자와 전염병걸린 사람들 그리고
창녀들등 소외된 사람들이 살던 곳이었습니다.
여성 지금 베다니의 나병환자들과 창녀들은
살아 있는 것 같지만 사실 죽음의 권세 하에
있고, 죽음의 기운과 냄세와 권세가 그들을 시배
하여 그들은 살은 것 같지만 사실 죽은 시체와
같은 절망과 좌절속에 살고 있는 것입니다.

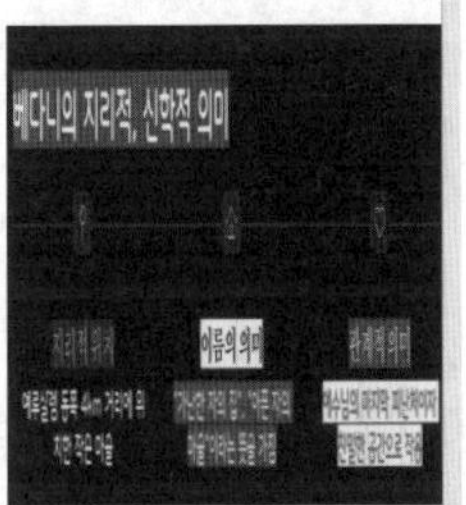

　　예수 마당극 해설자: 베다니 마을은 예루살렘에서 약 3Km 떨어진 작은 마을로, 예수님과 깊은 관계를 맺은 마리아, 마르타, 나사로 삼 남매의 고향입니다(요한복음 11:1). 남성나사로 마르다 마리아가 사는 베다니는당시 문둥병자와 전염병걸린 사람등 소외된사람들이 살던 곳이었습니다.

여성 :　　지금 베다니의 나병환자들과 병든 사람들이 살아 있는 것 같지만 사실 죽음의 권세 하에 있고, 죽음의 기운과 냄세와 권세가 그들을 지배하여, 그들은 살은 것 같지만 사실 죽은 시체와 같은 절망과 좌절속에 살고 있는 것입니다.

남성 :　　우리 교회는 예수님이 나사로를 무덤과 죽음의 권세에서 해방시킨것처럼, 여성 우리는 예수님의 부활 능력을 통해 우리 모두의 두려움과 제약에서 해방될 수 있습니다.

다같이 :　또한, 신앙 공동체는 다른 이들을 돕고, 특히 영적으로나 사회적으로 묶인 이들을 자유롭게 하는 역할을 해야 합니다.

다같이 기도하겠습니다

지금 이 시간이야 말로 우리의 은총의 공간인 거룩한 교회가 단순히 교회라는 건물로 폐쇄되는것을 넘어 지역사회와 마을 전체로 확장되며 하나님의 영광을 드러낼때요, 지금 이야 말로 하나님의 부활의 능력을 경험하며 그 부활에 동참할때 임을 고백할수있는 은총의 시간인 것입니다, 우리는 이 나사로야 나오너라 하는 이 예수님의 부활신앙을 기초로 연대와 돌봄, 사랑과 헌신, 공평과 정의, 생명과 평화가 넘치는 예수님의 공동체와 마을을 만들기를 원합니다. 오늘 부활의 아침이처럼 동굴의 공포와 두려움과 좌절과 절망에 싸인 우리에게 예수님께서는 "나사로야, 무덤에서 나와라" 하고·우리를 불러내시고 계십니다. 아직도 각자의 '동굴'에 "안전하고" 안 일하게 머물고 안주하고 싶어하는 우리에게 나사로를 풀어주어 그를 자유 롭게 다니게 하라고 하며 주님의 부활의 음성을 외칠 때입니다!!

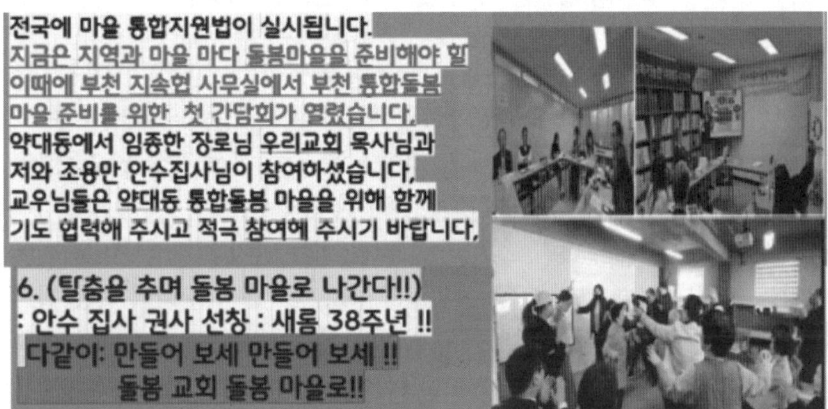

(다같이 원을 그리며 대동의 춤을 추며 나간다!!)

① 약대동이좋단말을 풍편에넌짓듣고!!(어르신)

② 잡혀다오!! 잡혀다오!! 예수의그물에 잡혀다오(청년)

③ 만들어보세!! 만들어 보세, 돌봄 교회와 돌봄마을!! (모두) 덩다기덩딱 어깨춤 추며 마을을 향해 나간다.

출처: https://beautifulcomunity.tistory.com/entry/2025-약대동-부활절-마당극-예배
[마을에서 만난 예수:티스토리]

18. 코로나와 탄핵시대를 거치며 읽는 요한 복음

요한 복음의 예수님의 첫번째 표적 이야기인 가나의 혼인 잔치는 요한복음이 단순히 유대교의 틀 안에 머무르지 않음을 보여준다. 요한 복음은 유대교의 잘못된 전통을 과감히 비판하면서, 동시에 로마헬라사상의 긍 부정적 요소와도 대화하고 비판하고 포용한다. 이를 통해 요한 복음은 유대 로마 헬라문화와 전통의 경계를 넘어서며 새로운 시대를 열어간다. 가나의 혼인 잔치에서 예수님은 유대 돌항아리의 정결수를 포도주로 바꾸신다. 이 이야기는 헬라의 주신 바카스에 대한 대항 담론으로, 그 축제성을 수용하되 새로운 의미로 전환한다. 포도주가 떨어진 잔치에서 예수는 흥을 되살리는 춤의 왕, 참된 잔치꾼으로 등장한다. 그러나 이는 단지 가나의 혼인잔치에 생기를 불어넣는 데 그치지 않는다. 포도주의 피빛은 예수의 수난을 암시하며, 그분의 죽음을 통해 진정한 구원의 잔치가 시작됨을 예고한다. 예수는 또한 예루살렘 성전, 특히 기도의 집이어야 할 이방인의 뜰이 성전 제물 검사와 환전으로 타락한 현실을 지적하며 성전을 정화하신다. 이 모든 행위는 처음보다 더 좋은 포도주를 내놓는 것처럼, 공동체의 결혼식—즉, 하나님과의 새로운 언약 공동체—를 진정한 축제로 회복시키는 사건이다. 이어서 요한복음 1-4장을 보면 예수님은 1장 나다니엘(청년), 3장 니고데모(유대 최고 지식인,학자), 4장 사마리아 이방 여인이라는 새로운 시대의 새인물들을 불러내신다. 이리하여 예수님과 함께 새 시대가 어떻게 열리고 있는가를 드러내기 시작한다.

요한공동체는 유대적 기독교 전통과 헬라적 사상 세계 사이의 교량 역할을 담당했다. '말씀이 육신이되었다'는 요한복음의 중심개념은 유대적 메시아 사상과 헬라적 로고스(이성,말씀)를 통합한다. 이 과정에서 요한 공동체는 단순한 절충이 아닌 깊은 신학적 재해석을 통해 새로운 기독론을 발전시킨다. 선재하신 로고스(말씀) 신앙으로써헬라의 로고스철학과의 성육신적소통을 한다. 이와동시에 정결례신앙과 같은 유대적 전통 신앙을 성찬식과 수난사화 같은 그리스도 신앙과 새롭게 해체 통합해 나가는균형잡힌 새 시대의 신학을 제시해 나간다.

코로나와 탄핵시대를 거치며 많은 이들이 교회를 떠났고 또 교회는 극우의 얼굴처럼 변해 버렸다. 요한 복음 6장 60절을 보면 다음과 같은 장면이 나온다. "제자 중 여럿이 듣고 말하되 이 말씀은 어렵도다 누가 들을 수 있느냐" (요6: 60)

제자들이 예수님을 떠난 이유는 영적인 것을 육적으로 몰이해했기 때문이다. 제자들은 오병이어의 떡을 띠면서도 오병이어 기적의 의미를 알지 못했던 것이다, 그래서 그들은 예수님이 오병이어 기적 사건 이후에 오병이어 사건과 예수 자신이 생명의 떡으로 온 이야기를 연결하시 시작하니 수군거리며 너무 어렵다고 반응하며 예수를 떠나기 시작한다.

"예수께서 스스로 제자들이 이 말씀에 대하여 수군거리는 줄 아시고"(요 6: 61)

"가라사대 이 말이 너희에게 걸림이 되느냐"(61절)그들은 예수님 자신이 생명의 떡이라는 말씀에 대하여 어렵다고 수군거리며 결국 그들이공포에 휩싸여 수군거리며 내린 결론은 무엇인가? 66절 말씀이 바로 그것이다. "이러므로 제자 중에 많이 물러가고 다시그와 함께 다니지 아니하더라"(6:66) 어렵다고 수군거린후 이탈하기 시작했다는 것이다.

요한복음은 왜 어려운가?

1. 새로운 시대
2. 새인물 등장
3. 새로운 상황 장애물과 고난

요한 공동체는 유대적 기독교 전통과 헬라적 사상 세계 사이의 교량 역할을 담당했습니다. '말씀이 육신이 되었다'는 요한복음의 중심 개념은 유대적 메시아 사상과 헬라적 로고스를 통합합니다.

이 과정에서 요한 공동체는 단순한 절충이 아닌 깊은 신학적 재해석을 통해 새로운 기독론을 발전시켰습니다. 선재하신 로고스로서의 그리스도 개념은 헬라 세계에 복음을 전하는 데 효과적인 도구가 되었으며, 동시에 유대적 기원을 부정하지 않는 균형 잡힌 신학을 제시했습니다

제자들이 왜 이러한 반응을 보였을까요?

"너희에게 이르노니 너희가 나를 찾는 것은 표적을 본 까닭이 아니요 떡을 먹고 배부른 까닭이로다 썩는 양식을 위하여 일하지 말고 영생하도록 있는 양식을 위하여 하라"(요6: 26-27). 이들이 예수를 따른 이유는 결국 단순히 이적과 표적을 보기 위한 것이었다. 예수님의 오병이어 이적과 표적 뒤에 숨어져 있는 영적 의미 다시 말해 생명의 빵의 의미에는 관심이 없었던것이다.

생명의 떡 즉 영적양식은 젖병이 아니라 단단한 음식이다.

제자 빌립은 이들을 먹이려면 200 데나리온이라는 비용이 필요한데 그것은 현실적으로 불가능하다고 현실주의를 대변 합니다.그러나 현실과 현실주의는 다릅니다. 우리는 우리가 닥치고 있는 현실을 파악할 필요는 있지만 그것이 현실주의가 되어 나와 우리 공동체의 모든 가능성을 지금의 현실에 가두는 현실주의에 빠져서는 안됩니다. 장신대 한국일 교수님은 모든 작은 마을 교회들은 교인수와 교회의 재정은 작지만 할수있는 것부터,작게 시작하여, 그 작은 빵5개와 물고기 두마리가 첫 디딤들이 되어 5천명이 먹고, 12 광주리가 남는 마을교회의 기적을 일으킨 교회들이 마을 교회들이라고 마을 교회들을 위로해 주셨습니다. 이것이 젖병을 떼고 생명의 떡 영적 양식을 먹는 영적 성서 읽기입니다.

생명의 떡, 즉 영적 양식은 젖병이 아니라 단단한 음식이다. 예수님께서 말씀을 들으러 온 배고픈 사람들을 향해 "너희가 그들에게 먹을 것을 주라"고 하셨을 때, 제자들 중에는 이해하지 못하는 이들도 있었다. 그들은 예수님을 따른 목적이 영혼 구원에 있지, 가난한 자에게 실제로 빵을 주는 일은 자신들의 책임이 아니라고 여겼다. 이는 영적 일과 현실의 문제를 분리하는, 분리형 신앙의 전형적인 모습이다.

이러한 제자들의 신앙은 영과육을, 세상과 교회를 분리하는 분리적신앙의 유형이다. 그러나 제자 빌립은 이들과는 다른 반응을 보인다. 빌립은 예수님에게 이들을 다 먹이려면200 데나리온이라는 비용이 필요한데 그것은 현실적으로 불가능하다고 현실주의를 대변 하다.

그러나 현실과 현실주의는 다르다. 우리는 코앞에 닥친 현실을 파악할 필요는 있지만, 그렇다고나와 우리 공동체의 모든 가능성을 지금의 현실에 가두는 현실주의에 빠져서는 안 된다.

장신대 은퇴교수이신 한국일 교수님은 이렇게 마을교회들을 위로하셨다. "모든 작은 마을 교회들은 교인수와 교회의 재정은 작지만 할 수 있는 것부터 작게 시작하였다. 그 작은 빵 5개와 물고기 두마리가 첫 디딤돌이 되어, 5천명이 먹고 12 광주리가 남는 기적을 일으킨 교회들이 바로 마을교회들이다" 이것이 바로 오늘 젖병을 떼고 생명의 떡을 먹고 마시는영적 성서 읽기이다.

1. 나는 생명의 떡이다(요 6:35, 48, 51)
2. 나는 세상의 빛이다(요 8:12, 9:5)
3. 나는 양의 문이다(요 10:7, 9)
4. 나는 선한 목자이다(요 10:11, 14)
5. 나는 부활이요 생명이다(요 11:25)
6. 나는 길이요 진리요 생명이다(요 14:6)
7. 나는 참포도나무이다(요 15:1, 5)

요한 복음에서 4장에서 예수님은 다시는 목마르지 않는 생명의 물, 6장에 생명의 떡, 11장에 나는 부활이요 생명이라 하시고, 14장에서는 나는 길이요 진리요 생명이라, 15장에서는 나는 포도나무요 너희는 가지라고 말씀하신다.

특히 요한 복음 15장의 "나는 포도나무요 너희는 가지라"는 이 요한복음 말씀의 탄생 배경은 기원후 90년 경의 얌니아 회의라는 유대교의 결정으로 당시 회당에서 쫓겨난 박해 받던 요한 공동체의 상황이 담겨 있다. 비록 우리가 지금 박해와 고난과 재난 가운데 있을지라도 온 생명이신 예수님에게 포도나무와 가지처럼 연결될 때 우리는 생명을 얻고 부활할 수 있다는 부활 생명망 공동체를 꿈꾸며 기록한 생명의 말씀인 것이다.

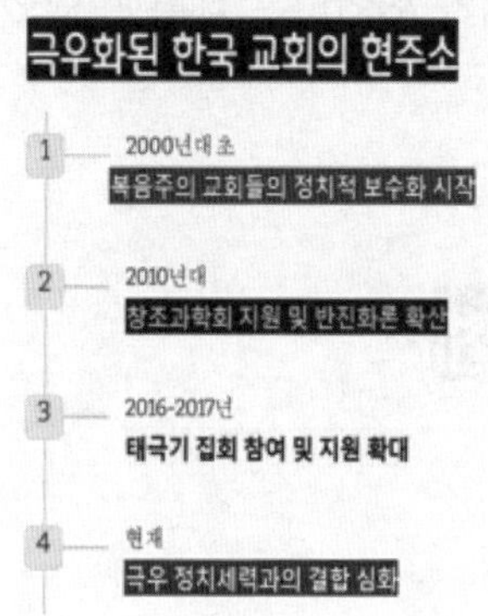

특히 요한 복음 14장에서 예수님이 말씀을 하실 때 이미 제자중 가룻유다는 배반을 준비하고 있었고(13장 21), 수제자라는 베드로는 부인을 준비하고 있었다. 도마는 주여 어디로 가시느냐하고 말했고 빌립은 그곳을 보여 달라고 한다. 즉 초대교회에 박해가 일어나자 요한공동체 중 많은 사람들도 가룻유다와 베드로처럼 그들의 신앙과 예수를 배반 부인하고 다 도망가기 시작했다는 것이다.

결국 길이요 진리요 생명이신예수님을 알아보지 못하고 결국 자신의 욕심을 채우기 위해서, 예수를 팔기 위해 배반하고 뛰쳐 나갔던 것이다. 예수님은 자신을 부인하고 하나님의 뜻을 따르셨다. 반면제자들은 자신을 부인하지 못하고 서로의 발을 닦는데 실패하면서 지금 요한 공동체제자들의 열정과 헌신이 식어가는 것이다.

제자들은 결국 한결같이 고난과 십자가를 거부하며, 말씀이 어렵다며 젖병만 찾고 육적인 양식에 몰두한다. 영적 양식은 외면한 채, 배반하고 부인하며 떠나는 모습을 보인다. 이는 곧 요한 공동체의 당시 현실을 반영하는 모습이기도 하다.

최근 한국교회가 극우화의 모습을 보이면서 80년대 복음주의 운동의 지금의 열매는 무엇 인가라는 반성의글을 본적이 있다. 내용 중에는 복음주의 운동을 이끌었던 그룹의 대표적 교회는 태극기 부대 지원 그룹 되었고, 또한 유사 과학취급 받는 창조 과학회의 태동지가 되었다는 내용이 있었다. 왜 이렇게 되었는가?

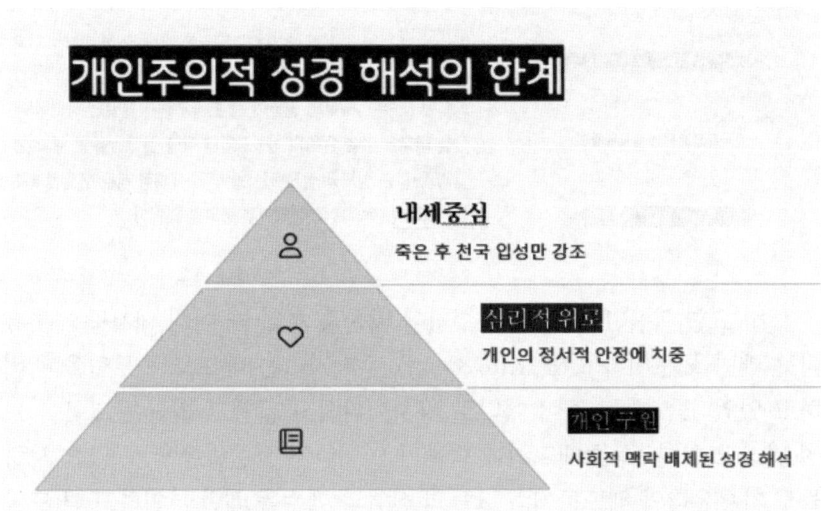

복음과 성서를 개인적 차원에서 개인의 위로와 심리적 평안을 빌어주는 책으로만 읽고 죽은 후의 천당과 가는 곳으로 삶의 안식과 피난처로만 이해한 한계가 노출된 것이다. 극우의 얼굴이 된 한국교회가 살길은 사회적 복음을 되찾고 마을 단위의 삶과 생활과 연결된 돌봄교회와 마을과 같은 선교를 실천하는 일이 되어야 할 것이다.

같은 이유로 6월3일선거 이후 사회적 복음 생활 선교가 없는 극우적 한국교회는 짠맛을 잃은 소금이 되어 거리에서 짓밟히다가 새로운 시대를 맞이하여 결국은 붕괴될 것이다.

요한 복음의 마지막 부분에는 다른 복음서에는 없는 애제자가 나오는데 우리는 이 부분에서 코로나와 탄핵과 선거 이후 한국 교회가 나가야 할 길에 대한 제안을 본다. 요한복음에서 애제자가 처음 등장하는 것은 예수님의 지상 사역이 마무리되는 시점이며, 이는 요한 공동체가 새로운 영적 리더십을 모색하던 시기와 일치한다.

애제자는 최후의 만찬 시간에 예수님의 품에 기대어 가장 가까운 교제를 나누는 인물이다. 그는 예수님의 내밀한 가르침을 직접적으로 전달받는 특권적 위치에 있었다. 그가 바로 17장 고별설교 이후에 등장하는 요한복음에서만 나오는 애제자이다. 요한 복음은 애제자의 단계에 오면 도마가 묻는 어디서 와서 어디로 가야 하는 지를 알고 있다. 베드로가 예수님의 수제자라고 한다면 애제자는 베드로가 채우지 못하는 영적인 성숙에 있어서 극점에 다다른 모델로, 고별설교 17장 이후의 죽음을 넘어서는 영광으로 일어나는 부활의 의미를 상상할수 있는 양적 단계에 이른 새로운 대안적 제자의 모습으로 등장 하고 있는 것이다.

요한 복음은 다른 우리 양들로 표현되는 이방인 그리스도인들과 헬레니즘을 통합 종합하는갈등과 도전의 과정에서 일단 베드로를 제도의 체계와 제의적 권위를 이끄는 모범적인 지도자 인정한다. 그러면서도 이러한 제도와 체계와 제의적 권위를 뛰어넘은 새로운 공동체의 구축을 위해 베드로

이외에 보혜사 성령(14:16)과 애제자(19:26) 의 협력체제를 구축한다.(차정식 교수).

　보혜사 성령의 변호와 인도, 도움에 더해 애제자의 영적 지혜와 베드로의 실질적 지도력이 결합되어, 요한 공동체는 깊은 영적 통찰과 실천의 연대를 이루었을 것이다. 그리하여 말씀이 육신이 되는 성숙의 길을 걸어 갔으리라. 요한 공동체는 이러한 선재설과 로고스 기독론을 고등 기독론으로 통합완성하면서 내부 정체성의 위기를 타파하고 연합과 일치를 도모해 나가면서 요한 공동체와 지도력을완성해 나갔다. 이러한 요한 공동체의 영성적 모델은 코로나와 탄핵과 선거 이후 한국교회의 나갈 방향에 중요한 영적인 방향을 제시한다고 믿는다.

2부 : 도시에서 만난 바울

1. 초대교회운동은 갈릴리 마을운동을 잇는 도시 마을 운동이었다

예수님 사후, 초대교회는 단순한 종교적 운동이 아닌 사회적 대안을 제시하는 '도시 마을운동'으로 출발했다. 그리고이 운동은 갈릴리 지역의 마을 사람들, 예루살렘의 갈릴리 출신 제자들, 그리고 헬라파 디아스포라를 중심으로 퍼져나갔다. 초기 기독교 공동체는 갈릴리, 예루살렘, 헬라파 디아스포라를 중심으로 자율적이고 평등주의적인 형태를 띠며 확산된 것으로보인다.

예수님의 부활 메시지와 나눔, 협동의 정신이 로마의 식민 도시 곳곳에서 새로운 '도시 마을 공동체'을 형성하며 급속도로 퍼졌고, 로마제국의 착취와 약탈 속에서, 예수님이 갈릴리에서 시작한 나눔과 협동의 공동체 정신은 이제 로마가 정복한 식민 도시 곳곳에 새로운 형태의 '도시 마을 공동체'를만들어내며 급속도로 확산되었던 것이다.

"메시지와 하나님 나라"(예수와 바울의 혁명)이라는 책에서 리처드 호슬리와 실버만은 초기 기독교를 단순히 신학적, 영적인 운동으로 보는 전통적 관점을 넘어, 역사적, 사회적 맥락에서 해석한다. 그들은 초기 기독교가 1세기 팔레스타인과 로마 제국의 경제적, 정치적 억압에 대응하는 사회적 운동이었다고 주장한다.

특히, 예수님의 메시지가 갈릴리 지역의 마을 공동체에서 시작된 나눔과 협동의 정신을 반영하며, 도시 환경에서 새로운 형태의 '도시 마을 공동체'을 형성했다고 볼수 있다고. 주장하며 이는초기 기독교가 로마 제국의 계층적, 착취적 구조에 대항하는 자율적이고 평등주의적인 도시 마을 공동체를 만드는데 일정 정도성공했다고 주장을 한다.

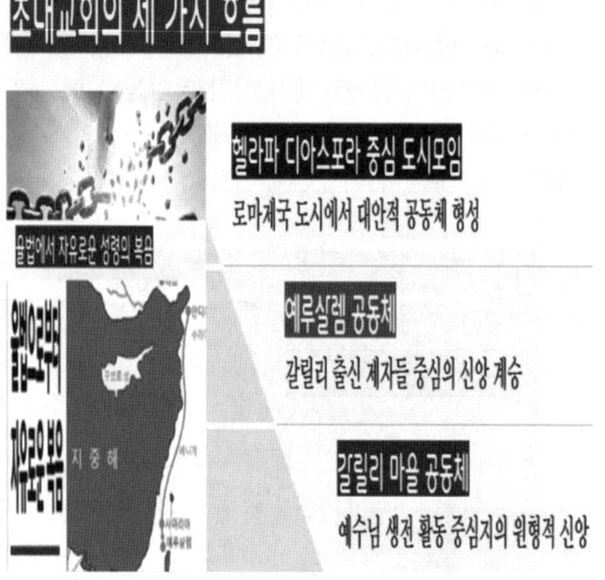

호슬리와 실버만은 초기 기독교의 확산 과정을 세 단계로 설명한다.

1. 갈릴리에서 시작: 예수님의 메시지는 주로 갈릴리 지역의 농민, 노동자 계층에게 호소력을 가졌다. 이들은 로마의 과세와 경제적 착취로 고통받는 상황에서, 예수님의 치유, 축사, 공동 식사와 같은 행위가 로마 통치와 그 협력자(예: 헤로데 안티파스)에 대한 저항으로 보였다.

2. 예루살렘으로의 확장: 예수님 사후, 갈릴리 출신 제자들은 예루살렘

에서 활동하며 이 메시지를 전파했다. 사도행전은 예루살렘 공동체가 초기 기독교의 중심지였음을 보여준다.

3 헬라파 디아스포라와 도시로의 확산: 헬라파 유대 기독인들은 로마 제국 전역의 도시, 예를 들어 안디옥, 고린도, 에베소에 거주하며 기독교를 새로운 맥락으로 전파했다. 바울은 특히 도시 거주자들에게 예수님의 부활 메시지를 전파하며, 로마 제국의 착취에 저항하는 공동체를 형성했다. 그가 빌립보, 데살로니카, 고린도와 에베소 등 로마의 식민 도시에 세운 초기기독교 도시 공동체들은 로마 제국의 경제적, 사회적 억압에 대응하는 자율적 단위로 기능하였다. 그러면서일종의 도시 한가운데마을 자치적 에클레시아 즉 마을민회와 같은 기능을 하였다.

초기 기독교는 로마 제국이 그들의 식민도시에 세운 착취적 구조에 대한 대안적 도시마을 공동체의 민회(에클레시아)적 성격을 가졌는데, 이 에클레시아라는 초대교회의 이름은 당시 헬라 지역의 도시의 시의회에서 가져온 이름이었다. 하지만 초대교회의 에클레시아는 헬라 도시의 남성 중심의 에클레시아를 넘어서는 남성뿐 아니라 여성과 노예도 참여하는 도시한 가운데 마을 공동체적 에클레시아 즉 민회적 성격을 가진 대안 공동체 이었다.

호슬리와 실비만은 이러한 상황에서 예수님의 메시지는 단순한 영적 구원이 아니라, 공동체적 협력과 나눔을 통해 로마 제국의 불평등과 폭력에 저항하는 정치적, 경제적 대안으로 작용했다고 본다. 또한갈릴리에서 시작된 예수 공동체 정신은 초대 교회의 로마 식민 도시에도 연결되고, 영향을 끼쳐새로운 형태의 '마을'을 만들어 냈다고 한다.이처럼 로마의 식민도시의 초대교회는 로마의 후원 시스템을 거부하고 자원을 공유하는 마을 공동체 방식으로 운영되었다. 두 저자는 이러한 특성은 초기 기독교가 도시 환경에서 '마을'과 유사한 공동체를 형성하며새로운 '도시마을공동체'를 형성하는 방향으로 급속도로 퍼져나갔다는 점을 강조한다.

호슬리와 실버만의 강조점을 보면, 초대교회는 로마 식민 도시의 과세, 채무 증가, 임대료 상승 같은 문제에 대해 예수의 갈릴리 마을 공동체 전통을 계승하여, 에클레시아라는 대안 공동체의 신앙 정신으로 대응하려 했던 것으로 보인다.

이는또한 초대교회의 도시 마을 민회(에클레시아) 운동은 바로 예수님의 갈릴리 마을 공동체 운동에 뿌리를 둔것이라는 확신에 이르게 된다. 즉 초대교회 운동이 일종의 '도시 마을운동'으로서 그 도시 마을의 뿌리가 바로 예수의 갈릴리 마을운동에 있다는 것이다.

이러한 기초위에 초대 헬라파 도시 디아스포라기독교 공동체가 예수님의 갈릴리의 마을 공동체 정신을 어떻게이어 나가며 로마 식민 도시에적응했는지를 초대교회가 지닌3가지 도시 마을 공동체(에클레시아 민회)의특성과

연결하여 알아 보도록하자.

자율성: 초대교회 공동체는 로마 제국과 유대교 회당의 구조에서 독립적으로 운영되었으며, 자체적으로 자원을 관리하고 결정을 내리는 '지역민회'(eKKlesiai) 형태를 취했다. 예를 들어, 사도행전 2:44-45에서 묘사된 예루살렘 공동체는 모든 것을 공유하며 운영되었다.

평등주의: 로마의 후원 시스템을 거부하고, 부자와 가난한 자, 노예와 자유인 간의 차이를 최소화하려는 노력이 있었다. 바울의 편지, 특히 고린도전서 11:17-34에서 부와 지위에 따른 갈등이 논의된 점은 이러한 평등주의적 이상을 반영한다.

경제적, 사회적 지원: 이 공동체는 과부, 고아, 가난한 이들을 지원하며, 로마 제국의 경제적 착취에 대항하는 안전망 역할을 했다.

초대교회의 세 가지 공동체적 특성은, 초기 기독교가 도시 환경 속에서도 갈릴리 마을 공동체 정신을 계승하여 새로운 형태의 '도시 마을'을 형성했음을 보여준다. 이는 안디옥, 고린도, 에베소의 도시 기독인들이 로마의 후원 체계를 거부하고 자원을 공동으로 나누며 살아간 모습에서 분명히 드러난다.

이 과정에서 사도 바울은도시 거주자들에게 예수님의 부활 메시지를 전파하며, 로마 제국의 착취에 저항하는 공동체를 형성하는데 몰두한다. 특히 사도 바울은유대교의 율법과 할례를 거부하고, 로마황제 숭배를 거부하고, 예수님의 공동체 신앙(믿음)을 강조한다. 또한 갈릴리 마을 공동체 정신을 도시 마을 공동체 신앙으로 이어 나가는초대 도시 마을 공동체인 에클레시아(교회)의 기초을 놓은데 큰 역할을 한다.

결론적으로 하나님 나라는 초기 기독교를 로마 제국의 착취에 대항하는 사회적 대안으로, 일종의 '도시 마을운동'이었다. 초기 기독교 공동체는 갈릴리에서 시작된 나눔과 협동의 정신을 도시로 가져와 자율적이고 평등주의적인 형태를 형성했으며 이는 로마 사회의 계층적 구조에 대한 강력한 대안으로 작용했다. 이러한 초대교회에 대한 새로운 해석은 초기 기독교의 확산과 매력을 설명하는 데 중요한 통찰을 제공한다. 더 나아가코로나와 탄핵과 대선 이후 한국 사회와 교회가 나가야할 구체적인 길을 제시 하리라고 믿는다.

도시 마을 운동으로의 돌봄 마을 교회를 꿈꾸며 기도합시다!

인도: 주님 저희는 초기 기독교 공동체가 갈릴리에서 시작된 나눔과 협동의 정신을 도시로 가져와 자율적이고 평등주의적인 형태를 형성했고 이는 로마 사회의 계층적 구조에 대한 강력한 대안으로 작용했음을 배웠습니다.

회중: 주님 우리 한국교회도 바울 로마 교회의 성도들 처럼 그리스도의 복음을 통해 "서로에게 덕을 세우고" "믿음으로 말미암아 강하여지고" "함께 기쁨을 나누는" 공동체를 이루기를 바랍니다.

다같이: 코로나와 탄핵이후 한국 사회와 교회의 새로운 나갈길이 바로 갈릴리 마을공동체의 공동체 정신을 도시 마을에 세운 초대교회의 도시 마을 신앙운동을 인줄로 믿고, 돌봄 교회와 돌봄 마을 운동을 힘차게 펼쳐나갈수 있도록 우리와 함께 하소서 아멘!!!!

인도: 주님 저희는 초기 기독교 공동체가 갈릴리에서 시작된 나눔과 협동의 정신을 도시로 가져와 자율적이고 평등주의적인형태를 형성했고 이는 로마 사회의 계층적 구조에 대한 강력한 대안으로 작용했음을 배웠습니다. 오늘 한국 사회의 도시마을 운동으로의 돌봄 마을과 교회를 꿈꾸며 기도합시다! 회중 :주님 우리 한국의 교회들도 바울 로마 교회의 성도들처럼 그리스도의 복음을 통해 "서로에게 덕을 세우고" "믿음으로 말미암아 강하여지고" "함께 기쁨을나누는" 공동체를 이루기를 바라며 함께 기도합니다. 다같이: 코로나와 탄핵이후 한국 사회와 교회의 새로운 나갈길이 바로 갈릴리 마을공동체의 공동체 정신을 도시 마을에 세운 초대교회의 도시 마을 신앙운동을 인줄로 믿사오니, 돌봄교회와 마을 운동으로 힘차게 나갈수있도록 우리와 함께 하소서 아멘!

2. 초대교회를 일으킨 성령과 평신도이야기,
   지금 우리에게 왜 중요할까?

1. 초대교회, 성령이 임하면 어떤 일이 일어날까요?

예수님께서 하늘로 올라가신 후에 약속하신 대로 성령을 보내주셨어요. 사도행전 1장 8절 말씀처럼, 성령이 임하시면 우리가 권능을 받고 땅 끝까지 예수님의 증인이 될 수 있다고 하셨죠. 성령이 임할 때 어떤 모습이었냐면, 마치 불과 바람 같았다고 성경에 기록되어 있어요.

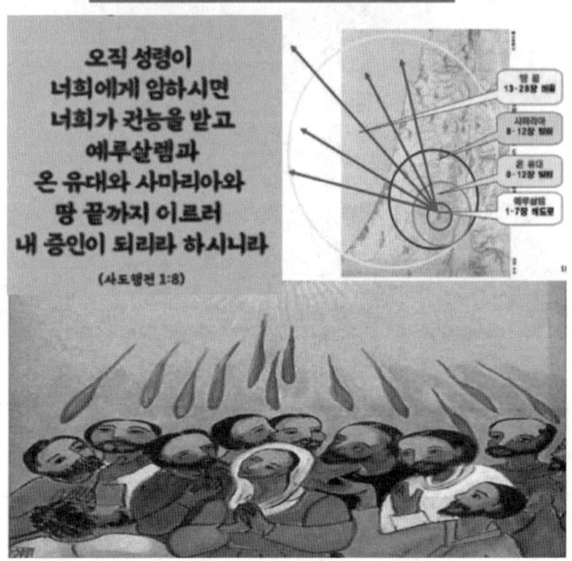

성령을 받으면 우리 마음이 뜨거워져요. 새로운 열정이 생기는 거죠. 두려움에 떨던 사람들이 성령이 불처럼 임하니까 뜨거워지고, 바람처럼 힘차게 뛰어나가 복음을 전하기 시작했어요. 이렇게 성령은 우리를 변화시키고 새로운 일을 시작하게 하는 힘이 된답니다.

2. 율법에 얽매이지 않는 신앙, 디아스포라 신앙인은 누구일까요?

유대교는 율법과 할례를 아주 중요하게 생각했어요. 율법을 지키는 것이 신앙의 중심이었죠. 하지만 예수님의 복음은 율법이 아닌 성령을 중심으로 해요.

초대교회 운동을 이끌었던 사람들 중에 디아스포라 유대인들이 있었어요. 디아스포라는 전쟁이나 다른 이유로 고향을 떠나 다른 지역에 흩어져 사는 사람들을 뜻해요. 이들은 율법에 얽매이지 않고 성령의 복음을 더 쉽게 받아들였죠. 흩어져 있던 이주민들이 예루살렘에 왔다가 예수님을 만나고 새로운 교회 공동체를 시작했어요.

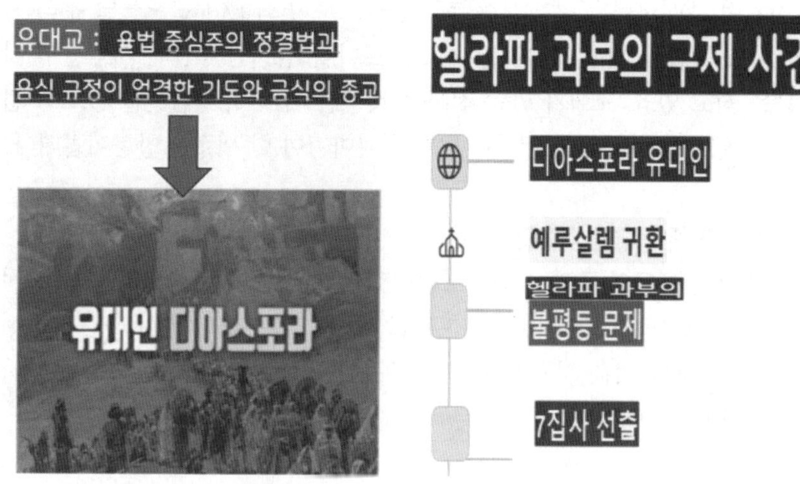

3. 건물 중심에서 돌봄 중심으로, 교회의 새로운 방향은 무엇일까요?

초대교회에는 헬라파 유대인 과부들을 제대로 돌보지 못하는 문제가 발생했어요. 이 문제를 해결하기 위해 일곱 집사를 세웠죠. 이 집사들은 기도와 말씀 전하는 일 외에 구제와 돌봄 사역을 담당했어요. 이것이 초대교회에서 집사 제도가 생긴 중요한 사건이에요.

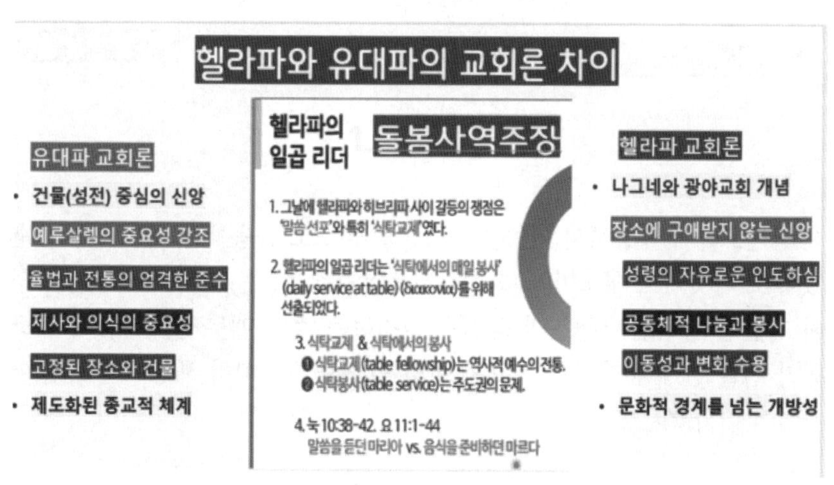

이처럼 초대교회는 구제와 돌봄을 중심으로 변화했어요. 오늘날 우리 사회에서도 돌봄이 매우 중요해졌어요. 코로나를 겪으면서 많은 사람들이 어려움을 겪고 있죠. 교회가 말씀 전하는 것뿐만 아니라, 사람들을 돌보고 섬기는 일에도 힘써야 해요. 이것이 교회가 나아가야 할 새로운 방향이랍니다.

4. 평신도 운동, 왜 중요할까요?

초대교회 운동의 주역은 평신도들이었어요. 목회자는 기도와 말씀을 전하는 일에 집중하고, 평신도들은 구제와 돌봄 같은 섬김의 사역을 감당했죠. 일곱 집사를 세운 것도 바로 평신도들이 돌봄 사역을 주도하도록 하기 위함이었어요.

평신도들이 앞장서서 어려운 사람들을 돌보고 공동체를 세우는 일에 힘썼어요. 이것이 초대교회의 평신도 운동이었죠. 현대 교회에서도 평신도들이 자신의 자리에서 돌봄과 섬김을 실천하는 것이 매우 중요하답니다. 교회가 건물 안에만 머물지 않고 성령의 인도하심에 따라 세상 속으로 나아가야 하니까요.

초대교회 평신도의 신앙 혁명

기존 신앙관과의 차이

초대교회 헬라파 집사들은 회당과 건물 중심의 유대신앙에 도전했습니다.

성령 중심 신앙

스데반은 "지혜와 성령으로 말함으로 저희가 능히 당치 못하여" 박해받았습니다.

복음의 확장

교회라는 건물을 넘어 예루살렘과 온유다와 사마리아와 땅끝까지 퍼져나갔습니다.

5. 통합 돌봄 시대, 우리 교회는 어떻게 준비해야 할까요?

이제 우리 사회는 통합 돌봄 시대로 가고 있어요. 통합 돌봄법이 통과되어 곧 시행될 예정이죠. 이것은 마을에서 의료와 복지 서비스를 함께 받을 수 있게 하는 시스템이에요. 하지만 아직 마을에는 돌봄이 필요한 사람들을 도울 일꾼이 부족한 상황이에요.

이런 시대에 교회의 역할이 중요해지고 있어요. 약대동 교회들의 경우, 코로나 기간 동안 오히려 돌봄 리더들을 준비했어요. 건강, 기도, 돌봄, 문화, 생태등 다양한 분야의 리더들을 키워냈죠. 통합 돌봄 시대에 발맞춰 교회가 돌봄을 중심으로 전환하고 마을에서 빛과 소금의 역할을 할 준비가 필요해요.

6. 성전 중심에서 성령 중심으로, 신앙의 본질은 무엇일까요?

유대교는 성전과 율법을 중심으로 신앙생활을 했어요. 성전이라는 특정한 장소가 중요했죠. 하지만 예수님은 사마리아 여인에게 신령과 진정으로 드리는 예배에 대해 말씀하셨어요. 예배는 장소가 중요한 것이 아니라, 우리의 마음과 성령으로 드리는 것이라는 뜻이에요.

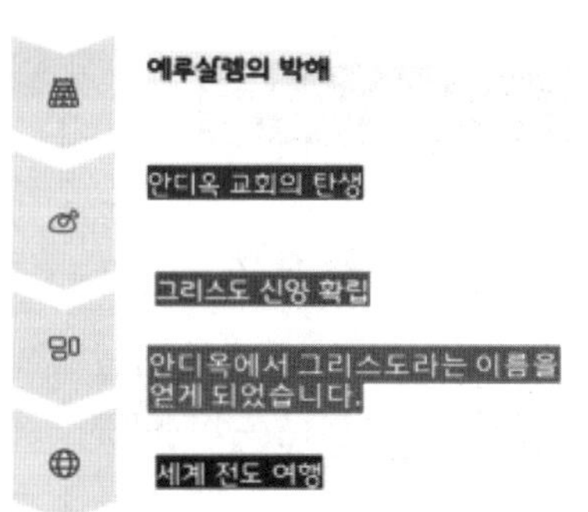

기독교 신앙은 성전이라는 건물에 갇혀 있지 않아요. 성령 중심으로 움직이죠. 성령의 역사는 특정한 장소에 제한되지 않고 온 세상으로 퍼져나가요. 신앙의 본질은 건물이나 제도가 아니라, 성령 안에서 하나님과 깊이 관계 맺고 그 인도하심을 따르는 것이랍니다.

7. 박해 속에서 복음이 전파된 이유는 무엇일까요?

초대교회 성도들은 많은 박해를 받았어요. 스테반 집사가 순교한 후에 예루살렘 교회에 큰 박해가 일어나 성도들이 유대와 사마리아 땅으로 흩어졌죠. 그런데 놀랍게도 이 흩어짐이 복음을 전파하는 계기가 되었어요.

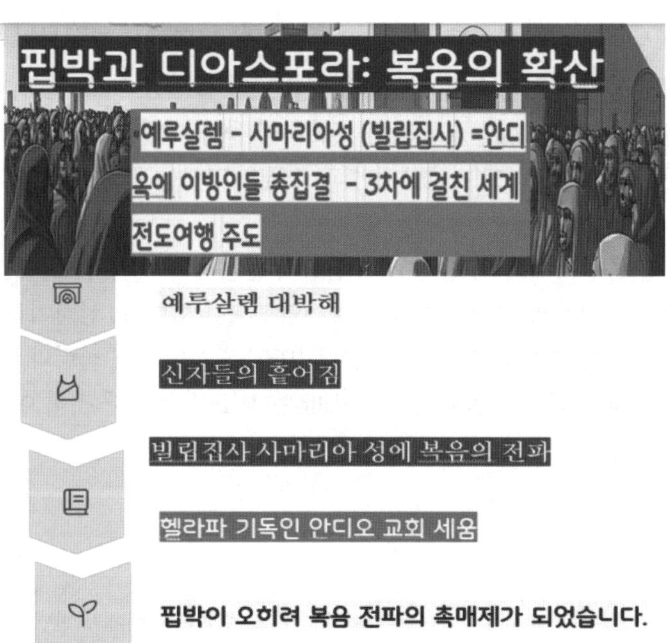

특히, 교회를 박해하던 사울이라는 사람이 있었어요. 그는 예수 믿는 사람들을 찾아다니며 괴롭혔죠. 하지만 다메섹으로 가던 길에 예수님을 만나고 눈이 멀게 되었어요. 그리고 아나니아라는 사람을 통해 눈을 뜨고 성령으로 충만해졌죠. 이때 그는 세상을 보던 방식이 완전히 바뀌게되었어요. 예수님은 사울을 택하여 이방 사람들에게 복음을 전하게 하셨어요. 사울은 나중에 바울이 되어 전 세계로 복음을 전파하는 위대한 사도가 되었답니다. 박해는 오히려 복음이 더 넓게 퍼져나가게 하는 도구가 된 것이죠.

8. 미래 교회, 어떤 모습일까요?

앞으로는성령의 시대가 열릴 것이라고 이야기해요. 그리고 교회는평신도 중심으로 변화할 것이라고 전망하죠. 예배와 신앙생활뿐만 아니라, 돌봄과 선교 사역도 평신도들이 더 중요한 역할을 하게 될 거예요. 통합 돌봄 시대에 맞춰 교회는 돌봄을 중심으로 급격한 변화를 이루어야 해요. 마을 속에서 이웃을 향한 돌봄의 빛과 소금의 역할을 감당해야 하죠. 이것이 교회가 나아가야 할 미래의 모습이랍니다. 성령의 인도하심에 따라 마을 속에서 돌봄 공동체를 이루는 것이 미래 교회의 중요한 과제가 될 거예요.

3. 초대교회, 도시를 바꾼 도시 공동체 이야기

1. 초대교회, 그냥 종교 단체가 아니었다고요?

초대교회는 단순히 종교 모임이 아니었어요. 도시 마을 교회 운동과 같았죠. 예수님의 갈릴리 마을 공동체 정신을 도시로 옮겨온 거였어요. 로마 사회의 복잡한 계층 구조에 대한 대안을 제시한 공동체였죠. 갈릴리의 평등하고 사랑 넘치는 나눔과 협동 정신을 도시에서 되살리려 했답니다.

초대교회 운동은 로마 제국이라는 큰 틀 안에서 이루어졌어요. 갈릴리 농촌 지역에서 시작된 예수님의 운동이 도시에서 새로운 형태로 이어진 거죠. 이들은 도시의 삭막함 속에서 따뜻한 공동체를 만들었어요. 경제적으로 나누고 사회적으로 평등하며 영적으로 연결된 곳이었죠.

2. 갈릴리 마을 정신이 도시로 왔다고요?

예수님의 운동은 갈릴리 마을에서 시작되었어요. 사람들을 가르치고 병을 고치며 악한 영들을 쫓아내는 일이었죠. 이것은 마을 사람들의 평화로운 삶을 위협하는 외세나 잘못된 정치적 힘에 맞서는 것이었어요. 갈릴리 마을 공동체 운동은 이러한 예수님의 정신이 담겨 있었죠. 이 갈릴리 마을의 정신이 도시로 옮겨왔어요. 로마 문명은 도시 중심이었고, 많은 사람들이 전쟁과 약탈로 인해 공동체를 잃고 흩어져 있었죠. 초대교회는 이런 파괴된 도시 사회에서 갈릴리의 평등과 나눔, 협동 정신을 다시 세우려 했답니다. 도시의 삭막함 속에서 예수님의 마을 공동체를 재현하려 노력했어요.

3. 율법과 할례에서 해방된 종교, 그게 뭐죠?

초대교회는 유대교와는 다른 특징을 가졌어요. 특히 율법과 할례에서 자유로운 종교였죠. 예수를 믿으면 누구나 받아들여졌어요. 이것은 기독교가 유대인을 넘어 전 세계로 퍼져나가는 가장 큰 이유가 되었답니다. 할례나 복잡한 유대 율법을 지키지 않아도 괜찮았어요. 오직 믿음으로 구원받는다는 유명한 가르침이 여기서 나왔죠. 유대인이 아닌 이방인들도 이 가르침을 열렬히 받아들였어요. 율법과 할례라는 장벽이 사라지면서 더 많은 사람이 기독교 공동체에 참여할 수 있었답니다. 초대교회는 이렇게 모두에게 열린 종교가 되었어요.

4. 바울은 왜 도시 선교에 집중했을까요?

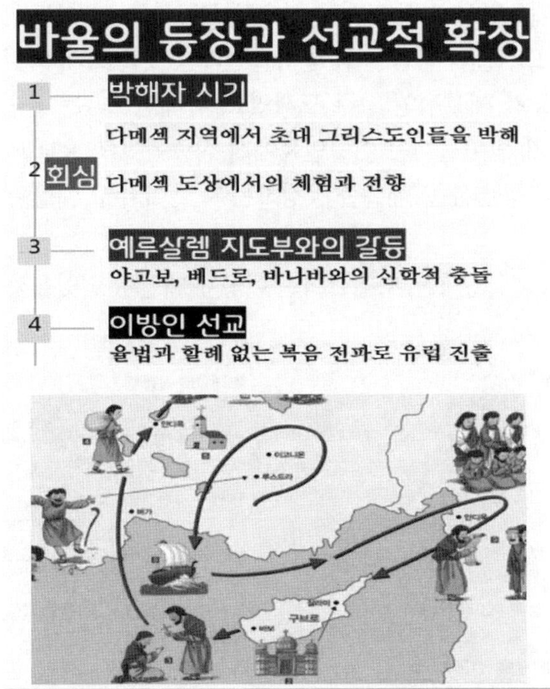

사도 바울은 도시를 중심으로 선교했어요. 당시 로마 제국은 도시 문명이 발달해 있었고, 큰 국제도시들이 많았죠. 예루살렘, 안디옥, 데살로니카, 고린도, 에베소 등이 대표적인 도시들이었어요. 바울은 헬라어와 로마 문화에 능통해서 이런 도시 환경에 잘 적응할 수 있었답니다.

예루살렘과 안디옥으로부터 독립한 선교사 바울은 1차 세계전도 여행때 바나바는 마가를 데리고 키프로스로 갔고, (4) 바울은 실라를데리고 더베와 루스드라로 갔다.(15,37~39)

바나바와 바울 선교팀은 키프로스를 떠나 페르가에 당도했고, 거기서 피시디아의 안티오키아로 갔다.바울은 그리스도의 복음이 이스라엘과 이방인을 나누지 않으며 심지어 남자와 여자, 자유인과 노예의 이분법도 부정했다.(갈3,28) 혈통도,성별도,신분도 아무런 장애가 되지 않는다고 말이다. 이것은 당시 강력하게 부상하고 있던 유대 율법 중심주의적 원리주의자들에게는 하느님과 민족을 배신하는 치명적인 신앙의 왜곡으로 여겨졌다. 그러나 바울은 이러한 낡은 유대적 잔재를 용납하지 않았다. 사도행전은 1차전도여행내내 유대인들이 안디옥과 이고니온에서 와서 루스드라에서 바울을 돌로 쳐서 바울이 피투성이다 되어 성밖으로 끌려져 나오는 장면등 수많은 돌팔매를 부활신앙으로 이겨내면서 그 십자가와 부활의 피값으로 갈라디아 교회를 개척합니다.

바울은 처음에는 아라비아에서 선교하다 실패했어요. 그러다 안디옥에서 바나바에게 배우면서 거점 도시 중심으로 선교하는 전략을 세웠죠. 특히 식민지나 속주 도시들이 복음을 잘 받아들인다는 것을 알게 되었어요. 데살로니카와 고린도가 대표적인 속주 도시였죠. 유대인보다는 율법에서 해방된 복음을 더 쉽게 받아들이는 이방인들에게 집중했어요. 유대교 회당에 출석하며 하나님을 공경하는 '예수를 공경하는 자'들이 주요 대상이었죠.

5. 로마 사회의 문제점, 초대교회는 어떻게 대안이 되었을까요?

로마 사회	초대교회 공동체
계층적 구조 (귀족, 평민, 노예) [78]	평등주의 (모두가 하나) [131], [236]
전쟁과 약탈의 문명 [78], [79]	나눔과 협동 [100], [246]
안전하지 않은 공간 (귀족 외) [231]	안전한 모임 공간 (여성, 노예 포함) [236]
착취적인 경제 시스템 [246]	경제적 나눔과 지원 (안전망 역할) [246]
중독, 폭력, 우울, 빈곤 [234]	돌봄과 헌신적인 삶 [226]

로마 도시 문명은 겉으로는 평화를 내세웠지만, 실제로는 전쟁과 약탈로 이루어졌어요. 수많은 노예들이 있었고 사람들은 원자화되어 공동체가 파괴되었죠. 로마 사회에는 안전한 공간이 부족했고, 특히 여성들은 남성들의 놀이처럼 여겨지기도 했어요. 검투사들은 늘 사자밥이 될 위험에 처한 비참한 삶을 살았죠.

6. 초대교회는 왜 ‘에클레시아’라고 불렀을까요?

초대교회는 자신들의 모임을 ‘에클레시아’라고 불렀어요. 이 단어는 원래 그리스 도시 국가에서 시민들이 모여 정치 문제를 논의하던 시의회나 민회를 뜻하는 말이었어요. 초대교회가 이 이름을 사용한 것은 단순히 종교 모임이 아니라는 것을 보여주기 위함이었어요.

그들은 로마 도시의 시민 사회처럼 도시의 중요한 주체로서 역할을 하고 싶었어요. 갈릴리에서 시작된 예수님의 마을 운동을 도시의 에클레시아, 즉 도시의 민회로 만들려고 했던 거죠. 하지만 로마의 에클레시아와 초대교회의 에클레시아는 큰 차이가 있었어요.

7 초대교회는 어떻게 로마 사회의 대안이 되었을까요?

로마 사회는 계층 구조가 매우 심했어요. 귀족과 평민, 그리고 수많은 노예들로 나뉘어 있었고 힘 있는 사람들이 약한 사람들을 착취하고 멸시하는 일이 흔했죠. 로마 문화는 중독, 폭력, 우울, 빈곤으로 가득했다고 해요. 이런 로마 사회에서 초대교회는 전혀 다른 모습을 보여줬어요. 그들은 서로 경제적으로 나누고, 사회적으로 평등한 공동체를 만들었어요. 노예와 노예주인, 남자와 여자, 유대인과 이방인이 그리스도 안에서 모두 하나라고 가르치고 실천했죠. 초대교회는 단순히 종교 모임을 넘어, 로마 제국의 경제적 착취에 대항하는 안전망 역할을 했어요.

어려운 사람들을 돕고 돌보며, 갈릴리 마을 공동체의 정신을 도시로 가져와 로마 사회의 계층 구조에 대한 강력한 대안이 되었답니다. 로마 사회에서는 안전한 공간을 찾기 어려웠던 여성이나 노예들이 초대교회 안에서는 안전하게 모일 수 있었어요.

초대교회 에클레시아에는 유대인과 이방인, 남자와 여자, 노예와 노예주가 모두 하나가 되는 곳이었어요. 헬라의 시의회를 뜻하는 똑같은 '에클레시아'라는 이름이었지만, 초대교회는 로마의 에클레시아의 한계를 넘어 예수 그리스도 안에서 통합된 공동체였죠.

8. 초대교회의 나눔과 협동, 지금 우리에게 필요한 건 아닐까요?

초대교회는 나눔과 협동의 정신으로 살아갔어요. 경제적으로 서로 돕고 가난한 사람들을 지원하며 로마 제국의 착취적인 시스템에 맞섰죠. 이런 나눔과 협동은 갈릴리 마을 공동체 정신에서 비롯된 것이었어요. 도시의 삭막하고 개인주의적인 환경 속에서 따뜻한 공동체를 만들 수 있었던 힘이었죠.

오늘날 우리에게 초대교회가 주는 메시지는 무엇일까요? 도시에서 공동체 운동을 성공시키는 것은 지금도 쉽지 않다고 해요. 아파트 같은 곳에서는 더욱 그렇죠. 많은 사람들이 로마 문명처럼 경쟁하고 성공을 좇는 삶을 살고 싶어 하는 곳에서는 갈릴리의 예수님 정신을 받아들이기 어렵다고도 말해요. 하지만 사도 바울은 로마라는 거대한 제국의 도시들에서 이 일을 해냈어요.

초대교회의 이야기는 오늘날 우리에게도 중요한 메시지를 전해줘요. 현대 사회 역시 경쟁과 개인주의로 인해 삭막해지는 면이 있잖아요. 초대교회처럼 서로 나누고 협력하며 모든 사람이 안전하고 평등하게 살아갈 수 있는 공동체를 만들어나가는 노력이 필요하지 않을까요? 갈릴리 마을의 정신을 도시 속에서 되살리려 했던 초대교회처럼 말이죠.

1. 새로운 시대, 어떤 변화가 찾아올까요? 지금 우리는 새로운 시대를 마주하고 있어요. 대통령 선거처럼 큰 변화를 앞두고 기대하는 사람들도 있지만, 과거에 머물러 변화를 두려워하는 사람들도 있죠. 우리가 살아온 역사를 보면 새로운 시대가 올 때마다 방해와 퇴보가 반복되기도 했어요. 하지만 이번에는 다를지도 몰라요.

2. 바울은 어떻게 로마에 맞서 새로운 세상을 만들었을까요?

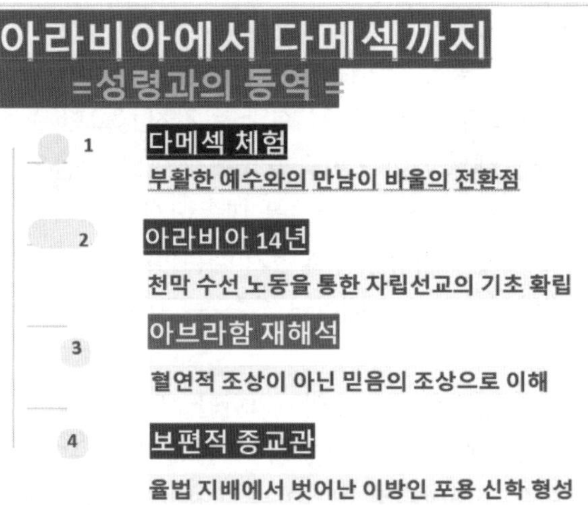

오늘 이야기의 주인공은 바로 사도 바울이에요. 바울은 2000년 전 로마 제국이라는 거대한 문명에 맞서 싸운 인물이죠. 당시 로마는 지금의 미국보다도 훨씬 큰 제국이었어요. 바울은 이 로마에 굴복하지 않고, 예수 그리스도 중심의 새로운 문명을 만들어냈어요. 마치 새로운 세상, '다시 만날 세계'를 만들어낸 것과 같죠.

3. 바울의 숨겨진 14년, 아라비아에서 무엇을 했을까요?

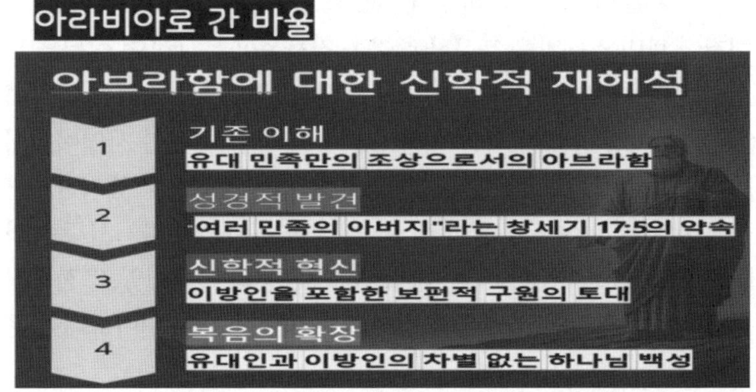

바울의 삶에는 좀 미스테리한 부분이 있어요. 다메섹에서 예수님을 만난 후, 성경에는 바로 안디옥 교회가 등장하지만. 사실 바울은 그 사이에 아라비아에서 3년이라는 긴 시간을 보냈다고 해요. 성서에는 이 기간에 대한 기록이 없어서 많은 궁금증을 자아내죠. 이 3년 동안 바울이 무엇을 했을까, 학자들은 여러 가지를 추적했어요. 그 결과 두 가지 중요한 일을 했을 것이라고 봅니다. 하나는 텐트 메이커 기술을 배운 거예요. 바울은 고린도 교회에서 사례비를 받지 않고 스스로 천막을 만들어서 생활비를 벌었잖아요. 로마의 후원 경제 체제에 억압받기 싫었기 때문이죠. 이 자립적인 힘의 바탕이 바로 아라비아에서의 텐트 메이커 기술 습득이었다는 거예요.

또 하나의 중요한 발견은 바울이 아브라함을 재발견했다는 점이에요. 아브라함의 활동 무대가 아라비아와 연결되기 때문이죠. 유대인들은 아브라함을 자신들의 믿음의 조상으로 여기며 유대인만이 구원받는다고 주장했어요. 이방인과는 밥도 같이 먹지 않고, 할례를 해야 구원받는다고 했죠. 하지만 바울은 창세기 말씀을 통해 아브라함이 '여러 민족의 아버지'라는 것을 깨달았어요. 아브라함이 위대한 이유는 유대인 혈통 때문이 아니라, 하나님의 약속을 믿고 미지의 땅으로 떠났기 때문이라는 것을 말이죠. 이 깨달음은 유대인뿐만 아니라 이방인도 하나님의 자녀가 될 수 있다는 믿음으로 의롭다 함을 얻는다는 복음으로 이어졌어요. 아라비아에서의 14년은 바울에게 텐트 메이커 기술뿐만 아니라 복음의 핵심을 깊이 이해하는 시간이었던 거죠.

4. 헬라파 집사들의 디아코니아 운동, 교회를 어떻게 변화시켰을까요?
사도행전에 보면 스데반을 포함한 헬라파 집사들이 등장해요. 이들은 로마의 식민 도시에서 갈릴리 마을 운동의 정신을 받아들여 교회를 일으켰죠. 이 집사들의 가장 중요한 역할은 바로 디아코니아, 즉 돌봄 사역이었어요. 당시 교회에서는 사도들이 말씀을 가르치는 것을 중심으로 했지만가난한 과부들을 돌보는 일에 소홀함이 생기자헬라파 집사들이 나서서 돌봄의 필요성을 주장했어요. 이것이 바로 디아코니아 운동의 시작이었죠. 전문적으로 돌보는 사람을 '디아코노스", 즉 집사라고 불렀어요. 이 디아코니아 운동은 교회를 크게 변화시켰어요. 기존 유대교는 회당 중심, 건물 중심, 그리고 율법 중심이었죠. 하지만 헬라파 집사들의 운동은 율법에서 벗어나 성령 중심으로 나아갔어요. 사람을 돌보는 것에 집중하면서 교회가 건물이나 율법이 아닌, 성령 중심과 봉사 중심의 공동체로 바뀌게 된 거예요. 이 운동 덕분에 교회가 전 세계로 퍼져나갈 수 있는 기반이 마련되었답니다.

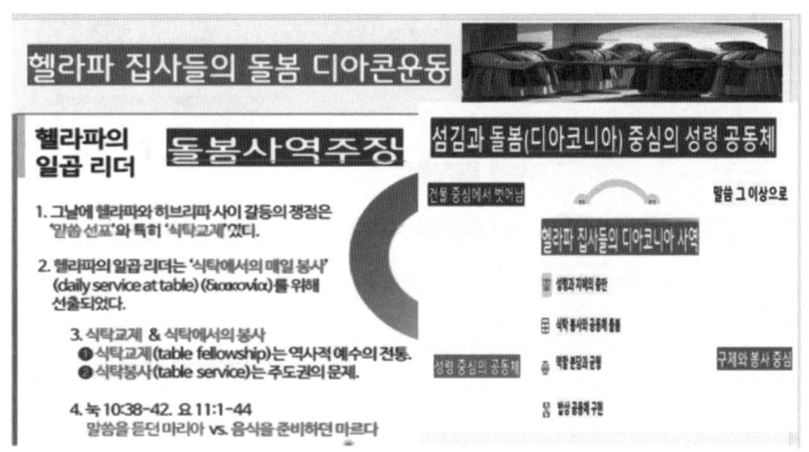

5. 안디옥 교회와 이방선교사 바울의 탄생

제자들이 처음 흩어져 안디옥 방향으로 간 이유는 바로 박해 때문 입니다. 제자들이 안디옥에서 비로소 그리스도인이라 일컬음을 받게 되었더라"(행11:26) 라는 성경 말씀처럼, 박해 가운데서도 점차 세를 더해 가던 기독교 운동의 추종자들을 처음으로 "그리스도인들" 혹은 그리스도 사람들이라고 부른 것은 안디옥에서 이었습니다(행 11:26). 안디옥 교회의 탄생, 이방인이 중심이 된 교회는 어떤 모습이었을까요?

초대교회의 예수 부활 운동이 로마제국의 도시 디아스포라에게 전달되면서 예수의 부활운동은 로마제국의 착취와 약탈가운데 있는 로마 속국의 한 도시인 안디옥에서 나눔과 협동의 마을 공동체 운동으로 다시 부활 하기 시작합니다. 로마의 도시 한가운데서 마을 공동체 운동으로 급속도로 힘을 얻기 시작 한이 도시마을 에클레시아(민회) 공동체 운동의 주역이 바로 바울과 그의 동역자들 이었습니다.

6. 안디옥 교회, 왜 특별했을까요?

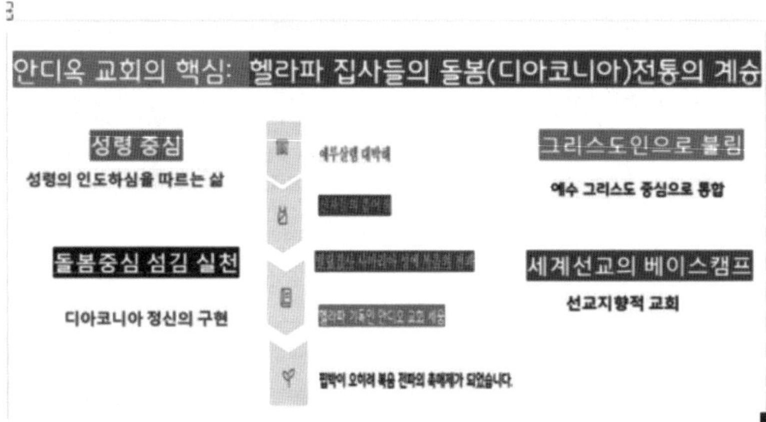

안디옥 교회는 정말 특별했어요. 예루살렘 교회와는 다른 모습이었죠. 예루살렘 교회는 사람들이 모여 찬양하고 기도하고 음식을 나누는 아름다운 교회였어요. 하지만 역사 속에서 결국 사라지게 되었죠. 왜냐하면 예루살렘 교회는 그 안에 갇혀 있었기 때문이에요. 반면에 안디옥 교회는 달랐어요.

이 교회는 흩어진 사람들이 모인 곳이었죠. 유대인과 이방인이 함께 있었고, 특히 디아스포라가 중심이 되었어요. 안디옥 교회는 건물 안에 머물지 않고, 흩어져서 세계로 뻗어나가는 교회였답니다. 이는 헬라파 집사들의 디아코니아 운동 덕분에 흥미로운 변화가 일어난 것이었어요. 바로 안디옥 교회의 탄생이죠. 안디옥 교회는 율법이 아닌 성령이 이끄는 공동체였고 이방인들을 받아들이고 평신도들이 적극적으로 디아코니아 운동에 참여하면서 큰 변화와 성장이 일어났어요.

성령님을 받고 예루살렘과 온 유대, 사마리아 땅끝까지 복음을 전파하는 모델을 보여주었어요. 이게 바로 초대교회의 가장 중요한 점이에요. 안디옥 교회는 기존의 유대인 중심 교회가 아닌, 이방인이 중심이 된 교회였어요. 안디옥에서 모든 인종적 언어적 지역적 이념적 하위 정체성들이 예루살렘과 안디옥을 포괄하여 사도회의를 통해 크리스쳔이라는 상위 정체성으로 확장 통합되었던 것 입니다.

이곳에서는 율법이나 전통을 따지는 대신그리스도라는 이름 안에서 하나가 된 것이죠. 이러한 성령의 능력으로 안디옥 교회는 바울의 3차 전도 여행의 베이스캠프가 될 만큼 중요한 역할을 했답니다. 평신도가 중심이 되고, 성령이 이끄는 이방인 교회가 확장된 것은 교회사에 있어서 매우 중요한 사건이었어요.

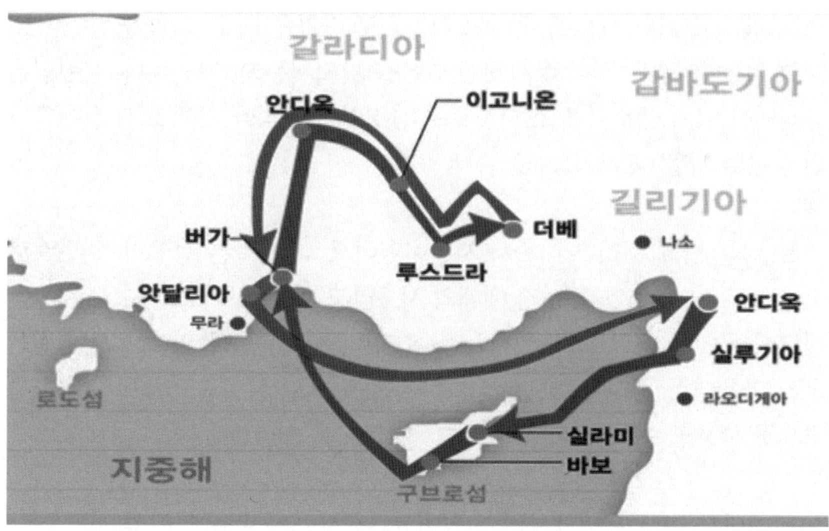

7. 바울과 바나바의 첫 전도 여행, 어떻게 시작되었을까요?

그리고 그 첫 세계 전도 여행이 바로 안디옥 교회에서 시작되었어요. 안디옥 교회는 바울과 바나바를 선택해서 1차 세계 전도 여행을 떠나게 했죠. 소아시아 지역으로 안수를 주어서 출발시켰답니다. 이 전도 여행은 사람의 계획이 아니었어요. 성령께서 이 일을 주도하셨죠. 위대한 사도들도 때로는 망설이거나 도망치기도 했지만, 성령님이 강권하셔서 이끌어 가셨어요.

사도행전은 1차전도여행 내내 유대인들이 안디옥과 이고니온에서 와서 루스드라에서 바울을 돌로 쳐서 바울이 피투성이가되어 성밖으로 끌려져 나오는 장면을 보여줍니다. 이처럼 바울과 그 일행들은수많은 돌팔매를 부활신앙으로 이겨내면서 그 십자가와 부활의 피값으로 갈라디아 교회를 개척합니다. 그런데 이 전도여행 내내 성령님의 역사를 방해하는 세력들이 있었습니다 그들이 누구였을까요? 우리는 성령의 운동을 방해하는 권세들을 잘 분별해야 해요.

사도행전에서 성령을 거스르는 첫 번째 사건은 아나니아와 삽비라 사건이에요. 이 부부는 성령님이 하시는 공적인 일에 사적인 욕망을 개입시켰어요. 사람들에게는 존경받고 싶었지만, 하나님께 다 드리고 싶지는 않았죠. 그래서 교회와 사도를 속이고 거짓으로 바쳤을 때 큰 심판을 받았어요. 교회 일을 할 때는 절대로 사적인 마음을 가져서는 안 된답니다. 성령님은 공적인 영이기 때문이에요. 사사로운 감정이나 이익을 위해 교회를 이용하면 심판을 피할 수 없어요.

또 다른 방해 세력은 마술사 시몬이었어요. 이 사람은 성령의 능력을 보고 돈으로 사려고 했죠. 성직 매매의 시초라고 할 수 있어요. 마술사 시몬은 성령이 무엇인지 모르고 돈으로 매수하려다 꾸짖음을 들었어요. 성령님은 우리 마음대로 가질 수 있는 게 아니에요. 돈으로 살 수도 없고, 사적인 욕망으로 사용할 수도 없죠.

마지막으로 마술사 엘루마가 있어요. 이 사람은 바울 일행의 전도를 노골적으로 방해했어요. 총독이 말씀을 듣고자 하는데 믿지 못하게 하려고 애썼죠. 바울은 성령이 충만하여 엘루마를 꾸짖었어요. 너는 속임수와 악행으로 가득 찬 악마의 자식이고, 모든 정의의 원수라고 했죠. 주님의 바른 길을 굳게 하는 일을 그치지 못하게 할 것이라고 선포했어요.

성령님은 여떤 분이실까요? 성령님은 정말 특별한 분이에요. 성령은 우리 마음대로 가질 수 있는 사적인 영이 아니랍니다. 우리가 갖고 싶다고 해서 마음대로 얻을 수 있는 것도 아니죠. 성령님은 돈으로 살 수 있는 것도 아니에요.

성령님은 공적인 영이에요. 그리고 아주 중요한 때 나타나시죠. 우리가 공동체 생활을 제대로 할 때 하나님이 그 공동체에 선물로 주시는 분이에요. 우리가 공동체 일을 하다가 우리 힘으로 안 될 때 성령께서 그것을 감당하게 해 주시는 거죠. 작은 힘으로 시작했지만 성령님의 움직이심으로 큰 잔치를 치른 것처럼요. 성령님은 우리가 믿고 하나님의 일을 할 때 선물로 주시는 분이랍니다. 우리 시대의 엘루마는 누구일까요?

오늘날 우리 시대에도 엘루마 같은 사람들이 있어요. 민생과 경제 위기, 코로나 재확산 같은 절박한 순간에 나라 지도자들이 가야 할 길에 대한 뚜렷한 방향을 제시하지 못하고 있죠. 오히려 검찰을 동원해서 문제를 해결하려 해요. 이것이 바로 속임수로 가득 찬 악마의 자식, 모든 정의의 원수인 엘루마의 모습이랍니다. 우리 모두가 지금 엘루마를 만나고 있는 거예요.

종교 지도자들이나 교회도 마찬가지예요. 시대가 어떻게 변하고 성령님이 어떻게 움직이시는지 그 방향을 제시하는 사람들이 없어요. 하지만 우리는 바울처럼 성령으로 충만해서 외쳐야 해요. "너 속임수와 행악으로 가득 찬 악마의 자식아, 모든 정의의 원수야, 너는 주님의 바른 길을 굳게 하는 일을 그치지 못하겠느냐?"라고요. 그리고 새로운 하나님 나라의 그림을 그리며 함께 나아갈 신앙의 동지들을 확보해야 한답니다 .

8. 성령님과 함께, 우리는 무엇을 해야 할까요?

성령님과 함께 우리는 하나님의 일을 해야 해요. 우리끼리 모여서 예배하고 찬양하는 것도 중요하지만, 성령님은 우리를 세상으로 내보내세요. 안디옥 교회처럼 바울과 바나바를 세워서 전도 여행을 떠나게 한 것처럼요. 또 우리는 성령의 운동을 방해하는 잘못된 권세들을 물리쳐야 해요. 그리고 새로운 하나님 나라의 그림을 그리고 함께 할 동지들을 모아야 한답니다.

5. 안디옥 회식 사건과 바울의 독자적 선교 독립과정

초대 교회의 역사에서 '안디옥 회식 사건'은 기독교의 핵심 진리가 무엇인지를 명확히 밝히고, 사도 바울의 독자적인 선교 사역의 문을 여는 중요한 분기점이 된 사건입니다. 이 사건은 복음 안에서 유대인과 이방인의 동등한 지위를 둘러싼 신학적 논쟁이었습니다. 이 사건을 계기로 베드로, 바울, 바나바라는 세 지도자는관계를 재정립하였고 바울이 안디옥을 떠나 마케도니아로향하였습니다.

안디옥 회식 사건의 의미: 율법이냐, 믿음이냐

안디옥 교회는 이방인과 유대인 그리스도인들이 함께 신앙 공동체를 이룬 최초의 교회였습니다. 이곳에서 베드로는 이방인 성도들과 함께 자유롭게 식사 교제를 나누며 복음 안에서 모든 사람이 하나임을 몸소 보여 주었습니다. 그러나 예루살렘 교회에서 온 야고보의 사람들이 안디옥에 도착하자 상황은 급변했습니다.

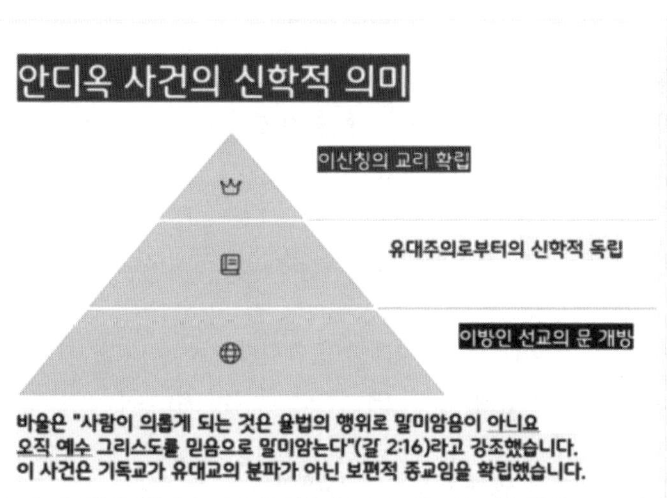

유대 율법을 중시하는 이들의 시선을 의식한 베드로는 이방인들과의 식사 자리를 피하기 시작했고, 심지어 바울의 오랜 동역자였던 바나바마저 이에 동조했습니다. 이러한 베드로의 행동을 바울은 '외식(위선)'이라 규정하고 모든 사람 앞에서 공개적으로 책망했습니다.

바울이 문제 삼은 것은 단순히 식사 예절이 아니었습니다. 그는 베드로의 행동이 '복음의 진리'를 정면으로 거스르는 것이라고 보았습니다. 만약 이방인이 구원을 얻기 위해 유대인의 율법을 따라야 한다면, 그리스도의 십자가는 무의미해지고 구원은 오직 믿음으로만 얻는다는 핵심 교리가 훼손되기 때문입니다.

이 사건의 핵심적인 의미는 다음과 같습니다.

이신칭의 교리의 확립: 안디옥 사건을 통해 바울은 "사람이 의롭게 되는 것은 율법의 행위로 말미암음이 아니요 오직 예수 그리스도를 믿음으로 말미암는 줄 알므로 우리도 그리스도 예수를 믿나니"(갈라디아서 2:16)라는 이 신칭의(以信稱義), 즉 믿음으로 의롭게 된다는 복음의 진수를 다시 한번 강력하게 선포했습니다.

유대주의로부터의 신학적 독립: 이 사건은 기독교가 유대교의 한 분파가 아니라, 율법을 넘어 믿음으로 모든 민족을 포용하는 보편적인 종교임을 분명히 하는 계기가 되었습니다.

바울, 바나바, 베드로의 관계: 동역과 갈등, 그리고 각자의 길

안디옥 사건은 세 사도의 관계를 명확하게 보여줍니다. 베드로와 바울: 베드로는 예수님의 수제자이자 예루살렘 교회의 최고 지도자였습니다.

바울은 이방인을 위한 사도로 부름받았지만, 초기에는 베드로의 권위를 인정하고 예루살렘을 방문하여 자신의 사역을 설명하기도 했습니다. 그러나 안디옥에서는 복음의 진리 앞에서 베드로의 권위보다 하나님의 말씀이 우선함을 분명히 하며 그를 책망했습니다. 이는 개인적인 감정의 대립이 아닌, 신학적인 원칙을 바로 세우기 위함이었습니다. 이후 베드로는 바울의 서신을 언급하며 그의 지혜를 인정하는 등(베드로후서 3:15-16), 두 사도는 서로의 사역을 존중하며 각자의 길을 걸어갔습니다.

바울의 독자적 선교: 마게도니아로 향한 새로운 부르심

바나바와의 결별 이후, 바울은 실라를 새로운 동역자로 삼아 독자적인 2차 선교팀을 꾸립니다. 처음 그의 계획은 소아시아 지역의 교회들을 다시 방문하고 복음을 전하는 것이었습니다. 그러나 성령은 바울이 아시아에서 말씀을 전하는 것을 막으셨고, 비두니아로 가려는 시도 또한 허락하지 않으셨습니다.

길리기아와 더베, 루스드라를 거쳐 드로아에 이르렀을 때, 바울은 밤에 환상을 보게 됩니다. 한 마게도니아(현재의 그리스 북부 지역) 사람이 나타나 "건너와서 우리를 도우라"고 간청하는 환상이었습니다. 바울은 이 환상을 자신들을 마게도니아로 부르시는 하나님의 뜻으로 확신하고, 즉시 배를 타고 유럽 대륙으로 건너갑니다. 이것이 바로 유럽 선교의 시작을 알리는 역사적인 순간이었습니다.

결론적으로, 안디옥 회식 사건은 복음의 본질을 명확히 하고 바울로 하여금 안디옥이라는 익숙한 선교 기지를 떠나게 만든 결정적인 계기였습니다. 이 사건을 통해 신학적으로나 사역적으로 더욱 단단해진 바울은, 성령의 인도하심에 순종하여 유럽이라는 새로운 땅에 복음의 씨앗을 뿌리는 위대한 사명을 감당하게 된 것입니다. 이는 한 개인의 여정을 넘어 세계 기독교의 역사를 바꾸는 중요한 전환점이었습니다.

바울의 독립적 선교 특징

대안적 공동체 형성
로마 도시의 '에클레시아'에 대항하는 평등한 메시아 공동체 설립

제국 문화 도전
로마 문명의 물질주의와 우상 숭배에 대한 영적 대항

사회적 경계 초월
"유대인이나 헬라인이나… 다 그리스도 안에서 하나" (갈 3: 28)

도시 중심 전략
그리스-로마 문명의 중심 도시들을 전략적 선교 거점으로 삼음

비울 사도의 마게도니아 선교는 이렇게 바울 특유의 선교가 구체화되는 과정이 되었고, 바울이 젊은 디모데 실라를 데리고 유럽 땅으로 뛰어들면서 유럽 지역의 새로운 복음 전파자로 우뚝 서게 됩니다. 바울은 데살로니가, 빌립보, 고린도, 그리고 에베소 와 같은 로마 대도시의 "도시 공의회였던 에클레시아"에대안 사회로서 예수 그리스도의 재림의 긴박성을 믿으며

"너희는 유대인이나 헬라인이나 종이나 자주자나 남자나 여자나 다 그리스도 예수 안에서 하나이니라(갈 3:28)."라고 설교하면서 열정적으로 예수 그리스도 안에서 평등한 대안 에클레시아 공동체들의 탄생을 증거하기 시작한 것입니다.

이러한 바울의 급진적 복음 이해는 당시 예루살렘과 안디옥으로부터의 모든 지원이 끊기고 유대인으로 부터는 심각한 박해를 받았지만 역으로 이러한 신앙때문에 바울은 베드로와 바르나바와 대등한 이방인을 향한 독립 사역자의 위상을 확보하게 됩니다. 이 과정에서 낡은 세력의 대표격인 유대인들의 극심한 탄압에도 불구하고 바울의 이러한 새로운 복음을 받아들인 신생교회 데살로니카교회는 예수를 믿자 마자 핍박을 당했지만 귀족층과 상류층에까지 복음을 전파합니다. 그들은 간절한 마음으로 날마다 말씀을 상고 할 뿐만 아니라 신생교회의 성도를 잘 돌보고 양육하는 메시아적 돌봄 교회로 온 마케도니아 땅에 소문이 났던 것입니다.

바울의 모든 선교거점 도시는 그리스-로만 문명의 주신들이 후견하는 도시였습니다. 바울의 선교사역은 이 친로마적식민 도시들의 주신들의 물질적 축복과 개인의 명예와 성공에 중독된 로마문명의 폭력적 지배 문화를 하나님의 통치권으로 복속시키는사역이었다. 하나님 우편보좌에 앉은 주 예 그리스도의 이름으로 행해진 표적과 권능은 이방인들의 마음을 사로잡았습니다..

사도 바울의 독립적인 선교 사역의 시작과 그 특징은 바울의 선교가 단순한 복음 전파를 넘어, 당시 로마 제국의 사회 구조와 문화에 대한 대안적 공동체를 형성하는 과정이었습니다.

1. 독립적이고 독창적인 선교의 시작:
바울의 갈라디아와 마케도니아 선교는 안디옥 교회와의 결별 이후 시작된 독립적인 사역이었습니다. 이는 바울이 기존의 예루살렘과 안디옥 중심의 선교 방식에서 벗어나 자신만의 독특한 선교 신학과 전략을 구체화하는 중요한 전환점이었습니다. 젊은 동역자들인 실라와 디모데와 함께 유럽으로 건너간 것은, 그의 사역이 지리적으로나 신학적으로 새로운 지평을 열었음을 상징합니다.

2. '에클레시아'의 대안적 사회성:

로마 대도시의 '에클레시아'(도시 공의회)에 대항하는 '대안 사회'로서의 에클레시아는매우 중요한 바울 공동체의 특징 입니다. 당시 에클레시아가 로마의 정치적, 사회적 질서를 유지하는 기구였다면, 바울이 세운 교회(에클레시아)는 예수 그리스도 안에서 모든 계급적, 인종적, 성별의 차별이 무너지는 새로운 공동체였습니다. "너희는 유대인이나 헬라인이나 종이나 자주자나 남자나 여자나 다 그리스도 예수 안에서 하나이니라"(갈 3:28)는 말씀은 이러한 평등 공동체의 핵심 선언이었습니다. 이는 로마의 신분 사회에 대한 강력한 도전이자, 하나님 나라의 가치를 이 땅에 실현하려는 급진적인 시도였습니다.

3. 핍박을 통한 사도권의 확립:

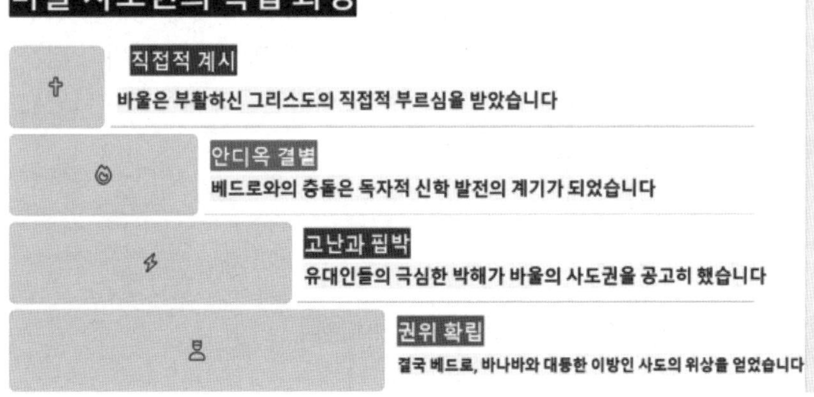

예루살렘과 안디옥의 지원 중단, 그리고 동족 유대인들의 극심한 박해는 역설적으로 바울의 사도적 권위를 더욱 공고히 하는 계기가 되었습니다. 그는 어떠한 인간적인 권위나 지원에 의존하지 않고, 오직 부활하신 그리스도의 직접적인 부르심과 계시에 근거하여 사역한다는 것을 삶으로 증명해야 했습니다. 이러한 고난의 과정 속에서 바울은 베드로나 바나바와 대등한 '이방인을 위한 사도'로서의 정체성을 확립하게 됩니다.

4. 데살로니가 교회의 돌봄 모델적 역할:
신생 교회였던 데살로니가 교회가 극심한 핍박 속에서도 믿음을 지키고, 오히려 마케도니아 전역에 복음의 영향력을 끼치는 '메시아적 돌봄 교회'로 성장했다는 점은 바울의 선교가 단순히 교세를 확장하는 것을 넘어, 성도들이 서로를 돌보고 말씀 안에서 굳건히 서는 내실 있는 공동체를 세우는 데 중점을 두었음을 보여주는 좋은 예 입니다.

5. 로마 제국 문화에 대한 영적 도전:
바울의 선교 거점 도시들이 모두 로마의 정치, 경제, 문화의 중심지였으며, 각 도시의 수호신들이 강력한 영향력을 행사하던 곳이었습니다. 바울의 사역은 로마의 군사적, 정치적 지배뿐만 아니라, 그들의 정신세계를 지배하던 우상숭배 문화와 물질적 풍요, 성공 지상주의에 대한 영적인 전쟁이었습니다. 예수 그리스도의 이름으로 행해진 표적과 권능은 로마의 신들이 주지 못하는 참된 능력과 구원을 보여주며, 이방인들의 마음을 하나님께로 돌이키는 결정적인 역할을 했습니다.

6. 바울과 젊은 제자들 마케도니아로 뛰어들다

1. 바울과 젊은 제자들 마케도니아로 뛰어들다
사도 바울이 소아시아에서 선교를 하다가 갑자기 방향을 틀어 유럽으

로 갔어요. 성령님께서 마게도냐로 오라고 부르시는 소리를 들었기 때문이
죠. 마치 보물섬 지도를 따라 새로운 곳으로 떠나는 것처럼 말이에요. 이것
은 익숙한 소아시아의 선교 경쟁에서 벗어나 유럽이라는 완전히 새로운 곳
으로 과감히 나아간 일이었어요. 성령님께서 새로운 선교의 길을 열어주신
것이고, 바울은 그 인도하심에 순종한 것이랍니다.

사도 바울이 복음을 전하려고 할 때, 성령님께서 아시아가 아닌 마게도
니아, 즉 유럽으로 가라고 인도하셨어요. 바울은 밤에 환상을 보고, 젊은 동
역자 디모데, 실라와 함께 유럽 땅으로 용감하게 뛰어들었지요.

그 결과, 빌립보, 데살로니카 같은 이방 땅에서 엄청난 선교의 열매를 맺
었어요. 바울이 마게도냐로 출발한 2차 전도 여행 때 가장 먼저 도착한 곳
이 바로 빌립보인데 바울이 그곳에 개척한 가정교회가, 첫째는 루디아 집
의 가정교회고, 둘째는 빌립보 간수장 집에서 열린 가정교회랍니다.

이쯤에서 당시 빌립보 교회의 상황을 "빌립보의 루디아 마당극"으로 재현
한 "약대동 신신마 어르신들의 마당극 예배대사"를 잠시 살펴보고 가지요!!
빌립보의 빨래터 여인1:우리가 바울 사도님을 처음 만난 곳은 바로 빌립
보 지역의 회당밖 빨래터였지? 이곳 빌립보 교회의 시작은 회당이 없는 변
두리지역의 빨래터에 복음이 전해지면서 시작되었는데, 사도 바울이 빨래
터에 모인 우리들에게 복음을 전했는데, 빨래팅에 모인 우리들이 먼져 마

음의 문을 열었지. 그중 특별히 루디아라는 큰 장사하는 여인에게 성령이 임해서, 그녀가 자신의 집을 열어 그녀의 집에 빌립보 교회가 세워지고 유럽 전도의 문이 열렸던 것이지!

루디아: 나는 당시 두아디라 시에서 왕실에 공급하는 자색 옷감을 만드는 상인으로서 어느날 우리 마을 빨래터로 찾아온 바울 사도의 말씀을 듣고 이 말씀이 바로 내가 찾던 구원의 말씀이라는 확신이 들었습니다. 그래서 바울사도에게 우리 집에 거할 것을 권하고 우리집에서 날마다 말씀을 청해 듣는 빌립보 교회를 세웠습니다.

그러자 사도 바울이 우리 빌립보 교인들에게 쓴 "나는 비천에 처할 줄도 알고 풍부에 처할 줄도 알아 모든 일 곧 배부름과 배고픔과 풍부와 궁핍에도 처할 줄 아는 일체의 비결을 배웠노라. 내게 능력 주시는 자 안에서 내가 모든 것을 할 수 있느니라"(빌4;12-13)라는 편지 말씀처럼 우리 빌립보교회는 어떠한 환란 가운데서도 기뻐하고 기뻐하라!는 말씀으로 마케도니아 일대의 복음전파의 중심지가 되었습니다.

빨래터 여인 2: 이렇게 이방땅 마게도니아 빌립보 지역의 빨래터에서 시작된 바울의 유럽 선교 공동체는 그후 데살로니카 고린도로 펴져나가면서 루디아, 브르스길라 뵈뵈와 같은 평신도 리더들을 키워냈고, 이런힌 바울의 변방의 평신도선교 공동체는 유럽 선교의 문을 여는 데 결정적으로 중요한 역할을 감당하였습니다!!

2. 유럽의 최초의 교회인 빌립보 교회는 당시 사회의 중심인 성문 안이나 제대로된 제도 회당에서 이루어 진 것이 아니라, 회당이 없는 변두리지역의 빨래터라는 의외의 장소에서 의외의 사람을 만나 복음이 전해진 것이었습니다. 이처럼 유럽 선교 활동은 성문밖 강가라는 소외와 차별의 주변에서 여성들의 위기적 삶의 공간에서로부터 이방인 속의 이방인 여인인 루디아가 선택되면서 시작됩니다. 다시말해 남성의 언어에서 여성의 언어로, 유대인의 언어에서 이방인의 언어로 본격적으로 성령의 역사가 일어남을

의미했다는 것이지요.(행16:14~15).

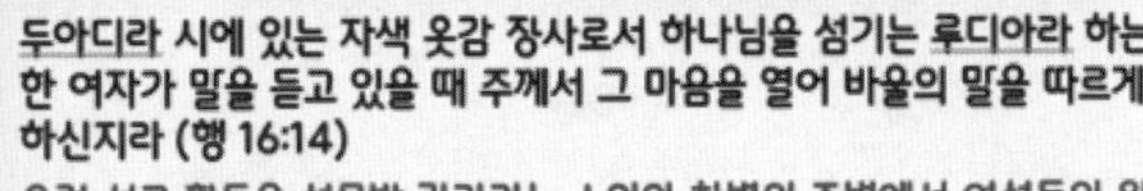

빌립보를 시작으로 유럽 일대에 일어난 성령의 바람은 바울이 갈라디아 교회 내의 유대 율법주의자들로 말미암아 분쟁을 겪은후, 성령의 부름을 받아, 젊은 디모데 실라와 유럽(마케도니아)으로 뛰어들면서 시작됩니다. 루디아는 두아디라 시에서 자색 옷감을 만드는 상인이었으나, 바울을 통해 복음을 발견하고 자신의 집을 열어 빌립보 교회를 세웁니다.

마케도니아에 도착한 바울과 청년 실라, 디모데는 유럽 각지에 바울의 서신을 전파하며 율법과 할례에서의 해방된 성령의 신앙을 널리 알렸습니다. 청년 디모데는 데살로니카 교인들이 새 신자를 잘 돌보는 있다는기쁜 소식을 쓴 바울의 서신을 유럽 전역에 전파하는 복음의 운반자의 역활을 하였던 것 입니다.

3. 변방에서 만난 특별한 사람들: 루디아와 평신도 리더들
놀랍게도 바울의 유럽 선교는 루디아나 브르스길라 같은 평신도 리더들 덕분에 크게 발전했어요.이처럼 변방에 있던 평범한 사람들이 유럽 선교의 문을 여는 데 정말 중요한 역할을 했다는 사실이 놀랍습니다. 특히 바울의

유럽 선교는 성문 밖 강가에서, 당시 차별받던 여성들을 통해 시작되었다는 점이 특별해요.

성령님의 놀라운 인도하심, 예상치 못한 곳에서 역사하시다!		
주제	내용	비고
성령님의 인도하심	예상치 못한 방향으로 인도하심	순종의 중요성 강조
하나님의 역사 방식	• 중심이 아닌 변두리 • 강한 자가 아닌 약한 자 • 익숙한 장소가 아닌 예상치 못한 곳	놀라운 일의 시작점
성령님 인도하심에 대한 태도	귀 기울이고 따라가는 것	바울의 예시

이처럼 바울의 유럽 선교 이야기는 우리에게 중요한 메시지를 전해요. 바로 사회적으로 변방에 있거나 소외된 곳에서 오히려 놀라운 일들이 시작될 수 있다는 것이죠. 바울의 선교 네트워크는 루디아 같은 변방의 사람들이 유럽 선교의 문을 여는 데 결정적인 역할을 했어요.

유럽의 첫 선교 활동이 성문 안이 아닌 성문 밖 강가에서 시작되었다는 것은 마치 아무도 주목하지 않는 작은 씨앗이 아름다운 꽃을 피우는 것과 같아요. 소외된 곳에도 희망과 가능성이 가득하다는 것을 보여주는 것이지죠

---

7. 빌립보 교회의 그리스도 찬가와 하나님을 기쁘시게 하는 신앙생활

"두아디라시에 있는 자색 옷감 장사로서 하나님을 섬기는 루디아라하는

한 여자가 말을 듣고 있을 때 주께서 그 마음을 열어 바울의 말을 따르게 하신지라"(행 16:14) 유럽의 최초 선교는 당시 사회의 중심인 성문 안이나, 제대로 된 제도 회당에서 이루어진 것이 아닙니다. 바울은 회당이 없는 변두리 지역의 빨래터에서 의외의 사람을 만나 복음을 전했습니다. 이처럼 유럽 선교 활동은 성문 밖 강가라는 소외와 차별을 받던 주변에서, 여성들의 위기적 삶의 공간에서, 이방인 중의 이방 여인인 루디아에게서 시작됩니다. 루디아는 빌립보의 원래 주민이 아니라, 이방인 여성이었다는 점에서 또 다른 소외를 경험하던 인물이었습니다. 그 이방 여성이 유대 남자인 바울을 자신의 집으로 초대한 일은 여러 경계를 허무는 행보였습니다. 이는 예수 그리스도의 복음 안에서 유대인도 이방인도 어떤 차별도 없다는 바울의 가르침을 실제로 보여준 사례이기도 했습니다.

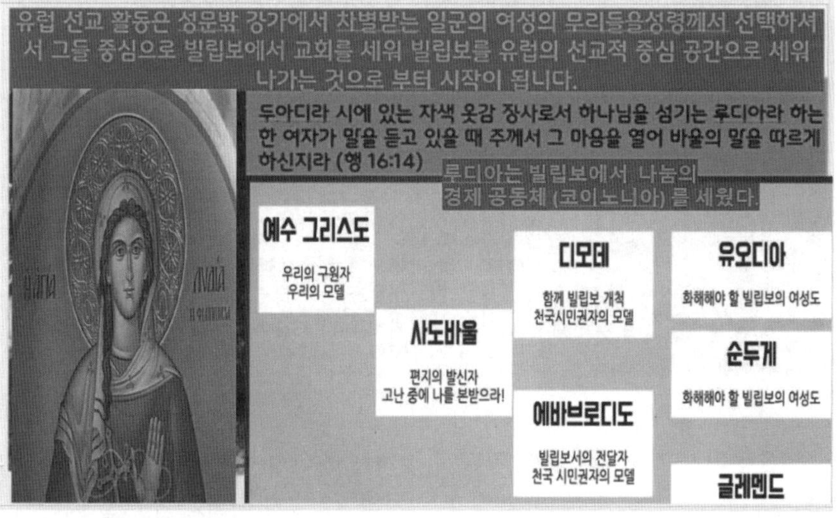

바울은 빌립보에 도착해서 루디아라는 여인의 도움으로 빌립보 교회를 개척하게 됩니다. 루디아는 바울의 사역을 적극 도왔고, 바울은 그녀가 제공한 집에서 빌립보 교회를 개척하고 활발한 선교 활동과 공동체 생활을 한 것 같습니다. 그 과정에서 바울이 한 점쟁이 여종을 고쳐 주었는데 그 일이 그만 화근이 되어 바울과 실라가 감옥에 갇히게 됩니다.

그러나 바울이 옥에 갇혀있을 때도 루디아는 여전히 옥바라지를 하며 바울을 도와 주었습니다. 이 모든 상황을 돌아볼 때 이상한 사실은 바울이 빌립보 교회 교인들에게 쓴 빌립보서 가운데 루디아라는 이름이 한 번도 나오지 않는다는 점입니다. 누가의 사도행전에 나오는 루디아가 왜 바울 서신에는 나오지 않을까요? 처음에는 바울에게 잘 해주다가 나중에는 배신하였기 때문일까요?

점치는 여종의 귀신을 쫓아낸 이유로 옥에 갇힌 바울

"16 우리가 기도하는 곳에 가다가 점치는 귀신 들린 여종 하나를 만나니 점으로 그 주인들에게 큰 이익을 주는 자라 17 그가 바울과 우리를 따라와 소리 질러 이르되 이 사람들은 지극히 높은 하나님의 종으로서 구원의 길을 너희에게 전하는 자라 하며 18 이같이 여러 날을 하는지라 바울이 심히 괴로워하여 돌이켜 그 귀신에게 이르되 예수 그리스도의 이름으로 내가 네게 명하노니, 그에게서 나오라 하니 귀신이 즉시 나오니라"(행16:16-18). 당시 빌립보라는 도시의 상황은 전쟁으로 인해 정신 이상 증세를 보이는 여인을 이용해 점을 치고, 그러한 정신 이상자들의 점술을 신령한 것으로 믿

는 사회적 분위기 속에 놓여 있었습니다. 바울 일행은 이처럼 미신이 지배하고 조종하는 사회에서 점을 치는 한 여종과 그 주인들을 마주하게 됩니다.

'귀신 들린 여종'은 정신적인 문제를 겪고 있는 어린 여자 노예였습니다. 그녀는 정신적으로는 귀신에 들려 있었고, 사회·경제적으로는 여러 명의 주인에게 소속된 노예였으며, 사회·문화적으로는 여성, 아이, 이방인이라는 세 겹의 소외 속에서 완전한 약자로 살아가고 있었습니다. 그러나 바울은 예수님의 마음과는 달리, 그 여종이 귀찮게 따라다니자 귀신을 쫓아내 버렸습니다.

여종의 주인들은 그녀를 이용해 점을 치고 돈을 벌었기 때문에, 바울로 인해 더 이상 수익을 얻지 못하게 되자 화가 났고, "로마에 적대적인 유대인들이 로마 시민의 풍속을 어지럽히고 있다"고 바울과 그의 일행을 고발합니다. 결국 바울은 빌립보에서 감옥에 갇히고, 도시에서 추방당하게 됩니다.

이 사건을 통해, 바울이 빌립보 교인들에게 보낸 편지인 '빌립보서'에서 루디아가 언급되지 않은 이유를 짐작할 수 있습니다. 루디아가 바울처럼 로마의 풍속을 교란하는 자로 취급받고 위험에 처할 수 있었기 때문입니다.

바울은 자신이 옥에 갇혀 선교 활동을 하지 못하게 된 상황을 성찰하면서, 자신이 없어도 든든히 세워져 가는 빌립보 교회를 떠올리고, 그 중심에 있는 루디아를 기억합니다. 그는 예수 그리스도와 루디아의 모습을 겹쳐보며, '빌립보서'의 그리스도 찬가를 기록하게 되었던 것입니다.

루디아의 이름이 없는 이유	바울이 빌립보 교회에 보낸 편지에 루디아의 이름이 언급되지 않음	-
루디아의 역할	• 빌립보에서 바울의 도움으로 교회를 시작 • 바울이 루디아의 집에서 지냄 • 바울의 활동을 활발하게 도움 • 바울이 옥에 갇혔을 때도 도움	-
바울의 감옥행 및 추방	점치는 귀신 들린 여종을 고쳐준 일로 감옥에 갇혔다가 추방당함	로마 사회를 혼란스럽게 하는 사람으로 여겨짐
이름 누락 추측 이유	루디아가 바울처럼 위험에 처하지 않도록 보호하려는 마음 때문	-
바울의 생각	자신이 없는 동안에도 교회를 잘 이끈 루디아를 떠올리며 빌립보서를 썼을 것으로 추정	-

"빌립보 교회에 편지를 쓸 때 바울은 그 편지에 그리스도의 찬가를 써 보냈는데 이 그리스도의찬가가 바로 바울 자신에 대한 반성인 동시에, 루디아가 바울처럼 로마 풍속을 교란하는 자로 취급받고 위험해질 수 있기에 루디아라는 이름을 직접 쓸 수는 없었지만, 예수님의 모습으로 자신이 없는 사이에도 교회를 섬긴 루디아에 대한 찬가 일 수도 있다는 것입니다. 즉 이 그리스도의 찬가는 예수님에 대한 찬가인 동시에 루디아에 대한 찬가일 수도 있다는 것 입니다."(김진호 목사의『리부팅 바울』에서 인용)

5. 루디아와 귀신 들린 여종, 두 여인이 바울에게 가르쳐준 것 [68] 🔍

여성	특징	바울에게 준 영향
루디아	자색 옷감 장수, 하나님 공경, 바울의 가르침 실천 [49]	교회를 세우게 됨 [72]
귀신 들린 여종	정신적인 문제, 노예, 여성, 아이, 이방인 (완전한 약자) [68]	추방을 당함 [72]

루디아와 귀신 들린 여종, 이 두 여인을 통해 바울은 **정말 중요한 것들을 배웠어요** [72]. 루디아 덕분에 교회가 세워졌지만 [72], 귀신 들린 여종 일로는 오히려 추방당했죠 [72]. 이 경험들을 통해 바울은 자신의 신앙을 깊이 돌아보고, **겸손과 헌신**이라는 소중한 가치를 깨닫게 되었답니다 [72]. 이 깨달음이 빌립보라는 멋진 초대 교회를 세우는 밑거름이 된 거예요 [72].

"모든 일을 다툼이나 허영으로 하지 말고, 오직 겸손한 마음으로 각각 자기보다 남을 낮게 여기며, 각각 자기 일을 돌볼 뿐만 아니라 다른 사람들의 일도 돌보아 나의 기쁨을 충만하게 하라"(빌립보서 2:3-4).

이 말씀은 바울이 빌립보 교회를 이끈 루디아에 대한 찬가로 이해할 수 있습니다. 루디아는 겸손과 헌신으로 공동체를 섬겼고, 바울의 기쁨이자 빌립보 교회의 초석이 되었습니다.

결론적으로, 바울은 루디아를 통해 교회를 세우게 되었고, 귀신 들린 여종을 통해서는 추방을 당하게 되었습니다. 이 두 여인을 통해 바울은 자신의 신앙을 돌아보게 되었고, 겸손과 헌신의 참된 의미를 배우게 되었습니다. 그리고 그 과정을 통해 빌립보라는 초대 교회가 세워지게 된 것입니다.

루디아를 통해서 바울은 교회를 세우게 되었고, 귀신들린 여종을 통해 바울은 추방을 당하게 되었다. 이 두 여인을 통해 바울은 자신의 신앙을 돌아보게 되었고, 겸손함을 배우게 되었고 빌립보라는 초대교회가 세워진 것이다.

빌립보 교회에 편지를 쓸 때 그 편지에 그리스도의 찬사를 써 보냈는데 이 그리스도의 찬가가 바로 바울 자신에 대한 반성인 동시에 아래와 같은 예수님의 모습으로 자신 없는 사이에도 교회를 섬긴 루디아에 대한 찬가인 것입니다…

"모든일에든지 다툼이나 허영으로 하지 말고 오직 겸손한 마음으로 각각 자기보다 남을 낮게 여기고. 자기 일을 돌볼뿐더러 다른 사람들의 한 일을 돌보아 바울의 기쁨을 충만하게"(빌2:3-4) 한 빌립보 교회를 잘 이끈 루디아에 대한 찬가인 것이라고 추측을 하고 하고 있는 것 입니다.

루디아를 통해서 바울은 교회를 세우게 되었고, 귀신들린 여종을 통해 바울은 추방을 당하게 되었다. 이 두 여인을 통해 바울은 자신의 신앙을 돌아보게 되었고, 겸손과 헌신을 배우게 되었고 빌립보라는 초대교회가 세워진 것입니다.

이제 다같이 이 유명한 그리스도의 찬가를 함께 낭독하며 우리도 예수님처럼 루디아교인처럼 겸손과 낮아지는 마음으로 교회와 마을을 섬기는 새롬 교회 교우 여러분들이 다 되시길 주님의 이름으로 기도드립니다!!

우리는 루디아를 모델로 한 그리스도의 찬가를 다시 돌아보면서, '하나님을 기쁘시게 하는 신앙생활이란 무엇인가'를 깊이 생각하지 않을 수 없습니다. 그 해답은 빌립보서 2장 3절 말씀에 잘 나와 있습니다. 바로 "아무 일에든지 다툼이나 허영으로 하지 말고, 오직 겸손한 마음으로 각각 자기보다 남을 낮게 여기라"는 것입니다.

우리가 겸손하게 서로를 존중하고 배려할 때, 하나님의 기쁨이 우리와 교회 공동체 가운데 충만하게 될 것입니다. 지금처럼 코로나와 그 이후의 시대를 살아가면서, 교회 공동체들은 많은 어려움을 겪고 있습니다. 그러나 이러한 환난 속에서도 우리가 붙들어야 할 지혜가 있습니다. 그것은 서로를 낙심하게 하거나 힘 빠지게 하는 것이 아니라, 오히려 하나님을 기뻐하고 서로를 기뻐하는 삶을 사는 것입니다. 우리가 기쁘고 서로 기뻐하기 위해서는, 우리의 삶이 '하나님을 기쁘시게 하는 일'을 중심으로 세워져야 합니다. 나 자신만을 기쁘게 하려 하기보다, 하나님을 기쁘시게 하는 일에 집중할 때 우리는 어떤 환난도 이겨낼 수 있는 힘을 얻게 됩니다. 하나님 중심의 삶을 살아갈 때, 우리는 환난을 이겨내는 성령의 사람이 되며, 복과 기쁨의 근원이 될 수 있을 것입니다.

8. 로마제국의 황제 숭배와 후견인 시스템에
   '코이노니아' 신앙으로 도전한 빌립보 교회

로마 제국의 황제 숭배와 후견인 제도

로마 제국은 황제 숭배와 후견인 제도를 통합하여 사회 전반에 걸친 지배 구조를 형성했습니다. 황제는 귀족을 후견하고, 귀족은 평민을 후견하며, 충성과 복종을 요구하는 계급 사회를 구축했습니다. 이러한 시스템은 로마 사회 전반을 촘촘하고 단단하게 묶어 놓았으며, 약탈과 전쟁을 통해 약탈의 문화를 형성했습니다 후견인 제도에서는 권력을 행사하기 위해 클라이언트에게 충성과 복종을 강요하며 뒷배 역할을 하게 되었습니다.

빌립보와 데살로니카에서의 로마황제 신앙의경쟁적 환영

빌립보에서는 황제 숭배가 시민들의 충성심을 과시하는주요 방식으로 자리 잡았습니다. 황제 숭배는 로마 제국의 통합과 충성심을 강화하는 정치적·종교적 제도로, 특히 로마 식민지 도시에서 두드러졌습니다. 빌립보 시민들은 황제를 신격화하며제국의 안정과 번영을 기원하는 의식을 적극적으로 수행했습니다.

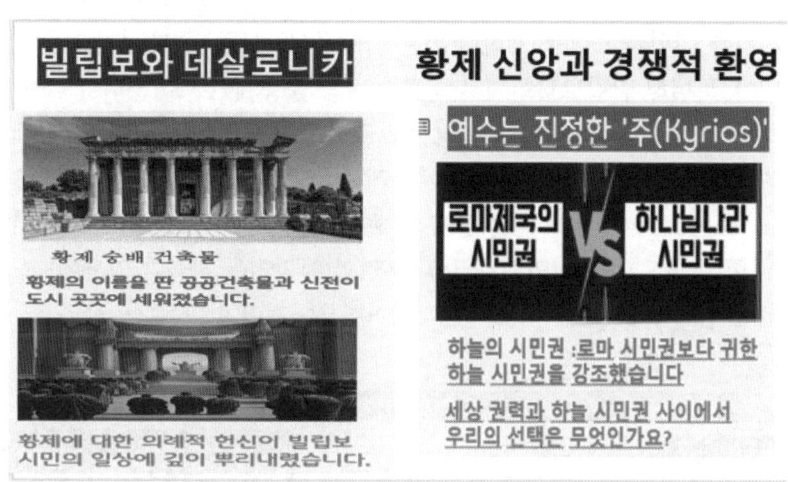

데살로니카의 시민들은 로마 황제에 대한 충성심을 과시하기위해 도시 곳곳에 황제의 이름을 딴 신전을 짓고, 황제숭배 의식에 적극적으로 참여했습니다. 이는 단순한 종교적 행위가 아니라, 로마 제국의 정치적 통합을 강화하고 지역 내 사회적 지위를 유지하기 위한 수단이었습니다.

바울의 유럽 선교와 로마 황제 신앙과 대립

이처럼 바울이 개척한 유럽의 빌립보, 데살로니카, 고린도 로마의 속국 도시들은 로마의 식민 도시로 로마황제를 신격화하는 분위기가 만연했습니다. 로마 제국이황제 신앙과 후견인 제도를 통해 전쟁과 약탈로 로마 전체를 지배하며, 지배계급 사이에 충성과 복종을 요구한것입니다

빌립보 교회의 코이노니아: = 가난했지만 함께 나눔을 실천한 빌립보
공동체 =

그러나 바울은 로마 황제가 아닌 예수 그리스도가 진정한 복음의 주인 공이라고 주장하였으며, 이는 당시 로마의 신격화 문화에 반대되는 입장이었습니다. 사도 바울은 로마의 지배제도에 대항하기 위해 '에클레시아'라는 모든 사람이 평등한 대안 공동체를 구상했으며, 이 코이노니아 나눔 에클레시아를 여성과 노예를 포함한 모든 사람들이 평등한 초대교회로 발전시킵니다. 특별히 빌립보교회에서 특별한 나눔 공동체인 코이노니아 나눔 경제를 실험 합니다. 사도 바울은 빌립보 교회를 통해 코이노니아, 즉 경제적인 연대를 하는 코이노니아(나눔)에클레시아(교회)공동체를 만들려고 했어요. 이것은 로마 제국의 후원 경제 체제에 대항하는 새로운 경제 모델이었다고 합니다. 로마의 시민권과 달리 우리의 시민권은 하늘에 있으며, 그 에클레시아(교회)에서는 코이노니아(나눔)이 이루어져야 한다는 것이죠

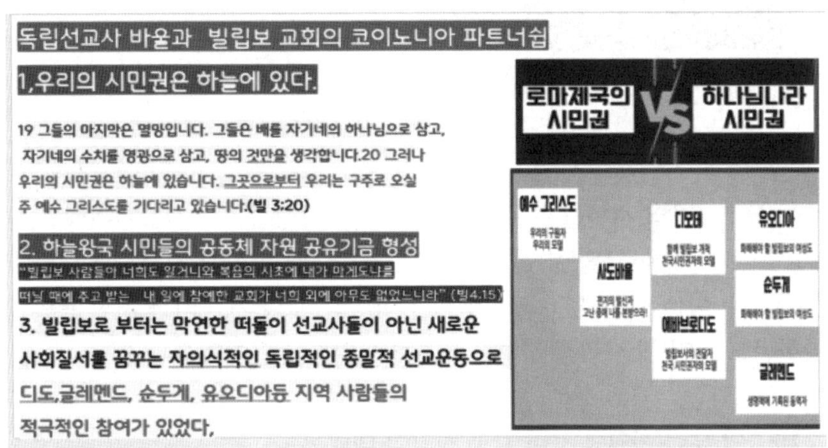

바울의 유럽 선교: 로마 황제 신앙에 맞선 '코이노니아 경제'

사도 바울의 유럽 선교는 단순히 새로운 종교를 전파하는 것을 넘어, 당시 세계를 지배하던 로마 제국의 심장부에서 그들의 통치 이념과 경제 체제에 정면으로 맞서는 혁명적인 성격을 띠었습니다. 특히 로마 황제를 신으로 숭배하는 '황제 신앙'과 후견인 제도를 기반으로 한 약탈 경제에 대항하여, 바울은 '에클레시아(교회)'라는 대안 공동체와 '코이노니아(Koinonia)'라

는 새로운 경제 모델을 제시했습니다.

로마의 후견인 제도와 빌립보의 코이노니아 경제

로마 사회는 '후견인-피후견인 제도(Patronage System)'라는 강력한 상하 관계에 의해 움직였습니다. 소수의 강력한 귀족(후견인)이 다수의 평민(피후견인)에게 시혜를 베풀고, 피후견인은 후견인에게 절대적인 충성과 복종을 바치는 구조였습니다. 이러한 불평등한 관계는 사회 전반뿐만 아니라, 고린도 교회와 같은 초기 기독교 공동체에까지 침투하여 내부적인 갈등과 분열을 야기했습니다.

바울은 이러한 로마의 위계적인 경제 체제에 맞서 '코이노니아'라는 대안적인 경제 모델을 제시했습니다. 흔히 '사귐'이나 '교제'로 번역되는 코이노니아는, 바울에게 있어 단순히 감정적인 유대를 넘어선 '경제적 연대와 나눔'을 의미하는 구체적인 실천이었습니다.

대표적인 예가 빌립보 교회의 예루살렘 교회를 위한 구제 헌금 참여입니다. 이는 단순히 가난한 교회를 돕는 자선 행위를 넘어, 그리스도 안에서 모든 지체는 평등하며 서로의 필요를 책임진다는 신앙고백의 표현이었습니다. 바울은 "우리의 시민권은 하늘에 있다"(빌 3:20)고 선언하며, 로마 시민권이 제공하는 특권과 안정이 아닌, 하나님 나라의 백성으로서 서로를 돌보는 새로운 공동체의 정체성을 강조했습니다.

이러한 코이노니아 경제는 로마의 약탈과 착취에 기반한 경제 시스템과는 근본적으로 달랐습니다. 힘과 권력에 의한 수직적이고 시혜적인 나눔이 아니라, 그리스도의 사랑에 기초한 수평적이고 자발적인 나눔을 통해 공동체 전체가 함께 살아가는 것을 목표로 했습니다. 여성, 노예 등 로마 사회에서 소외되었던 이들을 포함한 모든 구성원이 평등한 지체로서 참여하는 '에클레시아' 안에서 코이노니아는 강력한 저항의 의미를 지니는 대안적 삶의 방식이었습니다.

　결론적으로, 바울의 유럽 선교는 로마 제국이라는 거대한 골리앗에 맞선 다윗의 싸움과도 같았습니다. 그는 황제를 신으로 숭배하는 로마의 종교적 이데올로기에 '오직 예수' 복음으로 맞섰고, 불평등한 후견인 경제 시스템에 '코이노니아'라는 상생의 경제 모델로 도전했습니다. 이를 통해 바울과 초대교회는 단순한 종교 집단을 넘어, 모든 사람이 평등하고 서로를 돌보는 하나님 나라의 가치를 이 땅에 실현하고자 했던 대안적 저항 공동체로서의 의미를 지니게 됩니다.

9. 데살로니카 교회, 자립과 돌봄의 공동체

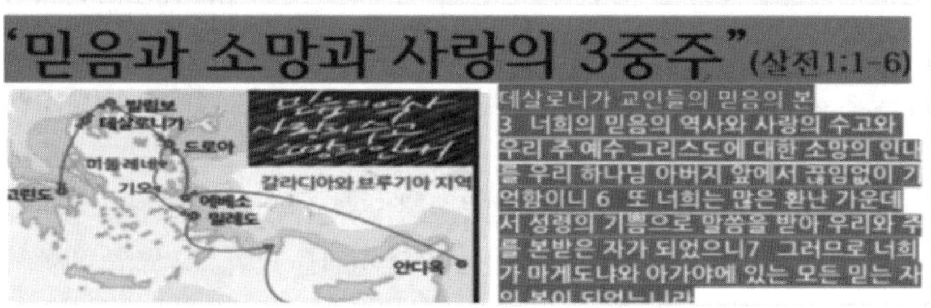

　이 교회는 별도의 후원자가 없어 노동자들이 인슐라라는 작은 시민 아파트에서 생활하며, 공동 식사를 위해 각자의 노동 결과물을 나누며 자립했습니다. "일하기 싫은 자는 먹지도 말라"는 원칙 아래, 공동체의 책임감을 매우 중요하게 여겼습니다.

데살로니가교회, 스스로 자립한 멋진 공동체

특징	설명	관련 성경 구절/내용	비고
자립 공동체	천막 만드는 노동자들이 중심이 되어 세워졌으며, 외부 재정 후원 없이 가난한 노동자들 스스로의 힘으로 운영됨.	살전 2:72, 74, 75	로마의 브로커 제도나 부자 교인에게 의존하지 않음
노동과 책임	함께 일하고 번 돈으로 공동 식사를 해결하며, "일하기 싫어하거든 먹지도 말게 하라"는 말씀처럼 서로에게 책임감을 중요하게 여김.	살전 2:80	-
끈질긴 자립	로마의 박해와 경제적 어려움 속에서도 끈질기게 자립을 추구하여 스스로 서는 공동체를 세우는 데 성공함.	살전 2:81	-

데살로니카서를 자세히 살펴보면 로마의 후견 브로커 경제체제를 거부하고 대안적 에클레시아를 세우려고 분투한 흔적이 여러곳에서 보입니다. 바울은 "사랑의 가슴막이, 구원과 소망의 투구"(살전 5:8)라는 표현을 통해 영적 무장을 강조했습니다. 이는 후에 에베소서의 "믿음의 완전무장"으로 이어졌습니다. 바울 일행은 당국자들에게는 "세상을 소란스럽게 하는 저항자"로 찍혔습니다. 유안겔리온, 카리스마, 파루시아 등 로마 황제에게 쓰던 용어를 그리스도에게 적용했습니다. 디모데와 실라의 동역 유력자 야손이 유대인 폭동자들에 의해 당국에 고발되었다가 보석금으로 풀려나기도 합니다.

데살로니카 교회는 로마 브로커나 부유층에 의존하지 않고 자치 공동체를 이뤘으나, 경제적 어려움과 박해, 그리고 신앙 약화(예수 부활 부인)로 위기를 겪기도 했습니다. 데살로니카 교회는 부유한 계층이나 로마 브로커 제도에 의존하지 않고, 도제식 협동조합과 공유경제를 바탕으로 자립·자치 공동체를 만들었습니다. 결국 이들은 자립적이고 자치적인 신앙 공동체를 성공적으로 세웠습니다.

또한 바울 사도 일행이 유대인들에게 쫓겨 교역자가 부재한 상황에서도 평신도들이 형, 누나 처럼 새 신자들을 자발적으로 돌보며 자립적 공동체를 이루어 냈습니다. 이러한 신앙적 실천의 기초는 인간의 신실함이 아니라, 예수 그리스도의 신실하심에 대한 믿음에 근거합니다. 하나님의 언약적 신실하심을 믿음으로, 맡겨진 선교적 사명을 감당하고 신앙의 자녀들을 기쁨으로 키워 나간 공동체인 것입니다.

코로나 이후 한국교회의 교인과 재정이 각각 3분의 1로 줄어들 것이라는 전망이 있습니다. 이러한 재난 상황에서 우리가 빌립보와 데살로니카 교회에게서 배울 점이 있습니다. 북부 마케도니아의 지역의 빌립보와 데살로니카 교회는 다 가난한 교회였습니다. 남부 아가야 지역의 고린도 교회는 부유하였지만 로마의 브로커 후견인 제도가 침투하여 분열되었습니다.

그러나 빌립보와 데살로니가 교회는 로마의 브로커 후견체제에 의지하지 않았습니다. 스스로 자립적인 경제체제를 갖추고, 민주적 의사결정을 실천한 에클레시아 이었습니다. 또한 평신도 자치를 실현해 경제적 자립을 이룬 공동체였으며, 더 가난한 예루살렘 교회를 돕는 에큐메니칼 연대에도 적극적이었습니다.

이처럼 교회자립과 신앙의 모범을 보인 데살로니카 교회는 심한 박해와 외부의 어려움 속에서도 돌봄 신앙적으로도 잘 성장하고 있었던 교회입니다. 그래서 북부마케도니아 지역을 넘어서서 남부 아가야 지역까지 그 모범이 소문이 났던것입니다(살전 1:7-8).

이처럼 데살로니카서에는 언약적 신실함, 돌봄신앙, 평신도 자치 공동체 등 다양한 신앙적 주제가 등장하는데 이러한 주제는 오늘 코로나 재난을 겪은 한국교회의 새로운 비전모색에 큰 도움이 될수 있을 것입니다. 코노나 재난이후의 새로운 비전으로 제안되는 방안중에는, 30명도 많은 수라며 더 작은 단위로 흩어져 세상을 변화시키는 소규모 마이크로 공동체 전략도 소개가 되는 상황입니다.

종교 브로커를 넘어서 스스로의 힘으로 서는 신앙의 중요성이 강조되는 시대가 도래된 것입니다. 오늘날 재난 상황 속에서 교회는 중직자와 구역장 등 평신도 중심의 책임 분담을 강조하고 있습니다. 동시에, 교회 건물 안에 모인 교인 수보다 지역 사회와의 연대, 마을목회, 협동조합 활동 같은 자립적 공동체 실천이 활발히 논의되고 있습니다. 이는 새로운 시대에 걸맞은 초대교회의 코이노니아(자립자치공동체)와 디아코니아(돌봄) 정신을 현대적으로 적용할 필요성을 보여줍니다.

마지막으로 지금은 교회 건물을 넘어선 "공동체와 마을과 도시"의 시대입니다.

이에 바울 서신과 그것을 전달한 바울의 젊은 제자들의 관계와 활약을 "미디어로서의 초대교회"라는 주제로 나눠 평신도 자치 공동체와 돌봄신앙 그리고 마을 미디어의 상호 소통을 통한 새로운 선교의 가능성을 함께 나누고자 합니다.

바울의 교회는 로마의 제국 내에서 작은 교회들이었습니다. 하지만 바울은 그 작은 교회를 향해 편지를 쓸 때에는, 당시 로마 제국 전체를 향해, 마치 수많은 청중들 앞에서 굿뉴스 즉 복음을 선포하듯 편지를 썼습니다. 바울의 서신과 그것을 유럽 전역으로 퍼나른 디모데 디도 실라의 관계망이 바로 초대교회의 인터넷과 유튜브와 같은 뉴미디어 매체가 아니었을까 하는 상상을 가능하게 합니다. 이 이야기는 바울의 서신이라는 국제 에클레시아 소통망이 크게 성공하여, 그 작은 공동체가 결국은 로마제국의 주류 공동체로 성장하였습니다. 이로보아, 바울과 그의 제자들은 오늘날로 보면 당대의 일종의 뉴 미디어 서신 매체의 스타 언론인들이 아니었을까하는 재미난 상상도 해 보게 됩니다.

"마을과 함께하는 약대동 마당극 예배"때 초대 교회 디모데 실라 디도등 청년들의 활약상을 마당극화한 "청년 마당"의 이야기 한꼭지를 함께 들어보며 오늘 이야기를 마무리 하고자 합니다.

① 청년 실라의 고백
나는 바울 사도님을 생각할 때마다, 안디옥 교회에서 있었던 일이 떠올라. 예루살렘에서 야고보가 보낸 사람들이 식사 시간에 갑자기 들이닥쳤을 때, 베드로와 바나바는 자리를 피해 도망치듯 나갔지. 하지만 바울 사도님은 홀로 남아 예루살렘 교회의 부당한 요구에 맞섰어. 그는 율법과 할례가 아니라, 믿음으로 이방인들과 계속 식사해야 한다고 당당히 외쳤지. 그때 바울 사도님이 설파한 '이신칭의'의 신앙은 내게 늘 큰 감동으로 다가와!

디모데

그래, 바울 사도님은 갈라디아 교회에서도 참 많은 어려움을 겪으셨어. 예루살렘에서 내려온 유대 율법주의자들과 싸우는 한편, 그들의 선동에 휘말린 교회 내 대적자들과도 맞서야 했지. 그 영향으로 예루살렘과 갈라디아, 소아시아 전역의 교회들이 분쟁에 휩싸였고, 갈라디아 교회의 일부는 한때 그들에게 넘어가기도 했어.

다같이

그러한 상황 속에서, 바울 사도님은 성령께서 아시아에서의 사역을 막고 계신다는 인도를 받으셨어. 기도하시던 중, 마케도니아에서 도와달라는 환상을 보게 되셨지. 그리고 그 부르심에 따라, 우리 젊은 디모데와 실라도 함께 유럽으로 향하게 되었어. 우리가 유럽 땅에서 맡은 핵심 사역은, 바울 사도님의 서신을 각 도시로 전하는 일이었어.

실라

맞아. 우리가 바울 사도님과 함께 유럽 여러 도시에 도착했을 때, 우리는 빌립보, 데살로니카, 베뢰아, 아덴, 고린도 등지에서 많은 이들에게 복음을 전했지. 우리는 각 지역 사람들을 불러 함께 서신을 읽으며, 그 기쁜 소식을 나누었어. 우리가 이처럼 유럽에서 큰 선교적 성과를 낼 수 있었던 건, 율법과 할례에서 해방된 자유로운 성령의 신앙 덕분이었어!

청년 디모데의 고백

내가 바울 사도님과 함께한 사역 중 가장 기억에 남는 것은 데살로니카에서의 일이야. 바울 사도님이 그곳에 교회를 개척하신 뒤, 유대인들의 핍박으로 인해 아덴으로 피신하셨을 때, 나에게 데살로니카 교회의 안부를 확인하라고 하셨어.
내가 조심스레 그곳에 잠입해 확인해 보았는데, 놀랍게도 교인들은 마치 유모가 자녀를 돌보듯 새신자들을 따뜻하게 보살피고 있었어. 그들의 돌봄은 마케도니아를 넘어 아가야 지역까지 소문이 퍼질 정도였지!

실라

맞아! 바울 사도님의 서신은 지금으로 치면 초대교회의 '인터넷'이나 '유튜브' 같은 미디어였어. 초기 교회에는 바울의 사역을 반대하던 대적자들도 많았지. 그들은 자신들의 메시지를 퍼뜨리기 위해 열심히 움직였고, 바울 사도님의 서신은 그런 가짜뉴스들 사이에서 진리를 지켜내는 미디어 전쟁을 벌였어. 그 서신들은 당시 교회 공동체 안에서 바이러스를 막는 해독제 역할을 했던 셈이지!

실라 마무리

오늘날로 말하면, 바울 사도님은 서신이라는 뉴미디어를 활용한 '스타 저널리스트'라고 할 수 있어. 바울 사도님의 메시지는 초대교회의 인터넷 네트워크를 통해 유럽 전역으로 퍼져 나갔고, 결국은 로마 제국을 뒤흔드는 복음의 물결을 만들었지!

10. 데살로니카 현상과 김남주 현상

데살로니카 교회는 인슐라라는 작은 시민 아파트에서 천막 만드는 노동자들과 바울이 함께 노동을 하며 세워나간, 믿음의 행위, 사랑의 수고, 소망의 인내를 강조한 교회였습니다.(살전 1:3)

믿음의 역사'와 '사랑의 수고'와 '소망의 인내'(살전 1:3)

천막(텐트) 만드는 기술을 가진 바울은 당시에 천막을 만드는 노동자들의 집단 거주 구역이 형성되어 있는 데살로니카에 찾아가 그곳 노동자들과 함께 지내며 밤과 낮의 혹독한 노동을 견디며 그들에게 '믿음의 역사'와 '사랑의 수고'와 '소망의 인내'(살전 1:3)에 대해 이야기했을 것이라고 합니다.

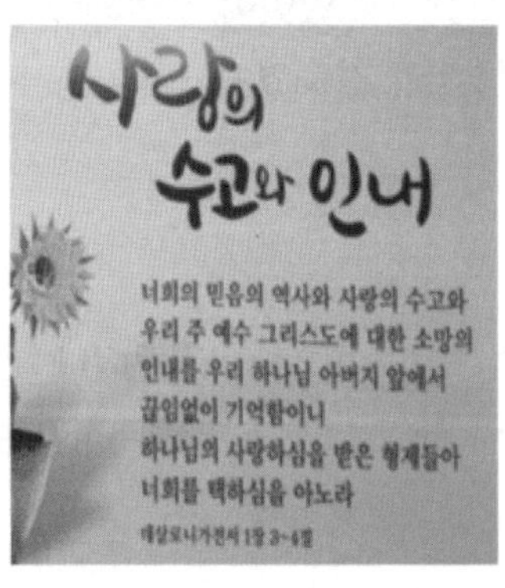

데살로니카 현상이란 무엇일까요?

여러분, 사랑하면 어떤 느낌이 드나요? 혹시 따뜻하고 기분 좋은 감정만 떠오르지는 않나요? 하지만 성경에서 사도 바울은 데살로니카 교회에 사랑은 수고가 필요하다고 강조했어요. 수고가 없는 사랑은 진짜 사랑이 아니라고까지 말했죠. 사랑은 단순한 감정을 넘어 구체적인 행동과 실천을 의미한답니다.

데살로니카 교회는 유대인들의 박해 속에서도 서로를 돌보고 사랑을 실천하며 성장했어요. 이들은 어려움 속에서도 사랑의 수고를 아끼지 않았죠. 마치 어머니가 아이에게 젖을 주듯이 서로를 보살피고 양육하는 수고를 했어요. 이러한 사랑의 수고는 공동체를 지탱하는 큰 힘이 되었답니다. 그래서 데살로니카 교회의 성도의 교제란, 마치 가족처럼 서로를 돌보고 이끌어주며 함께 성장하는 특별한 관계를 말합니다.

빌립보 교회가 로마제국의 브로커 후원 경제체제에 대항 하여 코이노니아 경제 에클레시아(교회)를 세워 나간것처럼, 데살로니카 교회는 어려운 상황 속에서도 특별한 성도의 돌봄 공동체를만들어 갔는데, 이를 "데살로니카 교회현상"이라고 이름을 붙여 부르기도 합니다.(도시의 하나님 나라 김형국)

'데살로니가 현상': 서로 본받는 공동체의 힘

특징	내용
하나님 말씀이 이르렀다	말씀을 들었어요
그 말씀을 받았다	마음으로 받아들였어요
바울 일행과 주를 본받는 자가 되었다	바울처럼 살려고 노력했어요
마케도니아와 아가야 사람들에게 본이 되었다	다른 사람들에게 좋은 영향을 주었어요
모든 곳의 모든 사람에게 믿음이 알려졌다	소문이 퍼져서 많은 사람들이 알게 되었어요

데살로니카 현상은 마치 믿음이 씨앗에서 큰나무로 자라는 것처럼 5단계로 진행되었답니다

1. 하나님 말씀을 들었어요.
2. 그 말씀을 마음으로 받아들였어요.
3. 바울처럼 주님을 본받는 사람이 되었죠.

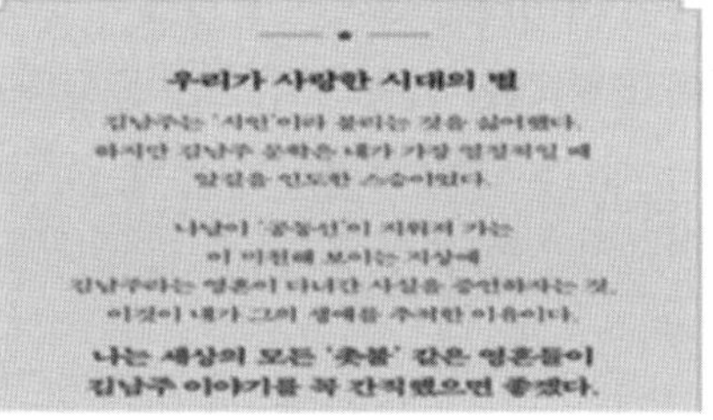

4. 주변 지역 사람들에게 좋은 신앙의 본이 되었어요.
5. 그들의 믿음이 마케도니아를 넘어 아가야 지역까지 널리널리 알려지게 되었어요.

믿음은 개인의 삶뿐만 아니라 공동체 전체, 나아가 사회 전체에 영향을 미칠 수 있는 놀라운 힘을 가지고 있어요. 데살로니카 교회는 그들의 믿음과 사랑, 소망으로 다른 사람들의 본이 되는 삶을 살았어요 사도 바울은 그들이 "주를 본받는 자가 되고 마케도니아와 아가야 사람들에게 본이 되었다"고 칭찬했죠. 이것을 '데살로니카 현상'이라고 부른답니다.

최근 "김남주 시인의 평전"이 출판되었습니다. 알릴레오에서도 책 소개가 되었는데 그 "김남주 평전"을 읽다보면 우리는 우리시대의 군사독재시대와 민주화 시기를 거쳐서 나타난 "김남주 현상"을 느낄수가 있습니다. 김

남주 시인의 삶도 데살로니카 현상과 같이 이 시대의 한 현상으로 읽힌다는 사실을 느낄 수 있습니다.

그는 절망적인 옥중 생활 속에서도 희망을 잃지 않고 시를 썼고, 그의 시는 수많은 사람에게 용기와 희망을 주었어요. 시인은 "만인을 위해 내가 일할 때 나는 자유"라고 노래했어요 그리고 "땀 흘려 함께 일하지 않고서야 어찌 나는 자유라고 노래할 수 있으리"라고도 했죠. 또 "만인을 위해 내가 싸울 때 나는 자유"라며, "피 흘려 함께 싸우지 않고서야 어찌 나는 자유라고 노래할 수 있으리"라고 강조했답니다.

이 시는 진정한 자유가 나 혼자만의 즐거움이나 쾌락이 아니라, 모든 사람을 위한 행동에서 나온다는 것을 말해주고 있어요 나만을 위한 삶이 아닌, 이웃을 사랑하고 더 넓게는 인류 전체를 사랑하는 것이죠.

지금 우리가 살고 있는 지구촌은 기후 위기, 빈곤 등 많은 어려움에 직면해 있어요. 힘들고 바쁘다는 이유로 이웃과 지구촌에 대한 관심을 놓치기 쉽죠, 하지만 김남주 시인의 시처럼, 우리 모두는 더 큰 공동체를 위해 기여할 때 진정한 자유를 느낄 수 있답니다.

우리 안의 작은 사랑이 이웃과 사회를 넘어 지구촌 전체로 확장될 때, 우리는 비로소 진정한 자유와 풍요를 경험할 수 있을 거예요. 그의 삶이 다른 사람들의 본이 되어 사회 변화를 이끌었죠. 우리은 이것을 '김남주 현상'이라고 부를수 있을 것입니다. 안타깝게도 오늘날에는 이러한 '데살로니가 현상'이나 "김남주 현상"이 많이 사라진 것 같다고들 합니다. 그 이유는 본이 되려고 하는 사람도, 본받으려고 하는 사람도 줄었기 때문이에요. 세상에서 신앙의 좋은 본을 보이고 따르는 것이 왜 이렇게 힘들까요? 시대를 거치면서 많은 사람들이 지치고 탈진한 상태예요. 이러한 상황에서 우리 신앙마저 자기중심적으로 변하는 경향이 있어요

본이 되려면 나를 희생해야 하는데, 현대인들은 자기 자신을 돌보기도 힘들어서 쉽지 않아요. 본받으려면 시간을 들여야 하는데, "바쁘다"는 말이 입에 붙은 현대인들에게는 이것도 어렵죠. 코로나 재난 시기와 그 이후의 재난을 극복하려면, 스스로 본이 되고 새로운 본을 만들어가는, 데살로니가 교회나 김남주 현상과 같은 본 받을 만한 사람이나 교회가 나타났으면 좋겠지만, 안타깝게도 그러한 교회와 사람을 찾기가 쉽지 않은 것이 우리의 현실입니다.

오늘 우리나라는 짧은 시간에 정말 빠르게 성장하며 경제적으로 풍요로워졌어요. 하지만 안타깝게도, 이런 풍요 속에서 공동체가 무너지고 극단적인 개인주의가 퍼지고 있죠. 마치 잘 살게 되니 가족이 풍비박산 나는 것처럼, 사회도 세대와 이익집단으로 심하게 나뉘고 있어요. 미국 사회도 비슷하게 풍요로워진 뒤에 민주주의와 자본주의가 흔들리고, 인종차별이나 빈부격차가 심해지는 모습을 보인다고 해요. 이런 핵 개인주의 시대에 종교는 어떤 역할을 해야 할까요? 데살로니카 현상은 '예수 살기'로 이어져야 해요!!!

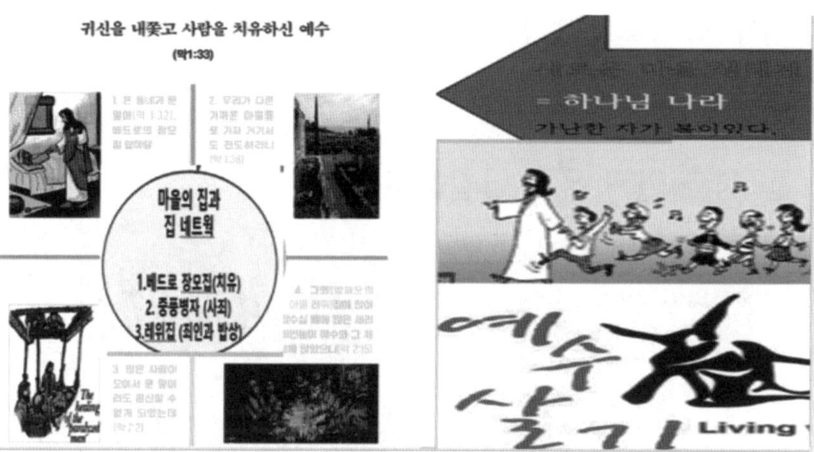

　기독교가 로마의 공식 종교가 되기 전, 초대 교회는 지금과는 아주 다른 모습이었어요. 크고 멋진 건물도, 주차장도, 심지어 목사님이나 찬양팀도 없었죠. 그들은 많은 어려움 속에서도 성령님이 주시는 기쁨으로 말씀을 받아들이고, 예수님과 사도들을 따르는 삶을 살았어요. 특히 데살로니카 교회처럼 환난 속에서도 말씀을 기쁘게 받고 주님을 본받았죠. 박해를 피해 지하 무덤에서 예배를 드렸지만, 그들의 삶 자체가 예수님의 발자취를 따라가는 '예수 살기'였습니다.

　혹시 나는 건물과 제도를 중요하게 생각하는 '교회주의자'일까요, 아니면 삶 속에서 예수님을 따르려는 "예수살기"를 꿈꾸는 '크리스천'일까요? 우리가 "예수 살기"라는 신앙의 본을 보이지 않고, 교회 건물만 왔다 갔다하는 교회주의자들의 신앙만을 보인다면, 이러한 예수 살기가 빠진 건물 신앙의 예배나 기도는 다른 사람들의 삶에 영향력을 끼치기가 어려울 것입니다.

　데살로니가 교회가 바로 그런 상황이었죠. 박해로 사도들이 쫓겨난 상황이었지만 그들은 환경탓과 다른 사람들 탓을 하지 않고, 스스로 본이 되기 시작했어요. 이것이 바로 데살로니가 현상의 중요한 모습이에요. 몇몇 사람이 모여 스스로 본을 만들고 실천할 때, 그것이 주변 지역에 좋은 모범이 되고 현상이 된 것 입니다. 오늘날 어려운 시기일수록 먼저 본이되고 서로 힘

이 되어주는 데살로니카 현상과 같은 새로운 신앙의 본을 만들어가야 해
요.

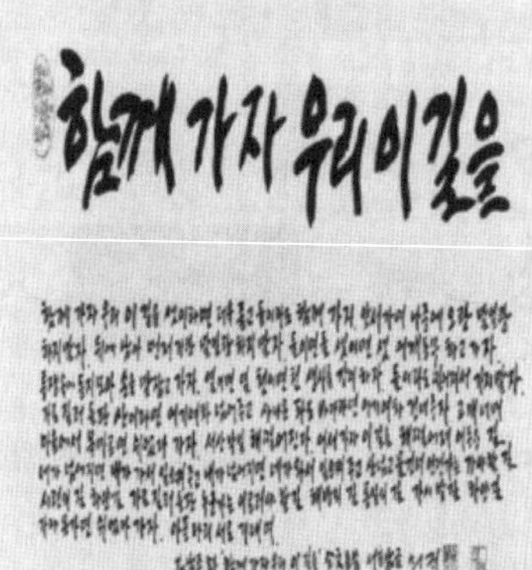

결론적으로 우리의 신앙이 건물과 제도 중심의 신앙이 되어, 예수살기라
는 삶이 없은 회칠한 바리새 신앙에 갇히면 안될 것 같아요. 그 제도와 건물
에서 나와 예수를 살려면, 성령의 불을 끄지 않고 예수를 닮고 따르는 예수
를 사는 신앙적 자세를 유지하는 것의 중요한 것 같아요.

그것이 바로데살로니가전서 말씀처럼 "항상 기뻐하고, 쉬지 말고 기도
하며, 범사에 감사하는"(살전 5:16-18) 성령을 사는 삶이지요. 그리고 이 모든
것은 결국 "성령을 소멸치 말라!"(살전 5:19)는 말씀으로 요약될 수 있어요.
예수를 살려면 기도하고, 기뻐하고, 감사함으로 우리 안에 있는 성령의 불
을 뜨겁게 유지해야 합니다. 샬롬!!

11. 고린도, 바울의 동역자들이 모이고,
새로운 선교 사역의 중요한 거점이 되다.

1. 바울, 아덴에서의 좌절을 딛고 고린도로 향하다!

바울은 이전에 아덴이라는 도시에서 복음을 전했어요. 아덴은 철학과 지혜를 중요하게 여기는 곳이었죠. 바울은 그곳에서 예수님의 부활을 전했지만, 사람들은 그를 조롱했어요. 지적인 자부심이 강했던 아덴 사람들은 바울의 메시지를 받아들이지 않았던 거예요. 바울은 이 경험 때문에 깊은 좌절감을 느꼈답니다. 이렇게 아픈 경험을 뒤로하고 바울은 고린도로 발걸음을 옮겼어요. 고린도는 아덴과는 많이 다른 도시였어요. 이곳은 우상숭배와 음란함이 가득했고, 이기적인 문화가 팽배했죠. 바울은 고린도에 발을 들여놓을 때 두려움과 떨림을 느꼈다고 해요. 과연 바울은 이 난관을 어떻게 헤쳐 나갔을까요?

2. 바울의 든든한 지원군, 동역자들은 누구였을까요?

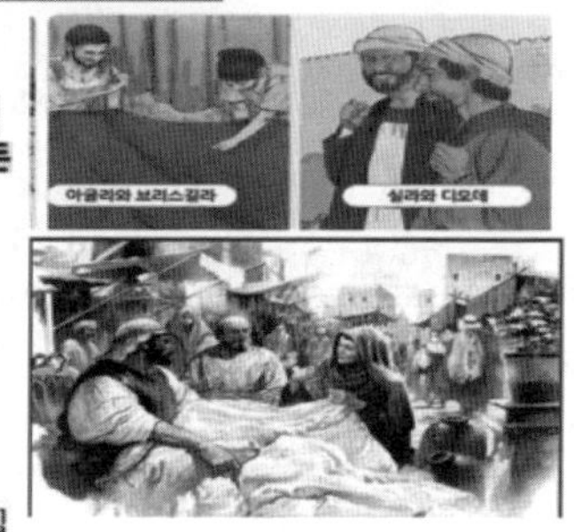

바울은 혼자서 선교 활동을 한 것이 아니었어요. 그에게는 든든한 동역자들이 있었답니다. 먼저 실라와 디모데가 있었어요. 이들은 바울과 함께 유럽 선교를 했던 젊고 신실한 동역자들이었죠. 어려운 선교 현장에서 바울을 든든하게 지원해주었답니다.

또 빼 놓을 수 없는 동역자는 바로 브르스길라와 아굴라부부예요. 이 부부는 로마에서 박해를 피해 고린도로 왔고, 바울과 같은 천막 제조업에 종사했어요. 이들은 바울의 목숨을 위해 자신들의 목이라도 내어놓을 정도로 아주 헌신적이었다고 해요.

바울의 선교는 한 사람의 영웅적인 힘이 아니라, 이렇게 동역자들과의 협력 덕분에 가능했던 것이죠. 성령님은 바울을 혼자 두지 않고 놀라운 계획 속에서 새로운 동역자들을 모아주셨답니다. 고린도로 마케도니아에서디모데와 실라가, 로마에서 브르스길라 아굴라가 모여들고 있었던 것이죠!

바울의 든든한 동역자들: 혼자가 아니었던 선교 여정

동역자 이름	특징	역할/기여	비고
실라	바울과 함께 유럽 선교를 한 젊은 동역자	바울과 함께 선교 여정에 동참	바울의 **든든한 동역자** 중 한 명
디모데	바울과 함께 유럽 선교를 한 젊은 동역자	바울과 함께 선교 여정에 동참	바울의 **든든한 동역자** 중 한 명
브리스길라	로마에서 박해를 피해 온 천막 제조업자	• 바울과 같은 직업 종사 • 바울의 목숨을 위해 자신들의 목이라도 내어놓을 정도로 헌신적	부부 동역자
아굴라	로마에서 박해를 피해 온 천막 제조업자	• 바울과 같은 직업 종사 • 바울의 목숨을 위해 자신들의 목이라도 내어놓을 정도로 헌신적	부부 동역자

3. 로마 제국이 쇠퇴하던 시기, 바울은 어떤 꿈을 꾸었을까요?

바울이 살았던 시대는로마 문명이 쇠퇴해 가던 시기였어요. 사회는 여러 문제로 혼란스러웠죠. 가짜 신앙과 가짜 뉴스가 판을 쳤고, 사람들은 황제 숭배를 강요당했어요. 특히 로마의 식민 후견인 제도는 마피아와 같은 브로커 구조로 사회 불평등을 더욱 심화시켰답니다. 힘 있는 소수만이 특권을 누리는 사회였던 거죠.

하지만 바울은 이런 쇠퇴하는 로마 문명 속에서 새로운 희망을 품었어요. 그는 새로운 그리스도 문명을 꿈꿨죠. 바울은 진실된 복음, 즉유앙겔리온을 전파했어요. 그는 로마의 불평등한 후견인 체제에 맞서, '에클레시아'라는 혁신적인 평등 공동체를 세웠답니다. 에클레시아는 모든 사람이 평등하고 서로를 존중하는 공동체를 의미해요. 바울은 이러한 공동체를 통해 세상에 새로운 빛을 보여주고 싶었던 것이죠.

4. 고린도 교회, 왜 분열되고 갈등했을까요?
안타깝게도 고린도 교회는 바울의 꿈처럼 평화롭지만은 않았어요. 오히려분열과 갈등이 심했답니다. 교회 안에는네 파벌이 생겨났어요. 바울파, 아볼로파, 게바파, 그리스도파로 나뉘어 서로 자신들의 명예를 높이려고 다투었죠 .

이러한 분열의 배경에는로마의 식민 후견문화의 침투가 있었어요. 부유한 후견인들이 교회 리더 자리를 차지하려 했고, 로마의 식민 지배 문화를 교회에 그대로 들여왔답니다. 겉으로는 종교적인 분쟁처럼 보였지만, 사실은 힘 있는 소수들이자신의 명예를 높이려는 허위의식이 그 핵심이었어요.

5. 교회 안의 '영적 귀족주의'는 무엇이었고, 바울은 어떻게 맞섰을까요?
고린도 교회 안에서도 문제가 생기기 시작했어요. 부유한 후견인들이 교회 리더 자리를 차지하려고 했고, 로마의 식민 지배 문화를 교회에 들여와 분열을 일으켰죠. 특히 고린도 교회의 부 교역자이었던 아볼로라는 사람이 교회의 분위기를 혼란스럽게 만들었어요. 그는 학문이 많고 성경에도 능했지만, 로마의 지혜를 바탕으로 예수님을 신비한 예언자처럼 소개했답니다.

아볼로는요한의 세례만 알고성령의 세례는 몰랐다고 해요. 그는 선택받은 소수의 사람들에게만 특별한 영적 소통이 가능하다고 가르쳤어요. 이

때문에 교회 안에서는 영적인 은사를 마치 사회적 지위처럼 여기는 분위기가 생겼고, 방언 같은 은사로 자신을영적 귀족처럼 여기는 사람들이 나타나기 시작했죠.

바울은 이러한 제국의 영적 귀족주의에 단호하게 반대했어요. 그는 "유대인은 표적을 구하고 헬라인은 지혜를 찾으나 우리는 십자가에 못 박힌 그리스도를 전하노니"라고 선포하며, 세상이 보기에는 어리석고 약해 보이는 십자가 복음이야말로 진짜 능력이라고 강조했죠. 바울은 은사가 자랑거리가 아니라, 서로 사랑하고 섬기라고 주신 것임을 분명히 했습니다.

초대교회의 가장 큰 문제는 바로 어디서 모일까 하는 문제이었습니다. 고린도교회는 가부장적인 부자 유력자의 집에서 모이게 됩니다. 고린도 갈등의 근본원인은 고린도 교회의 부자교인들의 가부장적 질서와 부를 과시하기위해 음식을 먼져 먹는 자기 과시로 결국 교회 분열로 일어나고, 가난한자들은 소외감 느끼고, 리더쉽이 붕괴되어 교회가 분열된 것이었습니다.

바울 당시나 오늘이나 우리가 조그.한 권세와 부를가지면 공동체질서 보다는 자신의 힘과 부를 과시하고 싶어 합니다. 이러한 부자들의 과시적 식사 행태를 바울은귀신의 식탁에 참여하는 빵과 서커스와 같은 제국 로마의 식탁으로 비유하면서(고전10:21)예수를 기리는 성만찬의 자리와 구별합니다.

곧 신자들이 모여서 로마 사회 신분의 높고 낮음, 재물의 많고 적음을 초월하여 서로를 배려하고 음식을 공평히 나누는 밥상공동체의 공간이라는 것을 역설하면서 예수를 기린다는것은 종교적의식이 아니라 예수정신의 실천이어야 한다는 권면인 것입니다(고전11:20-22, 33-34).

6. 바울은 고린도 교회의 문제를 어떻게 해결하려 했을까요?

. 고린도 교회의 분열과 바울의 십자가 신학

카테고리	문제점/원인	주요 인물/그룹	바울의 해결책 (십자가 신학)
고린도 교회의 분열	여러 문제로 갈등하고 분열됨	바울파, 아볼로파, 게바파, 그리스도파	-
분열의 원인	로마 문화의 침투와 부유한 후견인들의 교회 리더 자리 차지 시도	힘 있는 소수 (후견인들)	-
문제의 핵심	로마풍의 허위 명예의식 (자신의 명예를 높이려는 다툼)	-	-
영적 온사의 오용	학식 있는 아볼로의 영향으로 영적 온사를 사회적 지위처럼 여김	방언 온사로 자신을 영적 귀족처럼 여기는 사람들	세상이 보기에는 어리석고 약해 보이는 십자가 복음이 진짜 능력임을 강조
바울의 응답	교회의 문제 해결을 위해 십자가 신학 제시	-	은시는 자랑거리가 아니라 서로 사랑하고 섬기라고 주신 것임을 분명히 함
치유 목표	-	-	십자가 신학에 기반한 목회로 고린도 교회를 치유하고자 함

바울은 고린도 교회의 이러한 문제에 대해 십자가 신학으로 단호하게 응답했어요. 그는 "유대인은 표적을 구하고 헬라인은 지혜를 찾으나 우리는 십자가에 못 박힌 그리스도를 전하노니"라고 말했죠. 이는 세상이 보기에는 어리석고 약해 보이는 십자가 복음이야말로 진짜 능력이라고 강조한 거예요.

바울은 제국의 영적 귀족주의에 강력히 반대했어요. 그는 은사가 자랑거리가 아니라, 서로 사랑하고 섬기라고 주신 것임을 분명히 했답니다. 이러한 십자가 신학에 기반한 십자가 목회를 통해 고린도 교회를 치유하고 싶었던 거예요. 바울은 교회의 진정한 가치가 권력이나 지식이 아니라, 겸손과 사랑에 있음을 가르치려 했습니다.

7. 바울이 꿈꾼 '가정교회 네트워크'는 어떤 모습이었을까요?

바울은 고린도 교회의 문제에 대응하며 '가정교회 네트워크'라는 아주
특별한 공동체 모델을 제시했어요. 그 시작은 그리스보의 집이었죠. 회당장
이었던 그리스보는 온 가족과 함께 주님을 믿었고, 그의 집이 가정교회로
사용되었을 가능성이 높다고 해요. 또 다른 예로는 가이오의 집이 있어요.

236

그는 "온 교회의 식주인"으로 불릴 만큼 바울과 모든 교회에 후의를 베풀었던 인물이에요. 그의 집도 중요한 가정교회역할을 했죠.함께 음식을 나누고 교제하는 모습이 상상되지 않나요? 브리스길라와 아굴라부부도 빼놓을 수 없어요. 이들은 천막 제조업을 하면서 선교를 지원하는 가정교회를 운영했어요.

일상 속에서 신앙을 실천하고 공동체를 세운 거죠. 스데바나의 집은 서로 돌봄을 실천하는 사랑의 공동체였어요. 이 모든 가정교회들은 당시 로마의 경제 시스템에 도전하는아주 새로운 공동체 모델을 보여주었다고 해요. 물질만능주의 사회에 경종을 울리는 멋진 모습이죠. 이처럼 고린도에서의 교회 운동은 로마 제국의 브로커적 후견 경제제도와 하나님공동체에 침투한 영적 엘리트 주의에 대항하는 작은가정 에클레시아가 연대한 코이노니아 자립 공동체 이었던 것 입니다.

8. 바울은 이런 가정교회들을 통해 하나님나라 공동체를 꿈꿨답니다.
마케도니아 지역의빌립보 교회와 아가야 지역의 고린도 교회 비교 연구

고린도 교회가 부자들의 후원에 의해서 전적으로 의지한 교회이었다면 마케도니아의 빌립보교회와 데살로니카 교회는 막강한 부유한 교인들에 의해 후원된 교회가 아니라 재정후원자 없는공유경제 공동체이었습니다. 우리가 마케도니아의 빌립보 교회와 데살로니카 교회에서 배워야 할 것은 그들은 아무도 후원하지 않는 가난하지만 민주적인 에클레시아들이 되어서 모든 의사결정 과정에 민주적이었다는 점 입니다.

더구나 자신들이 힘으로 가난을 극복하고 있었기에 자신들 보다 가난한 예루살렘 교회와의 연대 모금 운동에도 열심히 참여한 에큐메니칼한 교회였다는 것입니다. 고린도교회는 로마의 후견 경제 문화의 침투로 비록 분열되어 실패했지만 로마 제국의 경제 시스템에 도전하고, 나눔과 돌봄을 실천하는 '가정교회 네트워크'는 살아있었던것 같습니다.

바울은 그 가정네크웍에 의존하여 고린도 교회에서 로마의 브로커 경제와 영적 귀족주의에 반대하며 십자가 복음을 전파합니다. 그리고 그꿈은 나중에 예루살렘 연대 구제 헌금이라는 국제적 코이노니아 디아코니아 통합 네트웍으로 실현 됩니다.

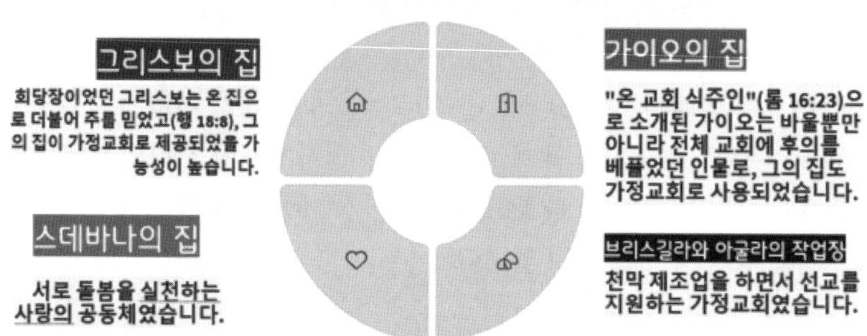

당시 바울과 고린도 교회는 로마 문명의 쇠퇴 속에서 '에클레시아'라는 평등 공동체를 세워 새로운 문명을 꿈꿨습니다. 그러나 고린도 교회는 파벌, 로마 문화 침투, 허위 명예의식 등으로 분열되었고, 바울은 십자가 신학을 통해 이를 극복하고자 했습니다. 고린도 교회의 가정교회 네트워크를 통해하나님 나라 공동체를 세우려 했던 바울의 이야기는, 오늘날 우리에게 민주적 공동체, 연대하는 공동체, 십자가 정신의 실천이라는 초대 에클레시아 공동체의 가능성을 보여 줍니다.

12. "고린도 교회 분열, 로마 사회의 후견인 문화 때문이었다!"

고린도 교회의 분열, 로마 문화 때문이었다고?

여러분, 혹시 고린도 교회라고 들어보셨나요? 지금으로부터 약 2천 년 전, 고대 로마 시대에 있었던 교회인데요. 이 교회가 여러 가지 문제로 시끄러웠다고 해요. 바울이라는 인물이 이 교회를 세웠는데, 왜 이렇게 복잡한 일들이 생겼을까요?

자, 그럼 지금부터 고린도 교회의 흥미진진한 이야기를 함께 파헤쳐 볼까요? 고린도 교회의 분열이 바로 로마 문화 때문이었다는 사실, 정말 놀랍지 않나요? 우리가 생각하는 것보다 문화는 우리의 삶에 큰 영향을 미친답니다. 이 글을 통해 로마 시대의 문화와 교회의 모습을 함께 알아보아요.

1. 고린도 교회, 왜 그렇게 시끄러웠을까요?

고린도 교회는 로마 제국의 통치 방식 때문에 큰 혼란을 겪었어요. 로마 제국은 강한 군사력으로 지중해 세계를 정복했죠. 그리고 황제를 신처럼 섬기게 하려고 "후견인"이라는 시스템을 만들었어요. 이 후견인들은 황제와 사람들을 연결하는 중간 다리 역할을 했어요.

고린도는 여러 언어를 쓰는 사람들이 모인 곳이었어요. 이곳에는 스스로 후견인이 되려는 야심가들이 많았죠. 노예에서 해방된 신흥 부자들도 많아서, 자신의 사회적 지위와 경제력을 높이고 싶어 했어요. 고린도 교회는 이런 야심가들에게 아주 매력적인 기회였답니다. 이러한 후견인들이 교회에 들어오면서 문제가 생기기 시작했어요. 그들은 로마 방식의 후견인 네트워크를 교회에 끌어들였어요.

이로 인해 식사 문제, 무질서한 방언 사용, 그리고 우상 숭배 제물 문제 같은 갈등이 일어났죠. 교회 안에서 부자들은 가난한 교우들이 오기 전에 식사를 해버리고, 어떤 사람들은 무질서하게 방언을 했어요. 이런 일들이 교회의 공동체를 흔들기 시작했어요.

2. 로마 황제가 '최고의 아빠'였다고요? 후견인 시스템의 비밀!

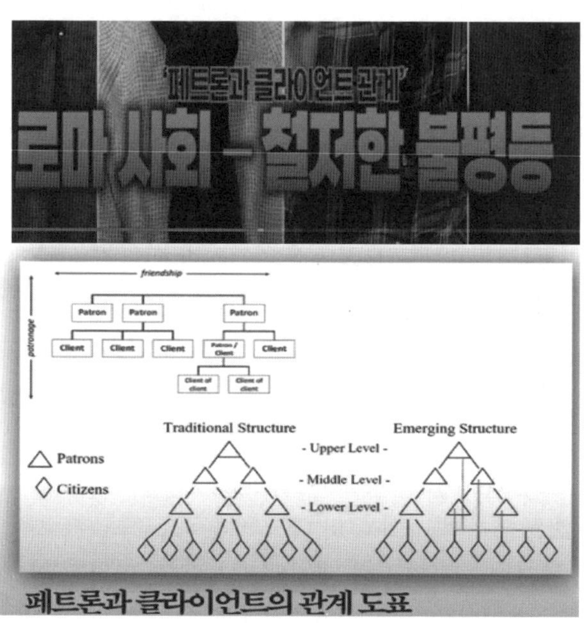

페트론과 클라이언트의 관계 도표

　　로마 사회는 후견인과 피후견인 관계로 얽혀 있었어요. 마치 가족처럼 서로에게 영향을 주었던 거죠. 이 시스템에서 가장 최고의 후견인은 바로 황제였어요. 황제 네로는 자신을 '최고의 패트론', 즉 가족 국가를 이끄는 최고의 아버지라고 내세웠어요. 정말 신기하죠?

　　하지만 바울은 달랐어요. 그는 진정한 아버지는 로마 황제가 아니라 하나님이시라고 말했어요. 그리고 예수님은 그 하나님의 맏아들이며, 우리는 모두 예수님의 형제자매라고 선언했죠. 바울은 로마의 후견인 문화에 맞서 하나님 나라의 후견 문화를 만들려고 했어요.(한문덕목사)

　그는 교회가 로마의 후견인 시스템을 거꾸로 뒤집는 곳이 되기를 원했답니다. 결국 바울은 로마의 황제나 후견인 그룹이 아닌, 오직 하나님만이 진정한 후견인이라고 강조했어요. 이처럼 바울은 고린도 교회에 침투한 로마의 후견인 시스템에 맞서서 교회의 본질을 지키려 노력했어요

　3. 교회 안까지 들어온 로마 문화, 어떤 문제들을 일으켰을까요?
　로마의 후견인 문화는 고린도 교회에 많은 문제를 일으켰어요. 로마 사회는 부유한 후견인들이 상업, 시민, 종교 조직에 재정적인 후원을 해주면서 지역 사회를 움직였어요. 고린도에는 자신의 사회적 지위와 경제력을 높이려는 야심가들이 많았죠. 이들이 교회에 들어오면서 문제가 시작된 거예요.

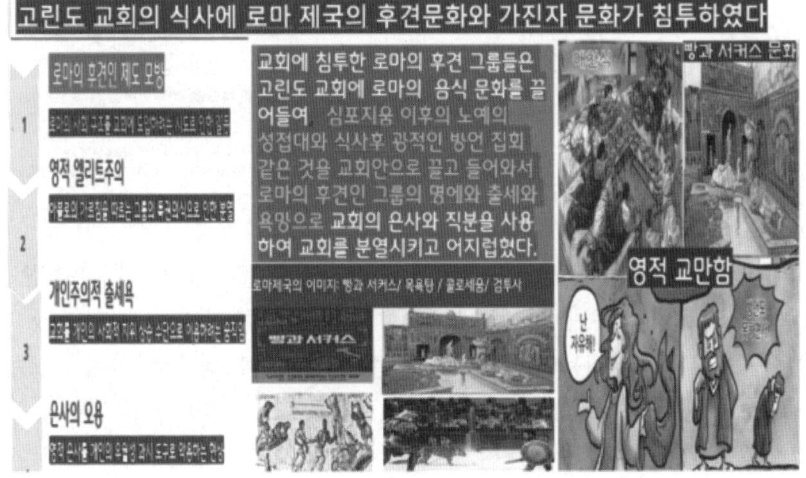

　가장 큰 문제 중 하나는 식탁 문제였어요. 부유한 교인들은 가난한 교인들이 오기도 전에 식사를 해버렸어요. 이것은 로마의 힘센 자들의 식사 문화를 따라 한 것이었죠. 또 다른 문제는 무질서한 방언 사용이었어요. 로마의 열광적인 문화에 빠져 무질서하게 방언을 하는 사람들이 있었어요.

　심지어 우상 숭배에 제물로 쓰인 고기를 먹는 문제도 있었어요. 로마 제국의 힘 있는 사람들이 이런 풍습을 교회에 들여오려 했죠. 바울은 이러한 후견인 그룹의 행동에 저항하며 고린도전서를 썼어요. 이 책은 로마의 후견인 조직이 교회의 공동체를 무너뜨리는 것에 대한 치유의 시작이었답니다.

바울은 고린도 교회의 분열을 어떻게 해결하려 했을까요?

질문	바울의 해결책	핵심 개념	설명
바울은 고린도 교회의 분열을 어떻게 해결하려 했을까요?	'에클레시아'와 '코이노니아'라는 대안적인 공동체 모델 제시	에클레시아	• 로마 황제가 아닌 예수 그리스도가 진정한 주인이 되는 공동체 • 모든 사람이 평등하며, 로마 제국의 불평등한 지배에 저항하는 의미
		코이노니아	• 단순히 교제를 넘어선 경제적 연대와 나눔 • 로마의 수직적인 후견인 제도와 달리 그리스도의 사랑에 기초한 수평적이고 자발적인 나눔 강조
	"유대인이나 헬라인이나 종이나 자유인이나 남자나 여자 없이 다 그리스도 예수 안에서 하나"라고 선언	급진적 평등 사상	• 모든 차별을 없애는 사상 강조
	'사랑'을 모든 문제 해결의 최상위 원리로 제시	사랑	• 개인의 지식이나 자유보다 공동체의 덕과 약한 형제에 대한 배려 우선시

　4. 바울의 특급 처방전: 고린도 전서 12 은사장과 13사랑장과 15 부활장!
　고린도 교회의 혼란스러운 상황을 해결하기 위해 바울은 편지를 썼어요. 이 편지의 핵심 내용이 바로 고린도전서 12장과 13장 15장이에요. 고린도전서 12장은 은사장이라고 불리고, 13장은 사랑장이라고 불리우고, 15장을 부활장이라고 불린답니다. 여기에 바울이 로마의 후견인 체제에 맞서 제시한 해결책이 담겨 있어요.

　먼저 고린도전서 12장 은사장의 메시지를 볼까요? 바울은 "이 모든 일은 같은 한 성령이 행하사 각 사람에게 나누어 주시는 것이니라"(고전12장 1-11)라고 말했어요. 이것은 모든 은사가 같은 성령님께로부터 온다는 것을 의미해요. 은사는 특별한 능력이나 재능을 뜻하는데, 이것이 개인의 사사로운 이익을 위한 것이 아니라고 강조했죠.

은사의 진짜 목적은 바로 공동체를 섬기는 것이에요. 바울은 "더욱 큰 은사를 사모하라, 내가 가장 좋은 길을 보여주리라"(고전12:31)고 말하며, 은사의 방향이 사랑의 길로 이어져야 한다고 했어요. 은사를 통해 자신의 지위를 높이거나 권력을 얻으려는 로마 문화와는 정반대의 메시지였죠. 바울은 은사가 공동체에 봉사하는 도구여야 한다고 강력하게 주장했어요.

5. 사랑이 로마 문화를 이긴다고요? 사랑장의 놀라운 힘!

고린도전서 12장의 마지막 부분에서 바울은 "내가 가장 좋은 길을 보여주리라"(고전12:31)고 했어요. 그리고 바로 이어서 고린도전서 13장 사랑장이 나온답니다. 이것은 모든 은사보다 더 큰 길이 바로 사랑이라는 것을 보여주는 거예요.사랑장의 메시지는 로마 문화와 아주 대조적이에요. 로마 문화는 즉각적인 보상을 추구하고, 권력을 과시하며, 자신을 내세우는 것을 중요하게 생각했죠. 하지만 사랑은 전혀 달라요.

바울은 사랑의 속성을 여러 가지로 설명했어요. 사랑은 오래 참아요. 로마의 즉각적인 보상 문화와 달리 사랑은 인내심을 가져요. 사랑은 온유해요. 로마의 권력 과시와 달리 사랑은 친절하고 부드럽죠.

사랑은 자기를 내세우지 않아요. 로마 후견인 문화의 자기 과시와는 달리 사랑은 겸손하답니다. 마지막으로 사랑은 진리와 함께 기뻐해요. 로마의 속임수와 달리 사랑은 진실을 추구하죠. 이렇게 사랑은 로마 문화의 이기적인 특성과는 완전히 다른, 하나님 나라의 가치를 보여주었던 거예요.

6. 고린도 전서 15장 부활장 : 낡은 자아는 죽고, 새로운 공동체로 부활!

고린도전서에는 중요한 부활 메시지도 담겨 있어요. 바울은 "이 썩을 것이 반드시 썩지 아니할 것을 입겠고 이 죽을 것이 죽지 아니함을 입으리로다"(고전 15:54)라고 말했어요. 이 말은 죽음과 부활을 넘어선 깊은 의미를 가지고 있어요.

고린도전서의 부활장은 낡은 이기적인 자아는 죽고, 새로운 공동체적인 자아로 변화하여 부활하라는 메시지예요. 로마의 후견인 문화에 물들어 개인의 이익만 추구했던 이기적인 자아는 이제 죽어야 해요. 그리고 돌봄 교회와 돌봄 마을처럼 서로를 돌보고 함께 살아가는 새로운 공동체적인 자아로 거듭나야 한다는 거죠.

이것은 우리가 이기적인 개인으로 살기보다, 예수님의 가르침처럼 공동체를 위해 희생하고 변화해야 한다는 의미예요. 오늘날 우리에게도 이 메시지는 중요해요. 개인의 이익보다 공동체의 행복을 우선시하는 삶으로 변화하는 것, 그것이 바로 썩지 아니하는 생명의 말씀이랍니다.

7. 로마 문화에 중독된 고린도 교회, 어떻게 벗어났을까요?

고린도 교회는 당시 로마 문화에 깊이 물들어 있었어요. 약한 자를 멸시하고, 배제 차별하며, 오직 개인의 출세와 권력을 추구하는 로마 문화가 마치 중독처럼 로마사회와 교회에 퍼져 나갔죠. 이 로마 문화는 폭력, 우울, 피곤으로 가득했어요. 이러한 문화가 고린도 사회에 만연했고, 이것이 결국 고린도 교회의 분열과 갈등을 가져왔답니다.

로마 검투사의 일생 / 배은숙 지음 / 글항아리 / 588쪽 / 2만5000원

당시 로마에는 안전한 공간이 거의 없었어요. 오직 귀족들만이 안전한 곳에 살 수 있었죠. 여성들은 남성들의 놀잇감처럼 살아야 했고, 다른 사람들은 노예로 비참하게 살거나 심지어 원형 경기장에서 맹수들의 먹이가 되기도 했어요. 이러한 상황에서 교회는 사회와 마을의 안전한 공간이 되어야 했어요.

하지만 고린도 교회는 로마 문화에 중독되어 은사를 잘못 사용하고 서로 싸웠던 거죠. 초대교회는 이런 로마 문화에 대해 새로운 대안문화를 제시했어요. 예를 들어, 브리스길라의 집에서 모인 교회에서는 여성과 노예가 안전하게 모일 수 있었어요. 로마의 공식적인 모임에서는 노예와 여성은 들어갈 수 없었거든요.

초대교회는 모든 사람이 그리스도 안에서 하나라는 믿음으로 자원을 공유하는 공동체를 만들었어요. 그들은 로마의 식민 후원 브로커 시스템을 거부하며, 하나님 나라의 에클레시아 교회 공동체를 세웠답니다.

8. 도시 속 '마을 운동', 초대교회의 비밀 병기!

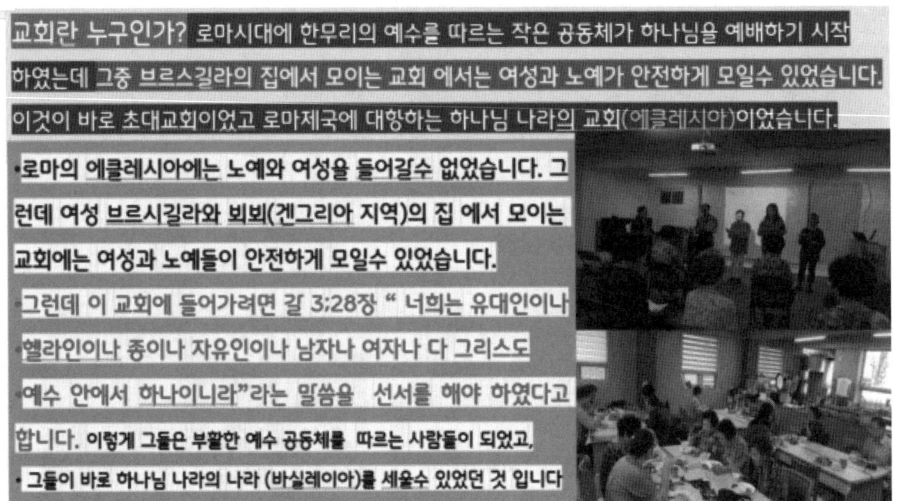

초대교회는 로마 사회의 계층적 구조에 맞서 싸웠어요. 그들은 갈릴리 지역의 마을 정신을 도시로 가져왔죠. 이것을 '도시 마을운동'이라고 부를 수 있어요. 이처럼 초대교회에 여성과 노예들이 들어 올때율법과 할례와 같은 구속없이 모두 자유롭고 평등하게 들어 올수 있었습니다. 그러나 단 하나의 규칙이 있었는데 그것은 "너희는 유대인이나 헬라인이나 종이나 자유인이나 남자나 여자나 다 그리스도 예수 안에서 하나이니라"(갈 3:28)라는 말씀을 선서하고 교회에 들어왔다고 해요.

이것은 로마의 계층 사회와 완전히 다른, 평등한 공동체를 만들려는 시도였죠. 이러한 노력 덕분에 초대교회는 로마 제국의 강력한 지배에 저항하며 하나님 나라를 세울 수 있었답니다. 로마 제국은 착취적이었지만, 초기 기독교 공동체는 나눔과 협동의 정신을 기반으로 자율적이고 평등주의적인 공동체를 만들었어요. 이러한 공동체는 로마의 후원 브로커 시스템을 거부하고 자원을 공유했어요.

예를 들어, 고린도 교회에 로마의 후견인 브로커 문화가 침투해 교회가 분열됐을때에, 바울은 자유와 평등에 기초한 초기 에클레시아 정신을 다시 살리고, 마케도니아 부터 아가야 까지 초기 에클레시아의 협동과 공동체 의식을 높이기 위해 국제 예루살렘 구제 모금 운동을 출발시킵니다.

바울은 예루살렘의 가난한 성도들을 돕기 위해 이방인 교회들로부터 대규모 구제 헌금을 모으는 프로젝트를 추진했어요. 이 헌금은 단순한 자선이 아니라 유대인과 이방인 기독교인 사이의여합을 상징하는 중요한 외미가 있었죠.

사도 바울의 이 국제 모금프로젝트는, 고린도를 시작으로 로마의 식민후견 제도와 문화가 바울이 세운 전 유럽의 작은 교회들을 흔들기 시작할 때, 여기에 대한 저항으로 국제 연대적 에클레시아 운동의 모습을 가지기 시작합니다. 이것이 바로 작은 초대 교회 에클레시아들의 꿈이었고, 그 시작이 바로 사도바울의 예루살렘 구제 모금 운동이었던 것입니다.

고린도 교회의 갈등, 바울은 어떻게 해결했을까요?

고린도전서 1장을 보면 자신이 직접 쓴 이야기에서

이 분열의 원인을 두그룹으로 보는 강력한 언사가 있습니다.

"유대인은 표적을 구하고 헬라인은 지혜를 찾으나, 우리는 십자가에 못 박힌 그리스도를 전하니 유대인에게는 거리끼는 것이요 이방인에게는 미련한 것이로되"(고전 1: 23-25)

•예수님이 비록 세상의 기준으로는 거리낌이 되고, 어리석어 보일지라도 이 꺼리낌과 어리석음과 약함으로 오신 예수님이 바로 "하나님의 지혜요 하나님의 능력"(24절) 임을 선포합니다. 그리고 이 선포는 바로 고린도 교회 침투한 로마 후원브로커와 거기에 동조한 아볼로 세력에 한 말씀 이었던 것 입니다.

고대 도시 고린도는 정말 특별한 곳이었어요. 로마 제국의 중요한 상업 도시였고, 여러 문화가 뒤섞이는 중심지였죠. 이곳 사람들은 돈을 많이 벌고 싶어 했고, 신분 상승에 대한 욕구가 강했어요. 다양한 철학과 종교가 공존하는 세속적인 다원주의의 도시였답니다. 이런 도시의 특징들이 고린도 교회 안으로 그대로 스며들면서, 교회는 심각한 문제에 직면하게 되었어요.

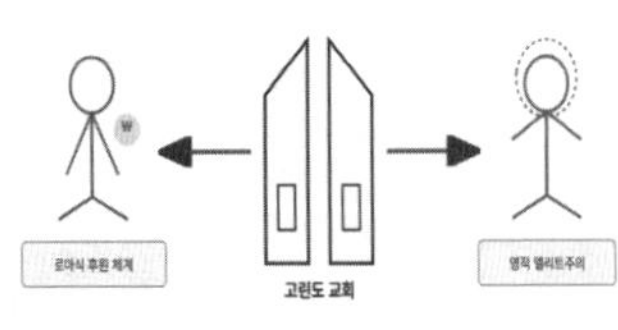

로마에서는 돈이 많고 힘 있는 '후원자'가 가난하거나 약한 '피후원자'에게 자원이나 명예를 제공했어요 . 대신 피후원자는 후원자에게 충성을 다하고 서비스를 제공했죠

문제는 이 로마의 '후원 문화'가 한마디로 브로커 체계인데 이것이 교회로 침투한 것입니다. 교회를 통해 신분 상승을 노리는 사람들에 의해 고린도 교회에 침투한 것 입니다.

당시 고린도 교회는 영적으로나 윤리적으로 많은 어려움을 겪었어요. 사람들은 성령이 주신 은사조차 자기 자랑의 도구로 사용했죠. 어떤 사람들은 방언 같은 특별한 은사가 더 우월하다고 생각해서 영적 계급을 만들기도 했어요. 이는 '영적 나르시시즘'이라고 불릴 정도로 심각한 자기중심적인 태도였답니다.

고린도 교회의 위기, 대체 왜 그랬을까요?

고린도 교회의 문제는 당시 로마 사회의 세속적인 가치관과 개인주의가 교회 안으로 들어왔기 때문이에요. 부유한 사람들은 가난한 사람들을 무시하고 자신들의 부와 지식을 함부로 사용했어요. 심지어 주님의 만찬에서도 가난한 사람들을 배제했으니, 이건 정말 이기적인 모습이죠. 사도 바울은 이런 상황을 보면서, 교회의 중심에 "자신"을 최우선으로 생각하는 '이기적 자아'가 자리 잡고 있다고 판단했어요.

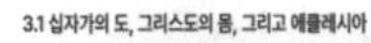

바울은 이 문제를 해결하기 위해 고린도전서 12장, 13장, 15장을 통해 아주 정교한 신학적 논증을 펼쳤어요. 이 세 장은 각각 은사(12장), 사랑(13장), 그리고 부활(15장)이라는 중요한 주제를 다루고 있답니다. 바울은 이기적인 자아를 해체하고 공동체적인 자아를 만들어, 결국에는 사회적 책임을 다하는 돌봄의 주체로 교회를 세우려고 했어요. 은사, 내 자랑거리가 아니라고요?

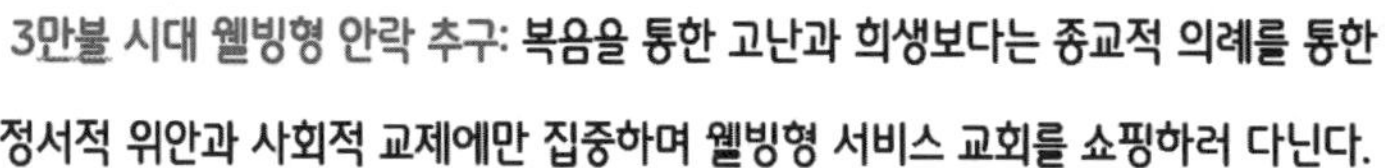

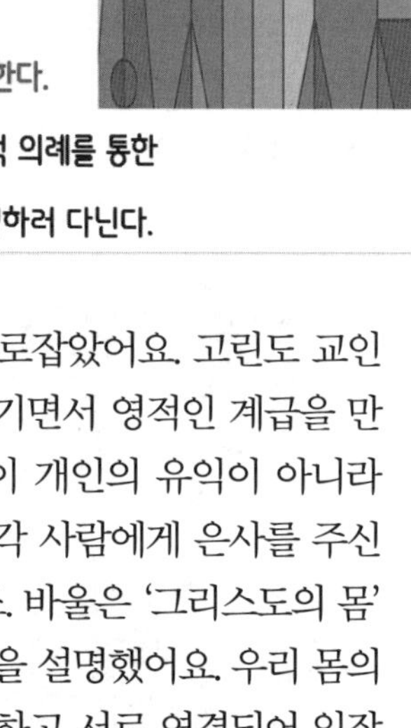

신앙의 사사화와 이기적 목적: 하나님을 인격적인 주(Lord)로 모시는 대신,

자신의 번영과 평안을 보장해주는 '최상위 후견인'으로 간주한다.

은혜의 거래화:

바울이 강조한 거저 주시는 은혜(Sola Gratia)를 훼손하고,

헌금이나 사회적 영향력을 통해 하나님의 복을 매수하려는 태도를 보인다.

교회 내 계급 형성:

로마의 계급 구조를 교회로 들여와, 부유하고 영향력 있는 성도가

가난한 성도의 후견인 노릇을 하며 그들을 자신의 영향력 아래 두려 한다.

3만불 시대 웰빙형 안락 추구: 복음을 통한 고난과 희생보다는 종교적 의례를 통한

정서적 위안과 사회적 교제에만 집중하며 웰빙형 서비스 교회를 쇼핑하러 다닌다.

바울은 12장에서 영적 은사에 대한 오해를 바로잡았어요. 고린도 교인들은 방언처럼 눈에 띄는 은사를 더 중요하게 여기면서 영적인 계급을 만들었거든요. 하지만 바울은 은사의 진정한 목적이 개인의 유익이 아니라 '공동체의 유익'에 있다고 강조했어요. 성령님이 각 사람에게 은사를 주신 것은 공동체를 세우고 덕을 쌓기 위함이라는 거죠. 바울은 '그리스도의 몸'이라는 비유를 사용해서 교회의 유기적인 통일성을 설명했어요. 우리 몸의 여러 지체가 각기 다른 역할을 하지만, 모두 중요하고 서로 연결되어 있잖아요. 눈이 손에게 "너를 쓸 데가 없다"고 할 수 없는 것처럼, 교회 안의 모든 지체도 마찬가지라는 거예요. 특히 약하고 보잘것없어 보이는 지체가 오히려 더 중요하다고 말하며, 세상의 가치관을 뒤집었어요. 모든 지체가 고통과 기쁨을 함께 나누는 '상호 돌봄'을 강조한 거죠.

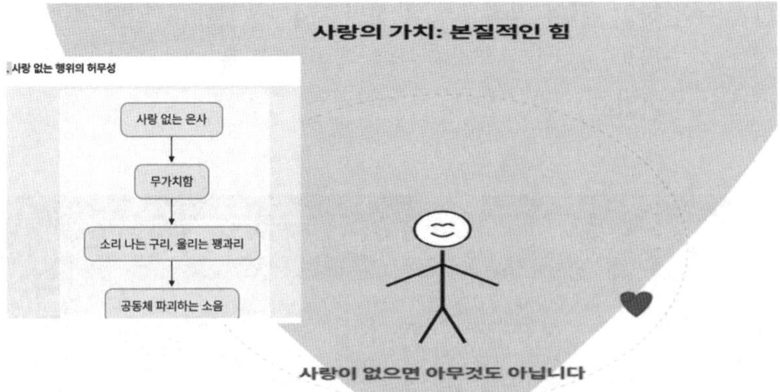

12장에서 은사의 중요성을 말한 바울은, 13장에서는 '가장 좋은 길'인 사랑을 이야기해요. 이 사랑은 결혼식 축가처럼 낭만적인 감정이 아니라, 고린도 교회의 문제점을 날카롭게 지적하고 고치는 강력한 윤리적 가르침이었죠. 바울은 사랑이 없으면 방언을 하고 예언을 하며 심지어 자신의 몸을 불태워 줄지라도 아무 소용이 없다고 단언해요. 진정한 사랑, 즉 '아가페 사랑'은 철저히 남을 위하고 희생하는 행동이에요. 13장 4-7절에 나오는 사랑의 속성들은 모두 동사로 기록되어 있는데, 이는 사랑이 감정이 아니라 행동임을 보여줘요. "자기의 유익을 구하지 아니하며"라는 구절은 이기심의 완벽한 반대편에 있는 아가페의 핵심 성격이죠. 아가페 사랑은 자기 이익만 쫓지 않고, 개인적인 희생을 감수하면서까지 타인의 행복을 증진하려는 선한 방식이랍니다.

이 아가페 사랑은 단순히 교회 내부의 친목을 넘어서, '그리스도의 몸'이 실제로 움직이게 하는 생명력과 같아요. 몸의 지체들이 서로 교감하고 협력하려면 신경망이 필요하듯, 성도들이 서로의 고통에 공감하고 환대하려면 아가페라는 영적 신경망이 필요하다는 거죠. 이 사랑을 통해 고린도 교회는 분열된 개인주의를 극복하고 진정한 하나됨을 이룰 수 있었을 거예요.

죽음도 두렵지 않은 부활 신앙! 바울은 고린도전서 15장에서 '부활 신앙'을 통해 교회가 이기주의를 버리고 이웃을 돌보는 공동체로 변화할 수 있는 궁극적인 토대를 제시했어요. 당시 고린도 교회 일부 교인들은 육체의 부활을 부정하고, 이미 영적으로 완전한 부활 상태에 도달했다고 믿는 오류에 빠져 있었어요. 이런 생각은 육체적인 행동을 대수롭지 않게 여기는 방종으로 이어졌죠.

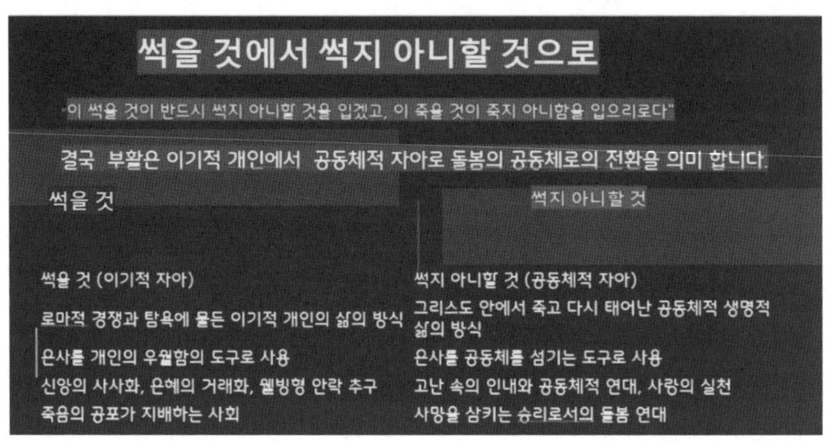

　　하지만 바울은 그리스도의 부활이 모든 성도의 부활을 보증하는 '첫 열매'라고 선언했어요. 아담 때문에 모든 사람이 죽음을 맞이했듯, 그리스도 때문에 모든 사람이 생명과 부활을 얻게 된다는 거죠. 이 '공동체적 연대' 개념은 우리의 자아가 이기적인 존재에서 그리스도께 속한 영생하는 공동체적 지체로 편입되었음을 확증하는 거예요.

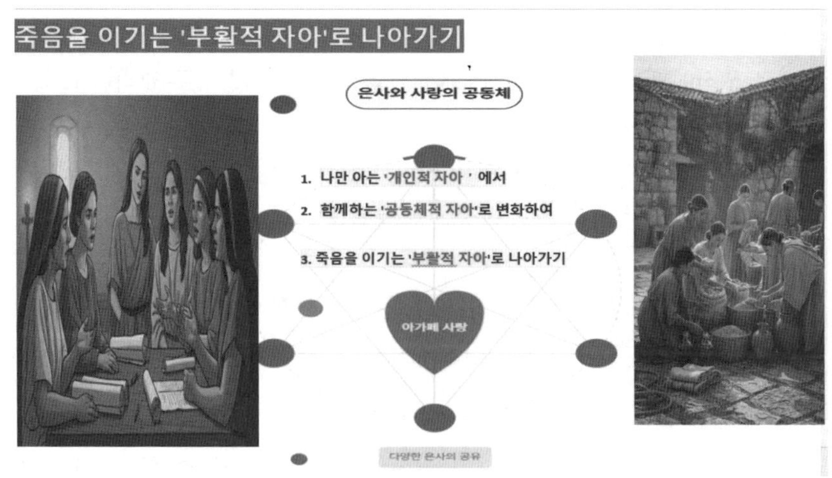

부활 신앙은 죽음에 대한 공포에서 우리를 해방시켜줘요. 죽음이 끝이 아니라 신령한 몸을 입기 위한 관문이라는 확신이 생기면, 우리는 더 이상 자신의 생명이나 재물을 위해 이기적으로 애쓰지 않게 돼요. 오히려 타인을 위해 기꺼이 봉사하는 삶을 살게 되는 거죠. 부활의 소망은 개인의 구원을 넘어, 지금 여기에서 신자의 삶에 결정적인 윤리적 전환을 요구하는 중요한 신앙이랍니다.' 마을 목회', 이게 바로 부활 공동체의 모습!

바울은 고린도전서 15장의 마지막 부분에서 아주 실천적인 결론을 내렸어요. "그러므로 내 사랑하는 형제들아, 견실하며 흔들리지 말고 항상 주의 일에 더욱 힘쓰는 자들이 되라 이는 너희 수고가 주 안에서 헛되지 않은 줄 앎이라". 이 말씀은 교회가 교회 내부의 친교를 넘어 세상을 향한 봉사와 이웃 돌봄, 즉 '마을 목회'로 나아가야 함을 강력하게 보여줘요.

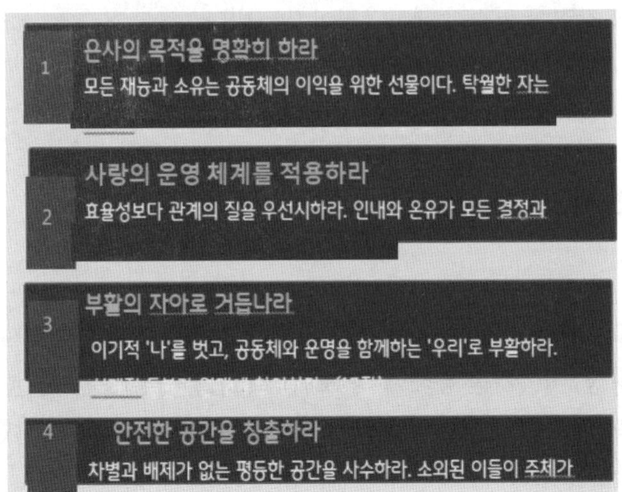

이기적인 생각으로는 타인을 위해 희생하는 것이 어리석고 헛된 일처럼 보일 수 있어요. 하지만 부활의 권능을 입은 사람들에게는 주님과 이웃을 위해 헌신하는 모든 행동이 '결코 헛되지 않다'고 바울은 단언했죠. 죽음의 권세가 깨졌기에, 우리가 사랑으로 행하는 희생과 사회적 책임은 영원한 하나님 나라의 가치로 보존될 거예요.

오늘날 '마을 목회' 운동은 바울이 제시한 부활 공동체의 비전과 정확히 일치해요. 신학자들은 마을 목회를 "개인적 행복만을 추구하는 삶에서 마을 공동의 행복으로 눈길을 돌리게 하는 운동"이라고 정의했답니다. 고린도 교회가 바울의 가르침을 통해 '부활의 공동체'로 거듭났을 때, 다음과 같은 놀라운 변화가 일어났을 거예요.

바울이 고린도 교회를 향해 "항상 주의 일에 더욱 힘쓰는 자들이 되라"고 권면한 것은, 그들이 서로 다투던 에너지를 세상을 치유하고 마을을 회복시키는 하나님의 선교에 동참하라는 거룩한 소명이었어요. 결국, 바울의 가르침은 고린도 교회를 치유하고, 오늘날 극단적 이기주의와 파편화로 고통받는 현대 사회를 치유하며 대안적인 공동체를 세우고자 하는 '마을 목회'의 가장 강력한 성경적 패러다임이 된답니다.

14. 울리는 꽹과리를 잠잠케한 초대교회 선교 네트워크

시끄러운 꽹과리 소리, 우리 교회는 괜찮을까요? 오늘은 고린도전서 13장의 '사랑장' 이야기를 통해 우리 교회의 모습을 돌아보는 시간을 가져볼까 해요. 이 아름다운 사랑의 노래가 사실은 고린도 교회의 심각한 갈등과 분열을 해결하기 위해 쓰였다는 사실, 알고 계셨나요? 바울 사도는 당시 교회를 시끄럽게 만들었던 여러 문제에 대해 이야기하며, 진정한 신앙이 무엇인지 강조하고 있답니다. 그 이야기를 함께 풀어볼까요?

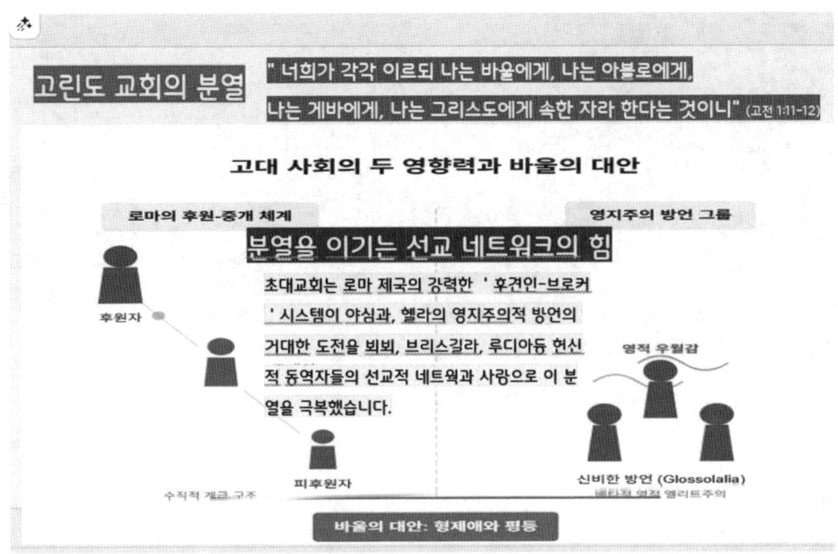

고린도 교회, 왜 이렇게 시끄러웠을까요? 고린도 교회는 바울 사도가 어렵게 뿌리내린 공동체였어요. 처음에는 여러 일꾼들이 모여 안정기를 찾아가는 듯했죠. 하지만 사람이 많아지니 문제가 생기기 시작했어요. "나는 바울에게, 나는 아볼로에게, 나는 게바에게, 나는 그리스도에게 속했다"고 말하며 파벌이 나뉜 거예요. 특히 두 가지 그룹이 교회를 크게 어지럽혔다고 해요. 첫 번째 그룹은 로마의 힘을 빌려 출세하려던 남자들이었어요. 이들은 해방 노예 출신으로, 교회가 커지자 로마의 후원 중개자가 되어 성공하려 했죠. 아볼로라는 헬라어와 수사학에 능통한 교육자와 결탁하여 '아볼로파'를 형성했어요.

두 번째 그룹은 '방언'을 내세우며 영적인 우월감을 주장하던 사람들이었어요. 이들은 자신들이 천사의 말을 한다고 믿었고, 방언을 못하는 사람들을 무시했어요. 13장 1절의 "내가 사람의 방언과 천사의 말을 할지라도 사랑이 없으면 소리 나는 구리와 울리는 꽹과리가 되고"라는 말씀은 바로 이 방언 그룹을 향한 이야기였답니다.

방언과 영지주의, 무엇이 문제였을까요?

고대 세계에서 방언은 천사들의 언어 혹은 신적 기원을 가진 언어로 간주되었습니다.

아폴로 파 남성들
수사학(Rhetoric)과 지혜(Sophia)를 통해 로마적 위계 질서 안에서 지위 확보

여성 방언 그룹
방언과 지식(Gnosis)을 통해 가부장적 질서를 뛰어넘는 새로운 영적 위계 창출

이들에게 방언은 자신이 더 이상 지상의 여성이 아니라 천사와 같은 영적 존재(Angel-like status)가 되었음을 입증하는 표지였습니다.

방언을 하는 것이 문제가 아니라, 그것으로 영적 계급을 나누고 교회를 분열시킨 것이 진짜 문제였어요. 이들은 자신들이 특별하고 신앙심이 깊다고 착각했어요. 고대 동방 종교에서는 방언을 하면 신적인 존재로 높임을 받았기 때문에, 이런 사상이 교회에 스며들기 시작한 거죠. 이들은 예배 시간에도 시끄럽게 방언을 하고, 따로모여 자기들만의 집회를 열기도 했어요. 더 나아가 이들은 '영지주의' 사상에 빠져 있었어요. 영지주의는 육체는 썩어 없어질 것이고 영적인 것만이 중요하다고 주장했어요. 그래서 예수님이 몸을 입고 오셨다는 사실이나, 몸으로 부활하셨다는 것을 부인했어요. 공동체 안에서 몸을 이루는 것, 함께 소통하는 것도 거부했죠. 개인의 자유를 극단적으로 주장하며 예배 시간도 마음대로 조절하고, 공동 식사나 육체노동 같은 것을 하급 계급의 일로 무시했어요.

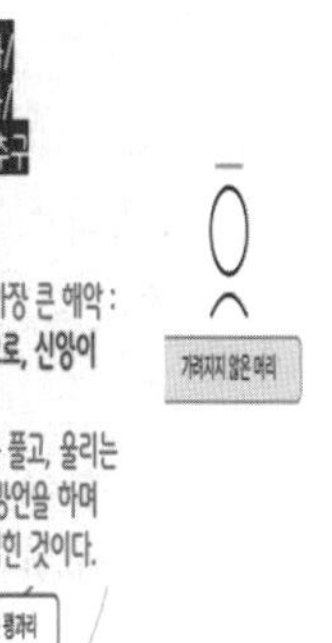

이런 모습은 사랑과 덕을 배우기보다 개인의 황홀감과 지위 상승을 추구하는 것이었어요. 바울 사도는 이런 행위를 "공동체와 관계를 맺지 않으면 아무리 영적인 것이라도 울리는 꽹과리에 불과하다"고 진단했어요. 진정한 공동체는 어떤 모습일까요? 바울 사도는 고린도 교회의 문제를 해결하기 위해 '사랑장' 외에도 많은 노력을 기울였어요. 특히 그는 은사가 개인적인 자랑거리가 아니라, 공동체를 섬기는 데 사용되어야 한다고 강조했죠. 시간과 공간을 공유하고, 공동체가 함께 정한 것을 지키는 것이 중요하다고 말했어요. 가정을 해체하고 부부 관계를 거부하는 영지주의자들의 주장을 비판하며, 부부가 한 몸을 이루는 것의 중요성도 역설했답니다. 바울 사도는 또한 예루살렘 교회가 가난에 시달리는 것을 보고, 국제적인 구제 네트워크를 만들었어요. 고린도 교회의 방언 그룹과 로마 숭배 그룹은 반대했지만, 마케도니아 지역의 빌립보, 데살로니카 교회와 아시아 지역의 갈라디아 교회 등 많은 교회가 열렬히 참여했어요. 이는 공동체가 단순히 자기 문제에만 갇히는 것이 아니라, 이웃을 돕고 나누는 데 힘써야 한다는 것을 보여주는 좋은 예시죠. 이러한 통합 돌봄과 나눔의 정신이 바로 초대교회의 모델이 되었고, 오늘의 기독교가 전 세계적으로 퍼져나가는 계기가 되었다고 볼 수 있어요. 울리는 꽹과리를 잠재운 여성 리더십의 힘은 무엇이었을까요?

바울 사도의 선교 사역에는 뛰어난 여성 리더들의 역할이 매우 컸어요. 빌립보 교회는 루디아라는 자주 장사하는 여성을 중심으로 세워졌는데, 그녀는 바울을 후원하고 대등한 관계에서 함께 사역을 했어요. 로마의 후견인 제도와는 다른 '코이노니아'(나눔의 경제)를 실천하며, 공동체 안에서 나눔과 섬김을 보여주었죠. 고린도에는 브리스길라와 아굴라 부부가 있었는데, 특히 브리스길라는 바울과 함께 천막 만드는 일을 하며 선교 사역에 크게 기여했어요. 자기 집을 선교의 거점으로 제공하고, 바울의 목숨을 구할 정도로 헌신적이었죠. 겐그레아 교회의 베베는 로마서를 로마로 전달하는 중요한 역할을 맡았던 사람이에요. 그녀는 사회적 지위를 갖춘 후원자이자 여러 사람의 보호자

분열을 이기는 선교 네트워크의 힘

고린도 교회의 분열은 단순한 우연이 아니었습니다. 그것은 로마 제국의 강력한 '후견인-브로커' 시스템이 가진 세속적 야심과, 헬라의 열광주의적 '영지주의'가 복음의 토양을 침식하려 한 거대한 사회-종교적 도전이었습니다.

문제 진단

브로커들은 교회를 명예 경쟁 장소로, 광적 방언 그룹은 영적 엘리트주의로 공동체를 분열

신학적 대안

에클레시아라는 대안적 교회 공동체와 사랑이라는 새로운 관계의 문법 제시

실천적 네트워크

뵈뵈, 브리스길라, 아굴라 등 헌신적 동역자들을 통한 하나님 나라의 수평적 그물망 구축

역할을 하며, 바울의 선교 네트워크를 구축하는 데 핵심적인 인물이었답니다. 우리의 신앙은 어떤 방향으로 나아가야 할까요? 오늘 바울 사도의 시대나 지금이나 교회에는 언제나 갈등과 도전이 존재해요. 개인적인 영적 우월감에 빠지거나 세상적인 성공을 추구하는 것은 교회를 시끄러운 꽹과리로 만들 수 있어요.

뵈뵈 집사님 (Deacon Phoebe)

하지만 루디아, 브리스길라, 뵈베와 같은 여성 리더들처럼 공동체 안에서 나눔과 섬김을 실천하고, 그리스도의 몸으로서 하나 되는 데 힘쓴다면, 우리는 울리는 꽹과리를 극복하고 아름다운 하나님 나라를 만들어갈 수 있을 거예요. 바울 사도는 개인적 자아에서 벗어나 공동체 자아로 변화하고, 죽음을 이기는 부활적인 자아로 나아가야 한다고 말했어요. 우리의 신앙이 단순히 나만을 위한 것이 아니라, 이웃과 공동체를 위한 것이 될 때 진정한 의미를 찾을 수 있다는 거죠. 우리도 고린도 교회의 이야기를 통해 우리 교회의 문제와 우리의 삶의 문제를 해결하는 지혜를 얻을 수 있기를 바랍니다.

　　사도 바울은 고린도교회가 로마의 권력, 헬라의 지혜와 같은 세상 방식을 버리고, 자기 비움, 섬김, 육체의 거룩함 이라는 십자가의 방식으로 돌아오기를 촉구했습니다. 로마서의 마지막 16장은 바울의 서반아 선교 일꾼 23명이 나오는것으로 끝나고 사도행전의 마지막 28장에서는 바울이 로마의 셋집에서 소규모 그룹에게 말씀을 전하다 생을 마무리 했다고 전합니다. 성서는 바울의 선교를 열린 결말로 마무리 합니다. 다시 말해 이 최대교회의 선교의 열매는 뒤에남아 이 글을 읽는 남은 자들의 몫이라는 말씀 입니다. 약대동에서의 40년의 선교를 미완성으로 여러분에게 남겨 드립니다. 이 선교를 잘이어 나가시고, 또 다음세대에게 잘 넘겨주시어 하나님께만 영광돌리는 새롬 교회 교우들이 다 되시길 주님의 이름으로 간절히 기도드립니다. 아멘!!

15. "고린도 교회 분열의 대안으로 출발된 예루살렘 구제 프로젝트"

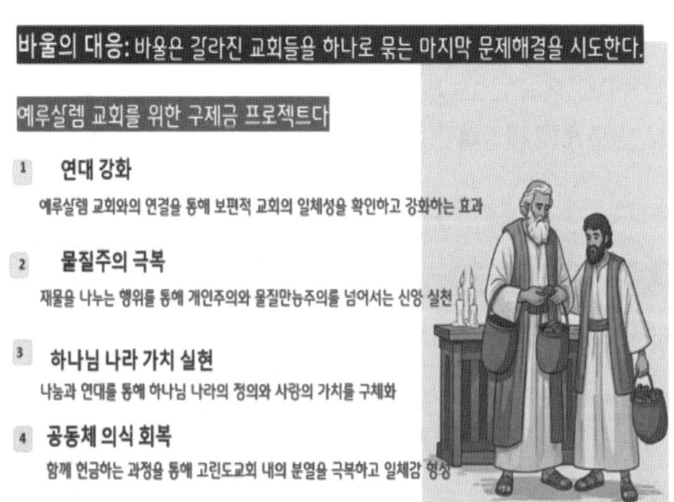

로마의 브로커 후견체제라는 제국문화의 침투에 의해 고린도 교회가 분열되면서, 고린도 뿐만 아니라 빌립보와 데살로니카 등 바울의 초기 코이노니아 나눔 운동과 디아코니아 돌봄운동이 전체적으로 흔들기 시작합니다. 이러한 심각한 상황에서 AD 54-55년 사이에 바울은 에베소 감옥에 갇히게 되는데, 바울은 이 에베소 감옥에서 하나님의 개입을 열렬히 기도하기 시작 합니다.

에베소 감옥에서의 기도 가운데, 사도 바울은 놀라운 소식을 듣게 됩니다. 마게도냐 교회들이 엄청난 환난과 가난 속에서도 가난한 예루살렘 교회를 위해 풍성하게 헌금을 했다는 소식이었죠. 바울은 이 소식을 듣고 큰 감동을 받았어요. "형제들아 하나님께서 마게도냐교회들에게 주신 은혜를 우리가 너희에게 알리노니, 환난의 많은 시련 가운데서 넘치는 기쁨과 극심한 가난이 그들의 풍성한 연보를 넘치도록 하게하였느니라"(고후 8:1-2)

이는 바울이 개척한 교회에 침투한 로마제국의 후견인 네트웍에 대항하여. 마게도냐와 아가야 사람들이 예루살렘 성도 중 가난한 자들을 위하여 기쁘게 얼마를 연보(롬 15:26)하기 시작함을 알리는 놀라운 소식인 것입니다. 이것은 마케도니아의 빌립보,데살로니카 교회로 부터 시작하여, 아시아 지역의 갈라디아 교회 까지, 바울의 예루살렘 후원 프로젝트에 열렬히 참여하는 돌풍이 일어 나고 있음을 알리는 소식입니다.

　또한 로마제국의 후견네트웍에 대한 경제적 저항(코이노니아)이 일어나기 시작 한 것을 의미 합니다. 바울은 이 사건을 계기로 갈라진 교회들을 하나로 묶으려고 했어요. 그게 바로 예루살렘 교회를 위한 국제구제 모금 프로젝트였답니다. 로마 제국의 후견인 제도에 맞서 새로운 연대를 만들려고 한 거죠.

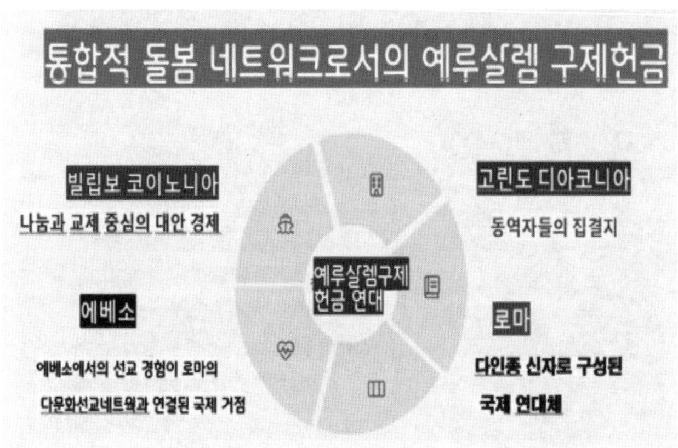

　이 구제 모금 운동에 마게도냐의 빌립보, 데살로니카 교회부터 시작해서 아시아 지역의 갈라디아 교회까지, 많은 교회가 이 프로젝트에 열렬히 참여했어요. 이 프로젝트는 단순한 자선 활동이 아니었어요. 유대인 교회와 이방인 교회가 화해하고, 하나님 나라의 가치인 자비와 정의, 섬김을 실천하는 것이 목표였죠.

　또한 교회에 침투한 로마의 식민 후견 경제제도와 제국 식민문화의 각자도생적 개인주의를 극복하고, 교회의 연대와 협동과일치를 강화하려는 목적도 있었답니다. 이 예루살렘 구제 모금 프로젝트는 거액의 구제 헌금을 가지고 이동하는 것이라 회계 감사격으로 각 지역 교회 출신의 여러 사람들이 동행하였습니다.

마게도냐에서는 베뢰아의 소바더, 데살로니가 출신 아리스다고와 세군도, 갈라디아에서는 더베출신 가이오와 루스드라 출신 디모데, 그리고 아시아에서는 두기고와 드로비모가 함께 하기로 해서 드로아항에 그들이 먼저 가서 바울을 기다렸습니다. 바울은 갈라디아 마케도니아 아가야의 모든 교회들이 예루살렘 교회의 모금 형태로 동참하면서 교회의 통일성을 보여주었습니다.

또한 각 지방교회 대표로 선택된 성도들이 예루살렘에 헌금을 전달함으로서 각 교회의 지역적 지평을 확대하길 원했습니다. 이어 거룩한 도시 예루살렘으로 들어가 세상 끝날 때 의로운 이방인들이 시온을 향해 나간다는 예언자 이사야서 25장의 꿈을 실현하기를 원했습니다.

3. 바울은 왜 위험을 무릅쓰고 예루살렘으로 갔을까요?

바울의 예루살렘 구제금 프로젝트는 정말 큰 신앙의 모험이었어요. 왜냐하면 바울은 예루살렘에서 큰 고난을 겪게 될 것을 미리 알고 있었기 때문이죠. 선지자 아가보는 바울이 예루살렘에서 유대인들에게 잡혀 이방인에게 넘겨질 거라고 예언했어요. 주변 사람들이 가지 말라고 말렸지만, 바울은 이렇게 말했답니다. "너희가 어찌하여 울어 내 마음을 상하게 하느냐? 나는 주 예수의 이름을 위하여 결박 받을 뿐만 아니라 예루살렘에서 죽을 것도 각오하였노라"(행21:13)

바울은 그럼에도 불구하고 예루살렘으로 향했어요. 이것은 교회 일치를 위한 바울의 에큐메니컬 정신을 보여주는 것이었어요. 바울은 신학적으로는 예루살렘 교회와 다른 이방인 선교를 했지만 예루살렘 회의의 에큐메니컬 정신을 지키겠다는 강한 의지가 있었죠. 또한 바울은 영적인 것뿐만 아니라 물질적인 것으로도 서로 돕는 영육 통합 에큐메니즘을 주장했어요. 바울은 이것을 고린도서에서 예루살렘 교회에 영적으로 빚진 것을 물질로 갚는다고 표현했답니다. 이방인에게 할례나 율법을 요구하지 않는 대신, 가난한 사람들을 돌봐야 한다는 예루살렘 회의의 약속도 실천했어요. 바울의 구제 헌금은 단순히 돈을 모으는 게 아니라, 당시 갈등하던 유대인 그리스도인과 이방인 그리스도인들을 하나로 만들려는 바울의 꿈이었던 거죠

4. 바울의 프로젝트, 과연 성공했을까요?

바울이 힘들게 모아간 구제금은 예루살렘에서 제대로 전달되지 못했어요. 사도행전에는 구제금 이야기가 사라지고, 대신 바울이 체포되어 로마로 끌려가는 예상치 못한 사건이 벌어졌죠. 예루살렘 유대인들은 바울의 복음이 율법을 어겼다고 비난했고, 그가 거룩한 예루살렘 성전을 더럽혔다고 주장하였습니다. 또한 그의 헌금을 받아들이지 않았고, 고린도의 부자교인들은 바울의 모금운동을 의심하면서 이 구제운동에 동참하기를 거부하였습니다. 이리하여이 예루살렘 국제 모금운동은 결국 실패를 하고 맙니다. 바울은 구제금을 예루살렘 교회에 전달하고 로마를 거쳐 스페인까지 복음

을 전하려 했죠. 하지만 예루살렘에서 체포되어 로마로 압송되면서 계획은 틀어졌어요. 구제금이 제대로 전달되었는지도 확실하지 않다고 해요.

5. 바울의 미완성 프로젝트가 우리에게 주는 교훈은 무엇일까요?

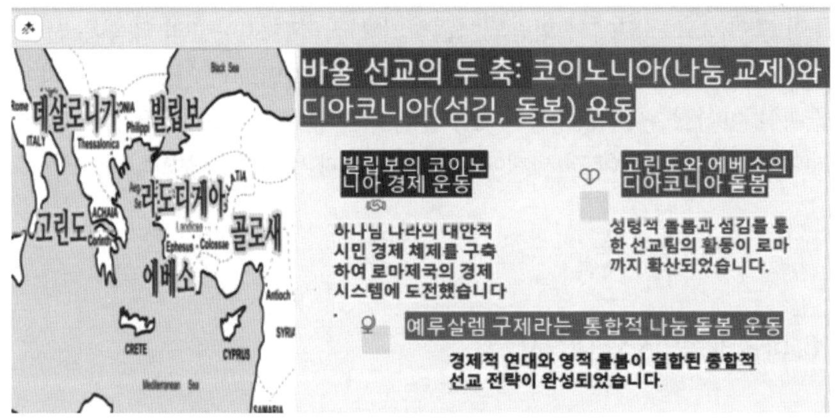

바울의 구제금 프로젝트는 계획대로 되지 않았지만, 궁극적으로는 승리한 비전이었어요.

바울은 이 예루살렘 국제 구제 헌금 운동을 통해 초대교회의 코이노니아(나눔)와 디아코니아(돌봄)를 하나로 통합하려고 했어요. 마케도니아의 빌립보 교회의 코이노니아는 나눔과 교제 중심의 대안 경제를 보여주었죠.

고린도와 겐그리아와 에베소 교회의 디아코니아는 섬김과 돌봄이 교회의 본질임을 강조했고요. 바울은 이 둘을 묶어 어려운 예루살렘 교회를 위한 통합 돌봄 사업을 추진한 것이었어요. 바울 당시 아가야 지역의 고린도 교회를 중심으로 로마 제국의 식민 후견 브로커 문화가 교회에 침투하고 있었고, 고린도 교회가 이를 열렬히 환영하면서 고린도 교회가 분열되는 상황에서 이 교회의 분열은 마케도니아 지역과 아가야 전 지역으로 확대될 위기에 처했습니다. 이러한 상황에 맞서 사도바울은 예수님의 십자가 신앙의 친교와 나눔(코이노니아)과 섬김 과돌봄(디아코니아)를 예루살렘 구제헌금으로 통합하여 로마 제국의 약탈 문화와 차별에 맞서는 새로운 에클레시아 공동체를 만들려 했던 것 입니다. 그러므로 사도 바울의 활동은 단순한 종교적인 것을 넘어, 로마 제국의 식민 후견 브로커 체제에 저항하는 것이었어요. 또한 바울의 이러한 복음 정신과 선교 정신은 디모데 같은 제자들에게 사역을 계승하며 다음 세대를 준비했어요. 바울이 죽은 지 약 100년 후, 그의 서신들이 모아지고 교회에서 회람되어읽히기 시작하면서 바울의 복음은 전 세계로 퍼져나갔답니다. 당대에는 완벽하지 않았지만그의 가르침은 제자들을 통해 이어졌습니다. 그 결과 예루살렘 구제 운동을 통한 "공동체적 연합"의 에클레시아 정신이 전 세계에 구현되어 나가기 시작한 것입니다.

16. 바울의 동역자와 대적자

1. 바울의 선교사의 동역자들은 누구일까요?

안디옥 회식 사건 이후, 바울 사도는 독자적인 선교의 길을 떠나요. 성령의 역사가 필요한 새로운 곳으로 향했죠. 아시아 지역에서 계속 문제가 생기자, 바울은 마게도냐 환상을 보고 유럽으로 건너가기로 결심해요. 이때 바울은 젊은 동역자들을 불러 함께 유럽으로 떠난답니다.

유럽에 건너간 바울이 처음 교회를 세운 곳은 빌립보였어요. 이곳에서 바울은 루디아라는 재력가 여인을 만났고, 그녀를 중심으로 교회가 시작되었죠. 사도 바울은 빌립보 교회의 루디아와 새로운 사회질서를 꿈꾸는 디도, 글레멘드, 순두게, 유오디아등 지역 사람들과 함께 코이노니아, 즉 경제적인 연대를 하는 하나님 나라 공동체를 만들려고 했어요. 이것은 로마 제국의 후원 경제 체제에 대항하는 새로운 경제 모델이었다고 해요. 로마의 시민권과 달리 우리의 시민권은 하늘에 있으며, 그 에클레시아(교회)에서는 코이노니아가 이루어져야 한다는 것이죠.

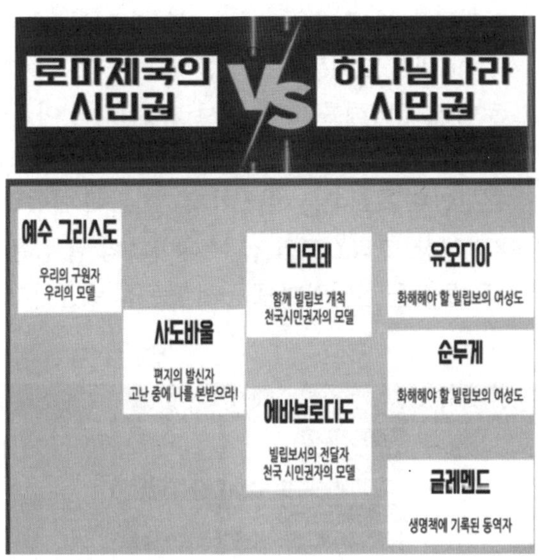

또 데살로니가 교회에서는 디모데와 실라가 데살리로카 교우들과 함께 마치 유모가 자녀를 키우듯 새 신자들을 잘 돌보고 있었고, 유력자 야손이 유대인 폭동자들에 의해 당국에 고발되었다가 보석금으로 풀려납니다. 이들은 다 마케도니아 지역의 바울의 동역자들이었습니다.

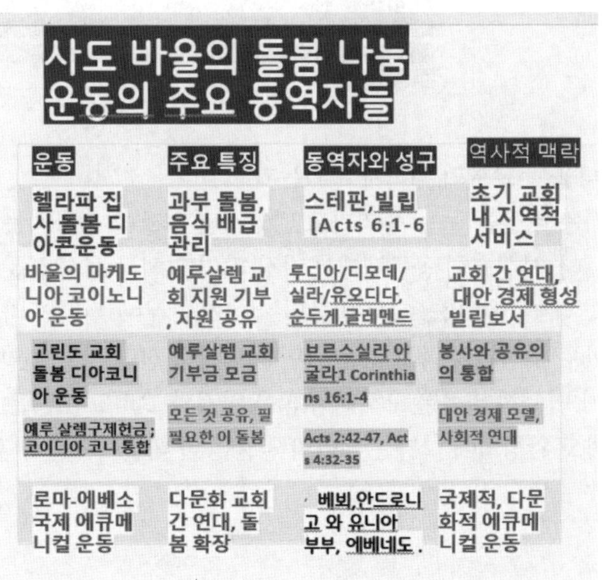

운동	주요 특징	동역자와 성구	역사적 맥락
헬라파 집사 돌봄 디아콘운동	과부 돌봄, 음식 배급 관리	스데판,빌립 [Acts 6:1-6	초기 교회 내 지역적 서비스
바울의 마케도니아 코이노니아 운동	예루살렘 교회 지원 기부, 자원 공유	투디아/디모데/실라/유오디다, 순두게,글레멘드	교회 간 연대, 대안 경제 형성 빌립보서
고린도 교회 돌봄 디아코니아 운동	예루살렘 교회 기부금 모금	브스실라 아굴라1 Corinthians 16:1-4	봉사와 공유의의 통합
예루 살렘구제헌금 ; 코이디아 코니 통합	모든 것 공유, 필 필요한 이 돌봄	Acts 2:42-47, Acts 4:32-35	대안 경제 모델, 사회적 연대
로마-에베소 국제 에큐메니컬 운동	다문화 교회 간 연대, 돌봄 확장	베뵈,안드로니고 와 유니아 부부, 에베네도.	국제적, 다문화적 에큐메니컬 운동

그리고 고린도 교회에 북부 마케도니아 지역과 남부 아가야 지역의 바울의 모든동역자들이 대거 모여들기 시작합니다. 마게도냐에서 온 디모데와 실라, 그리고 로마에서 박해를 피해 온 브리스길라와 아굴라 부부, 같은 사람들이 여기에 집결했어요. 고린도는 바울의 새로운 선교 사역의 중요한 거점이 되었죠. 또 고린도 교회에는 여러 가정교회들이 있었습니다. 브리스길라와 아굴라의 작업장, 그리스도의 집, 스데바나의 집 같은 곳에 모여서 예배를 드리고 서로 돌봄을 실천하며 공동체 활동을 했답니다.

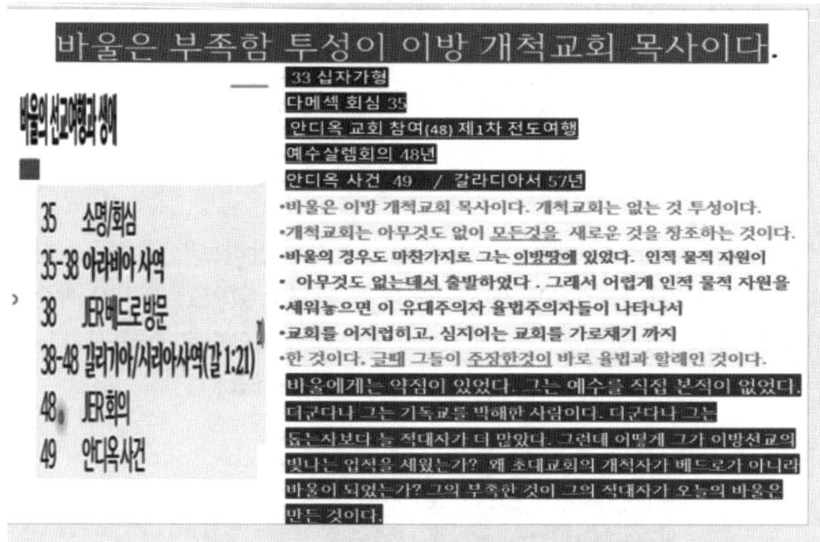

2. 누가 바울 선교사의 대적자 이었는가?

바울에게는 바울을 돕는 동역자도 많았지만 바울을 괴롭히는 대적자들도 많았습니다. 사실교회 공동체에서 가장 많이 읽히는 성서 본문과 신앙과 신학의 원리 대부분이 바울에서 비롯된 것이기 때문에 우리의 바울에 대한 첫인상은 아무 헛점과 부족함 없는 완벽한 넘사벽 신앙 지도자 일수가 있습니다. 그러나 역사적 바울은 오히려 수많은 약점과 그리고 수많은 실패를 통해서 성장하고 완성되어 나가는 우리의 얼굴을 한 바울이었습니다.

누가 바울의 대적자 이었는가?

바울은 다층적인 대적자들과 맞서야 했습니다. 예루살렘의 유대주의자들이 이방교회를 분열시키려 했고, 고린도교회 내에서는 로마의 후견인 제도를 모방하려는 그룹, 아볼로의 가르침을 따르는 영적 엘리트 그룹, 개인주의적 출세욕에 사로잡힌 그룹 등이 충돌했습니다. 이러한 갈등은 바울로 하여금 더욱 명확한 신학적 입장을 정립하게 만들었습니다.

특히 우리가 새롭게 주목해 보아야 할 것은 누가 바울의 대적자 이었는 가입니다? "개들을 삼가고 행악하는 자들을 삼가고 손할례당을 삼가라"(빌 3:2). "그 권면은 너희를 부르신 이에게서 난 것이 아니니라 적은 누룩이 온 덩이에 퍼지느니라 나는 너희가 아무 다른 마음을 품지 아니할 줄을 주 안 에서 확신하노라 그러나 너희를 요동하게 하는 자는 누구든지 심판을 받으 리라"(갈 5:8-10).

"형제들아 내가 지금까지 할례를 전한다면 어찌하여 지금까지 박해를 받으리요 그리하였으면 십자가의 걸림돌이 제거되었으리니 너희를 어지럽 게 하는 자들은 스스로 베어 버리기를 원하노라 만일 서로 물고 먹으면 피 차 멸망할까 조심하라"(갈 5:10-15)

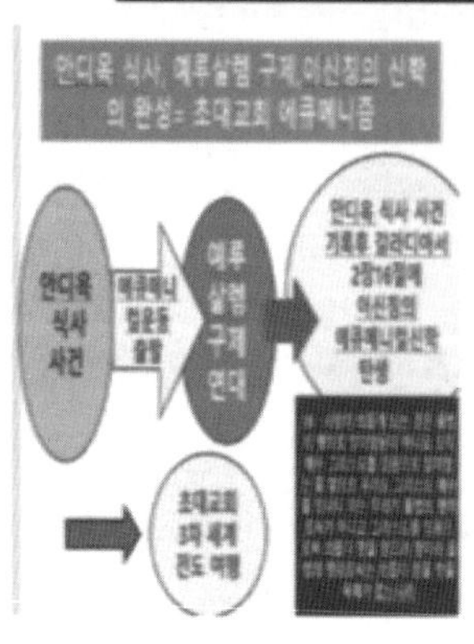

1. 바울은 자신이 개척한 이방교회를 쑤시고 다니면서 선동하는 거짓사도들에게 초강수의 경고를 주장하는등, 예루살렘의 유대주이자들과 싸우는 동시에, 그들의 선동에 놀아난 이방 대적자들을 상대해야 했습니다. 이러한 바울의 당대의 상황과 대적의 결과가 최종적으로는 어떠한 결과를 가져 왔습니까?

2. 바울은 교회에 침투한 방해꾼들에 의한 공격으로 말미암아 예루살렘으로부터 갈라디아 등 소아시아 지역의 교회의 대부분이 분쟁에 휩싸이고 일부분은 그 유대주의자에 의해 빼앗깁니다.

3. 사도 바울은 야고보의 예수살렘뿐만 아니라 바나바가 중심이된 안디옥으로부터도 1차 전도여행때 바나바의 조카 마가에 대한 입장차로 헤어집니다.

4. 바울은 안디옥사건을 통해 예루살렘과 안디옥사이에 정치적 힘겨루기 가운데서 독자적인 자기 공간을 확보할 수 있었습니다.

5. 유럽 마케도니아 부터 출발한 2차 세계전도 여행부터는 게바나 바나바와같은 안디옥 그룹의 지원도 끊겼지만, 그는 유럽을 중심으로 스데바나 루디아 뵈뵈 디모데 디도와같은. 새로운 일꾼들을 찾아내고 조직하고 활발한 서신 활동을 전개 합니다.

6. 사도 바울의 교회는 이방 헬라지역에서 평등적 은혜의 에클레시아(민회)교회 신학을 새롭게 정립하는데 성공하고 이 이야기사 바울의 서신을 통해 활발하게 퍼져나가기 시작 합니다.

결론: 바울의 대적자는 결국 어떻게 바울을 성장시켰는가?

결과론적인 이야기 일수도 있지만, 열악한 환경과 부딪히고, 적대자들과 싸우면서 성장한 바울에게는 오히려 바울의 적대자들이 바울을 성장시키는 은인이 되었습니다. 그들이 교회를 빼앗고 문제를 일으키고, 분열시키지 않았더라면 ① 바울은 헬라지역으로뛰어 들었을리 없었고, ② 갈라디아서 고린도서 로마서등을 썼을리가 없었습니다.

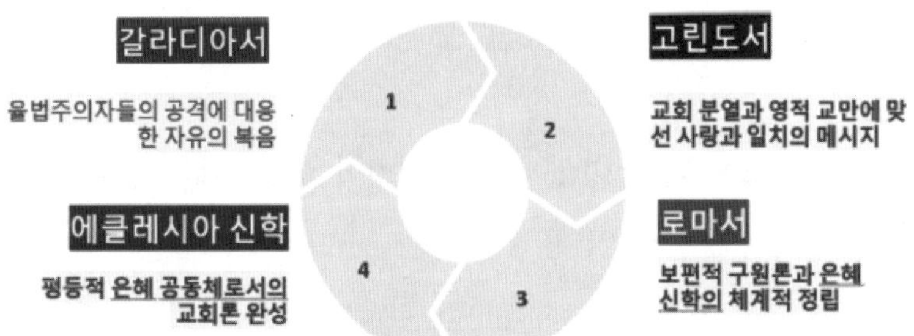

바울의 위대한 서신들은 모두 대적자들의 도전에 대한 응답으로 탄생했습니다. 만약 거짓 사도들이 교회를 분열시키지 않았다면, 갈라디아서의 자유 신학도, 고린도서의 사랑 장도, 로마서의 체계적 구원론도 나오지 않았을 것입니다. 이들 서신은 적대자들의 공격과 모함에 대해 하나님과의 일치, 그리스도의 몸, 그리고 은혜를 가르친 불멸의 작품들입니다.

왜냐하면 바울의 서신은 주로 적대자들의 속썩임, 분열과 공격과 모함에 대해 그리스도의 몸된 교회 공동체의 일치와 은혜를 가르친 책입니다. 바울을 죽이려고 사방에서 공격한 그 공격에서 죽고 다시 살아나길 여러번 하면서 ① 바울의 서신이 등장하고 ② 초대교회 의 신학이 발전하고 최종적으로는 ③ 초대교회 에클레시아가 탄생한 것입니다.(차정식)

바울의 대적자들. 율법주의자들부터 로마의 황제 숭배 세력까지, 그들은 바울이 사역하는동안 바울의 사역을 줄곧 방해하고 바울이 세운 교회들을 어지럽혔습니다. 하지만 놀랍게도, 이러한 대적자들의 존재는 바울의 신학을 더욱 발전시키는 동력이 되었답니다. 대적자들이 문제를 일으키고 교회를 분열시켰기 때문에 바울은 그에 대한 답을 찾기 위해 더 깊이 고민하고 복음의 진리를 더 명확하게 설명해야 했어요.

예를 들어, 만약 거짓 사도들이 교회를 분열시키지 않았다면 갈라디아서에 나오는 자유의 신학이나 고린도서의 사랑장, 로마서의 세계적 구원론 같은 위대한 가르침들은 나오지 않았을지도 몰라요. 바울의 서신들은 대부분 이러한 대적자들의 도전에 대한 응답으로 쓰여졌다고 해도 과언이 아니죠. 대적자들과의 영적 싸움을 통해 그의 신앙과 신학이 더욱 단단해지고 풍성해졌답니다.(차정식)

17. "로마서, 모두 다 죄 아래에 있고, 의인이 없는 시대의 복음"

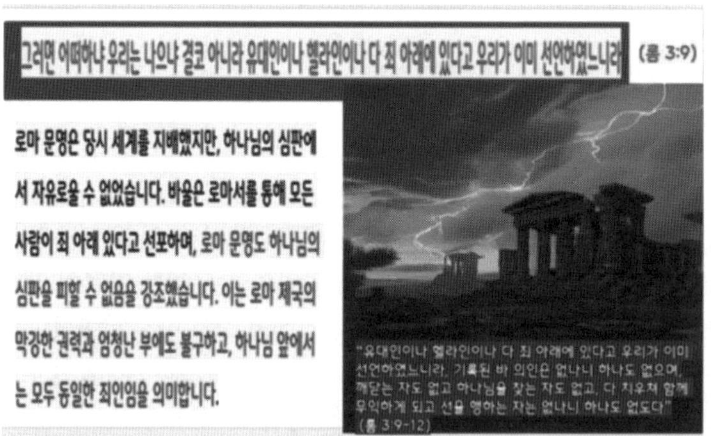

로마서는 기독교 신학의 모든 사상이 담겨있는 성경의 보물이에요. 사도 바울이 로마 교회에 보낸 편지인데, 단순한 옛날이야기가 아니죠. 이 편지는 유대교를 넘어서 기독교가 탄생하는 중요한 배경이 되었어요. 바울은 로마서에서 율법이 아닌 믿음으로 의롭게 된다는 혁명적인 메시지를 전했어요. 유대인들은 율법을 지켜야만 구원받는다고 생각했지만, 바울은 이 생각에 의문을 제기했죠.

이 로마서의 "믿음으로 의롭게 된다"는 혁명적인 메시지는 기독교 신앙의 핵심이 되었고, 유대인뿐만 아니라 이방인까지도 구원받을 수 있는 길을 열어주었어요. 로마서는 단순히 신학적인 글이 아니라, 당시 로마 제국의 문화와 정치적인 상황을 날카롭게 비판하기도 했어요. 로마의 법과 유대인의 율법 모두 진정한 정의를 실현하지 못했다고 지적했죠. 로마서의 메시지는 오늘날 우리 사회에도 중요한 의미를 줘요. 바울은 낯선 사람들을 환대하고, 소외된 이웃들에게 다가가는 것이 바로 하나님을 만나는 길이라고 가르쳐요. 이처럼 로마서는 과거의 이야기가 아니라, 지금 우리에게 필요한 지혜와 용기를 주는 소중한 말씀이에요. 우리 사회의 문제들을 바라보는 새로운 관점도 제공하고 있죠.

모두가 죄 아래에 있다는 건 무슨 뜻일까요?(죄의 보편성과 율법의 한계) "그러면 어떠하냐 우리는 나으냐 결코 아니라 유대인이나 헬라인이나 다 죄 아래에 있다고 우리가 이미 선언하였느니라"(롬 3:9)

로마서 3장에는 "유대인이나 헬라인이나 다 죄 아래에 있다"는 말씀이 있어요. 이 말은 모든 사람이 하나님 앞에서 동등한 죄인이라는 의미예요. 당시 유대인들은 율법을 가지고 있다는 이유로, 헬라인들은 자신들의 지혜와 철학 때문에 우월하다고 생각했죠. 하지만 바울은 이 모든 것이 헛되다고 지적했어요.

구약 시대의 율법은 원래 하나님의 뜻을 전하기 위한 것이었어요. 하지만 유대 종교 지도자들은 율법을 자신들의 권력을 유지하고 백성을 통제하는 데 사용했어요. 헬라인들의 지혜나 로마의 법도 마찬가지였죠. 예수님의 십자가를 어리석다고 비웃으면서, 결국 그 법과 지혜로 사람들을 억압하고 차별하는 데 썼어요. 이렇게 당시 사회는 모두가 죄 아래에 있었고, 누구도 온전히 의롭다고 할 수 없는 시대였어요. 죄는 인간을 묶어두는 굴레와 같았죠. 그 시대에 정말로 필요했던 것은 바로 죄로부터의 진정한 해방 메시지였어요. 바울은 이러한 상황을 정확히 꿰뚫어 보았어요.

3. 아브라함은 왜 믿음의 조상이 되었을까요? (믿음의 중요성)

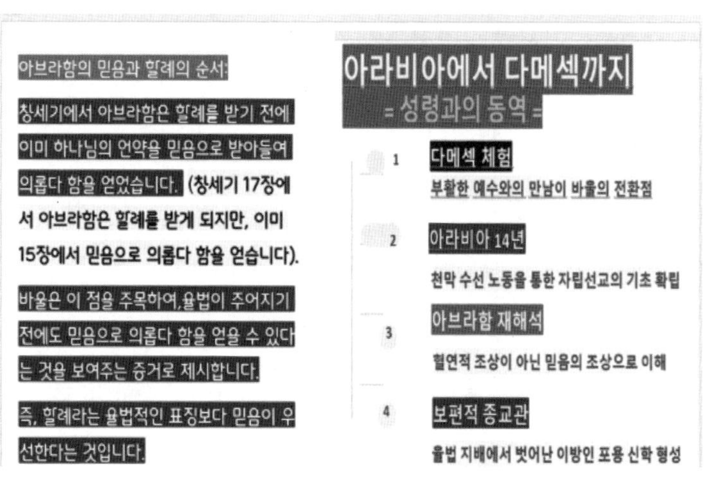

로마서 4장은 "아브라함의 믿음과 그로 말미암은 언약"의 이야기가 나옵니다. 아브라함은 100세가 다 되었고, 아내 사라의 몸도 자녀를 낳을 수 없는 상태였죠. 하지만 아브라함은 하나님이 주신 약속을 굳게 믿고 새로운 땅으로 떠났어요. 인간의 상식으로는 불가능한 일이었지만, 그는 하나님의 말씀을 따랐죠. 이것이 바로 아브라함이 믿음의 조상이 된 이유예요. 당시 유대인들은 아브라함을 자신들의 혈연적인 조상으로만 생각했어요. 그래서 자신들만이 특별하다고 여겼고, 다른 민족들을 배타적으로 대하며 차별했죠. 이러한 태도는 마치 지금의 극우적인 기독교의 모습과도 닮아있다고 바울은 지적했어요. 하지만 바울은 달랐어요. 아브라함이 율법이 아닌 오직 믿음으로 수많은 민족의 조상이 되었다고 강조했죠. 바울은 유대인들의 배타적인 태도를 비판하며, 아브라함은 원래 모든 민족의 조상이었다고 역설했어요. 이는 구원이 특정 민족이나 문화에 한정되지 않고, 믿음을 통해 모든 사람에게 열려있다는 정말 혁명적인 메시지였어요.

4. 율법은 우리에게 어떤 역할을 할까요? (율법의 진정한 역할과 구원의 길)

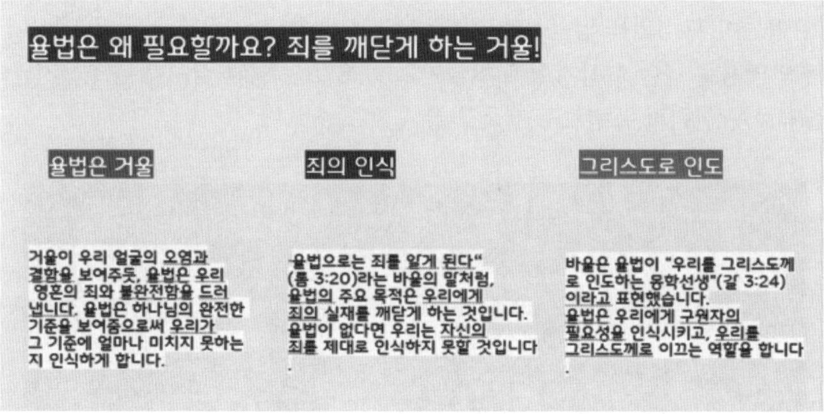

바울은 율법이 완전히 필요 없다고 말하지 않았어요. 율법은 우리가 죄인임을 깨닫게 해주는 '거울' 같은 역할을 해요. 우리가 무엇을 잘못했는지 알려주는 거죠. 또한 율법은 마치 어린 시절의 선생님처럼 우리를 이끌어주는 '인도자' 역할도 해요. 하지만 율법만으로는 사람을 변화시키거나 구원할 수 없어요. 바울은 헬라인의 지혜도, 유대인의 율법도 세상을 구원할 수 없다고 선언했어요.

율법이 할 수 없는 것을 예수님이 하셨다고 강조했죠. 예수님은 율법을 넘어서는 새로운 구원의 길을 열어주셨어요. 바울은 오직 예수 그리스도를 믿는 부활 공동체 운동만이 세상을 구원할 수 있다고 보았어요. 이것이 바로 '이신칭의(以信稱義)'라고 불리는 로마서의 핵심 메시지예요. 우리는 율법을 지킴으로써가 아니라, 예수 그리스도를 믿음으로써 의롭다 함을 받게 되죠. 이것은 종교적인 행위나 의식이 아닌, 하나님과의 관계에 기초한 신앙의 본질을 보여주는 거예요. 율법은 죄를 깨닫게 하지만, 우리를 구원하는 것은 오직 믿음이라는 점을 기억해야 해요.

5. 로마 제국과 유대 율법, 왜 정의를 실현하지 못했을까요?
   (정의의 실패와 새로운 정의)

바울은 당시 로마 제국의 법과 유대인의 율법이 진정한 정의를 가져오지 못했다고 날카롭게 지적했어요. 오히려 원래의 좋은 의도와는 다르게, 이 법들이 부정의를 낳는 도구가 되었다고 고발했죠. 로마 제국은 메시아를 반역자로 몰아 십자가형에 처했어요. 겉으로는 법과 질서를 강조했지만, 실제로는 권력과 폭력으로 제국을 유지했죠.

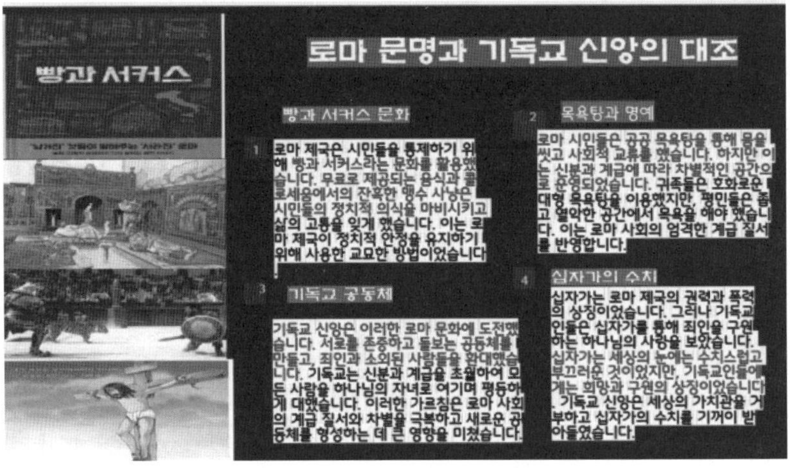

로마의 '빵과 서커스' 정책은 시민들의 정치적인 의식을 마비시키기 위한 술책이었어요. 맹수 검투사 같은 잔인한 오락은 로마 사회의 타락한 모습을 보여주는 예시였죠. 유대인들도 마찬가지였어요. 자신들의 율법에 따라 예수님을 로마 군인의 손에 넘겨주었죠. 그들은 율법의 형식에 집착한 나머지, 율법의 본질인 사랑과 자비를 놓쳐버렸어요. 결국, 이 두 가지 법 모두 정의를 실현하는 데 실패했고, 그래서 부정의한 것이라고 바울은 단호하게 말해요.

독일 나치즘 시대의 유명한 신학자 카를 바르트도 "로마서 강해"를 통해 히틀러의 악행을 비판했어요. 이는 로마서의 메시지가 고대 로마뿐 아니라, 현대 사회의 불의한 권력에도 여전히 유효하다는 것을 보여주는 중요한 예시죠. 바울은 기존의 법들이 정의를 만들지 못했으니, 예수 그리스도의 '충실함'에 기초한 새로운 정의가 필요하다고 이야기해요. 예수님의 충실함이 하나님의 사랑과 정의를 실현하는 것이며, 이를 통해 배타적이지 않고 모든 이들을 환대하는 정의로운 공동체를 만들 수 있다고 강조했죠.

6. 율법의 굴레에서 벗어나 하나님의 의와 사랑으로 나아가요!
   (바울의 변화와 은혜의 본질)

바울도 처음에는 율법을 철저히 지키는 바리새파 사람이었어요. 그는 율법의 모든 조항을 철저히 지키며 살았고, 심지어 예수님을 따르는 사람들을 박해하기도 했죠. 하지만 다메섹으로 가는 길에서 예수님을 극적으로 만난 후, 그의 삶은 완전히 바뀌었어요. 바울은 율법의 본질이 아닌 형식에 집착하는 바리새주의의 한계를 깨달았어요. 그는 율법이 사람들을 정죄하고 억압하는 도구로 전락하는 것을 안타까워했죠. 바울은 예수님의 십자가를 통해 율법의 굴레에서 해방될 수 있었다고 말해요.

율법은 우리를 하나님께로 인도하는 길잡이 역할만 할 뿐, 우리를 구원할 수는 없다는 것을 깨달은 거예요. 오직 예수님의 십자가를 통해서만 하나님의 사랑과 은혜를 받아 구원받을 수 있다고 바울은 강조했어요. 그래서 우리는 죄의식으로부터 해방된 삶을 살아야 한다고 말했죠. 예수님의 십자가는 우리의 모든 죄를 대신 짊어지셨기 때문에, 우리는 더 이상 죄의식에 짓눌리지 않고 하나님의 자녀로서 자유롭게 살아갈 수 있게 되었어요. 이것이 바로 '은혜'의 본질이에요.

7. 사도 바울은 예수님의 십자가에 나타난 하나님의 정의와 은혜의
   신앙으로 이웃의 개념을 확장했어요.

사도 바울도 처음에는 유대인들만 구원을 받을수 있는 진정한 이웃이라고 생각했습니다. 하지만, 바울이 예수님의 십자가에 나타난 하나님의 정

의와 은혜를 경험하면서, 율법밖에 있는 이웃들은 십자가의 은혜로 받아들이면서, 바울은 이웃의 개념을 혁명적으로 확장하게 됩니다. 예수그리스도의 십자가의 은혜로 율법이라는 감옥이 해체되면서 로마와 유대법 밖의 헬라인이나 이방인까지도 이웃으로 받아들여야 한다고 강조하기 시작했지요. 이것을 바울은 세상 율법밖의 하나님의 부터 오는 하나님의 정의(outlaw justice)라고 바울을 말합니다.

이러한 세상법을 뛰어넘는 하나님의 무법적 정의(outlaw justice)가 세상에 드러나기 시작하면 이러한 새로운 세상을 믿는 사람들을 환대라는 새로운 정의를 실천하기 시작합니다. 그러므로 하나님의 정의로 시작되는 환대에는 단순히 우리가 편안하게 만나는 사람들만 포함되는 게 아니에요. 강도 만난 사람, 이방인, 난민, 병자 등 법 밖의 소외되고 어려운 모든 사람들이 우리의 이웃이 될 수 있어요. 이러한 세상법 밖에 있어서 세상법으로 받아들이기 힘든 이웃을 받아들이는 불가능하고 위험한 환대(hospitality)가 가능한 이유는 바로 예수님의 십자가의 은혜 때문에 가능한 것 입니다. 이것이 바로 세상 율법밖의 하나님의 부터 오는 하나님의 정의(outlaw justice)요, 은혜요 선물인 것 입니다.

성서의 이방인 이야기

1. 이방 선교에 불만을 품고 풀고 <u>다시스로 도망다가</u> 고래 뱃속에서 사흘 동안 있다가 <u>니느웨에</u> 도착하는 요나
   - 요나는 배를 타고 도망가다 폭풍을 만나 배에서 던져집니다.
   - 큰 물고기(고래로 번역됨)의 뱃속에서 3일 3夜을 보내고, 회개하며 기도합니다.
   - 물고기가 <u>요나를</u> 육지로 토해내자, 그는 마지못해 <u>니느웨로</u> 가서 "40일이 지나면 <u>니느웨가</u> 무너지리라"고 선포합니다.
   - 니느웨 주민들이 회개하자 하나님은 용서하시고, 요나는 이에 다시 불만을 품지만, 하나님은 이방인에 대한 자비를 가르칩니다.

2. 다윗의 조상: 나오미와 롯
   :
   - 나오미의 남편과 두 아들이 죽자, 그녀는 고향 베들레헴으로 돌아갑니다. 롯은 "어머니의 백성이 내 백성이 되고, 어머니의 하나님이 내 하나님이 <u>되리이다</u>"라고 선언하며 나오미를 따라갑니다 (롯 1:16).
   - 베들레헴에서 <u>롯은</u> <u>보아스</u>(나오미의 친척)의 밭에서 이삭을 줍고, <u>보아스와</u> 결혼합니다.그들의 아들 오벳은 이새의 아버지, 이새는 다윗의 아버지입니다. 따라서 롯은 다윗의 증조모가 됩니다.

이 이야기는 이방인 롯의 유대인의 메시아 계보에 포함되는 것을 보여줍니다. 롯의 충성심과 하나님의 섭리가 강조되며, 이방인이 이스라엘의 축복에 참여하는 모델입니다.

성경에는 이러한 당대 유대 율법으로 받아들일수 없는 이웃을 환대하는 이야기가 많이 나와요. 예를 들어, 선한 사마리아 사람은 유대인이 아니었지만 강도 만난 사람을 도와주었죠. 또한 예수님은 사마리아 여인과도 대화하며 복음을 전했어요. 룻이라는 이방 여인은 다윗의 증조모가 되어 예수님의 족보에 오르기도 했어요.

다시 말해 이는 이방인들이 예수님의 족보에 오를 정도로 이방인에게 활짝 열린 이웃 환대가 기독교 정신의 핵심이라는 이야기 입니다. 이처럼 성서와 바울은 율법을 넘어선 이웃 확장의 중요성을 로마서를 통해 강조했어요. 불가능해 보이는 상황 속에서도 믿음을 가지고 새로운 세상을 향해 나아갈 때, 모든 사람이 하나님의 자녀가 될 수 있다는 혁명적인 메시지를 전한 것이죠.

8. 개인 구원만이 다가 아니라고요?(하나님 나라의 정의와 이웃 사랑)
로마서의 핵심 메시지는 우리가 흔히 아는 개인의 구원 이야기, 즉 '이신칭의(以信稱義)'만이 아니에요. 바울이 전하고 싶었던 진짜 이야기는 '하나님 나라의 정의'라는 새로운 방향으로 변화하고 있어요. 우리는 바울 서신을 단순히 종교적인 경전으로만 볼 것이 아니라, 그 당시의 사회적, 정치적 상황 속에서 함께 읽어야 해요. 바울은 자기중심적인 사고에서 벗어나 '나와 너', '나와 공동체', '나와 하나님'으로 관계를 확장해야 한다고 강조했어요

특히 낯선 타자를 환대하는 것이 진정한 영적인 성장이라고 말했죠. 이는 현대 사회의 배타성과 혐오를 극복할 수 있는 실천적인 지혜를 제공해요. 바울은 유대인뿐만 아니라 헬라인, 이방인, 강도 만난 사람, 난민, 병자 등 소외된 모든 사람까지 우리의 이웃으로 받아들여야 한다고가르쳤어요.

이러한 이웃들을 받아들이는 것을 '환대(hospitality)'라고 합니다. 이는 단순히 친절을 베푸는 것을 넘어, 타자를 진정으로 받아들이고 포용하는 깊은 영적인 행위예요. '하나님의 의'는 단순히 개인적인 구원을 넘어서 세상에 정의를 세우시는 하나님의 행동을 의미해요. 이는 모든 억압과 불의로

부터의 해방, 그리고 평등하고 정의로운 공동
체의 형성을 포함하는 것이죠. 우리의 믿음이
삶 속에서 사회적 정의를 실현하는 행동으로
이어져야 한다는 거예요.

9. 제국의 가치관을 넘어, 예수 그리스도에
   대한 '충실함'으로 만드는 '대안 공동체'가
   바로 초대 교회의 '예수 신앙' 공동체 이다.

데드 w. 제닝스라는 신학자는 '예수 신앙'을 '충성'이라고 새롭게 해석했
어요. 마치 게임에서 새로운 규칙을 만드는 것과 같아요. 이것은 단순히 개
인적인 믿음을 넘어, 정치적이고 공동체적인 행위로 이해할 수 있어요. 기
존의 억압적인 법이나 권위에 맹목적으로 따르는 것이 아니라, 예수님의
가르침에 깊이 헌신하고 그분을 따르는 공동체에 충성하는 것이죠.

'하나님의 의'는 단순히 내가 믿어서 구원받는 개인적인 차원을 넘어서요. 이것은 하나님이 이
세상에 정의를 세우시는 행동을 의미해요. 우리의 믿음은 예배당에만 머무는 것이 아니라, 우리가
사는 세상 속에서 사회적인 정의를 실현하는 행동으로 이어져야 한다고 로마서는 가르쳐줘요.

제닝스는 '무법적 정의'라는 개념을 통해 억압적인 법으로부터의 해방을
추구했어요. 그는 바울을 로마와 유대법 밖의 하나님의 정의의 메시아 정치'
만이 낡은 기존의 유대교와 로마의 질서에 대한 도전을 하고, 로마 약탈적
지혜와 유대 율법의 감옥 문을 열어 새로운 시대를 연 사람이라고 봅니다.
그는 '메시아 정치'라는 틀로 바울의 로마서를 해석하며, 예수 신앙을 단순
히 영적인 것을 넘어선 정치적이고 공동체적인 차원으로 이해했답니다.

결국, 예수 신앙은 기존 사회적, 정치적 가치관에 대한 과감한 도전을 하며 로마. 제국의 가치관을 넘어, 예수 그리스도에 대한 '충실함'으로 '새로운 대안 공동체를 만드는 행위자체가 바로 초대교회의 예수신앙 이었다는 것입니다.

이처럼 예수 신앙은 단지 개인의 믿음을 넘어, 부당한 권력에 저항하고 새로운 공동체를 만드는 실천적인 힘으로 작용해요. 마치 오래된 건물을 허물고 새롭고 튼튼한 집을 짓는 것과 같아요. 예수 그리스도의 '충실함'은 새로운 정의의 기초가 되며, 이는 기존 법이 만들지 못했던 새로운 정의를 의미해요. 예수님처럼 죽기까지 충성하는 그 '충실함'이 우리에게도 전해져서, 우리도 그분을 믿고 따르는 정의로운 공동체를 만들 수 있답니다. 이것이야말로 우리 사회에 새로운 희망을 주고 진정한 정의를 실현할 놀라운 변화를 가져올 거예요.

10. 로마의 '심포지움'과 기독교의 '아가페 식사', 뭐가 달랐을까요?
    (대안 문화 창조)
바울은 당시 막강했던 로마 제국의 문화에 대해 강력하게 비판했어요. 로마 제국은 잔혹한 폭력과 약탈로 부를 축적하고 힘을 과시했죠. 겉으로는 화려하고 번영했지만, 그 안에는 탐욕, 폭력, 불의가 가득했어요. '빵과 서커스', '맹수 검투사' 같은 것들은 로마 사회의 타락한 모습을 보여주는 대표적인 예시였죠.

바울은 우리가 하나님 나라의 정의를 세우는 데 실패하는 가장 큰 이유가 "제국과 가진 자를 흉내 내기" 때문이라고 지적했어요. 그래서 바울은 그리스도인들은 로마의 문화에 맞서는 새로운 '대안 문화'를 만들어 나가야 한다고 강조했어요. 이것은 단순히 개인의 구원을 넘어, 우리 사회 전체를 정의롭고 아름답게 변화시키는 중요한 발걸음이 된다는 거예요. 이러한 대안 문화는 권력과 폭력이 아닌, 사랑과 섬김, 환대와 나눔을 중심으로 형성되어야 해요. 이는 지금 우리 시대에도 여전히 유효한 도전이며, 교회가 세상 속에서 감당해야 할 중요한 사명이죠.

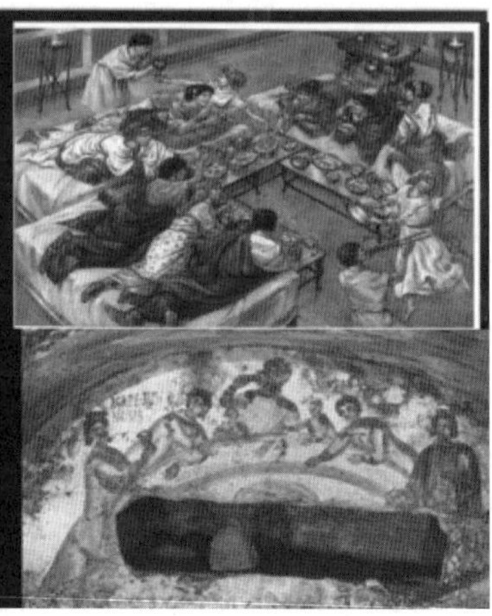

로마 제국에 대항하는 그리스도인들의 새로운 대안문화의 한 예로 "아가페 식사"를 들 수 있을것 입니다. 로마 엘리트들은 '심포지움'이라는 식사 모임을 즐겼는데, 이는 주최자의 명예와 부를 드러내고 지위와 권력의 상징이었어요. 하지만 기독교의 '아가페 식사'는 달랐어요. 남자와 여자, 노예와 주인이 모두 함께하며 사랑, 충성, 연민, 존중이 핵심이었죠.

아가페 식사는 '로마의 가진 자 문화'에 도전하고, 모든 사람이 평등하게 사랑을 나누는 공동체를 만들고자 했어요. 낯선 자들을 환대하고, 소외된 이웃들에게 다가가는 것이 바로 하나님을 만나는 길이며, 새로운 공동체의 가능성을 제시한다는 것이 바울의 중요한 메시지예요.

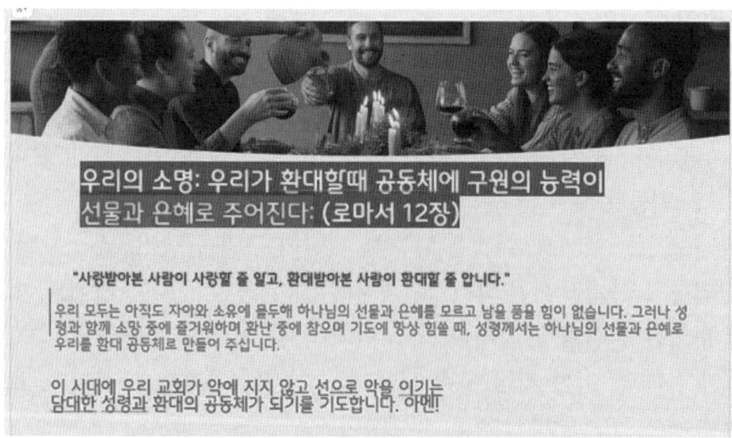

18. 로마서는 공동체와 함께 세우는 참 구원을 전합니다!

로마서는 가짜 행복과 가짜 구원을 고발하고, 공동체와 함께 세우는참 구원을 전합니다!

1. 진짜 행복은 어디에 있을까요? 가짜 행복에 속지 마세요!

많은 사람들이 진정한 행복이 돈이나 물질, 또는 상품에서 온다고 생각해요. 미국 심리학자들은 사람들이 더 열심히 물건을 사거나, 더 열심히 일하게 만들려면 어떻게 사람들을 자극해야 하는지를 연구하고 있답니다. 심지어 동물을 연구해서 사람에게 적용하는 가짜 행복론까지 등장했다고 해요. 이러한 행복론은 돈을 지불하지 않으면 사라지는 백화점 행복과 같은 거예요.

일부 교회들의 모습으로 가짜 구원의 모습일 수 있어요. 마치 구원이 특정 믿음을 가지면 얻을 수 있는 '제품'처럼 느껴지게 만들기도 하죠. 백화점과 일부 교회는 겉보기엔 달라도 놀랍게도 비슷한 방식으로 우리 마음속

욕망을 이용하고 있답니다. 백화점은 '행복 이미지'를, 교회는 '구원과 축복의 약속'을 내세워 우리의 욕망을 자극하는 것이죠. 새 물건을 사면 뇌에서 도파민이 뿜어져 나와 짜릿한 쾌감을 느끼게 되지만, 이 행복은 '쾌락 적응'이라는 현상 때문에 금방 사라져 버려요. 결국 이 두 시스템은 우리 안의 공허함이나 영적인 허전함을 마치 상품처럼 다루고 있다는 비판을 피할 수 없답니다. 진정한 행복은 이런 곳에 있는 것이 아닐 거예요.

2. '이웃'은 누구일까요? 우리 주변의 모든 사람을 환대하는 마음!
'이웃'이라는 말, 여러분에게는 어떤 의미인가요? 처음에는 유대인들만 이웃이라고 생각했지만, 바울은 이처럼 좁은 이웃개념에 도전했어요. 바울은 유대인만이 구원받은 다는 율법 중심주의를 해체하고, 헬라인까지도 이웃과 구원의 대상으로 확대하였지요. 더 나아가 모든 이방인들도 하나님의 구원 계획에 포함된다는 혁명적인 가르침을 전했답니다.

이것은 여기서 그치지 않아요. 강도 만난 사람, 난민, 병자 등 소외되고 어려운 모든 사람들이 우리의 이웃이 될 수 있다고 가르치고 있어요. 이러한 이웃들을 받아들이는 것을 우리는 환대(hospitality)라고 부른답니다. 환대는 단순히 친절을 베푸는 것을 넘어, 타자를 진정으로 받아들이고 포용하는 깊은 영적 행위인 것이죠.

성경적 환대는 단순한 친절이나 손님 접대를 훨씬 뛰어넘는 심오한 의미를 담고 있어요. "필록세니아"라고 불리는 이 환대는 사랑을 실천하는 첫 걸음이자, 기독교 신앙과 실천의 중심에 있는 급진적인 사랑의 표현이랍니다. 이는 사회적 경계를 허물고 낯선 자를 깊은 보살핌을 받을 가치가 있는 존재로 여기는 근본적인 관점의 전환을 요구하는 것이죠.

바울 신학의 핵심이 바로 이방인을 받아들이고 환대하는 것이었답니다. 갈라디아서 3장 28절에서는 "유대인이나 헬라인이나 종이나 자유인이나 남자나 여자나 다 그리스도 예수 안에서 하나이니라"고 말하며, 모든 사람을 이웃으로 보아야 함을 강조하고 있어요.

3. 환대가 위험할 수도 있다구요? 용기 있는 사랑의 실천!

환대는 때로는 우리를 위기에 빠뜨리기도 한다는 사실, 알고 있었나요? 강남순 교수의 연구에 따르면, 난민, 성소수자, 여성 등 소수자에 대한 환대를 실천할 때 사회적 위험이 발생할 수 있다고 해요.

2018년 예멘 난민 사태에서 한국 기독교인들의 반대가 있었던 것처럼, 환대는 인종, 민족, 종교의 경계를 초월하는 사랑이어야 하지만, 현실에서는 종교적, 문화적 편견으로 인해 적대와 배제로 이어질 수 있음을 지적했답니다. 그럼에도 불구하고 우리는 환대를 실천해야 해요. 세상은 자신의 권리를 찾기 위해 혈안이 되어 있지만, 우리는 오히려 '낮은데 처하며' 자신을 내세우지 않는 겸손을 배워야 한다고 성경은 말하고 있어요.

궁극적으로 '악에게 지지 말고 선으로 악을 이기라'는 결론은 선행이 단순한 미덕이 아니라, 세상을 변화시키는 능동적인 힘임을 보여준답니다. 원수까지도 사랑하고 용납하는 것이 가장 강력한 승리의 길이라는 것을 기억해야 해요.

4. 십자가와 선물 경제, 조건 없는 사랑의 비밀은 무엇일까요?

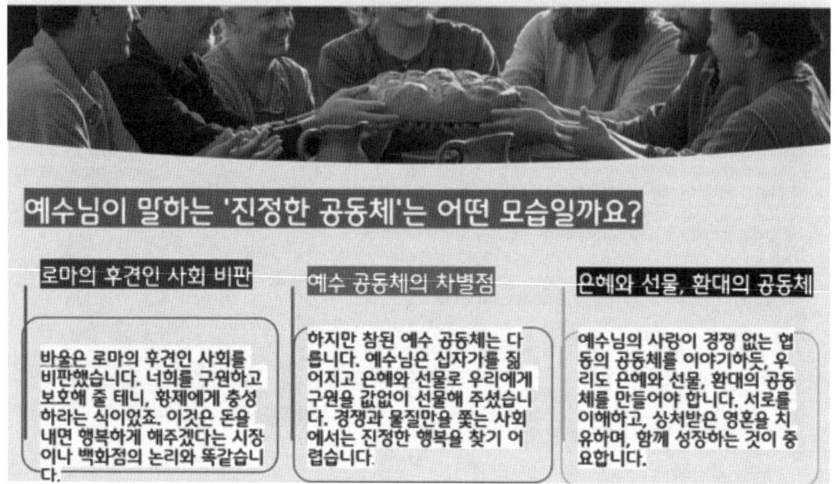

오늘 현대인들에게 익숙한 가짜행복론과 가짜 구원론은 돈을 지불하지 않으면 사라지는 조건적 행복과 구원론입니다. 이러한 행복론과 구원론은 모두 현대 사회의 조건적 교환 경제 자본주의와 소비주의 문화와 연결되어 있습니다.

또한 로마의 후견인 시스템처럼, 후견에 대한복종과 같은 대가를 요구하는 행복론과 구원론입니다. 이러한 행복과 구원은 결국 서로간의 불평등을 유지하고 개인주의적 고립을 촉진하고 맙니다. 반면 무조건적 선물 경제를 기반으로한 은혜와 환대공동체는 나눔을 기반으로하는 대가 없는 무조건적 관계 형성하지요. 이러한 공동체만이자원의 평등한 분배를 추구하고 공동체성과 연대를 강화한답니다.

이러한 의미에서 사도 바울은 십자가가 무조건적인 은혜와 환대를 가장 잘 보여주는 상징이라고 했어요. 십자가는 어떤 대가나 조건도 요구하지 않는 순수한 선물 같은 구원을 의미하죠. 로마서 5장 8절에서 바울은 "우리가 아직 죄인 되었을 때에 그리스도께서 우리를 위하여 죽으심으로 하나님께서 우리에 대한 자기의 사랑을 확증하셨느니라"고 말하며, 이 사랑이 얼마나 무조건적인지 강조했답니다.

십자가는 원래 로마 제국의 무서운 형벌 도구였지만, 바울에게는 하나님의 역설적인 은혜가 나타나는 곳이 되었어요. 세상의 힘과 지혜를 뒤집는 하나님의 방식을 보여주는 것이죠. 초대교회의 모습을 보면 "모든 물건을 서로 통용하고 재산과 소유를 팔아 각 사람의 필요를 따라 나눠"주는 공유 경제를 실천했답니다.

이는 현대 소비사회의 경쟁적이고 개인주의적인 경제 시스템과는 근본적으로 다른 '선물 경제'의 모델을 보여주는 것이죠. 예수님께서는 이 십자가를 짊어지고 은혜와 선물로 우리에게 구원을 값없이 선물해 주셨답니다. 경쟁과 물질만을 쫓는 사회에서는 진정한 행복을 찾기 어렵지만, 예수님의 사랑이 경쟁 없는 협동의 공동체를 이야기하듯, 오늘 우리에게도 은혜와 선물, 환대의 공동체를 만드는 것이 정말 중요하답니다.

5. 공동체 없이는 행복할 수 없다구요? 함께 만들어가는 진짜 구원!
심리학자 김태형은 "공동체를 기뻐하지 못하고, 공동체에서 기쁨을 찾지 못하게 하는 사람들이 바로 개혁의 대상"이라고 말했어요. 이 말은 경쟁적이고 소비적인 개인주의적 행복과 구원은 가짜라는 것을 의미합니다. 진정한 행복과 구원은 오직 우리의 이웃을 확대하는 환대하는 공동체에서만 찾을수 있다는 것을 의미합니다.

예수님께서는 '하나님 사랑'과 함께 '이웃 사랑'을 강조하셨고, 초대 교회는 물질과 영적 경험을 함께 나누는 강력한 환대 공동체를 형성했어요. 현대 소비사회가 제공하는 개인적이고 일시적인 행복 경험과는 달리, 기독교적 행복과 구원은 공동체안에서 서로 연결되고, 서로를 돌보며, 함께 성장하는 십자가의 환대 과정에서 발견된답니다. 이것은 소비로 얻는 도파민 자극과는 근본적으로 다른 차원의 깊고 지속적인 기쁨이에요.

공동체안에서 서로를 진정으로 받아들이고 포용하는 '환대'는 단순한 친절을 넘어선 깊은 영적 행위랍니다. 이는 소비주의 사회의 배타적이고 경쟁적인 관계와는 대조적인, 기독교 신앙의 핵심 가치라고 할 수 있어요.

6. 바울의 로마서의 핵심은 인류 구원인데 바울은 그 구원의 핵심을 로마의 후견인 제도가 아니라 환대(확대된 이웃사랑)으로 봅니다. 사도바울은 로마서 12장 9-21절을 중심으로 '환대'의 진정한 의미를 깊이 탐구하며, 단순한 친절을 넘어선 급진적 사랑의 실천을 강조합니다.

오늘 우리는 사람들을 어떻게 자극해야 더 많이 사람을 모으고, 더많이 물건을 팔수 있는지에만 몰두하여, 만든 가짜 행복과 가짜 구원을 고발하고, 공동체와 함께 이루는 참 구원을 전해야 합니다. 사람들에게 더욱 물건을 많이 팔아먹기 위해 만든 가짜 행복이 아니라, 사람들을 더 많이 모으기 위해 만들어낸 가짜 영적 구원 상품이 아닌 참 십자가의 구원의 진리를 전해야 합니다.

사도 바울이 로마서에서 선포한 참구원의 핵심은 구원은 오직 '이웃'의 개념이 더욱 확대되어 우리가 품기 불가능한 이웃까지를 품는 '선물과 은혜로 오는 환대신앙"입니다. 로마서 12장 후반부는 '너희를 핍박하는 자를 축복하고 저주하지 말라'는 급진적인 사랑을 이야기합니다.

이는 복수하고 싶어 하는 인간의 본성을 거스르는 초월적 사랑을 요구하는 것이죠. 또한 '너희가 친히 원수를 갚지 말고 하나님의 진노하심에 맡기라'는 말씀은 복수할 권리를 하나님께 내어 맡기라는 가르침이에요. 이러한 행위는 우리 자신의 힘만으로는 불가능하답니다. 오직 그리스도의 성령안에서 살아갈 때에만 가능하다고 해요.

이 "선물과 은혜로 오는 십자가의 환대" 만이, 우리로 하나님의 구원 사역에 동참하여, 두려움을 이기는 환대의 용기를 얻게하고, 생명을 구하는 성령의 공동체로 변화시키실 줄로 믿습니다.

19. 사도 바울, 에베소에서 공중권세와 마주치다!

요즘 세상 살기 힘들다는 말, 많이 들어보셨죠? 코로나 같은 재난도 있었고, 사회 시스템도 뭔가 예전 같지 않아요. 성경에서는 이걸 '공중 권세' 때문이라고 말하기도 해요. 마치 우리 주변 공기처럼, 눈에 보이지 않지만 세상에 큰 영향을 미치는 힘이죠.

어떤 저항할 수 없는 힘이 우리 공동체에 자리를 잡아, 함께 돕고 나누는 대신, '각자도생'으로나만 살려고 합니다. 내 자신만 사랑하는 '나르시즘'에 빠지게 만들고, 돈이나 성공과 같은 탐욕만을 쫓는, 이런 마음들이 우리 공동체와 사회 전체를 뒤덮고 있는 것이지요.

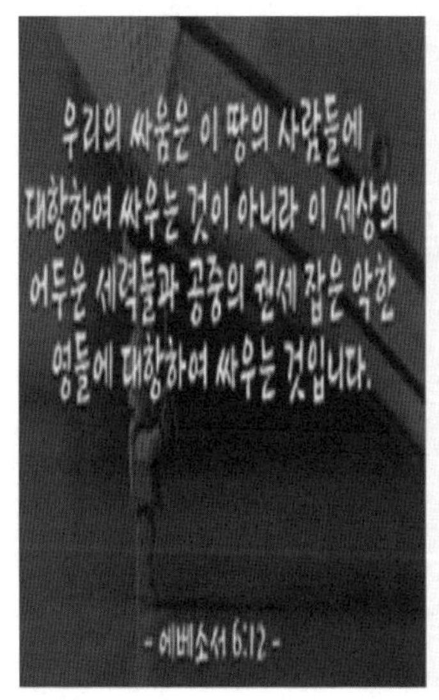

성경은 이처럼 개인의 문제와 사회 구조적인 문제가 합쳐져서 '공중 권세'라는 더 큰 힘을 만든다고 이야기 합니다. 이 공중 권세는 마치 시대의 분위기나 공기처럼 우리 주변에 퍼져서 사람들을 중독시키고 그걸 따르게 만들죠.

에베소서 6장 12절 말씀처럼, 우리의 싸움은 단순히 사람이나 세상의 어두운 세력과 싸우는 것이 아니라, 공중 권세를 잡은 악한 영들과 싸우는 것입니다. 이러한 의미에서 오늘 우리도공중권세가 시키는 대로 사는 것이 아무렇지도 않은, 탐욕에 길들여 지고, 탐욕이 정당화되고, 탐욕에 저항하는 것을 포기한 참으로 뻔뻔스러운 시대와 사회를 살고 있는지도 모르는것입니다.

사도 바울이 활동한시대는 일종의 문명전환기 이었습니다, 이 문명전환기의 시대적 특성을 가장 잘 드러낸 곳이 바로 에베소이었습니다. "그 때에 너희는 그 가운데서 행하여 이 세상 풍조를 따르고 공중의 권세 잡은 자를 따랐으니 곧 지금 불순종의 아들들 가운데서 역사하는 영이라"(에베소 2:2)

오늘과 같은 문명 전환기에는 낡은 문명과 새로운 문명사이에 문명의 갈등과 충돌이 심합니다. 참 복음적 교회는 세상의 저항과 맞서서 신령한 문화와 변혁을 창출 할수 있어야 합니다. 이러한 문명 전환기에는 영적 문화전쟁이 일어날수 뿐이 없는데, 초대 교회에서 그 영적 전쟁이 가장 심했던 에베소에서 낡은 헬라문화와 새로운 그리스도 문명이 충돌을 했습니다.

그리고 이러한 영적전쟁 상황에서 전신갑주로 무장하라는 사도 바울의 말씀이 나옵니다. 사도바울은 에베소에서 공중권세(각자도생, 능력주의, 탐욕의 정당화)와 가짜뉴스를 믿고 퍼트리는(우상숭배)와 전면전을 치루게 됩니다.

유대인들이 마음을 굳게 하여 무리들 앞에서 공공연하게 비방하고 대적하자 바울은 두란노 서원에서 2년 동안을 집중적으로 제자 양성을 한 것입니다. 2년 동안 에베소 제자들만이 아니라 에베소를 중심한 소아시아 일대에서 사람들이 모여들었습니다. 바울이 에베소에 복음을 전하러 왔을 때, 이 '공중 권세'와 정면으로 부딪혔어요. 바울은 사람이 만든 신은 진짜 신이 아니라고 말했고, 협동하고 함께 사는 것이 진짜 하나님을 섬기는 것이라고 가르쳤죠. 그러자 아데미 신상을 만들던 사람들이 화가 나서 소동을 일으키기도 했어요.

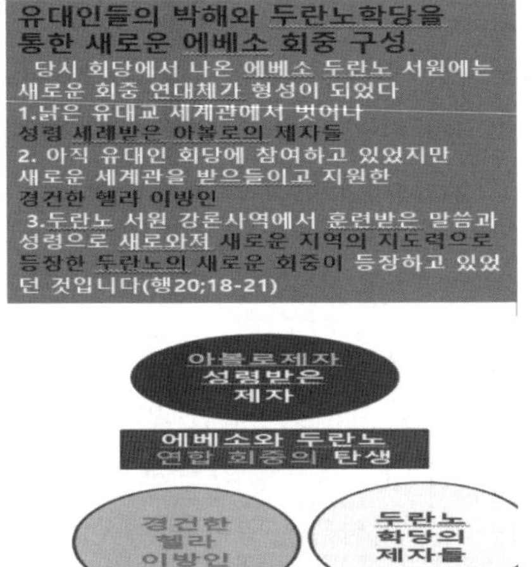

당시 에베소의 아데미 신전은 아테네의 파르테논 신전의 4배나 큰헬라 문화의 상징이었습니다. 해마다 수많은 순례객들이 이 우상 신전을 방문하는데 그들이 이 신전에서 앞을 다투어 구입했던 것은 바로 은으로 만든 아데미 신상 모형입니다. 이 비즈니스는 에베소의 가장 큰 사업이었습니다. 에베소도시의 상징적인 관광 사업이었습니다. 하지만 그들의 신전 사업은 말 그대로 부도날 위기에 처했습니다. 이유가 뭡니까?

바로 에베소와 아시아 지역에서 흥왕하여 세력을 얻던 주의 말씀의 힘입니다. 당시 노동조합의 대표격을 맡고 있던 사람은 선동하는 과정 중 이 사실을 인정합니다. "천하를 어지럽게 하던 이 사람들이 여기도 이르매"(행17;6) "우리의 이 영업이 천하여질위험이 있다!"(행19:27). "이 바울이 에베소뿐 아니라 거의 전 아시아를 통하여 수많은사람을 권유하여 말하되 사람의 손으로 만든 것들은 신이 아니라 하니 이는 그대들도 보고 들은 것이라!"(행19:26)

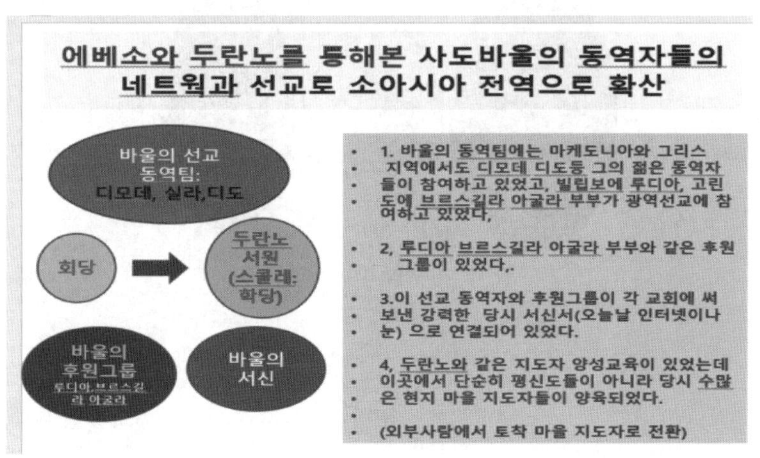

하지만 바울은 에베소에서 승리했어요. 어떻게 가능했을까요?

1. 바울의 동역팀에는 마케도니아와 그리스지역에서도 디모데 디도등 그의 젊은 동역자들이 참여하고 있었고, 빌립보에 루디아, 고린도에 브르스

길라 아굴라 부부가 광역선교에 참여하고 있었습니다.

2. 루디아 브르스길라 아굴라 부부와 같은 후원그룹이 있었습니다.

3. 이 선교 동역자와 후원그룹이 각 교회에 써보낸 강력한 당시 서신서 (오늘날 인터넷이나sns) 으로 연결되어 있었습니다.

4. 두란노와 같은 지도자 양성교육이 있었는데 이곳에서 단순히 평신도들이 아니라 당시 수많은 현지 마을 지도자들이 양육되었습니다.(외부사람에서 토착 마을 지도자로 전환)

바울은 에베소에서 처음 만난 사람들에게 성령의 세례를 주고 말씀 운동을 일으켰어요. 그리고 '두란노 서원'에서 제자들을 집중적으로 가르쳤죠. 또 기존에 신앙생활을 하던 경건한 사람들과 함께 '연합 회중'을 만들었어요. 이렇게 성령 운동과 말씀 운동, 그리고 연합된 힘으로 에베소의 '공중 권세'를 이겨내고 소아시아 전역에 복음을 퍼뜨릴 수 있었답니다.

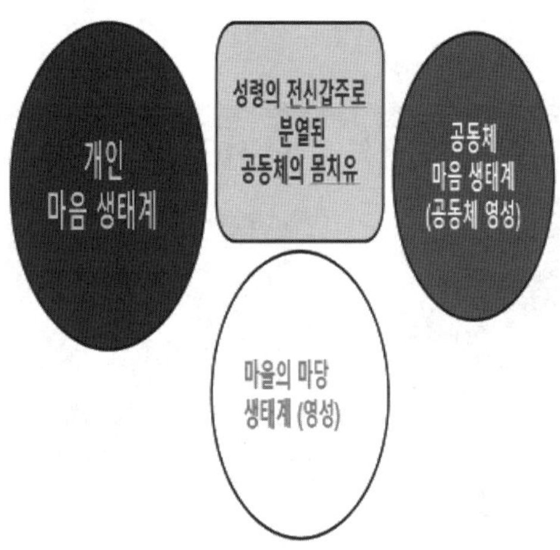

오늘날 우리 교회도 에베소 교회처럼 '공중 권세'에 맞서 싸워야 합니다. 탐욕이나 각자도생 같은 세상의 가치관이 교회 안에도 들어오고 있거든요. 우리는 단순히 정치나 사회 시스템을 바꾸는 것 이상의 싸움을 해야 해요. 어떻게 악한 영이 시대의 분위기를 만들어 가는지 영적인 눈으로 보고 그것과 싸울 신령한 힘이 필요 합니다.

바울은 에베소 교인들에게 '성령의 전신갑주'를 입으라고 말했어요. 마치 로마 병사들이 갑옷을 입고 전쟁에 나가는 것처럼, 우리도 영적인 싸움을 위해 무장해야 한다는 거죠.

전신갑주는 여러 부분으로 이루어져 있어요. 먼저 '구원의 투구'는 단순히 나 혼자 천국 가는 구원이 아니라, 이웃과 마을, 지구 전체를 구원하는 새로운 구원관으로 우리의 생각을 무장하는 거예요. '진리의 허리띠'는 새로운 생명과 생태 지식을 탐구하며 새로운 문명을 창조하는 데 힘쓰는 것을 의미해요. '믿음의 방패'는 공중 권세의 흔들리는 공격에도 믿음을 지키는 방어막이고, '의의 호심경'은 정의로운 마음으로 무장하는 방탄복 같은 역할을 해요.

그리고 '복음의 신'은 생명과 정의, 평화의 기쁜 소식을 전하기 위해 나아가는 발걸음을 의미하고, 마지막으로 '성령의 검'은 하나님의 말씀으로 낡은 세상을 이기고 새로운 세계를 향해 나아가는 공격 무기랍니다. 이 모든 것으로 완전 무장할 때, 우리는 '공중 권세'에 맞서 싸울 수 있어요.

구원의 투구라는 새로운 구원관 , 진리로 너희 허리 띠를 띠고 :
새로운 지식이 필요 , 흔들리지 않는 믿음의 방패 /성령의 검 : 말씀으로
낡은 세계관 돌파 /복음의 신을 신고 새 진리 전파

교우여러분 특별히 오늘과 같은 문명 전환기에는 낡은 문명과 새로운 문명사이에 문명의 갈등과 충돌이 심합니다. 참 복음적 교회는 세상의 저항과 맞서서 신령한 문화와 변혁을 창출할수 있어야 합니다. 이처럼 문명 전환기에는 영적 문화전쟁이 일어날수 뿐이 없는데 바로 그 영적 전쟁이 가장 심했던 에베소에서 낡은 헬라문화와 새로운 그리스도 문명이 충돌을 했고 이러한 영적전쟁 상황에서 그 영적 전쟁을 위해 전신갑주로 무장하라는 말씀이 나오는 것입니다.

에베소서 6장의 완전 무장이란 무엇인가/

1. 공중권세와 대항하기 위한 구원의 투구; 개인구원 넘어선 이웃 마을 지구촌 자연 생태게 구원이라는 새로운 구원관
2. 진리로 너희 허리 띠를 띠고 : 새로운 문명을 창조하는 새로운 생명 생태 지식에 대한 탐구와 몰두가 필요하다.
3. 믿음의 방패 의의 호심경 : 자기애에 빠진 유아적 낡은 무한 경쟁 각자 도생의 신앙과 세계관에 흔들리지 않는 방패와 호심경(방탄복),
4. 성령의 검 : 말씀으로 낡은 세계관 돌파하고
5. 복음의신을 신고 새로운 생명 정의 평화의 복된 소식을 전하는 아름다운 복음 전파의 발이 되어야 한다.

오늘 우리에게도 '공중 권세'에 흔들리지 않는 삶, 가능할까요?'공중 권세'는 계속해서 우리를 공격하고 우리의 믿음을 흔들려고 할 거예요. 탐욕이나 이기심, 세상의 성공만을 쫓도록 유혹하겠죠. 하지만 우리는 성령의 전신갑주를 입고 믿음의 방패로 공격을 막아낼 수 있어요. 우리는 성령의 검인 하나님의 말씀으로 잘못된 세상의 가치관을 물리치고 복음의 신을 신고 하나님이 원하시는 새로운 세상을 향해 나아가야 해요. 그 새로운 세상은 생명과 정의, 평화가 가득한 곳이랍니다.

'공중 권세'에 흔들리지 않는 삶은 가능해요. 혼자가 아니라 함께, 연합된 힘으로, 그리고 성령의 전신갑주로 완전 무장할 때 말이죠. 우리 모두 '공중 권세'에 맞서 싸우는 용감한 하나님의 전사가 되기를 응원합니다!

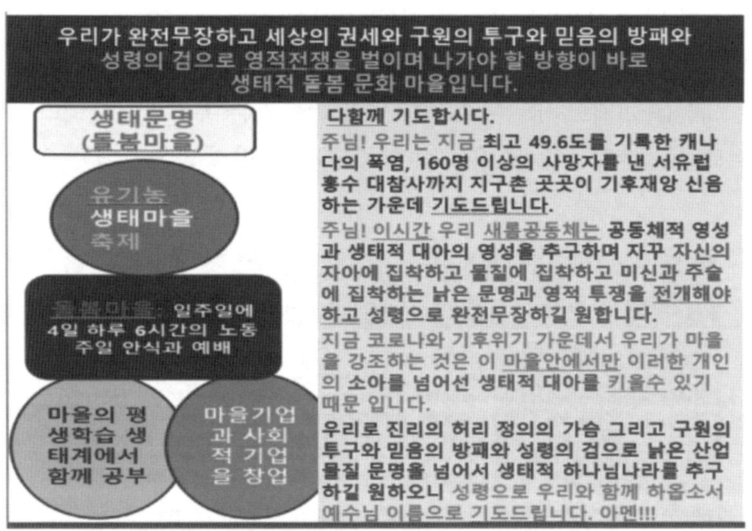

20. 로마를 뒤흔든 낯선 종교, 로마서의 혁명적인 예배 이야기!

1. 로마 사람들은 왜 기독교 예배를 낯설어했을 까요?

옛날 로마 사람들에게 기독교는 아주 낯선 종교였어요. 로마에서는 큰 신전에서 제물을 바치는 제사를 드렸는데, 주로 피 흘리는 희생 제물과 연기를 피워 올리는 방식이었죠. 이런 제사는 신의 분노를 달래고 재앙을 막아달라고 비는 의미가 컸어요.

2. 피와 공포의 제사 vs. 사랑과 환대의 예배

"

로마 제사는 신에게 제물을 바치며 피 흘리는 희생이 필수적이었어요. 사람들은 공포와 두려움 속에서 신을 달래려 했죠. 로마인들은 큰 신전에서 제물을 바쳤어요. 제물을 바친다는 것은 동물을 희생시키는 것을 뜻해요. 희생된 동물의 피 냄새가 진동하고, 신에게 드리는 연기가 피어올랐죠. 로마인들은 이런 제사를 통해 자신들의 죄와 문제, 그리고 공포와 두려움이 신에게 전달되어 해결된다고 믿었어요.

로마제국은 매년 정해진 시기에 이러한 희생 제사를 드리는 것이 일반적인 예배 방식이었답니다. 하지만 기독교 예배는 달랐어요. 로마인들에게는 이런 피와 연기 없이 드리는 초대교회의 예배가 정말 이상하고 낯설게 느껴졌을 거예요. 초대교회는 동물 희생 없이 기도하고, 찬양하고, 무엇보다 이웃을 사랑하고 환대하는 것이 영적 예배라고 가르쳤죠.

이는 공포가 아닌 사랑에 기반한, 아주 혁명적인 예배의 영적변화였답니다.이러한 새로운 종교는 로마인들에게 이상하고 위험하면서도 동시에 매력적이었다고 해요. 이런 낯선 예배 방식이 로마 제국을 뒤흔들었죠. 그러면 피와 연기 대신 '이것'으로 드리는 예배, 과연 무엇일까요?

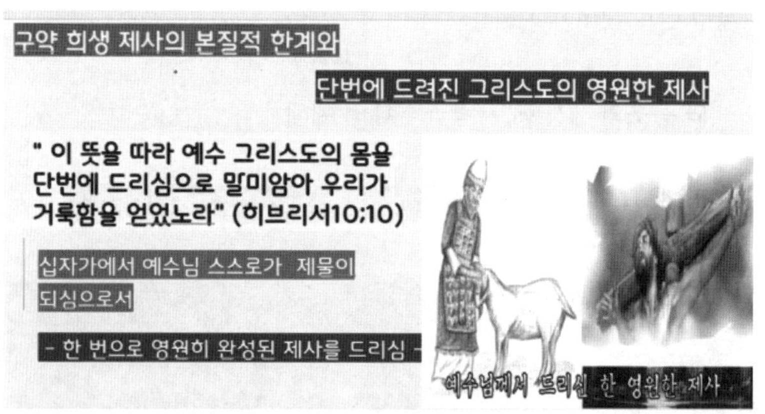

"이 뜻을 따라 예수 그리스도의 몸을 단번에 드리심으로 말미암아 우리가 거룩함을 얻었노라"히브리서10;10)

히브리서 기자는 예수 그리스도가 '단번에' 그리고 '영원히 온전한' 제사를 드리셨다고 강조합니다. 그 이유는예수님의 십자가 희생으로 모든 죄와 두려움, 공포가 사라졌다고 믿었기 때문이죠. 그래서 초대교회 교인들은 십자가에서의 예수님의 단 한번의 희생제사로더 이상 동물을 죽여 피를 흘리는 방식으로서의 "피와 연기"의 낡은예배 형식을 폐지할수 있었던 것이지요.정말 혁명적인 변화가 아닐 수 없어요.

3. 영적예배란 무엇인가?

로마 종교 vs. 초기 기독교 예배: 한눈에 비교하기

분류	고대 로마 종교	초대 기독교 예배
제사장의 역할	국가가 공인한 기술 전문가. 정확한 의례 수행으로 신의 호의를 확보함. [98]	모든 믿는 자가 제사장. 특별한 계급 없이, 서로를 섬기고 하나님께 영적 제사를 드림. [99]
예배의 목적	Pax Deorum 유지, 재앙 방지, 국가의 번영을 위한 거래적 관계. [102]	하나님과의 친밀한 관계, 그리스도의 희생을 기념하고 공동체적 교제와 영적 성장을 추구함. [103]
주요 의식	동물 제사, 향과 곡물 제사, 신상 봉헌. '연기와 냄새'는 신에게 바치는 주요 매개체. [106]	성만찬(성찬식), 말씀 낭독과 강론, 공동체 식사(애찬), 기도와 찬양. [107]
예배 장소	신전, 공공 제단, 도로변 제단 등 특정 장소. [110]	주로 개인의 집(가정교회). [111]
제물의 종류	양, 소 등 짐승의 희생과 향, 포도주, 꿀 등. [114]	예수 그리스도라는 '단 한 번의 영원한' 희생 제사. 이후 영적 제사(기도, 찬양, 봉사 등). [115]

"너희 몸을 하나님이 기뻐하시는 거룩한 산 제사로 드리라 이는 너희의 드릴 영적 예배니라"(롬12:1) 그렇다면 기독교인들은 어떻게 예배를 드렸을까요? 바로 '영적 예배'를 드렸답니다. 영적 예배란 기도하고, 말씀을 듣고, 찬양하며, 이웃을 섬기는 것을 말해요. 단순히 종교적인 의식을 넘어, 로마서 12장1절에서 이야기 하는 우리의 삶 자체를 산제물로 드리는 영적 예배를 드리기 시작한 것이죠. 이처럼 영적 예배란 동물을 죽여 그 피로 드리는 죽은 예배가 아니라, 우리 자신의 삶을 산 제물로 드리는 것, 즉 살아있는 몸으로 하나님의 말씀을 읽고, 기도하고, 찬양하고, 이웃을 돌봄고 환대하는 하나님이 기뻐하시는 거룩한 예배를 드리는 거예요

4. 공포와 불안에서 벗어나, 사랑으로 드리는 영적 예배는 어떤 모습일까요?

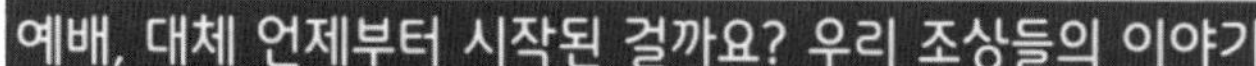

고대 로마의 여러 종교들은 인간의 근원적인 공포와 불안을 기반으로 했어요. 왜냐하면 옛날 사람들은 지진이나 홍수 같은 자연재해, 또는 맹수들의 위협 앞에서 한없이 약했기 때문이죠. 그래서 신에게 잘 보이기 위해 제물을 바치고, 화를 달래려고 애썼던 거예요. 공포감을 조성해야 신자들이 더 많이 찾아왔다고 생각하기도 했죠. 하지만 기독교 예배는 이런 공포와 불안과는 거리가 멀어요. 오히려 사랑과 환대를 기반으로 한답니다. 예수님은 우리가 감당하기 어려운 난민, 장애인, 아픈 사람들 같은 이웃들에게 아낌없이 은혜를 베풀어야 한다고 가르치셨어요. 심지어 죄인들이나 사회적으로 소외된 사람들도 차별 없이 맞아주셨죠. 것이 바로 예수님께서 보여주신 환대의 가장 완벽한 모범이랍니다. 사랑과 환대를 통해 돌봄과 환대의공동체를 형성하는 것이 가장 중요하고 진정한 영적 예배의 모습인 것이지요.

5. 예배의 공간이 신전에서 가정으로, 삶의 현장으로!

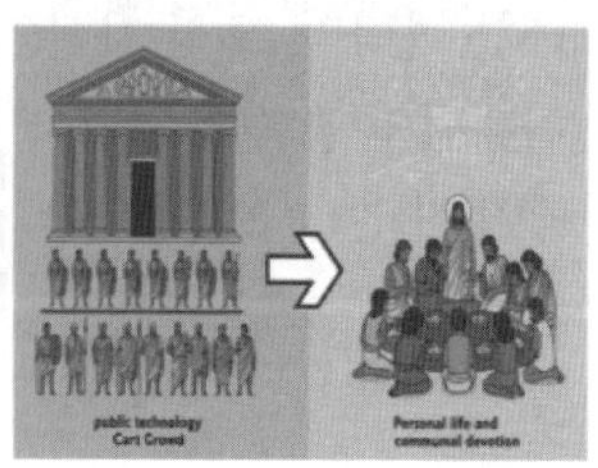

예배 장소도 로마는 신전이나 공공 제단 같은 특정 장소를 사용했지만, 기독교는 주로 개인의 집, 즉 가정교회에서 모였어요. 제물 또한 큰 차이였죠. 로마는 양이나 소 같은 짐승의 희생과 향, 포도주, 꿀 등을 바쳤지만 기독교는 예수 그리스도라는 '단 한 번의 영원한' 희생 제사를 믿었고, 이후에는 기도, 찬양, 봉사 같은 영적인 제사를 드렸답니다. 이처럼 로마의 '기술적, 거래적' 종교와 기독교의 '관계적, 헌신적' 예배는 근본적인 차이가 있었던 거예요

예배의 개념이 바뀌면서, 예배 드리는 공간도 크게 달라졌어요. 신전이 아닌 '우리 집'에서 드리는 예배, 어떻게 가능했을까요?로마 시대의 전통적인 예배는 주로 신전에서 이루어졌어요. 제사장들이 제물을 바치고 복잡한 의식을 진행하는 곳이었죠. 하지만 기독교는 이런 공간의 제약을 없애버렸답니다. 기독교 예배는 가정집이나 생활 영역, 마을 공동체 안으로 들어왔어요. 이제 더 이상 특정 신전에서만 예배를 드리는 것이 아니라, 우리 삶의 모든 공간이 예배의 장소가 될 수 있다는 뜻이죠.

6. "너희는 택하신 족속이요 왕 같은 제사장들이요
   거룩한 나라요 그의 소유가 된 백성이니"(벧전2;9)

이러한 변화와 함께 또 다른 혁명적인 개념이 등장했어요. 바로 '만인 제사장' 사상입니다. 옛날에는 제사장만이 신과 인간을 연결하는 특별한 역할을 했지만, 기독교에서는 모든 사람이 제사장이라고 가르쳐요. 즉, 신앙인이라면 누구든지 말씀을 읽고 기도하며 이웃을 섬기는 예배를 드릴 수 있다는 것이죠.

제사장 폐기 - 후견인 브로커 폐기
만인사제장 (평신도는 구경꾼이 아니다)

베드로전서 2:9는 "너희는 택하신 족속이요 왕 같은 제사장들이요 거룩한 나라요 그의 소유된 백성이니"라고 하여, 만인 제사장직의 탄생을 선언합니다. 이는 희생제에서 벗어나 찬양(히브리서 13:15)과 환대로의 이동을 상초기 교회에서 사랑 잔치(agape feasts)와 자선으로 실천되었습니다. 예수의 가르침(누가복음 14:12-14)처럼, 가난한 이를 초대하는 환대는 하나님 나라의 가치입니다.

성경 구절	주요 내용	관련 주제
베드로전서 2:5-9	신자들이 영적 집으로 세워져 제사 드림	만인 제사장 탄생
히브리서 10:1-14	동물 제사 불완전, 그리스도 한 번 제물	동물 제사 폐기
히브리서 13:1-16	환대와 선행을 제사로 제시	이웃 환대 윤리
사도행전 2:42	가정 모임에서의 교제와 예배	가정집 전환
디모데전서 2:5	그리스도 유일 중보자	브로커 폐기

이는 마치 우리 스스로가 제사장이 되어 하나님과 직접 소통하고, 우리의 삶을 통해 예배를 드리는 것과 같아요.이제 초대 교회는 더 이상 교회 하나님과 우리 사이의 '브로커'가 필요 없는 '주인'들의 공동체, 즉 우리위에 군림하는 제사장 없이, 모두가 스스로 제사장이 되는 만인 제사장의 교회

가 됩니다. 교회의 손님이나 부속품이 아닌 주인으로서 적극적으로 참여하여 예배만 드리는 곳이 아닌, 사랑과 봉사와 환대를 실천하며, 하나님의 은혜와 선물을 나누는 공동체가 되었어요. 이는 우리 모두가 스스로 왕 같은 제사장이 되어야 한다는 뜻이죠.

7. '왕 같은 제사장'인 우리, 어떤 삶을 살아야 할까요?

베드로 전서에 나와 있는 초대교회의 모든 신자가 '왕 같은 제사장'이라는 가침은 정말 놀라운 의미를 담고 있어요. 이건 "너희는 죄인이다"라고 말하며 복종을 요구하는 것이 아니라, 모든 신자에게 주체적인 역할을 부여하는 것이죠. 우리는 더 이상 하나님과 우리 사회 사이의 중개자, 즉 브로커가 필요 없는 존재가 된 거예요. 우리 스스로가 제사장이 되어 능동적으로 신앙생활을 해야 한답니다.

이러한 신앙의 전환은 우리 삶에 큰 영향을 미쳐요. 우리는 교회의 구경꾼이나 소비자가 아니라, 제사장이자 주인이 되어야 한다는 것이죠. 단순히 교회에 다니는 것을 넘어, 우리가 바로 교회가 된다는 뜻이랍니다. 그래서 마을교회는 마을의 마당이 되어, 마을 사랑과 함께 공의의 역할을 해나가야 해요. 우리가 받은 은혜와 선물을 우리 교회 공동체와 마을 공동체와 함께 나누며, 사랑과 환대를 실천하는 삶을 통해 하나님 나라를 이루어가는 것이 바로 '왕 같은 제사장'인 우리의 역할인 것이죠.

8. 공포와 불안을 넘어, 사랑으로 이웃을 환대하는 공동체

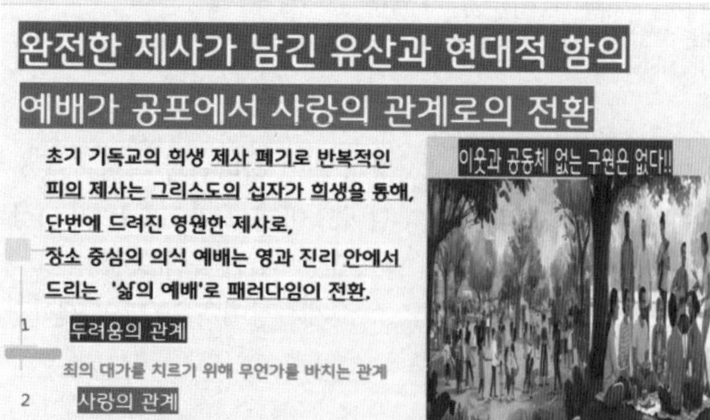

종교는 원래 인간의 근원적인 공포와 불안에서 시작되었다고 해요. 하지만 예수님은 이런 공포와 불안을 철폐하고, 사랑과 환대를 가르치셨어요. 이웃을 조건 없이 환대하는 것은 단순히 착한 행동이 아니라, 하나님께서 우리에게 베푸신 은혜와 선물을 우리도 이웃에게 나누는 것과 같아요. 예수님처럼 차별 없이 사람들을 맞아주고 환대하는것이 것이 바로 "너희 몸을 하나님이 기뻐하시는 거룩한 산 제사로 드리라 이는 너희의 드릴 영적예배니라"라는 초대교회가 가르친 진정한 영적예배입니다.

21. 바울의 제3차 전도여행: 겐그리아부터 밀레도에서 예루살렘 까지!

바울의 제3차 전도여행 =겐그리아, 밀레도, 예루살렘까지, 사도바울의 사명 완수를 향한 불굴의순례=

바울은 소아시아의 중심도시인 에베소에서의 마지막 선교여행인 3차선교 여행을 시작합니다.

1. 고린도에서 2차 선교여행의 사역을 마친 바울은 항구 도시 겐그리아에서 배를 타고 수리아로 떠나기 전에 아주 독특한 행동을 했어요. 바로 머

리를 깎은 것이죠. 이 삭발은 아주 깊은 의미를 가지고 있어요. 바울의 삭발은 단순한 이발이 아니었답니다 그 속에는 깊은 의미가 숨겨져 있었어요! 바울은 고린도에서 감옥살이를 했다고 해요. 그는 감옥에서 겪은 고통을 "내 몸의 가시(스콜롭스)"라고 표현했죠. 이 스콜롭스는 큰 못이나 고문 도구를 뜻하는 말로, 그 고통이 얼마나 심했는지 짐작하게 한답니다. 마치 저 승사자가 찾아온 것 같은 죽을 만큼 힘든 고통 속에서 바울은 간절히 기도했을 거예요. 어쩌면 감옥에서 풀려난다면 하나님의 일을 목숨 바쳐 더 열심히 하겠다고 맹세했을 수도 있죠.

바울의 삭발은 고린도에서 2차 전도여행을 마치고 에베소에서의 3차 전도여행을 출발하기에 앞선 바울의 약속과 결의를 보여주는 행동이었을 거예요. 우리가 함께 기억해야할 것은 바울이 머리를 민 장소는 고린도 동쪽 항구인 겐그리아였다는 사실 입니다.

그런데 이곳 겐그리아에는 뵈뵈라는 아주 중요한 인물이 있었답니다. 로마서16장에 뵈뵈가 가장 먼저 언급되는데, 이는 뵈뵈가 로마 공동체에서 매우 권위 있는 인물이었음을 보여줘요. 바울은 자신이 잘 모르는 로마 공동체에 편지를 보낼 때 뵈뵈의 권위에 의존했다고 해요. 만약 뵈뵈가 바울의 삭발 의식을 주관했다면, 이는 단순히 바울 개인의 행동을 넘어 로마 공동체에 큰 영향을 미쳤을 거예요.

뵈뵈의 존재는 바울의 삭발에 전략적인 의미를 더해주는 중요한 단서가 된답니다. 만약 겐그리아에서 뵈뵈가 바울의 삭발 의식을 집례하고, 그 소식이 로마에 전달되었다면 로마서의 메시지에 엄청난 무게감이 실렸을 거예요. 바울의 삭발은 단순히 머리를 미는 개인적 결단을 넘어, "이방인과 유대인, 남자와 여자, 자유인과 종 사이에 어떤 차별도 없는 복음을 전하겠다"는 그의 강력한 선언이었습니다. 그리고 이러한 선언은 후에 뵈뵈를 통해 로마 공동체에 서신을 전할때, 이러한 강력한 메시지를 전하기 위한 사전 결단적 의미가 담긴 행위였다고 볼 수 있습니다.(김진호 목사).

2. 바울은 에베소를 아시아 지역 복음화를 위한 전략적 거점으로 삼다.

에베소의 도시적 특성과 선교

에베소의 특성	관련 유적/장소	초대교회 선교적 활용
상업·무역 중심지	항구, 상업 아고라	다양한 지역 상인 및 여행객에게 복음 전파
학문·문화 도시	셀수스 도서관, 극장	지식인과 대중에게 공개적 복음 강론
우상숭배 본거지	아데미 신전	복음의 능력으로 우상숭배 문화 변화
행정 중심지	로마 속주 수도	제국 전역 복음 확산의 전략적 거점

바울은 제 3차 전도여행의 중심 사역지로 에베소를 선택했어요. 무려 3년 가까이 이곳에 머물며 집중적으로 복음을 전했답니다. 기존에는 여러 도시를 순회하며 복음을 전했다면, 2차 전도여행의 마지막 지점인 고린도 교회부터는 특정 거점 도시에 집중하는 전략으로 바뀐 것이죠. 특별히 에베소는 로마 제국의 중요한 행정 중심지였고, 무역의 허브였기 때문에 복음이 확산되기 아주 좋은 곳이었답니다. 안정되고 질서 잡힌 환경은 선교 활동에 큰 도움이 되었어요.

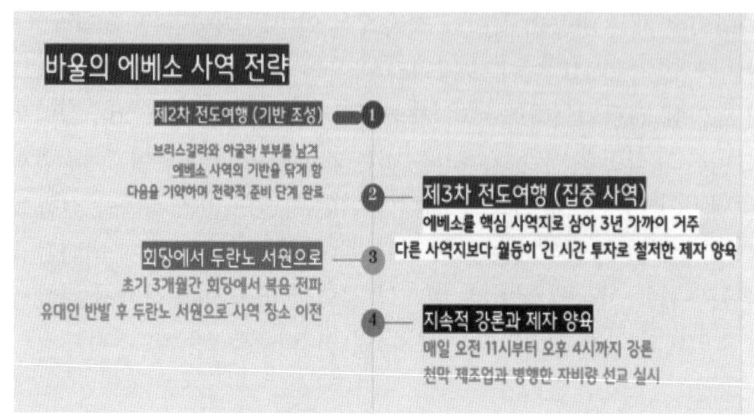

바울은 제2차 전도여행 때 브리스길라와 아굴라 부부를 에베소에 남겨 두어 선교의 기반을 다지게 했죠. 그리고 제 3차 전도여행때 다시 와서 집중적인 사역을 펼쳤답니다. 에베소는 당시 아시아 지역에서 상업과 종교의 중심지였어요.바울은 이런 에베소를 아시아 지역 복음화를 위한 전략적 거점으로 삼았답니다. 에베소는 말 그대로 복음의 심장이 뛰던 도시였던 셈이죠.

3. 두란노 서원에서 펼쳐진 놀라운 사역! 무엇이 달랐을까요?

바울은 에베소에서 처음 3개월 동안 회당에서 하나님 나라에 대해 설교했어요. 이후에는 두란노 서원으로 자리를 옮겨 2년 동안 매일 강론하며 아시아에 사는 모든 사람이 주의 말씀을 듣게 했죠. 바울의 손수건이나 앞치마만 닿아도 병이 낫고 악귀가 떠나는 놀라운 기적과 표적이 나타났답니다. 마술을 행하던 많은 사람들이 회개하고, 은 오만 개 값어치의 마술 책들을 불태우는 사건까지 일어났어요. 에베소는 풍요와 다산의 여신인 아데미 숭배의 중심지였어요. 아데미 신전은 고대 세계 7대 불가사의 중 하나로 꼽힐 만큼 웅장하고 아름다웠죠. 이 숭배는 단순히 종교적인 믿음을 넘어 도시의 문화와 경제를 지탱하는 거대한 시스템이었답니다. 바울은 이런 강력한 우상 숭배 문화에 과감하게 도전했어요. 그는 학문의 중심지였던 셀수스 도서관과 대형 극장 같은 곳들을 활용했죠. 특히, 두란노 서원에서 2년 동안 매일 강론하며 이교 문화의 학문적, 대중적 공간을 복음 전파의 강단으로 삼는 파격적인 전략을 택했답니다.

4. 바울의 특별한 일상! 천막 제작과 강론의 비밀은?

바울은 아침에 천막을 만드는 노동을 통해 생계를 유지하는 자비량 선교를 했어요. 그리고 하루 중 가장 무더운 시간대인 오전 11시부터 오후 4시까지는 두란노 서원에서 강론을 했답니다. 사람들이 가장 한가한 시간을 활용해서 복음을 들을 수 있도록 한 것이죠. 저녁에도 천막 제작으로 생계를 이어가며 경제적 독립성을 유지했어요.

활동	시간대	내용
천막 제작	오전	생계를 위한 노동 (자비량 선교)
강론	오전 11시 - 오후 4시	두란노 서원에서 복음 전파
천막 제작	저녁	생계 유지 (경제적 독립)

이는 단순히 시간을 효율적으로 관리하는 것을 넘어, 복음이 특정 계층만의 것이 아니라 노동자들의 삶에도 깊이 뿌리내릴 수 있음을 실천적으로

보여준 것이었어요. 복음이 지적인 진리인 동시에 삶의 현실에 적용되는 실제적인 가치임을 강조하는 새로운 사역 모델을 제시한것이랍니다.

브리스길라와 아굴라 부부는 바울과 똑같이 천막을 만드는 직업을 가진 자비량 선교사였어요. 이들 부부는 자신들의 집을 가정교회로 제공하며 초대교회의 핵심 사역을 감당했죠. 브리스길라와 아굴라 부부는 다양한 배경을 가진 동역자들이 함께 협력하여 복음을 확장하는 선구적인 팀 사역 모델을 보여주었어요.

5. 에베소에서 소아시아 전역으로! 복음 확산의 파급 효과!

바울이 두란노 서원에서 2년 동안 강론한 결과는 정말 놀라웠어요. 성경에는 "아시아에 사는 유대인과 그리스 사람들이 모두 주님의 말씀을 듣게 되었다"고 기록되어 있답니다. 에베소는 로마 제국의 교통과 무역의 요충지였기 때문에, 이곳에서 집중적으로 전파된 복음은 도시를 오가는 상인들과 여행객들을 통해 주변 지역으로 자연스럽게 퍼져나갔어요.

이런 파급 효과 덕분에 바울이 직접 방문하지 않은 골로새, 히에라폴리스 등의 도시에도 교회들이 세워졌답니다. 에베소는 '선교의 산실'로서의 기능을 성공적으로 수행한 것이죠. 한 도시에서의 집중적인 사역이 전 지역을 복음화하는 강력한 모델이 된 것이에요. 에베소를 거점으로 한 바울의 선교 전략은 복음이 효율적으로 확산되는 데 큰 역할을 했어요.

유연한 사역 방식과 공동체 기반의 팀 사역은 복음이 더욱 견고하게 뿌리내리도록 도왔죠. 가장 감동적인 부분은, 자신에게 결박과 환난이 기다리고 있다는 것을 알면서도, 자신의 생명조차 귀하게 여기지 않고 맡겨진 길을 끝까지 가겠다는 굳은 다짐을 한 것이었어요.

왜 에베소였을까? 바울의 선교 전략 대전환!

카테고리	내용	비고
바울의 선교 전략	3차 전도여행의 중심 사역지로 에베소 선택	3년 가까이 머물며 복음 전파
전략적 변화	이전의 여러 도시 순회 방식에서 한 곳 집중 전략으로 전환	
에베소의 중요성	• 로마 제국의 중요한 행정 중심지 • 무역의 허브 역할	복음 확산에 유리한 지리적, 사회적 환경
복음 확산 환경	물류 중심지처럼, 에베소에서 퍼진 복음이 주변 지역으로 쉽게 확산 가능	
사전 준비	2차 전도여행 때 브리스길라와 아굴라 부부를 에베소에 남겨 선교 기반 마련	3차 전도여행 시 집중적인 사역 가능

6. 밀레도 설교: 바울의 마지막 당부와 영원한 유산

바울은 에베소 장로들을 밀레도로 불러 감동적인 설교를 전했어요. 그는 먼저 자신이 에베소에서 3년 동안 어떻게 사역했는지 진솔하게 회고했죠. 그리고 앞으로 교회에 사나운 이리들이 들어와 양 떼를 해칠 것이라고 경고했어요. 또한, 목회자들이 어떤 자세로 교회를 섬겨야 하는지 모범을 보이며, "주는 것이 받는 것보다 복이 있다"는 예수님의 말씀을 기억하라고 당부했답니다. 이 설교는 바울의 진심 어린 사랑과 미래 교회를 향한 그의 염려를 보여주는 소중한 유산이에요.

7. 예루살렘 구제 헌금: 유대인과 이방인의 아름다운 연합.

바울의 3차 전도여행의 마지막 사역 중 하나는 예루살렘 구제 헌금이었어요. 이 헌금은 단순히 어려운 교회를 돕는 것을 넘어, 복음 안에서 이방인과 유대인이 하나 되는 것을 상징하는 아주 중요한 행위였답니다. 당시 유대인과 이방인 성도들 사이에 율법 문제로 갈등이 많았는데, 이 헌금은 바울이 평생을 걸고 추구했던 유대인과 이방인 교회의 아름다운 연합을 상징하는 가시적인 증거였어요. 이방인들이 유대인에게서 받은 영적인 복음에 대한 빚을 물질적인 나눔으로 갚는다는 의미도 있었죠.

또한, 그리스도 안에서 분열된 공동체가 하나 됨을 증명하고 서로 사랑과 존경을 확인하는 신앙적 실천이었답니다. 헌금은 투명하게 운반되었어요. 각 교회에서 선출된 대표자들과 함께 헌금을 옮겨, 사람 앞에서도 정직한 모범을 보였죠. 바울이 예루살렘으로 구제 헌금을 운반할 때, 그는 혼자 가지 않았어요. 각 교회의 대표자들인 7인의 동행자들과 함께 갔답니다.

동행한 각 교회 대표자 명단

바울과 함께 예루살렘으로 구제 헌금을 운반한 7인의 각 교회 대표자들은 이 사역의 범교회적 성격을 명확히 보여줍니다.

대표자 이름	출신 지역/교회	성경적 근거
소바더	베뢰아(마게도냐)	사도행전 20:4
아리스다고	데살로니가(마게도냐)	사도행전 20:4
세군도	데살로니가(마게도냐)	사도행전 20:4
가이오	더베(길라디아)	사도행전 20:4
디모데	루스드라(길라디아)	사도행전 20:4
두기고	아시아	사도행전 20:4
드로비모	아시아	사도행전 20:4

여기에는 아주 중요한 의미가 담겨 있었어요. 첫째는 재정적 투명성을 확보하기 위함이었어요. "아무도 우리를 비방하지 못하게 하려 함" 이라는 말씀처럼, 주님 앞에서뿐만 아니라 사람 앞에서도 선한 일을 조심하려는 바울의 윤리적 리더십을 보여준 것이죠. 둘째는 영적 대리인 역할을 위해서였어요.

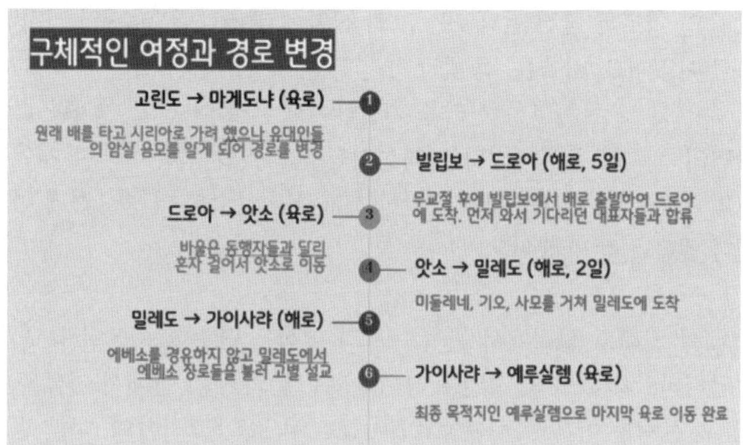

이 농행자들은 각 지역 교회의 '신임장'을 받은 대표들이었기에, 헌금이 자발적이고 진정한 마음에서 우러나온 것임을 증명할 수 있었답니다. 셋째는 물리적 안전 보장 때문이었어요. 유대인들의 암살 음모가 빈번했던 상황에서 바울과 소중한 헌금 모두를 안전하게 보호하는 역할을 했답니다. 바울은 이처럼 지혜로운 방법을 통해 예루살렘 구제 헌금을 통해 민족과 문화의 장벽을 허무는 복음의 힘을 보여주었죠.

8. 바울의 '고난의 신학'은 무엇이었을까요?

바울의 이토록 굳건한 태도는 그의 신학에 뿌리내린 '고난의 신학'에서 나온 것이었어요. 바울은 "육체의 가시"라는 고통스러운 고난을 겪었죠. 그 고난 속에서 그는 놀라운 진리를 깨달았어요. 바로 자신의 연약함 속에서 하나님의 능력이 온전해진다는 역설적인 진리였답니다. 이러한 개인적인 고난의 경험은 바울이 육체의 편안함보다 사명 완수를 더 중요하게 여기는 굳건한 믿음을 갖게 했어요.

그래서 밀레도 설교에서 보여준 그의 결심은 단순한 죽음의 각오가 아니었답니다. 그리스도의 고난에 참여하고 그분의 사랑 안에서 기쁨을 찾는 그의 삶 전체를 아우르는 신앙고백이었죠. 바로 겐그리아의 삭발, 밀레도 고별 설교, 그리고 예루살렘 구제 헌금이죠. 겐그리아의 삭발은 바울은 고난을 통해 더욱 강해졌고, 그것이 곧 하나님의 능력으로 이어진다는 그의 삶 자체가 고난 속에서 피어난 믿음의 증거였답니다.

겐그리아의 삭발부터 밀레도 고별 설교, 그리고 예루살렘 구제 헌금까지의 바울의 모든 고난의 여정은, 바로 예수님의 십자가 이야기 처럼, 이후 모든 그리스도인의 삶에 영원한 모범이 되었답니다. 바울의 발자취를 따라가며 우리도 복음의 능력으로 세상을 변화시키는 하나님의 사람으로 살아가기를 소망합니다.

---

22. 바울 선교의 두가지 핵심 엔진, 두란노와 겐그레아.

한국 교회가 왜 이렇게 욕을 먹을까요? 한국 교회의 닫힌 문, 어떻게 열어야 할까요?

한국 교회가 요즘 사회에서 많이 어렵다는 이야기, 들어보셨나요? 교회가 사회와 점점 멀어지고, 신뢰를 잃고 있다는 걱정의 목소리가 커지고 있어요. 왠지 모르게 닫혀있다는 느낌을 주는 교회들이 많다는 인식이 있죠. 교회의 공신력 문제도 무시할 수 없는 상황이랍니다. 이러한 문제들을 해결할 방법은 없을까요?

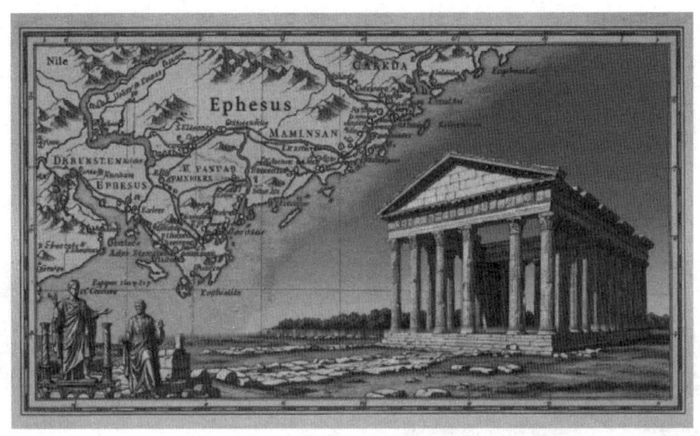

1. 우리는 사도 바울의 마지막 선교여행인 3차 선교여행에서 무엇을 배울수 있을까요? 초대 교회 시대에 복음이 빠르게 퍼진 가장 큰 이유 중 하나는 바로 바울의 선교 때문이에요. 바울 선교는 단순한 한 개인의 활동이 아니었답니다. 체계적이고 지속 가능한 방식으로 복음을 전파했던 구조적인 메커니즘이었죠.

우리는 바울의 세 번째 선교여행(기원후 52-56년경)을 중심으로 살펴볼 거예요. 이 시기에 바울 선교를 성공으로 이끈 두 가지 핵심 엔진이 있었답니다. 하나는 지적 신앙적 리더십 엔진으로, 에베소에 있던 두란노 서원모델이에요. 다른 하나는 관계적 선교후원 엔진인데, 겐그레아의 뵈뵈 그룹이 중심이었죠.

이 두 엔진 때문에 바울의 선교는 핍박 속에서도 멈추지 않고 계속 돌아갈 수 있었고, 그 중심에있었던 바울의 고난의 신학이라는 강력한 에너지원 덕분이었답니다. 바울 선교를 깊이 들여다보는 것은 오늘날 무너져 가는 한국 교회가 새로운 선교 열정을 일으키는데아주 중요한 통찰력을 줄거예요.

2. 바울은 어디서, 어떻게 선교했을까요?

바울의 세 번째 선교여행은 참 전략적이었답니다. 먼저 수리아 안디옥에서 출발해서 갈라디아와 브루기아를 거쳐 제자들을 굳건히 했어요. 이 여행의 핵심 거점은 바로 에베소였죠. 에베소는 로마 아시아 속주의 수도이자 지중해 무역의 중심지였기 때문에 장기간 사역하기 좋은 전략적 요충지였어요.

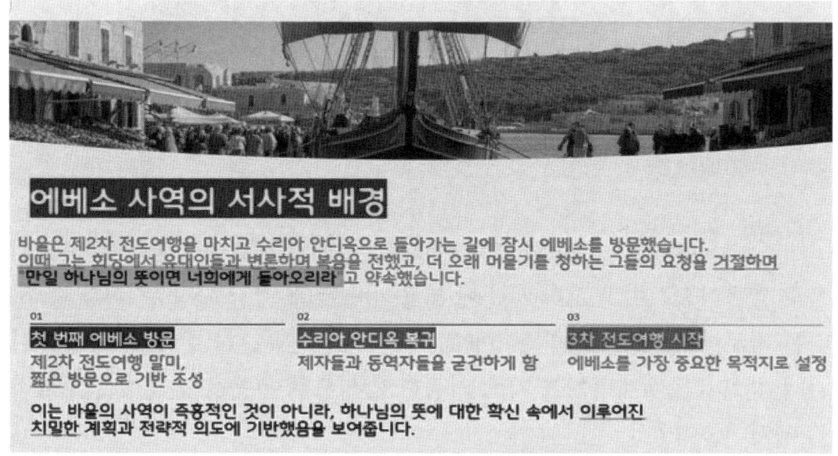

이후 바울은 마게도냐와 아가야를 다시 방문했어요. 고린도와 겐그레아 항구를 중심으로 교회를 돌보고 구제 헌금을 모았죠. 마지막 최종 목적지는 예루살렘이었어요. 이곳에서 구제 헌금을 전달하고 유대인과 이방인 교회의 연합을 이루려 했답니다.

바울은 복음을 효과적으로 전파하기 위해 전략적 요충지를 선택하는 데 아주 능숙했어요. 에베소는 지적인 교류와 상업의 중심지였고요. 겐그레아는 로마를 비롯한 서방 세계로 가는 물류와 교통의 핵심 거점이었답니다. 바울 선교의 기본 원칙은 성령의 인도를 최우선으로 삼는 것이었어요.

또한 복음의 핵심 진리는 굳게 지키면서도, 문화적인 요소에는 유연하게 대처하는 상황화의 원리를 따랐죠. 그리고 바나바, 실라, 디모데, 누가, 브리스가와 아굴라 같은 수많은 동역자와 함께 일하는 팀 사역을 중요하게 여겼어요. 바울의 선교는 결코 혼자가 아닌, 공동체적인 협력을 바탕으로 진행되었답니다.

▫ 바울 선교의 두 가지 핵심 엔진을 소개합니다!

구분	제1 엔진: 두란노 서원	제2 엔진: 겐그레아 뵈뵈 그룹
중심 사역	제자 훈련, 말씀 강론, 성경 교육, 지적 변론	재정 후원, 물류 지원, 보호(Patronage), 네트워크 관리
주요 장소	에베소 (행 19:9-10)	겐그레아, 고린도, 로마 연결 거점 (롬 10:1)
핵심 인물	전문 교사, 리더십 후보자, 지성인	여성 사역자, 후원자(Patron), 동역자(Synergos)
선교 목적	사상적 기반 마련, 인력 양성, 교회 설립	선교사의 안전과 이동 보장, 전도 확산의 기반 제공
신학적 연결	복음 진리의 고수 및 확신 (지식적 겸손)	그리스도 안에서의 하나 됨 (갈 3:28), 사랑과 봉사

3. 바울이 첫 번째 선교엔진이 된 두란노 서원으로 독립해 나간 바울 선교의 비밀은 무엇일까요?

바울의 첫 번째 선교 엔진은 바로 지성적 신앙적 리더십 개발, 즉 두란노 서원모델이에요. 바울은 에베소에서 유대인 회당에서 말씀을 전하다가 반대에 부딪히자, '두란노 서원'이라는 헬라인의 철학 강단으로 사역의 장소를 옮겼답니다. 이곳에서 2년 동안 제자들을 집중적으로 훈련시켰고, 에베소에서는 총 3년 동안 사역했어요.두란노 서원은 정말 여러 가지 중요한 역할을 했어요. 첫째, 복음 확산을 위한 핵심 리더십을 훈련하는 제자 훈련 이었죠. 세례 요한의 제자 12명을 포함해서 지역 교회의 핵심 일꾼들을 길러냈어요.

둘째, 공적인 말씀 교육과 지적 변론을 위한 장소로 활용되었어요. 헬레니즘세계의 논리적 사고와 복음의 진리를 정면으로 대결시켰죠. 셋째, 교회 개척 기지의 역할도 했어요. 훈련받은 제자들을 아시아 전역으로 파송해서 토착 교회를 세우는 기반을 만들었답니다.

두란노 서원의 전략적 전환은 정말 의미 있었어요. 바울은 유대인의 공간(회당)에서 벗어나 이방 헬라인의 지적인 공간으로 옮겨갔죠. 이 모델은 몇 가지 혁신적인 특징이 있었어요. 기존 교육 시설을 활용해서 새로운 건물 투자 없이 사역을 전개한 재정적 효율성이 있었고요.

복음의 지적 우월성을 당대의 가장 논리적인 사고방식과 직접 대결시킨 지적 대결의 장이 되었답니다. 또한 단기적인 전도를 넘어 토착 교회설립과 장기적인 리더십 개발을 목표로 한 승법번식 전략을 사용했어요. 훈련 받은 제자들이 복음 메시지를 상황에 맞게 전달하며 새로운 지역에 교회를 개척할 수 있었죠.

이런 노력 덕분에 2년간의 집중적인 교육을 통해 "아시아에 사는 자는 유대인이나 헬라인이나 다 주의 말씀을 듣더라"는 놀라운 성과를 거두었답니다. 두란노 서원은 지적 신앙적 리더십을 개발하여 광범위한 지역 복음화를 이룬 중요한 기반이었어요.

4. 두번째 선교엔진이 된 든든한 지원군, '겐그레아 뵈뵈'는 누구일까요?
바울의 두 번째 선교 엔진은 바로 관계적 물류 후원, 겐그레아 뵈뵈 그룹이었답니다. 겐그레아는 고린도에서 동쪽으로 약 10.5Km 떨어진 항구 도시로, 무역과 상업의 중요한 요충지였어요. 로마를 비롯한 동방 세계와의 해상 교역을 위한 관문이기도 했죠. 바울은 2차 선교여행을 마치고 이곳에서 머리를 깎았는데, 이는 서바나(스페인)선교라는 큰 계획의 일부였을 거예요.

바울은 로마서를 통해 자신의 선교 비전을 제시했는데, 이 로마서를 로마에 전달한 사람이 바로 겐그레아의 뵈뵈라는 여성이었답니다. 바울이 에베소에 들어가기전 겐그레아에서 삭발을 했는데, 만약 당시 겐그레아에 살고 있던 상당한 재력가요 후견인이요, 선교일꾼인 뵈뵈가 바울의 삭발 의식을 주관했다면, 바울의 로마서에 담긴 메시지는 더욱 큰 힘을 얻었을 거예요. 그러므로 겐그레아에서의 바울의 삭발 의식은 단순히 머리를 미는 행위가 아니라, 로마 공동체를 향한 선교후원 메시지를 담은 전략적 선교행위였다는 이야기도 있습니다.(김진호 목사)

어찌되었든 뵈뵈는 로마서16장 1-2절에 바울의 특별한 사절로 소개되어요. 서기 56년경 바울이 고린도에서 로마서를 집필하고 뵈뵈가 육로로 2,100Km, 혹은 해로로 1,000Km의 험난한 여정을 통해 로마서를 운반했어요. 뵈뵈가 로마에 도착해서 로마 교회에 바울의 신학과 선교 비전을 전달하고 스페인 선교를 준비했답니다. 바울이 로마 교회를 직접 방문한 적이 없었기에, 뵈뵈의 임무가 성공하려면 그녀의 신뢰할 만한 자격이 매우 중요했죠. 바울은 로마 교회에 뵈뵈의 권위를 인정하고 "모든 일에 협력"해 달라고 구체적으로 요청했어요. 만약 뵈뵈가 이 중요한 서신을 무사히 전달하지 못했다면, 우리는 지금의 로마서를 만나지 못했을 거예요.

뵈뵈는 두 가지 중요한 정체성을 가지고 있었어요. 그녀는 디아코노스
(DiaKonos), 즉 교회의 일꾼이었어요. 겐그레아 교회의 일꾼으로 불리며, 공
적인 교회 직분(집사)을 가졌거나 최소한 교회의 열성적인 사역자였음을 의
미하죠. 또한 프로스타티스(Prostatis), 즉 보호자이자 후원자였어요.

이 후원자(프로스타티스)라는 말은 1세기 로마 사회에서 막강한 영향력을
지닌 후원자를 의미했어요. 바울이 뵈뵈에게 이런 강력한 단어를 썼다는
것은, 그녀가 정말 높은 사회적 지위와 탁월한 재정적 능력을 가진 사람이
었음을 보여주는 확실한 증거예요.

예를 들어, 로마서처럼 길고 복잡한 신학 서신을 작성하고 복사, 전달하는 데는 지금 돈으로 약 1만 달러(한화 약 1,300만 원) 정도의 엄청난 비용이 들었을 거라고 추정해요. 뵈뵈는 이런 모든 통신 비용을 후원했을 가능성이 아주 높았어요. 그녀는 단순히 돈만 대주는 사람이 아니라, 선교 사역의 전략적인 파트너로서 핵심적인 역할을 했다고 합니다.

"여러 사람과 나의 보호자가 되었음이라"는 로마서16장 2절의 말씀처럼, 고대 사회에서 프로스타티스는 사회적 지위와 재력을 바탕으로 재정 지원, 법적 보호, 사회적 영향력을 제공하는 후견인('Patron')을 뜻했답니다. 뵈뵈는 바울의 이동과 안전을 보장하고, 선교 사역의 물리적인 기반을 제공해서 바울의 선교를 지속 가능하게 만든 핵심 인프라였던 거죠.

그리스어 용어	1세기 상황에서의 의미	뵈뵈의 권위에 대한 함의	스페인 선교와의 관계
Diakonos (διάκονος)	집사, 사역자, 공식 전달자	겐그레아 교회에서 공식적으로 인정된 지도력	로마에서 외교적 신뢰도와 종교적 지위 확립
Prostatis (προστάτις)	후원자, 은인, 감독자	상당한 부와 사회적 지위	서방 선교의 재정 및 물류 기반 마련

- Diakonos는 겐그레아 교회의 공식 사역자를 의미해요. 이 직함은 그녀가 로마에서 수행할 외교적인 임무에 필요한 종교적인 권위를 부여했답니다. 겐그레아 교회에서 공식적으로 인정된 지도력을 바탕으로 로마에서 신뢰도를 확보할 수 있었던 거죠.

= 뵈뵈, 단순한 서신 전달자가 아니었다고? 그녀의 진짜 정체는!' 프로스타티스' 뵈뵈, 그녀는 1세기 로마의 슈퍼 후원자? =

5. 바울의 혁명적인 신학: 여성들을 선교의 주역으로 세우다!
바울은 "남자나 여자나 다 그리스도 예수 안에서 하나"라는 혁명적인 신학을 단순히 말로만 한 것이 아니었어요. 그는 이 말씀을 실제로 삶에서 실천했답니다. 당시 여성은 공적인 활동에서 배제되고 법적 권리도 제한적이었던 시대였는데, 바울은 이런 상황에도 불구하고 뵈뵈를 비롯한 많은 여성들을 선교의 핵심 동역자로 세웠어요.

겐그레아형 선교 엔진: 여성 리더십이 만든 기적

선교 엔진 구성 요소	설명	주요 역할
물류 네트워크	선교사들의 안전한 이동 및 물품 교환 시스템 구축	이동 및 보급 지원
관계 네트워크	신뢰 기반의 동역자 관계 형성 및 공동체 구축	상호 협력 및 지지
재정 안정성	지속적인 선교 활동을 위한 재정 확보	선교 지속성 유지
사회적 보호	선교사들을 위한 법적, 사회적 안전망 제공	안전 및 보호
거점 확보	선교사들이 안정적으로 머물며 사역할 수 있는 기지 마련	사역 기반 제공
여성 리더십	겐그레아 선교 엔진의 핵심 동력이자 기적의 원천	지속 가능한 선교 인프라 구축

　　로마서 16장에는 바울과 함께 사역한 다른 훌륭한 여성 동역자들이 많이 등장해요. 뵈뵈 외에도 브리스가와 아굴라 부부처럼 교회를 열고 가르친 여성 동역자, 마리아처럼 "너희를 위하여 많이 수고한" 봉사자, 그리고 드루베나, 드루보사, 버시스와 같이 "주 안에서 수고한" 자매들이 언급됩니다. 바울은 이처럼 여성 리더십과 은사를 최대한 활용하여, 복음 안에서의 완전한 평등을 선포하고 실천했던 거예요.

6. 두란노 서원과 겐그리아의 뵈뵈라는 두 선교 엔진은 어떻게 함께 작동했을까요?

현대 선교의 두 가지 핵심 엔진: 두란노와 겐그리아

엔진 종류	역할과 특징	현대적 적용
두란노 독립 말씀그룹	지적, 영적 리더를 키우는 핵심 그룹이에요. 기존 틀에 얽매이지 않고 자유롭게 말씀을 탐구하며, 바울의 선교 비전을 현대에 적용하려고 노력했어요.	오늘날에도 생각하는 믿음을 가진 리더를 키우고, 바울의 선교 전략을 창의적으로 적용하는 역할을 한답니다.
겐그리아형 뵈뵈 그룹	선교 비전이 현실이 되도록 돕는 든든한 지원군이에요. 재정적, 행정적 지원은 물론 사람들을 연결하고 봉사하며 비전을 뒷받침하는 중요한 역할을 해요.	겐그리아에서 바울이 머리를 깎은 것은 새로운 결심과 하나님과의 약속을 상징해요. 이 그룹은 그 결단의 정신을 이어받아, 선교 비전을 실제 행동으로 옮기는 실질적인 도움을 준답니다.

이 두 그룹이 마치 자동차의 두 엔진처럼 함께 움직일 때, 교회의 사역은 훨씬 강력해질 수 있어요.

바울 선교의 성공은 두란노 서원모델과 겐그레아 뵈뵈그룹이라는 두 가지 핵심 엔진이 서로 상호 보완적으로 작동했기 때문이에요. 이 두 엔진은 각기 다른 역할을 했지만, 함께 해야만 완벽하게 돌아갔답니다.

두란노 서원은 신앙적 지적인 기반을 마련하고 인력을 양성하는 역할을 했어요. 복음의 진리를 깊이 가르치고, 이 진리로 무장한 리더들을 키워냈죠. 반면 겐그레아 뵈뵈그룹은 선교사의 안전과 이동을 보장하고 재정적인 지원을 제공하는 물류 역할을 담당했어요. 아무리 똑똑한 리더들이 많아도 이동하고 생활할 수 있는 기반이 없으면 선교를 할 수 없겠죠.

그래서 두 엔진은 서로 없어서는 안 될 존재였어요. 지적인 깊이가 아무리 뛰어나도 이동과 생계가 보장되지 않으면 광범위한 사역 확산은 불가능하겠지요. 이렇게 신앙적 지적인 성장과 실질적인 후원이 균형을 이루며 바울 선교를 성공으로 이끌었답니다.

7. 바울 선교의 진짜 힘! '고난의 신학'(환난의 예산화 전략)은 무엇일까요?

바울의 두 선교 엔진, 즉 지적 훈련과 물류 지원은 정말 효율적인 구조였어요. 하지만 로마 제국의 핍박 속에서도 이 시스템을 계속 움직이게 한 근본적인 에너지는 바로 바울의 '고난의 신학'이었답니다. 바울에게 고난은 피해야 할 것이 아니라, 그리스도의 사역에 필수적으로 참여하는 요소이자 하나님의 능력을 받는 통로였어요. 3차 선교여행의 중요한 목표 중 하나는 마게도냐와 아가야 교회에서 모은 구제 헌금을 예루살렘의 가난한 성도들에게 전달하는 것이었어요.

예루살렘 구제사역중 사도바울은 수많은 오해와 고난을 당했지만, '고난의 신학'(환난의 예산화 전략)으로 견디어 나갔습니다. 이 예루살렘 구제헌금 운동은 성공과 실패의 여부를 넘어, 유대인과 이방인 사이의 화해의 문을 열고, 그리스도의 은혜와 사랑을 보여주고, 하나님의 영광을 드러내는 '의의 열매'였답니다.

바울은 '육체의 가시'라는 고통을 겪었어요. 이 경험은 성공과 외형적인 성장을 가장 중요하게 생각하는 신앙을 경계해야 한다는 것을 우리에게 가르쳐줘요. 교회가 겐그리아의 삭발처럼 스스로 '자유'를 포기하고, 지역 사회에 깊이 다가가 희생적으로 헌신해야 한다는 거죠.

바울은 "우리가 그리스도의 고난에 참여하는 것같이 위로도 그리스도로 말미암아 넘치는도다"라고 고백했어요. 이는 고난의 경험이 단순히 고통으로 끝나는 것이 아니라, 하나님의 위로와 능력으로 바뀌는 역설적인 힘의 원천임을 강조한 거죠. 선교의 성공은 사람의 지혜나 재력이 아니라, 고난을 통해 나타나는 하나님의 능력에 달려 있었답니다. 바울은 자신의 "육체의 가시"를 없애달라고 세 번이나 기도했지만, 하나님은 "내 은혜가 네게 족하도다 이는 내 능력이 약한 데서 온전하여짐이라"고 응답하셨어요.

이것은 소위 번영 신학이나 대형 교회 중심의 성장주의를 넘어서는 거예요. 진정한 복음의 능력은 약하고 낮은 곳에서 나타난다는 역설적인 진리를 받아들이는 것이죠. 그리스도의 능력은 약함과 고난 속에서 온전해진다고 바울은 고백했답니다. 교회가 자발적으로 세상 속으로 들어가 약한 이웃과 함께할 때, 비로소 진정한 힘을 발휘할 수 있다는 의미예요.

로마서: 단순한 교리서가 아닌, 서방 선교를 위한 전략 보고서

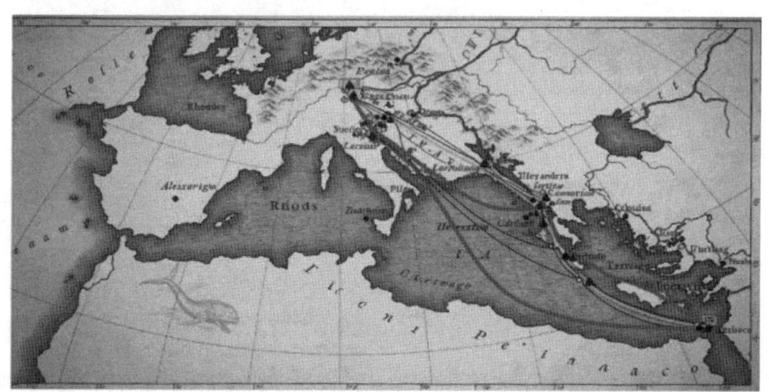

결론적으로 고난의 신학은 두 선교 엔진의 '기름칠' 역할을 하며 선교의 장기적인 지속 가능성을 확보하는 영적인 동력이었어요. 약함 속에서 하나님의 능력을 경험하고, 그리스도의 고난에 동참하며, 환난을 미리 예상하고, 철저한 자기 부인과 헌신으로 복음에 순종하는 것이 바울 선교의 진짜 힘이었답니다. 바울은 고난의 신학을 실제 삶에 적용했어요. 그는 사역 계획을 세울 때 어려움을 필수적인 요소로 생각하는 '환난의 예산화 전략'을 사용했죠. 고난을 우연한 변수가 아니라 선교의 필수적인 비용으로 인식함으로써, 핍박이 닥쳐도 좌절하지 않고 사명을 감당할 수 있었어요.

23. "폭풍 속에서도 빛나는 리더십: 바울의 로마 항해"

1. 죄수의 몸으로 출발한 로마로 항해 속 빛나는 바울의 리더십

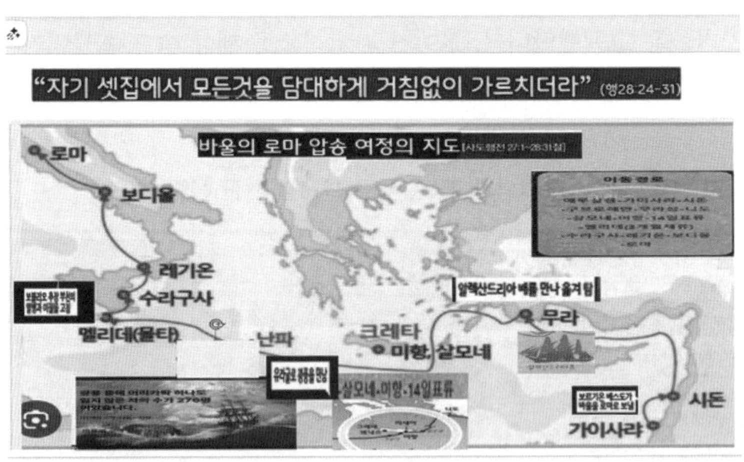

바울은 원래 예루살렘에 구제 헌금을 전달하고, 로마로 입성한 뒤 당시 땅끝으로 생각하던 서반아(스페인)까지 복음을 전파하려 했어요. 정말 멋진 계획이었죠? 하지만 현실은 계획대로 흘러가지 않았답니다. 그는 예루살렘에서 체포되고, 2년 동안 가이사랴 감옥에 갇히는 신세가 되었어요. 결국 죄수의 몸으로 로마로 향하게 되죠.

때로는 우리가 세운 계획과 달리, 하나님은 전혀 다른 방식으로 우리를 인도하시기도 해요. 마치 모세가 위대한 지도자였지만 가나안 땅에 들어가지 못한 것처럼, 우리가 이룩한 모든 것을 다 가져갈 수는 없답니다. 바울의 로마 항해도 이처럼 예상치 못한 여정으로 시작되었어요. 이처럼 우리의 삶에도 예측할 수 없는 일들이 생기기 마련이죠.

2. 진정한 리더쉽은 위기속에 빛난다.

유라굴로 광풍, 바울의 배는 어떻게 되었을까요? A.D. 60년 가을, 바울은 백부장의 호위를 받으며 가이사랴를 떠나 로마로 가는 길을 시작했어요. 배는 얼마 후 미항에 도착했지만, 바울은 더 이상 항해는 위험하다고 경고했답니다. 하지만 백부장은 바울의 말을 듣지 않고 선장의 의견에 따라 뵈닉스로 향하는 항해를 계속했어요. 바울의 경고는 현실이 되었어요. 배는 유라굴로 광풍을 만나 14일 동안이나 표류하게 되었답니다. 이 광풍 때문에 276명이나 되는 사람들이 모두 죽음의 위협에 직면하게 되었어요. 정말 아찔한 상황이었죠? 작은 판단 하나가 이렇게 큰 위기를 불러올 수 있다는 것을 보여주는 장면이에요.

위기 속에서 빛난 바울의 영적 리더십: 공동체를 구원하다

리더십 특징	바울의 리더십	일반적인 리더십 (위기 상황)
핵심 가치	하나님의 약속과 공동체의 안전을 최우선으로 생각해요	자신의 안전과 안위를 최우선으로 생각하며 이기적이에요
행동 양식	절망 속에서도 희망의 말씀을 전하고 공동체에 영적, 육적 음식을 나누어 주었어요	올바른 판단을 내리기 어렵고, 도망치려 하기도 해요
영향력	276명을 하나의 운명 공동체로 변화시키고 모두를 구원했어요	경륜과 지도력을 발휘하지 못하고 영적 리더십을 잃어요

모두가 절망에 빠져 자기 안전만 생각하고 각자도생을 추구할 때, 바울은 전혀 다른 모습을 보여주었어요. 그는 하나님의 약속을 굳게 신뢰하고, 공동체 전체를 고려하며, 희망의 메시지를 전달했답니다. "혼자 살겠다고 하는 것이 아니라 공동체와 함께 살겠다고 하는 리더십"을 보여준 것이죠. 바울의 이런 리더십 덕분에 놀라운 결과가 나타났어요. 죽음의 위협에 처했던 276명 모두가 구원받을 수 있었죠. 위기 속에서 공동체는 운명 공동체로 하나가 되었고, 결국 위기를 극복해냈답니다. 진정한 리더는 자신보다 공동체를 먼저 생각하고, 하나님을 신뢰하는 믿음으로 지혜롭게 행동해야 한다는 것을 깨닫게 해줘요.

3. 폭풍 속에서 바울이 전한 두 가지 선물은 무엇일까요?

바울은 절망에 빠진 사람들에게 하나님의 약속이라는 첫 번째 선물을 전했어요. "바울아, 두려워하지 마라. 네가 가이사 앞에 서야 하겠고, 또 하나님께서 너와 함께 항해하는 자를 다 네게 주셨다"(행27장 24)는 말씀을 굳게 붙잡고 모든 사람에게 안심하라고 전했죠. 하나님의 약속이 있는 사람은 어떤 폭풍 속에서도 흔들리지 않는답니다.

풍랑속의 성찬식

두 번째 선물은 육적 양식인 음식이었어요. 14일 동안 먹지 못해 지쳐있던 사람들에게 떡을 가져다가 하나님께 감사 기도를 하고 나누어 먹었답니다. 바울은 이렇게 말씀과 음식을 통해 사람들의 몸과 마음을 치유하고, 공동체를 하나로 묶어주었어요. 영적인 위로와 실제적인 육적 양식을 동시에 제공하여 공동체를 살린 것이죠.

4. 멜리데 섬에서의 기적, 바울은 어떤 사람이었을까요?

14일간의 표류 끝에 모두가 멜리데 섬에 안전하게 상륙했어요. 정말 기적 같은 일이었죠. 하지만 여기서 또 다른 위기가 찾아왔어요. 바울이 나무를 모으다가 독사에 물린 것이랍니다. 하지만 그는 성령 충만하여 죽지 않았어요. 이것은 정말 놀라운 기적이었죠.

이후 바울은 섬의 추장 보블리오의 아버지를 비롯해 많은 병든 사람들을 고쳐주었어요. 바울이 가는 곳마다 하나님의 생명의 역사가 나타났답니다. 멜리데 섬에서의 일들은 바울이 단지 뛰어난 지도자가 아니라, 하나님의 능력을 힘입은 특별한 사람이었음을 보여주는 증거예요. 그의 믿음과 성령 충만함이 기적을 만들었죠.

5. 바울의 마지막 유산: 로마의 선교팀과 셋집 성서 연구 모임
로마에 도착한 바울은 죄수의 몸이었지만, 작은 셋집에서 지낼 수 있었어요. 그는 이곳에서 찾아오는 모든 사람을 영접하며 하나님의 나라를 전파했답니다. 매일같이 사람들에게 예수 그리스도를 담대하게 가르쳤죠. 또한 브리스길라, 아굴라, 유니아, 안드로니고 등 동역자들과 함께 선교팀을 양성했어요.

로마의 초라한 셋방에서 시작된 성경 공부 모임은 정말 놀라운 결과를 가져왔어요. 무려 300년 후에는 로마 제국 전체에 기독교가 퍼지는 시작점이 되었답니다. 상상할 수 없는 큰 변화가 이 작은 셋집에서 시작된 것이죠. 작은 셋집에서 시작된 위대한 변화, 어떻게 가능했을까요? 이 작은 셋집에서의 성경연구모임은 우리 주변의 작은 시작도 위대한 변화를 만들어낼 수 있다는 희망을 전해줘요.

6. 바울의 위대한 유산, 우리에게 어떤 의미가 있을까요?
바울은 우리에게 두 가지 위대한 유산을 남겼어요. 첫째는 바로 로마서 16장에 나오는 바울의 선교팀이랍니다. 로마서 16장에 나오는 브리스길라, 아굴라, 유니아, 안드로니고 같은 선교 동역자들이 바로 그들이죠. 이들은 300년 후에 로마를 돌봄과 나눔 선교로새 롭게하는 기독교 운동의 핵심이 되었어요. 혼자가 아니라 함께하는 공동체의 힘을 보여준 것이죠. 두번째 유산은 사도행전 28장에 나오는 로마의 작은 셋집에서의 성경 공부 모임이에요. 로마의 작은 셋방에서 2년 동안 꾸준히 말씀을 연구했던 이 모임이 전 세계 기독교 확산의 첫걸음이 되었답니다.(김회권 교수) 현대에도 돌봄 일꾼 성서 읽기나 돌봄마을 공동체 운동처럼 바울의 정신을 이어받은 모임들

이 많아요. 이처럼 함께 말씀을 나누고 그 말씀을 기초로 서로를 돌보고 나누는 나눔과 돌봄(코이디아코니아) 공동체가 정말 중요하답니다. 우리 삶의 작은 시작들이 모여 위대한 변화를 만들어낼 수 있어요. 바울처럼 하나님을 신뢰하고, 공동체를 사랑하며, 희망을 전하는 용기를 가질 때 우리도 세상을 변화시키는 믿음의 공동체가 될 수 있을 거예요. 오늘부터 바울의 가르침을 따라 우리 주변의 작은 곳에서부터 위대한 변화를 시작해봐요!

최근 로마서 연구는, 그동안 우리가 단순히 교리서, 윤리서, 신학서로 알고 있던 로마서를, '선교를 위한 외교 문서'라는 파격적인 해석을 제시합니다. 로마서는 단순한 교리 신학서가 아니라, 서바나 선교라는 선교적제안을 통해, 로마 공동체의 갈등을 해결하고, 새로운 선교적 동력을 만들어내려는 "선교 전략서" 혹은 "선교를 위한 외교 문서"라는 파격적인 해석이 등장하고 있다는 것 입니다.

1. 바울은 왜 로마서를 썼을까요? 단순한 편지가 아니라고요?

로마서, 혹시 성경책에서 읽다가 어렵다고 느낀 적 있으신가요? 많은 분이 로마서를 딱딱한 신학 교리서라고 생각하죠. 하지만 최근 연구에 따르면 로마서는 사실 바울의 치밀한 선교 계획이 담긴 '선교 외교 문서'였다고 해요.

바울은 로마 교회의 후원을 받아 스페인(서바나)으로 가서 선교 활동을 마무리하려는 큰 그림을 그리고 있었거든요. 이 편지는 로마 교회가 바울의 서바나 선교에 동참해달라고 요청하는 일종의 '대사 서신'(Ambassadorial Letter)'이었다고 해요. 고대 로마 시대에는 외교관들이 자신의 외교 계획과 이유, 그리고 실행 가능성을 제시하며, 후원자(패트론)에게 지원을 요청하는 형식의 서신을 썼다고 해요. 바울의 로마서도 이런 형식을 그대로 따르고 있다는 분석이 나왔죠. 로마서는 단순히 신학적인 가르침을 전달하는 것을 넘어, 바울의 마지막 선교 프로젝트를 위한 구체적인 요청과 그를 뒷받침하는 배경 설명으로 가득 차 있었답니다. 그러니까 로마서는 바울의 꿈과 열정이 담긴 뜨거운 "서반아 선교 계획서"였던 거죠!

2. 로마서를 '거꾸로' 읽어야 진짜 의미를 알 수 있다고요?

우리가 보통 로마서를 1장부터 순서대로 읽잖아요? 그런데 학자 스콧 맥나이트는 로마서를 거꾸로 읽어야 제대로 이해할 수 있다고 주장했어요. 영화도 결말을 먼저 보고 나면 앞부분이 더 잘 이해되듯이 말이죠. 로마서의 진짜 목표는 15-16장에서 나오는 서바나 선교 계획과 그에 동참할 선교 네트워크를 소개하는 것이었다고 해요.

즉, 바울은 로마 교회에 들러 친교를 나누고 서바나 선교를 위한 후원을 받고 싶어 했어요. 그리고 이 서바나 선교에 참여할 수 있는 26명의 선교 동역자 명단을 16장에 소개했죠. 특히 편지를 전달하는 '뵈뵈'와 브리스길라, 아굴라 같은 인물들이 중요한 역할을 맡고 있었고요. 이런 선교 목적을 먼저 알고 1장부터 다시 읽으면, 그 안에 담긴 교리나 신학적 설명들이 훨씬 쉽고 명확하게 다가온다는 거예요. 즉, 신학적 내용은 선교를 위한 '이유'를 설명하는 부분이었던 거죠. 바울은 로마 교회가 하나님의 공동체(에클레시아)로서 당시 땅끝으로 생각되던 서반아 (스페인)선교에 동참해야 하는 이유를 설명하기위해 유대인과 헬라인 간의 갈등을 해결하고 하나가 될 필요성을 강조합니다.

이러한 유대인과 이방인의 하나됨의 강조를 위해 로마서1장 부터 11장까지의 교리, 신학, 윤리 이야기가 나오고, 12장부터 신앙 실천편과 15, 16장에 연이어 선교 후원요청이 나오고 있다는 것입니다. 이렇게 로마서를 15, 16장의 바울의 서반아 선교라는 선교적과제를 중심으로한 선교 계획으로 읽기 시작하면, 로마서의 앞 부분의 신학적 설명들이 훨씬 쉽고 명확하고, 역동적으로 읽히기 시작한다는 것입니다.

3. '환대'가 바울 선교의 핵심이었다고요? 바울은 당시 로마 교회의 큰 문제 중 하나로 유대인과 헬라인(이방인) 사이의 갈등을 꼽았어요. 서로를 받아들이지 못하고 싸우는 모습은 교회의 일치를 방해하는 요소였죠. 바울은 아브라함이 유대인만의 조상이 아니라 모든 이방인의 조상이라고 설명하며, 우리 모두가 예수 그리스도를 중심으로 한 '에클레시아'가 되어야 한다고 강조했어요.

로마 교회의 갈등과 바울의 지혜로운 해결책

주제	갈등 당사자	주요 쟁점	바울의 해결책	핵심 원칙
로마 교회의 갈등과 바울의 지혜로운 해결책	• 유대인 그리스도인 (약한 자) • 이방인 그리스도인 (강한 자)	• 유대인: 율법 및 음식 규례 준수 주장 • 이방인: 율법 및 음식 규례 불필요 주장	• 교리적 해결 대신 그리스도를 닮는 삶 추구 • 서로를 형제자매로 환영 • 식탁 교제를 통한 연합	그리스도를 닮는 삶 (Christoformity)

당시 로마 교회는 유대인 그리스도인(약한 자)과 이방인 그리스도인(강한 자) 사이에 심각한 갈등이 있었어요 . 유대인 그리스도인들은 율법이나 음식 규례를 지켜야 한다고 생각했지만, 이방인 그리스도인들은 그렇지 않았거든요. 바울은 이 문제를 단순히 교리적으로 해결하려 하지 않았어요.대신 두그룹 모두에게 '그리스도를닮는삶(Christoformity)'을 살아가도록 촉구하며 오히려 서반아 선교를 통합 동력화한 지혜로운 해결책을 제시했습니다.

이러한 갈등을 해결하기 위한 바울의 핵심 메시지는 바로 '환대'였어요. 로마서 12장부터는 '영적 산 제사'를 드리라는 실천적인 내용이 나오는데, 이는 곧 서로 다른 사람들을 따뜻하게 받아들이라는 뜻이었죠. 바울의 급진적인 평등 사상과 자유 사상이 바로 이 '환대'에서 시작된 것이랍니다.

교리적인 설명만으로는 사람들의 마음을 움직이기 어려웠을 거예요. 그래서 바울은 유대인들을 돕기 위한 예루살렘 구제 헌금단과 로마와 에베소와 마케도니아 지역에 연결된 바울의 선교 네트워크를 언급하며, 실제적인 '실천'을 통해 갈등을 해결하고 하나가 될 수 있음을 보여주려 했답니다. 이처럼 로마서의 신학적, 교리적 내용은 선교와 환대라는 실천적인 목표를 위해 존재했던 거죠.

4. 뵈뵈는 단순한 편지 배달부가 아니었다고요?
로마서 16장의 첫 구절에 등장하는 '뵈뵈'는 단순히 바울의 편지를 로마 교회에 전달한 사람이 아니었어요. 많은 학자는 뵈뵈가 사도 바울의 서바나 선교를 총괄하는 국제적인 인물이었을 가능성이 높다고 봐요. 그녀는 교회의 집사(디아코노스)이자 후원자(프로스타티스)였죠.

그리스어 용어	1세기 상황에서의 의미	뵈뵈의 권위에 대한 함의	스페인 선교와의 관계
Diakonos (διάκονος)	집사, 사역자, 공식 전달자	겐그레아 교회에서 공식적으로 인정된 지도력	로마에서 외교적 신뢰도와 종교적 지위 확립
Prostatis (προστάτις)	후원자, 은인, 감독자	상당한 부와 사회적 지위	서방 선교의 재정 및 물류 기반 마련

• Diakonos는 겐그레아 교회의 공식 사역자를 의미해요. 이 직함은 그녀가 로마에서 수행할 외교적인 임무에 필요한 종교적인 권위를 부여했답니다. 겐그레아 교회에서 공식적으로 인정된 지도력을 바탕으로 로마에서 신뢰도를 확보할 수 있었던 거죠.

고대 사회에서 편지를 전달하는 것은 지금의 우편 배달부와는 차원이 달랐어요. 편지를 가져간 사람은 회중 앞에서 직접 편지를 낭독하고, 저자의 의도를 상세히 설명하며 질문에 답해야 했거든요. 바울의 신학을 정확히 이해하고 국제적인 선교 네트워크에 대해 모두 설명할 수 있는 능력이 필요했겠죠. 게다가 비싼 양피지로 만든 서신 복사 비용과 에베소에서 로마까지의 엄청난 여행 경비는 막대한 재력이 없으면 감당하기 어려웠을 거예요. 폴라구더라는 여성 신학자는 뵈뵈는 단순한 전달자를 넘어, 바울의 사역에서 핵심적인 전략 파트너라고 이야기 합니다. 그녀는 재력과 신앙심을 겸비한 인물로서 바울의 국제 선교 프로젝트를 실현하는 데 결정적인 역할을 했을 것이라고 추정하고 있어요. 로마서 16장의 마지막 편지에 뵈뵈를 가장 먼저 소개하고 로마 교회가 그녀를 잘 접대해 줄 것을 요청한 것도 이런 이유 때문이랍니다.

5. 3차 선교 여행이후, 바울의 선교 전략, 무엇이 달라졌을까요?
바울은 2차 선교 여행 때 고린도에서 큰 어려움을 겪었어요. 많은 사람들이 바울의 선교의 의미를 이해하지 못하여갈등을 빚으면서 큰 실패를 맞봤죠이때 바울은 겐그레아에서 머리를 깎으며 새로운 결단을 하고 3차 전도 여행에서는 선교 전략을 바꿨답니다.

그 핵심 중 하나가 바로 에베소의 '두란노 서원'이었어요. 3차 선교 여행 때에는 유대인 들이 회당에서 바울의 선교를 방해하자, 바울은 자신들의 제자들을 데리고, 두란노 서원에서 독자적인 학당을 만들어 버립니다.

두란노 서원은 헬라인들이 헬라 철학을 논하던 장소였던 만큼 유대인 중심의 폐쇄적인 토론을 넘어 헬라 철학과 정면으로 대결하며 복음을 보편화하고 국제화하는 과정을 거치기 시작합니다. 이곳은 그 이후 당대 최고의 선교학교가 될뿐아니라 헬라철학과도 소통하여 유대인 이방인 모두에게 복음을 전할수 있는 인문적 기초가 있는 신앙인을 양성하여 소아시아 지역의 여러 교회를 개척하는 튼튼한 기반이 됩니다.

이처럼 두란노에서 바울은 새로운 사상과 복음으로 무장한 선교사들을 양성하였고, 겐그레아에서는 뵈뵈와 같은 국제적인 후원인들이 합류하면서 바울의 선교는 더욱 강력해졌어요. 이러한 추세 속에서 바울은 로마 교회가 이 새로운 선교의 거점이 되어 서바나 선교를 후원하고 동참해 주기를 바랐던 거죠.

이처럼 3차선교여행때 바울이 새롭게 실천한 두란노 학습 엔진, 예루살렘 구제 프로젝트, 그리고 로마서 16장에 소개된 바울의 선교 동역자 및 후원 네트워크가 바로 바울의 마지막 선교 목표인 서바나 선교의 핵심 동력이 되었던 것 입니다.

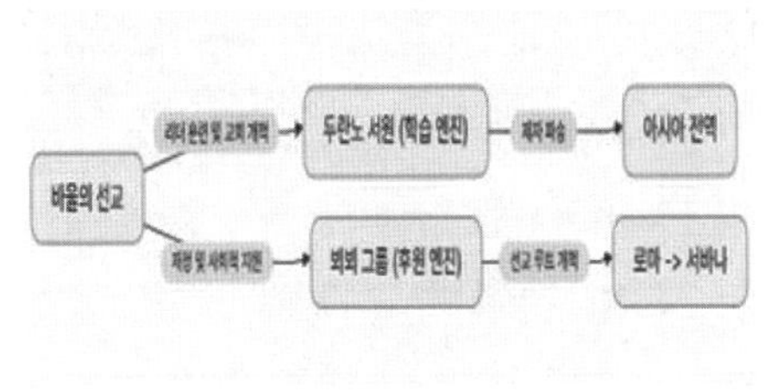

이 두 그룹이 마치 자동차의 두 엔진처럼 함께 움직일 때, 교회의 사역은 훨씬 강력해질 수 있어요.

6. 바울의 선교 네트워크, 여성들의 활약이 눈부셨다고요?

로마서 16장에는 바울의 선교 동역자 26명의 이름이 언급되어 있어요. 이 중 무려 10명 가까이가 여성이었다는 사실, 알고 계셨나요? 뵈뵈를 비롯해 브리스길라, 유니아, 마리아, 드루베나, 드루보사 같은 여성 리더들이 바울의 선교에 중요한 역할을 했답니다.

이 여성들은 로마 지역 곳곳에 흩어져 있던 소규모 가정교회(구역 정도 되는 공동체)의 리더들이었어요. 이들이 뵈뵈를 중심으로 한 '선교 후원 여성 네트워크'를 구성하고 있었던 거죠. 바울은 이 여성들의 활약을 통해 로마 사회에 복음을 전파하고 선교를 확장하려는 계획을 가지고 있었어요.

바울이 편지에서 이 모든 인물의 이름을 언급하고 로마 교회가 이들을 잘 받아들이고 대접하며 선교를 파송하도록 요청한 것은, 이들이 단순한 동역자를 넘어 서바나 선교를 후원하고 지원할 핵심 네트워크였기 때문이에요. 이처럼 로마서는 당시 여성들이 기독교 선교 운동에서 얼마나 중요한 역할을 했는지 보여주는 증거이기도 하답니다!

. 로마서 16장은 '조직도'였다!

인물	주요 역할	네트워크 기능	코이노니아/디아코니아	서반아 선교 연관성
뵈뵈	메신저/프로스타티스	재정 및 물류 허브	디아코니아, 코이노니아	로마의 공식 접촉 창구
브리스가 & 아굴라	동역자	핵심 거점 교회	코이노니아	선교사 훈련 본부
유니아	사도	핵심 선교사	코이노니아	현장 리더 인력 지원
마리아 외 여성들	수고한 자	지역 교회 활동	디아코니아	내부 안정성 유지
에라스도	재무관	행정/재정 관리	디아코니아	선교 자금 효율 관리

• 로마서 16장에 등장하는 수많은 인물들은 각자의 역할에 따라 선교 비전을 지원하는 기능적 요소들이었어요.

7. 로마서는 멈추지 않고 '행동하는 선교'를 위해 쓰여진 책 입니다. 로마서를 비롯한 바울의 서신과 사도행전에는 바울의 구체적인선교 전략과 선교의핵심 동력이 드러나 있습니다.

첫째로 바울은 에베소 지역의 학습 엔진인 에베소 두란노 서원에서 2년 동안 매일 복음을 가르치며 제자들을 훈련시켰습니다.

둘째로 바울이 로마서를 쓰면서, 지금 이방인과 유대인이 하나가 되는 예루살렘의 가난한 성도들을 돕기 위한 구제 헌금 행진이 진행 중이라(롬 15:25-27), "내가 이 일을 마치고 이 열매를 그들에게 확증한 후에 너희에게 들렀다가 서바나로 가리라(롬15:28절)"라고 쓰고 있습니다. 이는 당시 바울의 서신이 오늘날 인터넷이나 sns 과 같은 중요한 선교 소통망이었음을 드러 냅니다.

세째로.바울은 로마서 16장에서 뵈뵈와 함께 26명으로 구성된 강력한 선교 네트워크를 로마 교회에 소개하면서, 서반아 선교 후원을 함께 독려합니다. 이처럼 바울은 말로만 선교를 주장한 것이 아니었어요. 그는 구체적인 행동과 실체를 제시했습니다. 이처럼 로마서는 추상적인 신학 서신이 아니라, 끊임없이 움직이고 변화를 이끌어내는 '살아있는 선교 서신'이었던 것 입니다.

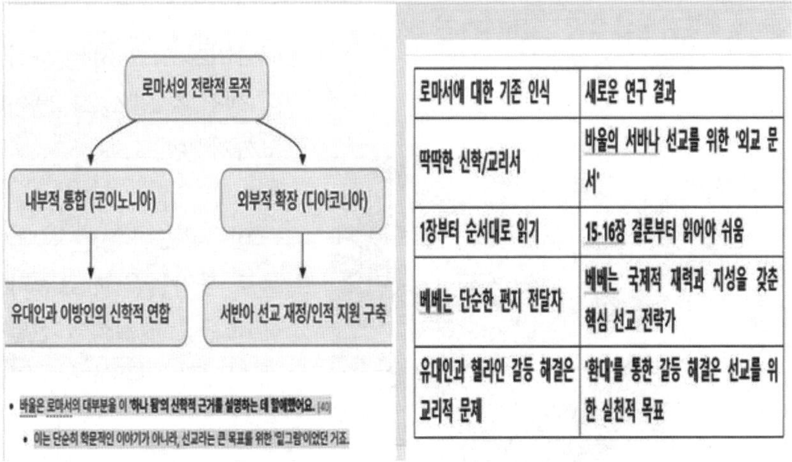

로마서에 대한 기존 인식	새로운 연구 결과
딱딱한 신학/교리서	바울의 서바나 선교를 위한 '외교 문서'
1장부터 순서대로 읽기	15-16장 결론부터 읽어야 쉬움
뵈뵈는 단순한 편지 전달자	뵈뵈는 국제적 재력과 지성을 갖춘 핵심 선교 전략가
유대인과 헬라인 갈등 해결은 교리적 문제	'환대'를 통한 갈등 해결은 선교를 위한 실천적 목표

- 바울은 로마서의 대부분을 이 '하나 됨'의 신학적 근거를 설명하는 데 할애했어요. [40]
- 이는 단순히 학문적인 이야기가 아니라, 선교라는 큰 목표를 위한 '밑그림'이었던 거죠.

결론적으로 바울의 이러한 선교 동력들은 바울의 "고난의 신학"과 유기적으로 결합됩니다. 두란노 학습엔진과 겐그리아의 선교 후원 엔진과 로마 교회의 서반아 선교 동역자와 후원 네트워크는 바울의 고난 신학과 만나 바울의 선교적 비젼을 완성했던 것 입니다.

이 과정에서 바울의 고난신학은 실패를 두려워하지 않고 고난을 축복의 통로로 삼는 새로운 선교적 비젼으로 바울의 선교 공동체가 새로운 도전을 할 때 필요한 용기와 지혜를 제공합니다. 이처럼 로마서는 추상적인 신학을 넘어, 끊임없이 움직이고 변화를 이끌어내는 '살아있는 선교 서신'으로, 로마와 서바나를 연결하는 새로운 선교적 비젼을 완성했던 것 입니다.

25. 바울 사후, 목회서신에 나타난 바울의 급진성의 후퇴

바울은 에베소 교회를 떠나며 무슨 말을 남겼을까요?

바울은 서기 57년에 에베소 교회 장로들을 만났어요. 예루살렘으로 가는 마지막 길을 앞두고 있었던 거죠. 이때 바울은 교회에 대한 깊은 걱정을 털어놓았답니다. 그는 "내가 떠난 후에 사나운 이리가 여러분에게 들어와 양 떼를 해칠 것"이라고 경고했어요. 심지어 "여러분 가운데서도 어그러진 말을 하는 사람들이 생길 것"(행20:29-30)이라고까지 말했죠.

바울은 3년 동안 밤낮 눈물로 사람들을 가르쳤다고 해요. 단순히 지식을 전달한 게 아니라, 영혼을 사랑하는

마음이 담긴 가르침이었죠. 그는 언제나 깨어있으라고 간곡히 부탁했고, 약한 사람들을 돕기 위해 수고하며 섬김의 모범을 보였답니다. 바울의 목회는 권위로 다스리는 것이 아니라, 사랑으로 양 떼를 돌보는 목자의 마음 그 자체였어요. 이 장면은 바울 사후 교회가 겪을 위기를 미리 알려주는 것 같죠?

초기 바울의 복음은 얼마나 '급진적'이었을까요?

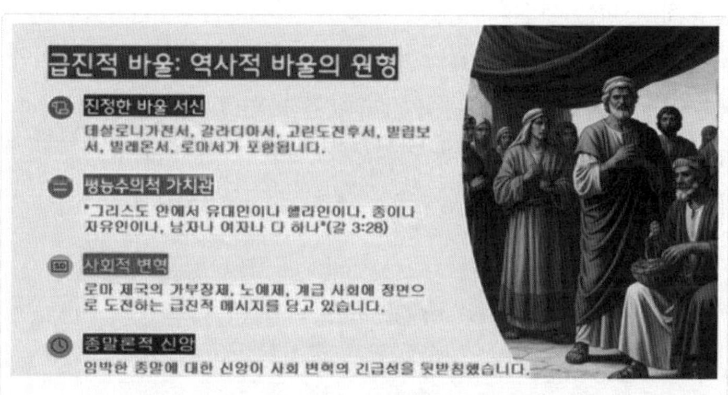

바울의 초기 복음은 정말 혁명적이었어요. 그는 "유대인이나 헬라인이나" 모두 똑같다고 선언했죠. 로마 제국의 민족 차별과 유대인 우월주의를 거부하고, 모든 민족이 동등한 가치를 가진다고 말했어요. 당시 사회의 신분 제도에 대해서도 "종이나 자유인이나" 차별이 없다고 주장하며 노예제도에 근본적으로 도전했답니다. 그는 모든 인간의 존엄성을 다시 정의하고, 계급 없는 공동체를 꿈꿨던 거죠.

더 나아가, "남자나 여자나" 성별에 따른 차별도 없다고 했어요. 가부장적인 사회 구조에 맞서 여성의 영적인 동등함을 선언했답니다. 그리스도 예수 안에서 하나"라는 갈라디아서 3장 28절 말씀은 당시 사회의 모든 계층적인 경계를 허무는 정말 혁명적인 메시지였어요. 믿음으로 의롭게 된다는 바울의 '이신칭의' 교리는 단순한 종교적 가르침이 아니라, 율법이나 종교 의식이 아닌 믿음으로 모든 사람이 하나님 앞에서 평등하다는 급진적인 선언이었답니다.

그런데 바울이 은퇴하고 세상을 떠난 뒤, 초대교회는 생각보다 많은 어려움을 겪었어요. 바울의 제자들이 쓴 '목회 서신'이라는 편지들을 보면 당시 교회의 상황을 엿볼 수 있답니다. 이 편지들은 바울의 제자들이 바울의 이름을 빌려 디모데와 디도에게 보낸 형식으로 쓰여졌어요. 이 서신들을 통해 우리는 바울 사후 초대교회가 어떤 고민을 했고, 어떤 어려움을 겪었으며, 어떻게 문제를 해결해 나갔는지 알 수 있어요. 바울이 떠난 뒤, 에베소 교회는 어떤 위기에 빠졌을까요? 바울이 떠나고 나서 에베소 교회에는 여러 어려움이 닥쳤어요. 먼저 거짓 가르침이 교회에 퍼지기 시작했죠. 유대교의 율법주의와 영지주의 같은 이상한 교리들이 섞여 교회를 혼란스럽게 했답니다. 쓸데없는 논쟁들이 공동체를 갈라놓기도 했어요.

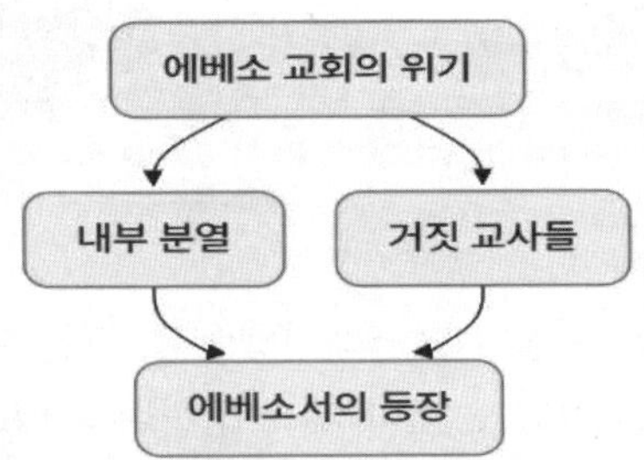

- **바울의 제자들이 에베소서를 쓴 이유**
  - 바울의 가르침을 지속시키고 교회의 정체성을 강화하기 위해 에베소서를 작성 [218].
  - 에베소서는 바울의 가르침을 보존하고, 교회의 신학적 정체성과 실천적 방향을 재확인하려는 목적 [231].

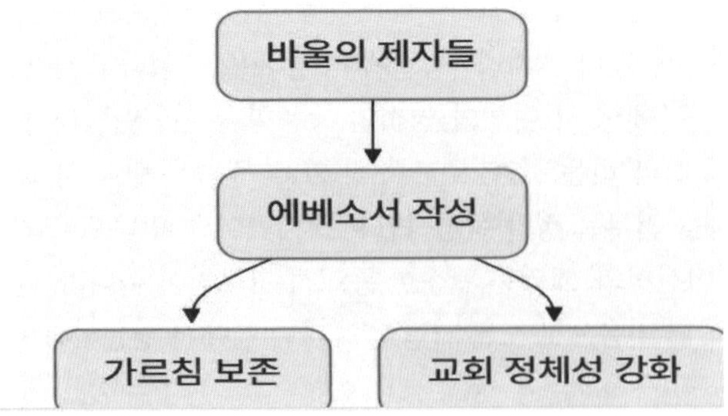

교회 질서도 많이 무너졌어요. 극단적인 금욕주의자들이 나타나 결혼을 금하고 음식도 마음대로 못 먹게 했답니다. 심지어 자격 없는 사람들이 지도자 자리를 차지하려고 했죠. 젊은 과부들 중 일부는 교회 지원을 받으면서도 게으르게 지내고, 험담하고 수다만 떨기도 했고요. 부와 재물에 대한 욕심도 교회 안에서 큰 문제가 되었답니다. 이런 위기 속에서 초대교회는 안정적인 구조가 필요하다고 생각하게 되었어요.

후기 바울 서신에서 바울의 급진성이 약해진 건 왜일까요?

신약학자들은 바울 서신을 몇 가지로 나누어 보기도 해요. 로마서나 갈라디아서처럼 바울이 직접 쓴 '진본 서신'은 급진적인 평등과 자유를 강조하고 있죠. 그런데 에베소서나 골로새서는 바울이 썼는지 아닌지 논란이 있는 '논쟁적 서신'이라고 불려요. 그리고 '목회서신'인 디모데전후서, 디도서는 2세기 초 교회의 상황을 담고 있으며, 좀 더 체계적인 교회 조직과 보수적인 윤리 지침을 제시한답니다.

현대 신약학자들은 목회서신을 바울의 제자들이 그의 이름으로 썼을 가능성이 높다고 봐요. 언어나 문체가 진본 서신과 다르고, 어휘가 더 세련된 그리스어로 구성되어 있거든요. 게다가 교회 구조가 이미 제도화된 상태를 반영하고 있기 때문이라고도 해요. 이는 초기 기독교가 카리스마적인 운동에서 점차 제도적인 안정으로 변해가는 과정을 보여주는 것이죠. 이런 변화 속에서 초기 바울의 급진적인 사상이 조금씩 약해지는 모습이 나타난답니다. 바울의 원래 가르침은 '급진적'이었다고요? 그럼 목회서신은 왜 다를까요?

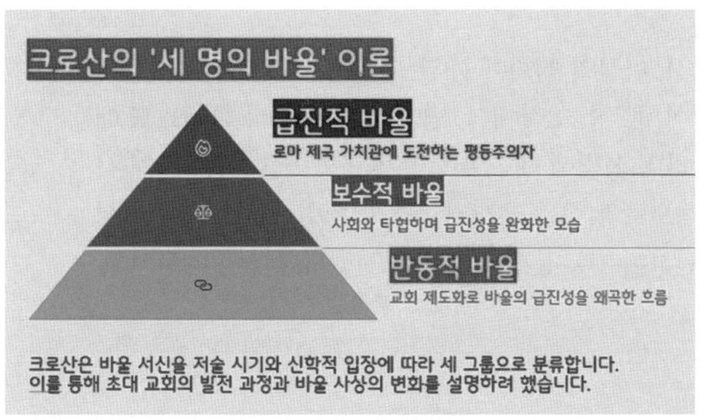

크로산의 "세 명의 바울"이론 크로산이라는 학자는 '세 명의 바울' 이론을 제시했어요 바울의 서신들을 저술

시기와 신학적 입장에 따라 세 가지로 나누는 거죠.

첫째는 급진적 바울이에요. 이 바울은 로마 제국의 가치관에 도전하며 평등주의를 강조했답니다. 갈라디아서 3장 28절에 "그리스도 안에서 유대인이나 헬라인이나, 종이나 자유인이나, 남자나 여자나 다 하나"라고 한 것처럼, 사회의 불평등한 모습에 정면으로 맞서는 급진적인 메시지를 전했어요.

두 번째는 보수적 바울이에요. 이 바울은 사회와 타협하며 급진성을 조금 완화한 모습이라고 봐요. 마지막은 반동적 바울인데 이 바울은 교회가 제도화되면서 바울의 급진적인 가르침이 왜곡되었다고 보는 거죠. 바울의 신학 해석은 시대에 따라 계속 변해왔어요. 1세기에는 바울이 특정 교회들을 위해 편지를 썼지만, 2-3세기에는 그의 제자들이 바울의 이름으로 편지를 쓰면서 가르침이 변형되기 시작했어요. 4세기 이후 기독교가 로마 제국의 국교가 되면서 바울의 가르침은 계층적인 구조에 맞춰 해석되었고, 현대에는 크로산 같은 학자들이 바울의 원래 의도를 다시 찾으려고 노력하고 있답니다.

목회서신에 나타난 바울의 원래 평등주의적 가르침이 왜곡된 '반동적 바울'의 모습

주제	바울 진정 서신 (급진적)	목회서신 (보수적)
여성의 역할	적극적인 리더십(사도, 집사) 인정	침묵하고 가르치거나 권위를 행사하지 못함
사회 윤리	노예도 '사랑받는 형제'로 대우	노예는 주인에게 순종하여 교회의 평판 유지 강조
리더십	성령의 은사에 기반한 유동적 역할	임명된 직분(감독, 장로)에 기반한 고정된 계층

초기 바울과 후기 서신, 여성의 역할에 대한 생각은 어떻게 달라졌을까요? 초기 바울은 갈라디아서 3장 28절에서 "남자나 여자나 다 그리스도 예수 안에서 하나"라고 말하며 성별에 대한 평등을 강조했어요. 이는 당시 사회의 성별 위계를 혁명적으로 뒤집는 메시지였죠. 이처럼 초기 바울은 여성의 영적인 동등성을 선언하며 가부장제 사회에 도전했답니다. 실제로 바울

은 뵈뵈, 브리스길라, 유니아 같은 여성 동역자들을 언급하며 그들의 역할을 인정했어요.

바울의 제자로 바울과 함께 예루살렘 회의 참석(갈 2:1-3), 할례 논쟁의 중심에 서 있었던 디도는, 고린도교회의 예루살렘 구제 헌금 논쟁중 중재 역할(고후 7:6-7, 13-15)을 하였고, 바울과 고린도 교회 사이의 갈등 해소의 역활후, 바울사후 크레타 섬에서 목회를 하게 됩니다.고린도에서 교회분열의쓴맛을 본 디도는 크레타 섬으로 가서 새로운 목회를 시작한 것이지요.

그런데 크레타 사람들은 "항상 거짓말쟁이며 악한 짐승이며 배만 채우는 게으름뱅이"라는 악명 높은 평판을 가지고 있었죠. 이런 환경 때문에 크레타의 그리스도인들조차 "야만인처럼" 살기 시작했고, 도덕적인 타락이 신학적인 왜곡으로 이어지는 심각한 상황이었지요.

그래서 디도는 고린도교회에서의 분열의 경험을 바탕으로, 이런 혼란을 막기 위해 강력한 교회 조직과 율법적 윤리 규범과 엄격한 지도자 자격을 강조하게 됩니다.

후기 바울서신의 신학적 후퇴의 의미

가정규범의 등장

에베소서, 골로새서 등의 후기 서신에서는 **남편과 아내, 부모와 자녀, 주인과 종의 관계를** 강조하는 가정규범(Household Codes)이 등장합니다.

여성의 역할 제한

디모데전서에서는 **"여자는 일체 순종함으로 조용히 배우라... 여자가 가르치는 것과 남자를 주관하는 것을 허락하지 아니하노니"**(딤전 2:11-12)라고 하여 여성의 발언권을 제한합니다.

질서와 권위 강조

초기 바울 서신의 **자유와 평등 메시지가 약화되고, 질서와 권위에 대한 강조가 두드러집니다.** 이는 로마 사회에 대한 적응과 순응으로 볼 수 있습니다.

많은 학자들은 이러한 후기 바울서신들이 바울의 제자들에 의해 쓰여졌을 가능성을 제시하며, 신학적 급진성의 후퇴를 설명합니다.

하지만 디도서 2장 3-5절과 9-10절에는 현대적인 관점에서 볼 때 문제가 될 수 있는 내용들이 있어요.예를 들어, "아내들이여 자기 남편에게 복종하기를 주께 하듯 하라"는 가정 규범과노예들에게는 주인에게 순종하고 거슬러 말하지 말라는노예 제도를 당연하게 여기고 완전한 복종을 요구하는 내용이 있어요.

이는 초기 바울의 평등주의적인 태도와는 다르게, 당시 로마 사회의 가부장적인 규범을 교회가 받아들이면서 생긴 변화를 보여준답니다. 이러한 변화는 바로로마 사회의 가부장적 질서를 기독교 공동체 안으로 수용한 것으로, 갈라디아서 3장 28절에 나오는 바울의 급진적인 평등 사상과는 명백히 모순되는 부분이라고 볼 수 있어요.

교회가 로마 제국의 국교가 된 것은 축복이었을까요, 변질이었을까요?

기독교가 로마 제국의 국교가 된 것은 역사적으로 매우 큰 전환점이었어요. 313년, 콘스탄티누스 황제가 밀라노 칙령을 통해 기독교 박해를 끝내고 종교의 자유를 선포했죠. 이후 325년에는 니케아 공의회가 열려 삼위일체 교리가 공식화되고, 황제의 후원으로 교회의 교리도 정립되기 시작했어요.

권력과 결합한 교회의 그림자

특징	설명
교회와 국가의 결합	정치 권력과 종교 권위가 서로에게 힘을 실어줌
교황권 강화	로마 교황이 영적, 정치적으로 가장 높은 자리에 오름
이단 심판	다른 의견을 가진 사람들을 강압적으로 통제함
평등 정신 약화	노예제, 신분제, 성차별이 교회 안에서 당연시됨
예언자적 목소리 침묵	사회를 비판하던 역할에서 체제에 순응하는 역할로 변화

　결정적으로 380년, 테오도시우스 1세 황제가 기독교를 로마 제국의 공식 국교로 선포하기에 이르렀답니다. 이로써 기독교는 정치적, 문화적 권위를 얻게 되었고 392년에는 모든 이교도 제사가 금지되면서 기독교의 독점적인 지위가 확립되었어요.

　콘스탄티누스 황제는 "이 표식으로 정복하라"는 환상을 보고 기독교를 정치적으로 이용하기도 했는데요. 제국과 교회가 결합하면서 기독교는 박해받는 신앙에서 권력의 종교로 변하게 되었답니다. 초기 교회는 성령의 직접적인 인도와 공동체적인 의사 결정, 그리고 모든 이들의 평등한 참여가 특징이었어요.

　사도들이나 예언자들의 카리스마적인 권위가 중심이었죠. 그런데 사도들이 죽고 나서는 권위의 공백이 생겼고, 거짓 교사들이 나타나 교리적인 혼란이 생겼어요. 그래서 교회의 안정성을 위해 어떤 구조가 필요하다는 생각이 커졌답니다. 점차 시간이 지나면서 2세기 초에는 감독(에피스코포스) 체제가 확립되었어요. 장로와 집사 같은 명확한 교회 직분들이 생겨났죠. 이는 초기의 비공식적이고 성령의 은사에 따른 지도력에서 벗어나, 계층적이고 제도적인 교회 조직으로 전환되었음을 보여주는 중요한 증거랍니다.

　교회가 제도화되면서 어떤 문제들이 생겨났을까요? 교회가 제도화되고 로마 제국과 결합하면서 초기 복음의 급진적인 평등 정신은 많이 약해졌어요. 바울이 말한 "그리스도 안에서 모두 하나"라는 메시지는 사라지고, 현실 사회의 계층 구조를 인정하고 순응하는 윤리로 변질되었죠. 그 결과 노예제, 신분제, 성차별 같은 것들이 기독교 사회 안에서 정당화되기까지 했답니다.

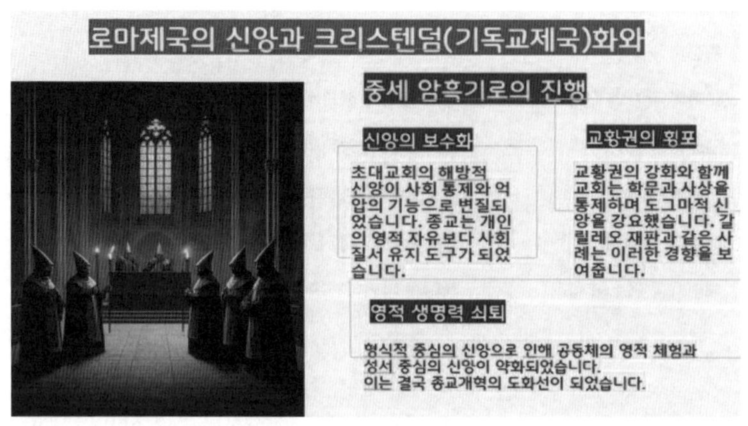

교회가 세속 권력과 결합하면서 역할도 변했어요. 체제를 비판하던 역할에서 벗어나 체제를 유지하는 쪽으로 바뀌었죠. 이 과정에서 교회의 권위주의적인 성격이 강해졌고, 십자군 전쟁이나 종교재판 같은 폭력도 정당화되는 결과를 낳았답니다. 영적인 은사에 기반했던 공동체는 교회 직분과 권위에 의존하는 위계적인 구조로 변했고 성직자와 평신도의 구분이 절대화되기도 했어요. 사회를 향한 비판적인 목소리도 약해지고, 가난한 사람들을 위한 해방의 복음은 내세 구원으로 축소 되었답니다. 현대 교회는 초기 바울에게서 무엇을 배울수 있을까요?

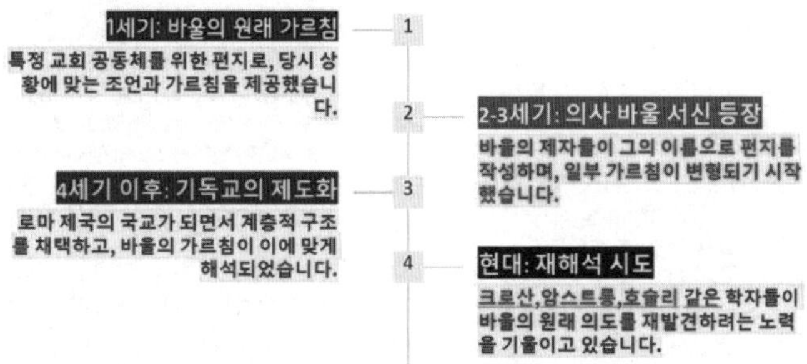

현대 교회는 초기 바울의 급진적인 복음 정신을 다시 깊이 생각해봐야 해요. 제도적인 안정성도 중요하지만, 복음이 가진 평등, 자

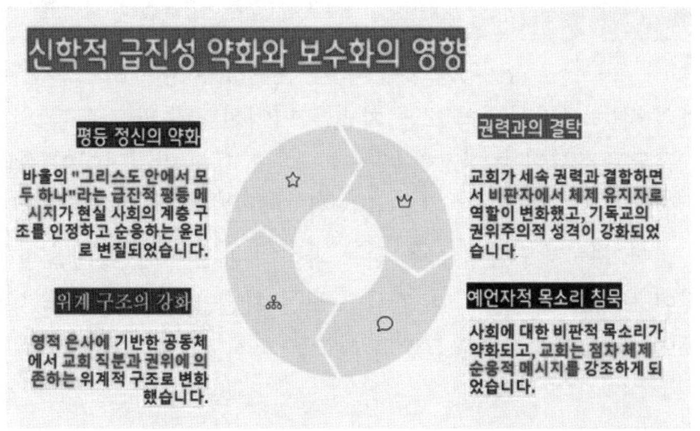

유, 해방의 메시지를 현대 사회에 맞게 재발견하는 것이 필요하죠. 교회는 세상의 권력과 건강한 거리를 유지하며, 체제에 순응하는 대신 사회를 변화시키는 예언자적인 역할을 회복해야 합니다.

위계적인 구조보다는 서로 섬기고 연대하는 공동체를 만들어야 해요. 소외된 사람들을 교회의 중심에 두는 것이 중요하답니다. 건물과 제도에 갇힌 '교회주의'를 넘어 예수님을 따르는 삶을 실천하는 '크리스천'으로 돌아가야 해요. 크로산, 카렌 암스트롱, 호슬리같은 학자들은 바울의 가르침이 후대에 왜곡되었다고 보며 바울의 원래 의도를 재해석하려고 노력하고 있는데, 최근에는 바울에 대한 이러한 새로운 해석이 붐을 이루고 있는 상황입니다.

이제 우리는 로마시대의 모든 차별을 넘어선 평등과 자유를 외치는 혁명적인 공동체로서의 초대교회 에클레시아를 다시 바라보아야 합니다. 초대교회가 외부 위협과 내부 갈등 속에서 살아남기 위해, 결국 세상의 권력 구조를 닮아가는 제도화의 길을 걷는 과정에서, 잃어버린 '바울적 급진성'을 되짚어 보아야 하겠습니다. 지금은 모든 차별을 넘어 평등과 자유를 외친 바울의 에클레시아(교회) 신앙과 신학을 다시 평가하며, 오늘날 한국 교회의 새로운 방향을 함께 찾아 나설때입니다.

---

26. 갈릴리예수마을운동과 바울의 에클레시아 운동으로 본 K-마을 교회의 가능성

1. 한국 교회, 지금 어떤 위기에 처해 있을까요?

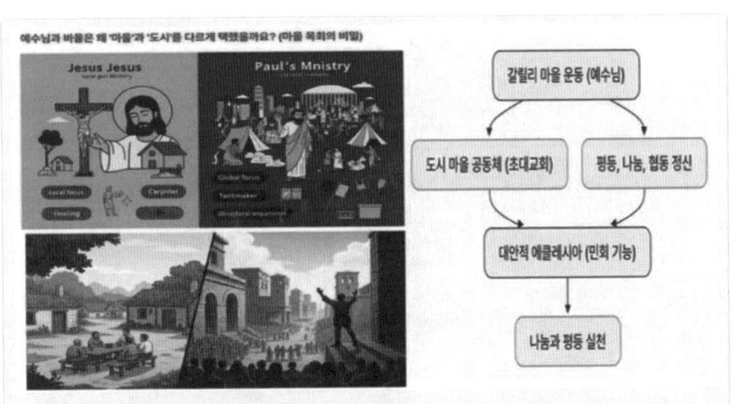

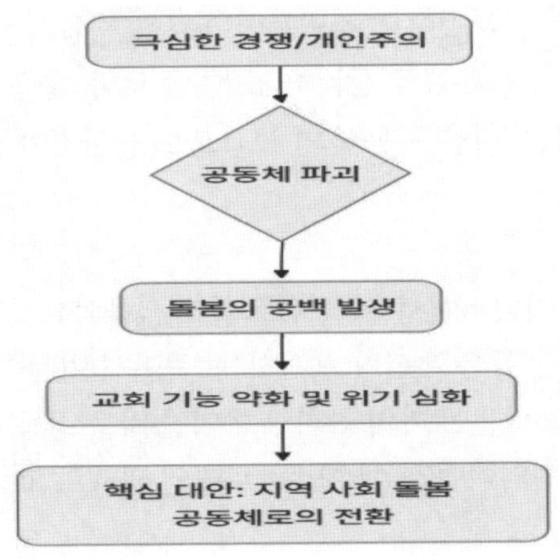

요즘 한국 사회는 경쟁이 너무 심해서 모두가 지쳐 있어요. 극심한 경쟁과 개인주의 때문에 공동체가 파괴되고 있다는 위기를 겪고 있죠. 국가가 나서도 해결하지 못하는 '돌봄의 공백'이 점점 커지고 있는 상황이에요. 이런 상황에서 교회는 더 이상 주말에 잠시 문 여는 건물이 될 수 없어요. 실제로 한국 교회는 지금 중요한 마지노선에 서 있다고 해요. 최근 20년 동안 주요 교단에서만 200만 명의 교인이 줄었다는 통계도 있어요. 게다가 교회의 노령화 지수는 1990년 19.4에서 2025년에는 무려 199.9로 10배 가까이 증가했다고 하니 심각하죠. 특히 젊은 층의 이탈이 더 가파르기 때문에 주일학교를 세우는 일도 불투명해지고 있어요. 결국 이제는 예배당을 지어 놓고 사람을 기다리는 시대는 완전히 끝난 셈이에요.

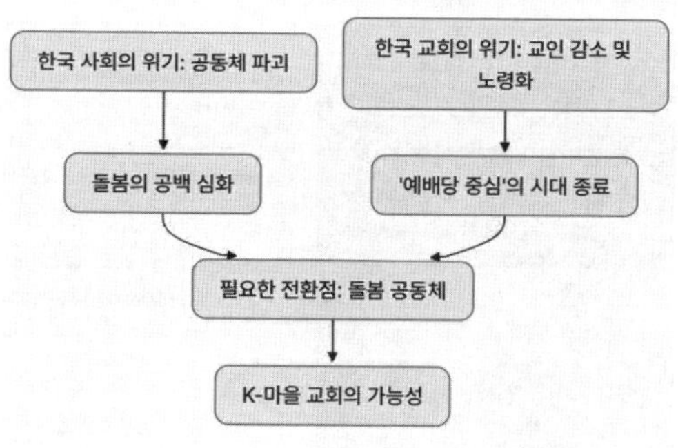

교회가 이 위기를 극복하고 지역 사회를 보듬는 돌봄 공동체로 바뀌는 것이 핵심 대안이 될 수 있어요. 주민들이 서로를 책임지는 '돌봄 민주주의' 사회로 나아가는 것을 목표로 삼는 거죠. 옛날 로마 제국에 맞서서 가난한 이웃을 먹여 살렸던 '마을 공동체'의 모습으로 돌아가야 한다는 이야기예요.

2. 예수님은 왜 갈릴리에서 '마을 캠프'를 여셨을까요?

예수님의 주요 활동은 우리가 생각하는 '죽어서 가는 천국' 이야기만이 아니었어요. 그것보다는 로마의 착취로 무너진 마을 공동체를 다시 일으키려는 실질적인 움직임이었죠. 예수님은 로마의 과세로 고통받던 갈릴리 지역의 농민과 노동자들에게 희망을 주셨어요. 사역의 중심지로 전통적인 성전이나 회당 대신에 '집'과 '마을'을 삼으셨죠. 성경 마가복음의 약 3분의 1 이 갈릴리 사역에 집중되어 있을 정도로 갈릴리는 매우 중요한 무대였어요.

예수님은 갈릴리 전역을 다니면서 아픈 사람을 고치고 천국 복음을 전파하셨어요. 예수님의 사역에서 '집'은 더 이상 친척들만 모이는 공간이 아니었어요. 오히려 하나님의 뜻을 행하는 사람들이 교제하고 가르침을 나누는 새로운 공동체의 공간이 되었죠. 갈릴리 전역을 하나의 전략적인 '캠프'처럼 활용하며 역동적인 '하나님 나라 마을 운동'을 펼치셨어요.

3. 예수님의 마을 운동은 어떤 캠프들로 이루어졌나요?

예수님의 '하나님 나라' 운동: 갈릴리 이동식 마을 캠프

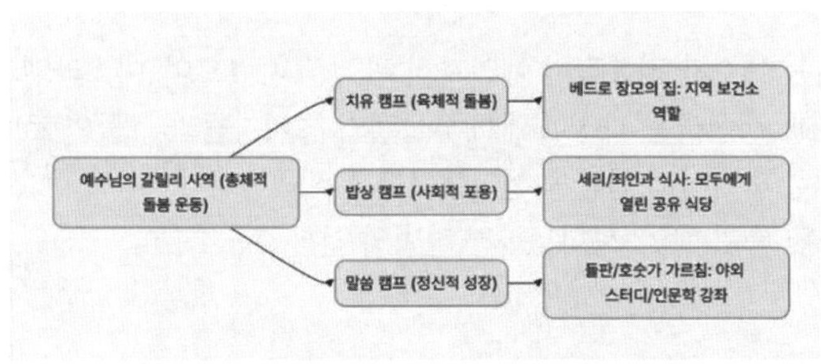

예수님의 마을 운동은 세 가지 중요한 '캠프'로 이루어졌고, 이 캠프들은 균형 잡힌 돌봄 운동이었어요. 첫 번째는 아픈 사람들을 돌보는 치유 캠프였어요. 베드로 장모의 집처럼, 이곳은 지역 사회 보건소 역할을 했고, 많은 사람이 모여들었죠.

두 번째는 밥상 캠프예요. 예수님은 세리나 죄인들과 함께 밥을 먹으며 사회적 경계를 허물었어요. 모두에게 열린 공유 식당과 같았으며, 가나의 혼인 잔치처럼 풍성한 나눔이 있었답니다. 마지막은 말씀 캠프였어요. 들판이나 호숫가에서 비유로 가르침을 나누셨는데, 오늘날의 야외 스터디나 인문학 강좌와 비슷했어요. 이 세 가지 캠프는 단순히 영적인 활동만 한 게 아니었어요. 육체적 치유(치유 캠프), 사회적 포용(밥상 캠프), 정신적 성장(말씀 캠프)이 모두 포함된 총체적인 돌봄 운동이었던 거예요. 이처럼 교회는 육체, 사회, 정신을 모두 돌보는 통합적인 역할을 해야 하는 거죠.

4. 예수님의 마을 공동체 운동 : 마을 공동체 갱신 운동

예수운동의 거시 정치적 성격은 로마 제국과 예루살렘 지배층이 만들어낸 압제 구조에 대한 직접적인 대항에서 비롯되어요. 리처드 호슬리는 예수운동을 갈릴래아의 작은 마을과 소읍들에서 주로 진행된 지역 공동체 갱생 운동으로 해석합니다. 이 운동의 방향은 일반 빈곤층에 속한 지역 사회를 회복시키고, 이스라엘의 소망과 성취, 갱신을 경험하게 하는 것이었죠. 예수님이 선포한 '하나님의 나라'(Kingdom of God)의 도래는 1세기 팔레스타인의 정치적 맥락에서 해석될 때 강력한 혁명성을 띤다고 해요.

호슬리는 예수가 전통적인 예언자적 관행을 따랐으며, 이스라엘의 소외된 공동체를 갱신하는 과정에서 예루살렘의 통치자들과 그들의 로마 후원자들에 대한 하나님의 심판을 선언했다고 주장했답니다.

* 치유 및 축귀 행위: 사회문화적 질병의 전복

예수 치유 및 축귀 사역의 전복 메커니즘

	정결법 (율법 중심)	예수의 실천 (연민 중심)	전복 효과
나병 환자	접촉 금지, 격리, 부정 확산	직접 만짐 (마가 1:41), 즉시 정결	공동체 복권, 오염 상징 해체
식사 공동체	정결한 자만 공유, 죄인 배제	세리·죄인 초대 (누가 5:29-32)	이항 대립 무너짐, 수평 관계 형성
안식일 규범	노동 금지, 치유 금지	병자 치유 (요한 9:1-7)	생명 우선, 억압적 규범 제거

예수의 치유와 축귀 행위는 단순히 병리학적인 질병을 치료하는 것을 넘어, 사회적 소외와 낙인을 의미하는 사회문화적 질병을 제거하는 행위였어요. 이는 당대 사회의 근본적인 도덕적, 문화적 질서를 전복하는 새로운 실천이었지요.

예수가 나병 환자를 만져서 정결하게 한 사건에서 이 전복성이 보다 명확히 드러나지요. 나병은 단순한 피부병이 아니라, 그 사람을 공동체와 예배로부터 분리하고 부정함을 확산시키는 사회적 오염의 상징이었어요. 예수는 나병 환자와 접촉하는 금지된 행동을 통해, 정결 코드가 만들어낸 경계를 극복하고 나병 환자를 다시 사회의 일원으로 복권시켰던 것이에요. 이러한 행동은 지배층의 율법에 의해 움직이는 윤리에서 연민에 의해 움직이는 민초 윤리로의 전환을 선언하는 것이었어요.(김진호목사)

갈릴리 예수 운동, 초대교회 에클레시아, K-마을 교회의 핵심 동력 비교 분석

구분	갈릴리 예수 운동 (마을)	바울의 에클레시아 (도시)	K-마을 교회 (현대)
중심 사상	하나님 나라의 도래와 마을 갱신 (저항/회복)	로마 제국 질서에 대한 대안적 '에클레시아'	교회의 공공성 회복 및 생명망 구축
활동 무대	회당 밖 마을, 가정의 마당, 공유 지대	로마 도시 내 가정 교회 (House Churches)	지역 사회/마을, 복지/교육 생태계
핵심 실천	치유, 축귀, 밥상 공동체 (Ochlos와의 연대)	경제적 호혜(연보), 신분/젠더 평등 지향	통합 돌봄(Care), 사회적 경제, 문화 교육
구조적 특징	카리스마적 지도자 중심의 비제도적 운동	느슨하지만 유기적인 네트워크 조직	지역 연합(Ecumenism) 및 NGO/협동조합 연계

이러한 민초적연민을 기준으로 정결법을 해체하는 행위는 소외된 마을 공동체를 갱생시키는 해방 운동의 문화적 기반이 되었지요. 세리나 죄인들과 함께 식사하는 행위는 율법적 족쇄를 푸는 대표적인 행위 입니다. 이는 당시 종교 지도자들이 고수하던 '정결한 자'와 '부정한 자'의 이항 대립 구도를 무너뜨리고, 상호 협력과 상호 지원의 새로운 관계를 제시하는 수평적 공동체를 형성했어요. 안식일에 치유 행위를 감행한 것 역시 율법의 엄격한 규범보다 인간의 필요와 생명을 우선시함으로써, 기존의 질서에 내재

된 억압적 요소를 제거하는 전복적 행위였던것이지요.

5. 초대교회가 '에클레시아'라는 혁명적인 이름을 쓴 이유가 뭘까요?

　　예수님이 돌아가신 후 시작된 초대교회 운동은 단순한 종교 운동이 아니었어요. 당시 로마 도시는 착취와 약탈을 기반으로 했고, 심각한 계층 구조 때문에 공동체가 파괴되고 있었어요. 초대교회는 예수님의 갈릴리 마을의 정신을도시로 옮겨왔어요. 초대교회는 로마의 파괴된 도시 사회에서 갈릴리의 평등과 나눔, 협동 정신을 다시 세우려 했답니다. 도시의 삭막함 속에서 예수님의 마을 공동체를 재현하려 노력했어요.

초대교회가 이러한 로마 사회에 맞서서 평등과 나눔의 공동체를 만드는 과정은 사실 큰 위험과 모험이었어요. 그들은 모임을 '에클레시아(ecclesia)'라고 불렀어요. 이 단어는 원래 그리스 도시 국가에서 시민들이 모여 정치 문제를 논의하던 '시의회'나 '민회'를 뜻하는 말이었답니다.

이 이름을 사용한 것은 바로 초대교회가 단순히 종교 모임 이상이었음을 의미하는 것이었어요. 로마 도시의 착취적인 구조에 대항하여 새로운 '자율 자치적인 단위'가 되겠다는 의지를 보여준 것이죠. 로마 사회는 귀족, 평민, 노예로 나뉜 심각한 계층 사회였지만, 초대교회에서는 노예와 주인, 남녀, 유대인과 이방인이 그리스도 안에서 하나였고 경제적 나눔과 평등을 실천했어요. 이것은 로마의 계층 구조에 강력하게 도전하는 파격적인 평등 실천이었답니다.

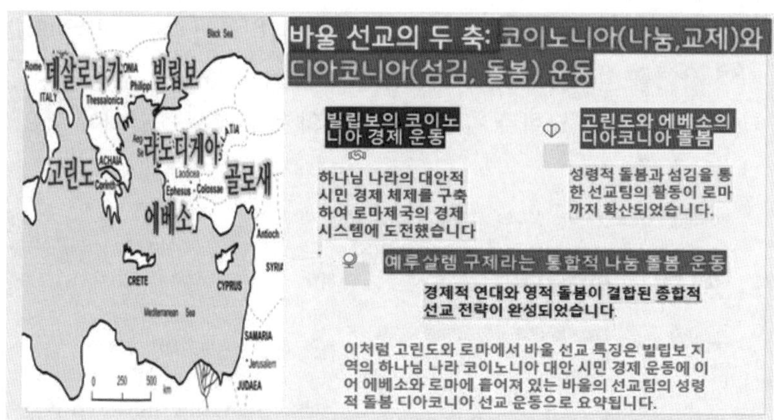

특별히 사도 바울은 예루살렘 국제 구제 헌금 운동을 통해 초대교회의 코이노니아(나눔)와 디아코니아(돌봄)를 하나로 통합하려고 했어요. 당시 마케도니아의 빌립보 교회의 코이노니아는 나눔과 교제 중심의 대안 경제를 보여주었죠.

그런데 아가야 지역의 고린도 교회를 중심으로 로마 제국의 식민 후견 브로커 문화가 교회에 침투하고 있었고, 고린도 교회가 이를 열렬히 환영하면서 고린도 교회가 분열되는 상황에 빠지게 되었어요. 바울은 고린도 교회의 분열이 마케도니아 지역과 아가야 전 지역으로 확대되고 있는 위기를 간파했습니다.

이러한 상황에 맞서 사도 바울은 친교와 나눔(코이노니아)과 섬김과 돌봄(디아코니아)이라는 초대교회의 에클레시아 공동체 정신으로 로마 제국의 약탈 문화와 차별에 맞서는 예루살렘 모금운동을 벌이며 국제적인 통합돌봄 공동체(코이 디아코니 에클레시아)를 만들려는 운동을 시작했던 것 입니다. 그러므로 사도 바울의 선교 활동은 단순한 종교적인 것을 넘어, 로마 제국의 식민 후견 브로커 체제에 저항하는 통합돌봄 에클레시아 운동이었던 것입니다.

6. K-마을 교회가 제시하는 네 가지 실천 모델은 무엇인가요?

현재 한국 사회에서 국가의 공적 돌봄 시스템이 한계를 보이고 있어요. 또한 시장에 의존하는 돌봄은 영리 중심이라 완벽하지 않죠. 이럴 때 교회가 지역 사회를 섬기는 '마을교회운동과 마을 목회' 운동이 강력한 대안으로 떠오르는 거예요. 교회가 지역 사회 중심의 돌봄 운동을 펼쳐야 해요.

K-마을신학의 등장: 국가와 시장이 못하는 돌봄 채우기

실천 모델	주요 활동 (예시)	역할
복지 및 돌봄	지역 아동센터, 노인 돌봄 프로그램 운영	지역 사회 보건소 및 안전망
문화 거점	마을 카페, 작은 도서관 운영	주민들의 소통과 교류를 위한 '제3의 공간' 제공
사회적 경제	사회적 기업, 협동조합 설립	지역 일자리 창출 및 경제적 자립 지원
공공 활동	주민들이 마을의 주인이 되도록 지원	마을 자치 및 주체성 강화

K-마을신학은 교회가 실질적으로 지역 사회를 돕는 네 가지 모델을 제시하고 있어요.

첫 번째는 복지 및 돌봄 모델이에요. 지역 아동센터나 노인 돌봄 프로그램을 운영하는 것이죠. 두 번째는 문화 거점 모델이에요. 마을 카페나 작은 도서관을 운영해서 주민들에게 '제3의 공간'을 제공하는 것이 중요해요. 세 번째는 사회적 경제 모델을 통해 지역 일자리를 만드는 거예요. 사회적 기업이나 협동조합을 만드는 활동이 포함돼요. 마지막으로 공공 활동 모델이 있어요. 주민들이 스스로 마을을 자산화 하고 사회적 자본을 만들어 나가면서, 마을의 참 주인이 되는활동이죠. 이런 실천을 통해 교회는 단순히 이미지를 좋게 만드는 것을 넘어, 구조적 불의에 도전하고 평등한 공동체를 만드는 구조적인 변화가 필요하답니다.

7.교회가 지역사회의 희망이 되려면 먼져 신학 교육의 변하가 필요해요. 신학교 커리큘럼에 "공공신학이나 디아코니아 돌봄 신학"과 "K 마을 신학이나 '마을목회' 같은 필수 과정을 도입해야 합니다. 최근 통합돌봄 법이 통과되고 읍면동 단위의 마을에서 활발한 움직임이 시작되고, 몇몇 공동체에서는 돌봄선언이 시작되고 있는데, 우리 교계가 이에 대한 정보와 움직이 미미 한 것 같다고 의견이 있었어요.

그동안 마을 목회를 중심으로 신학을 전개하고 있는 실천신대와 갈릴리 신학교와 가정교회 마을연구소(가교매)와 유형별 마을목회를 대표하는 교수 목회자 들이 모여" 통합돌봄과 마을목회세미나를 개최하기도 하였답니다.

우리는 이 일을 통해 통합 돌봄의 시대가 시작됨을 한국교회에 알리고, 돌봄 세미나를 통해 한국교회의 신학적 선교적 방향을 전환을 선언한 후, 각 읍면동 단위의 작은 교회 중심으로 "돌봄마을과 돌봄교회"의 준비를 시작하고자 하였습니다.

코로나 이후의 교회적 목회적 대안으로서읍면동 단위의 "돌봄교회 돌봄마을"을 중심으로 하는 돌봄선언을 선언할 뿐만 아니라, 통합돌봄 시대가 한국교회의 신학과 선교에 전환점의 계기를 마련하기로 한것이지요.

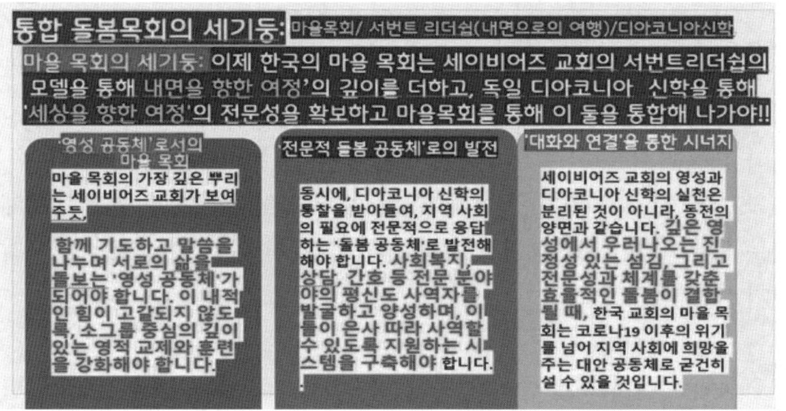

이러한 통합돌봄 마을에 참여하기 위해서는 마을 목회의신학적 기둥을 세워야 합니다. 그동안 우리가 마을 목회를 하면서 발견한 마을 목회의 세 기둥으로 우리는 세이비어즈 교회의 서번트리더쉽의모델을 통해 "내면을 향한 여정"의 깊이를 더하고, 독일 디아코니아 돌봄 신학을 통해 '세상을 향한 여정'과 전문성의 깊이를 확보하고, 마을목회를 통해 이 둘을 통합하며 실천해 나가야 할 때가 지금 이라고 생각하였습니다.

지금 우리는이러한 통합돌봄의 신학과 연대의 기초위에 마을 목회자, 평신도, 마을 주민 및 은퇴자를 중심으로 마을돌봄 교육을 주관하고 훈련하는 돌봄 선교 교육원이나 훈련원 같은 연구 훈련의 기관과 제도도 마련하고 실천하자는 꿈을 가지고 있습니다.

8. 다음으로 통합돌봄시대에 맞는 교회의인식의 전환과 평신도들의 깨어남이 필요합니다.

통합돌봄 시대에는 교회론의 핵심이 예배 중심을 넘어 지역 사회 돌봄으로까지 확장되해야 합니다. 단순히 어려운 사람을 돕는 구제를 넘어, 지속 가능한 돌봄 시스템을 구축해야 해요. 또한 실행 체계를 구축해야 해요. 돌봄 사역팀을 만들고, 통합 돌봄 코디네이터를 선임해야 하죠. 이런 준비를 바탕으로 지역 시민사회와주민센터나 복지기관과 긴밀하게 협력해서 '마을 돌봄 네트워크'를 만들어야 해요.

최근의 돌봄교회의 모범적 사례를 보면, 코로나 시기에 마을 돌봄 일꾼들을 육성해서 건강, 환경, 문화 리더들이 쥬비된 시민으로 형성되었다고 헤요. 작은 도서관과 마을 리더들을 연결해서 '마을 대학'을 구상하고, 저소득층 집수리 같은 실질적인 복지 안전망을 구축한 것도 좋은 예지죠. 그러므로 이제 교회의 평신도들은 더 이상 교회에서 구경꾼이나 소비자가 되어서는 안 되겠지요. 모든 신자가 '왕 같은 제사장'(벧전2:9)이라는 가르침처럼, 우리가 스스로 제사장이자 주인이 되어 능동적으로 신앙생활을 해야 하는 거죠. 단순히 교회에 다니는 것을 넘어, 우리 자신이 바로 교회가 되어야 해요.

성경 구절	주요내용	관련 주제
베드로전서 2:5-9	신자들이 영적 집으로 세워져 제사 드림	만인 제사장 탄생
히브리서 10:1-14	동물 제사 불완전, 그리스도 한 번 제물	동물 제사 폐기
히브리서 13:1-16	환대와 선행을 제사로 제시	이웃 환대 윤리
사도행전 2:42	가정 모임에서의 교제와 예배	가정집 전환
디모데전서 2:5	그리스도 유일 중보자	브로커 폐기

이처럼 마을교회는 마을의 마당이 되어서 마을을 사랑하고 공의를 실천하는 역할을 해야 한답니다.

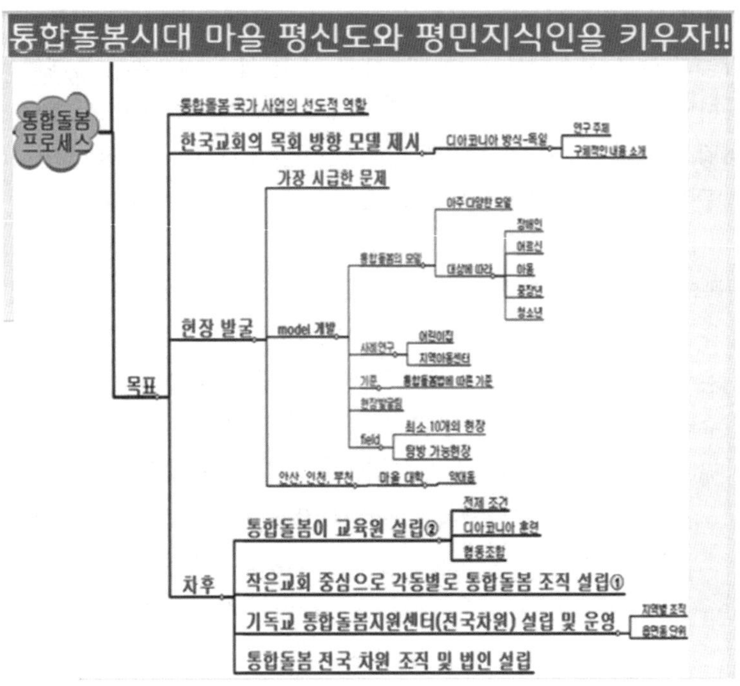

9. 우리가 미래 마을에 물려줄 가장 중요한 유산은 무엇일까요?

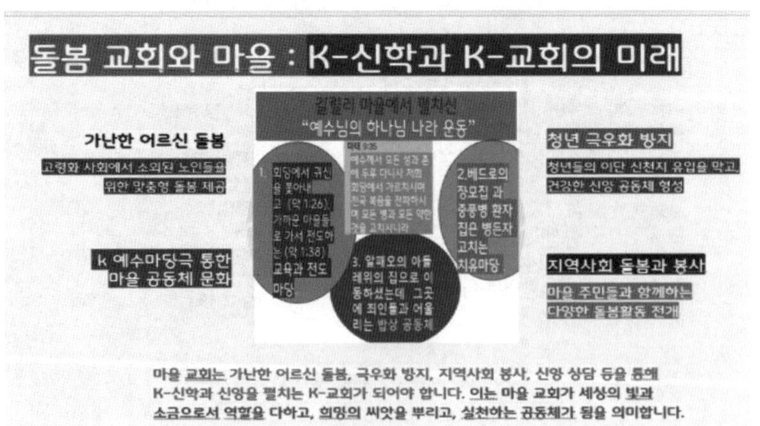

마을 교회는 가난한 어르신 돌봄, 극우화 방지, 지역사회 봉사, 신앙 상담 등을 통해 K-신학과 신앙을 펼치는 K-교회가 되어야 합니다. 이는 마을 교회가 세상의 빛과 소금으로서 역할을 다하고, 희망의 씨앗을 뿌리고, 실천하는 공동체가 됨을 의미합니다.

우리가 다음 세대에 물려줄 가장 중요한 유산은 물리적인 건물이 아니라, 건강한 공동체와 정의로운 도시와 마을과 같은 사회적 자본과 마을의 자산들 입니다. 이를 위한 핵심적인 운동이 바로 마을의 모든 인적 물적 자본을 공공적 사회적 자본으로 만드는 사회적 자본 운동과, 모든 물적 자본을 시민들과 마을의 자산으로 만드는 마을 자산화 운동입니다.

측면	여호수아 1장 적용	현대 위기대응
리더십 전환	모세 → 여호수아, 낮은 세대 전멸	극우적 속 새로운 세대 담대함
두려움 극복	'강하고 담대하라' 3회	파시즘 위기, 말씀 묵상으로 행동
공동체 형성	가나안 정복 약속	돌봄 마을, 연대경제
실전 지침	말씀 주야 묵상	추수감사 지원 순환 정비

오늘 이와같은 마을 자산화 운동이 절실 합니다. 이 운동은 지역 구성원들이 단순히 정책의 도움을 받는 사람이 아니라, 경제적 주체이자 땅의 청지기가 되는것을 목표로 합니다. 이러한 마을의 주인이 되는 일은 우리의 의식이 그동안(도시와 마을을 둘러싼 정의롭지 못한) 가나안의 거인족들앞에서 '나는 내가 보기에도 메뚜기와 같다'라는 메뚜기와 같았던자아상을 극복하고, 비교 의식이나 생존의 공포에서 해방되는 것을 의미합니다.

　　우리가 이와 같은공포와 열등감을 극복하고 이제 마을의 주인으로 담대하게 나아갈 때, "K 마을과 K 교회"라는마을교회와 신학의 가능성이 완성될 뿐만 아니라, 가나안 땅이라는 하나님 나라와 그 유산에참여하게 될 것입니다.

27. 바울의 2차 세계전도여행을따라 나서는 약대동새롬교회 38주년!

　　(행18:1-9)!!=부천새롬교회 2024 5월12일 38주년기념 마당극 대본 =

약대동 마을 목회 38주년 준비 예배 여는 마당:

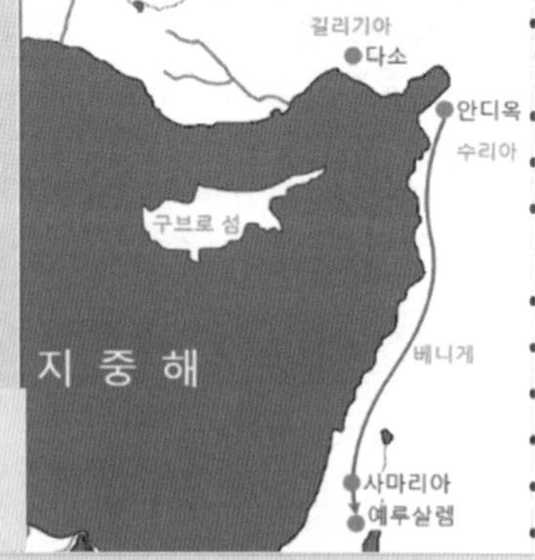

- 오늘은 새롬교회 마을목회 38주년을 앞에두고 지난 번 부활절
- 이후 두번째 마당 예배을 엽니다. 지난번 마당예배의 주제가
- "마을에서 만난 예수"라면 이번 38주년 마당예배는 바울 선교의
- 핵심장면 인 바울과 젊은 제자들이 선교의 막힌길을 열기위해
- "유럽으로 뛰어든 바울과 젊은 제자들 " 이야기로 "초대교회의
- 꿈을 이룬 바울의 2차 세계 전도여행을 따라 나서는
- 약대동 새롬교회 38주년!"을 준비하는 예배 입니다.
- 지난번 부활절 처럼 오늘 이 주제로 리허설 예배를 한번 드리고
- 6월 9일 38주년에 조금더 다듬어 완전한 예배를 드리고자
- 하오니 교우 여러분들은 조금 부족한 부분이 있더라도 준비된
- 만큼 편안한 마음으로 참여해 주시기 바랍니다.

목회자: 자~ 이제부터 우리 함께 마음과 정성으로 한바탕 멋진 예배 마당을
　　　　열어봅시다.
　　　　주님! 주님~ 오소서! 예배의 마당 엽니다!
회 중 : 주님! 주님~ 여소서! 예배의 마당 여소서!

트의 내용을 입력하십시오

약대동 마을목회 38주년 준비 예배 여는 마당:

오늘은 새롬교회 마을목회 38주년을 앞에두고 지난 번 부활절 이후 두 번째 마당 예배을엽니다. 지난번 마당예배의 주제가 "마을에서 만난 예수"라면 이번 38주년 마당예배는 바울과 젊은 제자들이 선교의 막힌길을 열기 위해 "유럽으로 뛰어든 바울과 젊은 제자들" 이야기로 "초대교회의 꿈을 이룬 바울의 2차 세계 전도여행을 따라 나서는 약대동 새롬교회 38주년!"을 준비하는 예배입니다.

지난번 부활절처럼 오늘 이 주제로 리허설 예배를 한번 드리고 6월 9일 38주년에 조금더 다듬어 완전한 예배를 드리고자 하오니 교우 여러분들은 아직은 조금 부족한 부분이 있더라도 준비된 만큼 편안한 마음으로 참여해 주시기 바랍니다.

바울의 2차세계전도여행을 따라 나서면서!
첫째마당. 실라 디모데등청년마당 (약대동청년들)

① 청년 실라의고백 (엄미선)

나는 바울 사도님을생각할때마다. 야보고가 보낸 예루살렘 사람들이 안디옥교회 식사 시간에 들이 닥쳤을 때 베드로와 바나바사도가 자리에서 일어나 도망가듯 나가자, 바울 사도 홀로 예루살렘 교회의 부당한 요구에 대해 당당히 나서서 율법과 할례를 철폐하고 이방인들과 계속 식사를 해야된다는, 율법이 아니라 믿음으로 의롭게되며이방인을 받아들여야 한다는 그 신앙을 설파하신 그 순간이 늘 감동으로 다가와!!

디모데 (연두): 그래 바울사도님은갈라디아 교회에서 참으로 어려운 일을 많이 겪고 있었어!! 바울 사도님은예루살렘에서 내려온 유대 율법주의자들과 싸우는 동시에, 그들의 선동에 놀아난 교회안의 대적자들과 상대하셔야 했어!! 교회에 침투한 이러한 방해꾼들에 의한 공격으로 말미암아 예루살렘으로부터갈라디아 등 소아시아 지역의 교회의 대부분이 분쟁에 휩사이고갈라디아 교회처럼 그 일부분은 그 유대주의자에 의해 잠깐동안 빼앗기기도 했지!

==== 부천 청소년 상담을 하시는 연두님은 강원도에 수련회 중이라
     줌으로 참여하셔서

다같이: (정준혁 인도) 이러한 상황에서 바울 사도님은 성령이 아시아에서의 자신의 사역을 성령이 막고 있다는 느낌을 받으시고 늘 기도하시던 중 어느날 성령을 통해 마케도니아에서 도와달라는 새로운 부르심의 환상을 보게되셨지 바울 사도님은 당시 젊은 우리를 부르셔서 우리 젊은 디모데와 실라는 함께 유럽에 뛰어들으셨지! 우리들이 유럽에 뛰어들어 우리가 한 핵심 사역은 바울 사도님의 서신을 유럽 전역에 전파하는 일이었어!

실라!(엄미선) 그래 우리가 바울 사도님과 함께 유럽땅에 뛰어들었을 때 우리가 이 새로운 기쁜 소식을 가지고 빌리보 데살로니카 베뢰아 아덴 고린도등 유럽의 어느 도시에 도달하면 다른 지역 사람들을 불러서 그 서신을 함께 읽는등 우리가 유럽에서 눈부신 선교적 성과를 이룬 핵심적 이유는 율법과 할례에서 해방된 성령의 자유로운 신앙의 열매이었어!.

•다같이: (정준혁 인도) 이러한 상황에서 바울 사도님은 성령이 아시아에서의 자신의 사역을 성령이 막고 있다는 느낌을 받으시고 늘 기도하시던중 어느날 성령을 통해 마케도니아에서 도와달라는 새로운 부르심의 환상을 보게되셨지 바울 사도님은 당시 젊은 우리를 부르셔서 우리 젊은 디모데와 실라는 함께 유럽에 뛰어들으셨지! 우리들이 유럽에 뛰어들어 우리가 한 핵심 사역은 바울 사도님의 서신을 유럽 전역에 전파하는 일이었어!
•실라!(엄미선)그래 우리가 바울사도님과 함께 유럽땅에 뛰어들었을 때 우리가 이 새로운 기쁜 소식을 가지고 빌리보 데살로니카 베뢰아 아덴 고린도등 유럽의 어느 도시에 도달하면 다른 지역사람들을 불러서 그 서신을 함께 읽는등 우리가 유럽에서 눈부신 선교적 성과를 이룬 핵심적 이유는 율법과 할례에서 해방된 성령의 자유로운 신앙의 열매이었어!.

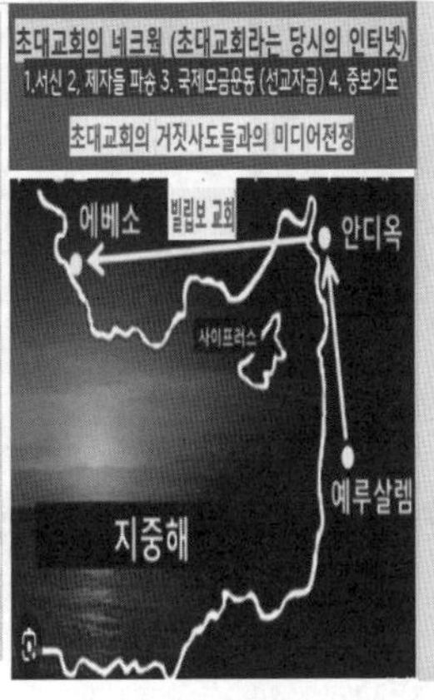

•청년디모데의 고백 : (연두)
•내가 바울사도님과 했던 일중 가장 기억에 남는 일이 바로 데살로니카에서의 일이야!!바울 사도님이 데살로니카 교회를 개척하고 유대인들에게 쫓겨 고린도 교회에 내려왔을 때 나를 데살로니카 지역에 잠입하여 신생 데살로니카 교회가 생존해 있는지를 타진해 보라하셨는데 놀랍게도 데살로니카 교인들이 마치 유모가 자녀를 키우듯 새신자들을 잘 돌보아 마게도니아에서 아가야 까지 소문이
•잔잔하게 나있더라고!
•실라!(엄미선)
•바울 사도님의 서신은 요즈음 말로는 바로 초대교회의 인터넷과 같은 미디어
•언론 이었던 것이야!! 초대교회에서는 바울의 사역을 반대한 대적자들이
•초기 기독교의 미디어 전쟁에서 승리하기 위해 열을 내품었고, 사도바울의 서신은 이처럼 초대교회의 네트웍과 인터넷 사이에 퍼져있는 잘못된 가짜뉴스 들과 경쟁하며 미디어 전쟁을 치루며 가짜뉴스를 바로잡는 바이러스 퇴치제 역할을 했다는 것이지!! 바울 사도님은 오늘날로 보면 일종의 새로운 sns와 같은 서신매체의 스타 언론인 이라고 할수 있지ㅎㅎ!!.

청년디모데의고백: (연두)

내가 바울사도님과했던 일중 가장 기억에 남는 일이 바로 데살로니카에서의 일이야!! 바울 사도님이 데살로니카 교회를 개척하고 유대인들에게 쫓겨 고린도 교회에 내려왔을 때 나를 데살로니카 지역에 잠입하여 신생 데살로니카 교회가 생존해 있는지를 타진해 보라하셨는데 놀랍게도 데살로니카 교인들이 마치 유모가 자녀를 키우듯 새신자들을 잘 돌보아 마게도니아에서 아가야 까지 소문이 잔잔하게 나있더라고!

실라!(엄미선)

바울 사도님의서신은 요즈음 말로는 바로 초대교회의 인터넷과 같은 미디어 언론 이었던 것이야!! 초대교회에서는 바울의 사역을 반대한 대적자들이 초기 기독교의 미디어 전쟁에서 승리하기 위해 열을 내품었고, 사도 바울의 서신은 이처럼 초대교회의 네트웍과 인터넷 사이에 퍼져있는 잘못된 가짜뉴스 들과 경쟁하며 미디어 전쟁을 치루며 가짜뉴스를 바로잡는 바이러스 퇴치제역할을 했다는 것이지!! 바울 사도님은오늘날로 보면 일종의 새로운 sns와 같은 서신매체의 스타 언론인 이라고 할수있지ㅎㅎ!!

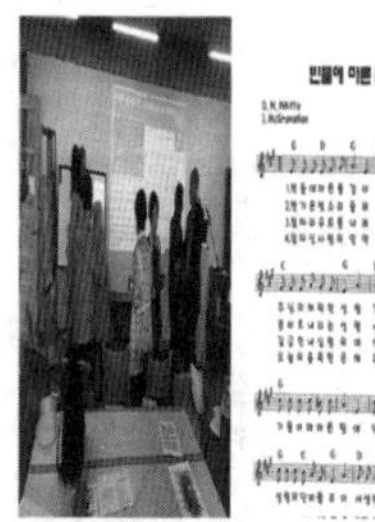

둘째마당 빌립보의 루디아 마당 (약대동 신신마 어르신들 마당)

= 찬송가 "빈들에 마른풀 같이" 를 우리 승리하리라! 춤 장단에 맞추

무대 해설자 :목사님

마케도냐 즉 유럽의 부르는 소리듣고 유럽땅으로 뛰어든 이유

바울이 마케도냐로 출발한 2차 전도 여행 때 가장 먼저 도착한 곳이 바로 빌립보인데 바울이 그곳에 개척한 가정교회가 두 개였는데, 첫째는 루디아 집의 가정교회고, 둘째는 빌립보 간수장 집에서 열린 가정교회입니다. "두아디라 시에 있는 자색 옷감 장사로서 하나님을 섬기는 루디아라 하는 한 여자가 말을 듣고 있을 때 주께서 그 마음을 열어 바울의 말을 따르게 하신지라" (행 16:14)

빌립보의 빨래터 여인1; 우리가 바울 사도님을 처음 만난 곳은 바로 빌립보 지역의 회당밖 빨래터였지? 이곳 빌립보 교회의 시작은 회당이 없는 변두리지역의 빨래터에 복음이 전해졌는데 빨래터의 여인들이 먼저 마음의 문을 열고 그중 루디아라는 큰 장사하는 여인에게 성령이 임해서, 그녀가 자신의 집을 열어 빌립보 교회가 세워지고 유럽 전도의 문이 열렸던 것이지!

둘째마당 빌립보의 루디아 마당 (약대동 신신마 어르신들 마당)
== 찬송가 "빈들에 마른풀 같이"를 우리 승리하리라! 춤 장단에 맞추어
　춤춘다===

무대 해설자: 목사님

마케도냐 즉 유럽의 부르는 소리듣고 유럽땅으로 뛰어든 이유

바울이 마케도냐로 출발한 2차 전도 여행 때 가장 먼져 도착한 곳이 바로 빌립보인데 바울이 그곳에 개척한 가정교회가 두 개였는데; 첫째는 루디아 집의 가정교회고, 둘째는 빌립보 간수장 집에서 열린 가정교회입니다. "두아디라 시에 있는 자색 옷감 장사로서 하나님을 섬기는 루디아라 하는 한 여자가 말을 듣고 있을 때 주께서 그 마음을 열어 바울의 말을 따르게 하신지라"(행 16:14)

빌립보의 빨래터 여인1: 우리가 바울 사도님을 처음 만난 곳은 바로 빌립보 지역의 회당밖 빨래터였지?

이곳 빌립보 교회의 시작은 회당이 없는 변두리지역의 빨래터에 복음이 전해졌는데 빨래터의 여인들이 먼져 마음의 문을 열고 그중 루디아라는 큰 장사하는 여인에게 성령이 임해서, 그녀가 자신의 집을 열어 빌립보 교회가 세워지고 유럽 전도의 문이 열렸던 것이지!

루디아 : 나는 당시 두아디라 시에서 왕실에 공급하는 지색 옷감을 만드는 상인으로서 어느날 우리 마을 빨래터로 찾아온 바울 사도의 말씀을 듣고 이 말씀이 바로 내가 찾던 구원의 말씀이라는 확신이 들었습니다.그래서 바울사도에게 우리 집에 거할 것을 권하고 우리집에서 날마다 말씀을 청해 듣는 빌립보 교회를 세웠습니다, 그러자 바울이 우리 빌립보 교인들에게 쓴 그리스도 예수 안에서 모든 환난을 이길 일체 비밀이 있다"라는 편지 말씀처럼 교회가 어떠한 환란 가운데서도 기뻐하고 기뻐하라!는 말씀으로 복음전파의 중심지가 되었습니다.

빨래터의 여인 2 이렇게 이방땅 마게도니아 빌립보 지역의 빨래터에서 시작된 바울의 유럽 선교 공동체는 그후 데살로니카 고린도로 펴져나가면서 루디아, 브르스길라 뵈뵈와 같은 평신도 리더들을 키워냈고, 이런힌 바울의 변방의 평신도선교 공동체는 유럽 선교의 문을 여는 데 결정적으로 중요한 역할을 감당하였지!!

루디아: 나는 당시 두아디라 시에서 왕실에 공급하는 자색 옷감을 만드는 상인으로서 어느날 우리 마을 빨래터로 찾아온 바울 사도의 말씀을 듣고 이 말씀이 바로 내가 찾던 구원의 말씀이라는 확신이 들었습니다. 그래서 바울사도에게 우리 집에 거할 것을 권하고 우리집에서 날마다 말씀을

청해 듣는 빌립보 교회를 세웠습니다. 그러자 바울이 우리 빌립보 교인들에게 쓴 그리스도 예수 안에서 모든 환난을 이길 일체 비밀이 있다"라는 편지 말씀처럼 교회가 어떠한 환란 가운데서도 기뻐하고 기뻐하라!는 말씀으로 복음 전파의 중심지가 되었습니다.

빨래터 여인 2: 이렇게 이방땅 마게도니아 빌립보 지역의 빨래터에서 시작된 바울의 유럽 선교 공동체는 그후 데살로니카 고린도로 펴져나가면서 루디아, 브르스길라 뵈뵈와 같은 평신도 리더들을 키워냈고, 이런힌 바울의 변방의 평신도선교 공동체는 유럽 선교의 문을 여는 데 결정적으로 중요한 역할을 감당하였지!!

세째 마당 고린도 교회 브르스길라 마당 (약대동 선교 일꾼 마당)

세째 마당 고린도 교회 브르스 길라 마당

•무대 해설자 (목사): 사도행전 18장에는 사도 바울이 빌리보 데살로니카 베뢰아 아덴 고린도등 유럽의 여러 도시를 거쳐 드디어 고린도에 도착하는 장면이 나오는데 이 고린도에는 사도 바울의 초대교회 동역자들이 대거 모여들기 시작 합니다.
•브르스길라와 아굴라 부부(꼼이식당/신신마): 우리 부부가 로마에서 추방령이 내려져 쫓겨나 고린도로 이주할 때, 마침 고린도에 도착한 사도 바울님이 천막기술이 있어서 우리집 작업장 1층에서 동업을 시작하였습니다. 그곳은 곧 작업장인 동시에 말씀을 가르치는 선교 공간으로 사용되기 시작했습니다. 그때 성령의 도움으로 마침"실라와디모데가 마게도냐로서 내려오매"(18;5)라는 본문말씀처럼 바울의 젊은동역자 디모데 실라등이 마케도니아에서 고린도로 내려오면서 고린도에 드림팀이 꾸려지기 시작하였습니다!
•바울(목사님) ".저희는 내 목숨을 위하여 자기의 목이라도 내어놓았나니 나 뿐만 아니라 이방인의 모든 교회도 저희에게 감사하느니라" (로마서16:4)

　무대 해설자 (목사): 사도행전 18장에는 사도 바울이 빌리보. 데살로니카. 베뢰아, 아덴, 고린도등유럽의 여러 도시를 거쳐 드디어 고린도에 도착하는 장면이 나오는데 이 고린도에는 사도 바울의 초대교회 동역자들이 대거 모여들기 시작 합니다. 브르스길라와 아굴라부부(꼼이식당/신신마); 우리 부부가 로마에서 추방령이 내려져 쫓겨나 고린도로 이주할 때, 마침 고린도에 도착한 사도 바울님이 천막기술이 있어서 우리집 작업장 1층에서 동업을 시작하였습니다. 그곳은 곧 작업장인 동시에 말씀을 가르치는 선교 공간으로 사용되기 시작했습니다. 그때 성령의 도움으로 마침 "실라와 디모데가 마게도냐로서 내려오매"(18;5)라는 본문말씀처럼 바울의 젊은동역자 디모데 실라등이 마케도니아에서 고린도로 내려오면서 고린도에 선교 드림팀이 꾸려지기시작하였습니다!

바울(목사님) "저희는 내 목숨을 위하여 자기의 목이라도 내어놓았나니나 뿐만 아니라 이방인의 모든 교회도 저희에게 감사하느니라"(로마서16:4)

브르스길라(문예학당): 이렇게 바울과 뵈뵈와 브르스길라 아굴라 그리고 청년 디모데와 실라의 사역은 한 영웅으로는 불가능하고 한 개인으로 실패할수 뿐이 없는 이웃 사랑과 이방인 환대를 하나님의 은혜로 이루어진 성령의 공동체로서는 가능케 하였습니다. 그래서 우리는 이시간 고백합니다.

약대동마을 선교 일꾼들의 기도:

우리는 약대동의 신신마, 문예학당, 꿈이식당을 섬기는 새롬 교회의 집사이요, 마을 선교 일꾼들입니다. 우리는 로마서 16장의 초대교회의 환대의 주인공 이야기를 읽으면서 우리 한 개인의 능력으로는 불가능하고 늘 실패할수 뿐이 없는 이웃 환대의 사역을 성령의 힘과 공동체의 힘으로 가능케한 바로 고린도 교회의 부르스길라 아굴라부부와 로마교회의 뵈뵈집사님을 바라보게 됩니다. 이제 우리 새롬 교회도 마을에 활짝열린 마을의 세대공감의 마당과 돌봄과 문화의 마당이 되어 약대동 이웃들과 함께 사랑과 환대가 넘치는 은혜의 공동체가 되길 주님의 이름으로 간절히 기도드립니다.

네째 마당 고린도 교회에서 로마교회까지!! 뵈뵈권사의 돌봄 마당

(안수 집사 권사님들)

무대 해설자 (목사님) : 뵈뵈권사님의 신앙특정은 한마디로 교회의 울타리가 되는 신앙입니다.

바울:(안수집사님들)

바울 사도는 독백처럼 이렇게 말하셨다고 합니다.

'그들이 다 자기 일을 구하고 그리스도 예수의 일을 구하지 않았다(빌 2:21)고 말하셨습니다. 이처럼 모두 하나님의 일보다 자기일에 몰두할때에 저는 겐그리아 교회에서 뵈뵈라는 신실한 여성 권사님을 만나게 됩니다. 이 뵈뵈 권사님은 교회와 마을의 여러사람의 보호자가 되셨습니다. 힘없고 가난한사람들에게 은신처와 양식을 제공해주고, 나그네들에게 보호자가 되어 겐그레아 지역의 형편이 어려운 사람들에게 돌봄을 베풀어주고 계셨던 것입니다. 제가 로마 교인들에게 보내는 단 하나의 편지 로마서를 뵈뵈집사의 손에 맡긴 이유가 바로 그것입니다,

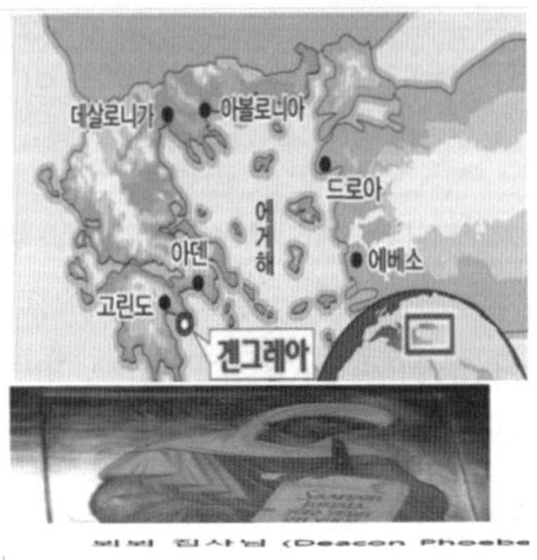

뵈뵈권사 (권사님들)

예수님을 만나고 저의 삶은 사업, 소유, 편안, 행복 이상의 삶을 살려고 노력 하셨습니다. 하나님의 일을 수행함으로서 주어지는 댓가 즉 수고, 베품, 위기, 피곤, 고생 등을 감당하는 신앙인이 되려고 기도하고 제가 이렇게 신앙을 훈련하기 시작하자 어느덧 저는 모든 일에 용감하고 굳건했으며. 물러서지 않는 그리스도의 종이 된 것 같습니다. 저는 로마까지 사도 바울의 편지를 전달하는 이 중차대인 일을 바로 초대교회의 가장 작은 겐그리아교회의 권사인 저에게 맡겨진 이 초대교회의 사건은 하나님께 우리를 성령의 일꾼으로 성장시키려는 성령의 일임을 고백하며, 오늘 먼 이국 한국 땅 새롬교회 주일아침에 저와 초대교회의 이 생명 이야기가 나누어 지고 있는 것에 하나님 앞에 영광과 감사드립니다. 다같이 "물이 바다 덮은 같이"라는 찬양을 드리며 오늘 말씀을 마무리 하고 싶습니다. 아멘!!

뵈뵈 권사 (권사님들)
예수님을 만나고 저의 삶은 사업, 소유, 편안, 행복 이상의 삶을 살려고 노력 하셨습니다, 하나님의 일을 수행함으로서 주어지는 댓가 즉 수고, 베품, 위기, 피곤, 고생 등을 감당하는 신앙인이 되려고 기도하고 제가 이렇게 신앙을 훈련하기 시작하자 어느덧 저는 모든 일에 용감하고 굳건했으며.물러서지 않는 그리스도의 종이 된것 같습니다. 저는 로마까지 사도 바울의 편지를 전달하는 이 중차대인 일을 바로 초대교회의 가장 작은 겐그리아교회의 권사인 저에게 맡겨진 이 초대교회의 사건은 하나님께 우리를 성령의 일꾼으로 성장시키려는 성령의 일임을 고백하며 오늘 먼 이국 한국땅 새롬교회 주일아침에 저와 초대교회의 이 생명 이야기가 나누어 지고 있는 것에 하나님 앞에 영광과 감사드립니다. 다같이 "물이 바다 덮은 같이" 라는 찬양을 드리며 오늘 말씀을 마무리 하고 싶습니다, 아멘!!

안수 집사 권사회: 2026년 3월 27에 전국에 마을 통합지원법이 실시됩니다. 지금은 지역과 마을 마다 돌봄마을을 준비해야 할 이때에 부천 지속협사무실에서 부천 통합돌봄 마을 준비를 위한 첫 간담회가 열렸습니다. 약대동에서 약대 감리교회 임종한 장로님, 약대 중앙교회 조영만 안수 집사님, 우리교회 새롬교회 이원돈 목사님과 정성회 안수집사님이 참여하셨습니다, 38주년을 앞에 두고있는 새롬교우님들은 약대동 통합돌봄 마을을 위해 함께 기도 협력해 주시고 적극 참여 헤주시기 바랍니다.

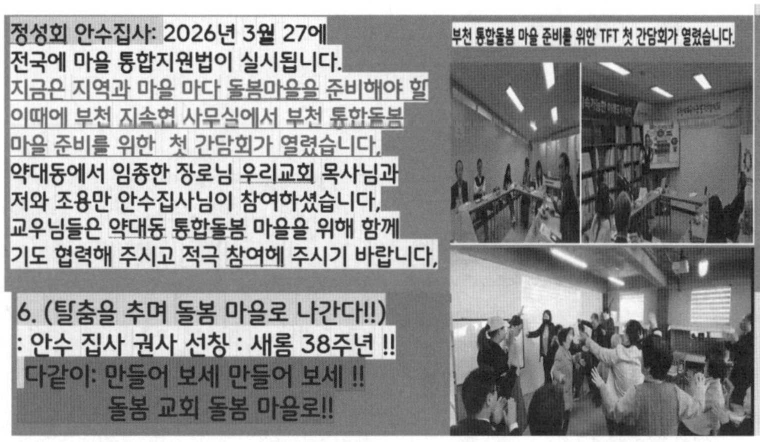

다같이: 새롬 38주년 가자! 교회 돌봄 교회 돌봄 마을로!!

(탈춤을 추며 돌봄 교회,돌봄 마을로 나간다!!)
https://www.Kongnews.net/news/articleView.html?idxno=13858

부록

1. 돌봄일꾼들과 함께 하는 새롬 교회 39주년
2. 약대동 마을 40년을 기록한,
   꿈이 마을 임팩트 보고서!!
3. 약대동 꿈터 자산화 운동
   (약대동의 미래를 엿본다)
4. 약대동 신나는 가족도서관 이 취임식

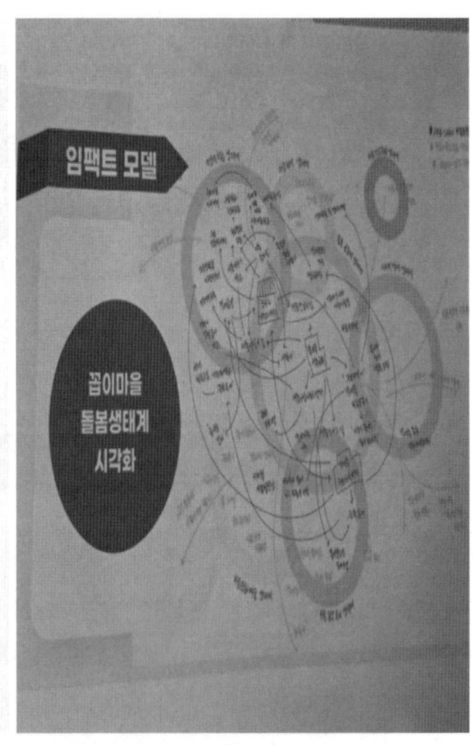

1. 돌봄일꾼들과 함께 하는 새롬 교회 39주년
"바울의 통합 코이노니아의 꿈"

새롬교회 39주년 기념 영상은 돌봄이라는 주제를 중심으로, 교회와 지역사회의 연결, 봉사자들의 헌신, 그리고 공동체의 화합을 강조합니다. 영상은 어르신들을 위한 다양한 프로그램과 봉사자들의 노고를 보여주며, 사랑과 헌신이 넘치는 공동체의 모습을 담고 있습니다. 새롬교회가 지역 사회의 어려움을 극복하고 새로운 희망을 제시하는 돌봄 공동체로서의 역할을 강조합니다. 이 영상은 교회가 지역사회에 어떻게 기여하고, 어떤 긍정적인 영향을 미칠 수 있는지 보여주는 좋은 사례입니다. 앞으로도 새롬교회가 지역 사회와 함께 성장하며 사랑과 나눔을 실천하는 공동체가 되기를 기도합니다.

돌봄일꾼들과 함께 드리는새롬 교회 39주년

새롬교회 39주년 기념 영상은 돌봄이라는 주제를 중심으로, 교회와 지역 사회의 연결, 봉사자들의 헌신, 그리고 고령화 사회에 대한 교회의 역할을 강조합니다. 영상은 어르신들을 위한 다양한 프로그램과 봉사자들의 노고를 보여주며, 사랑과 헌신을 통해 지역 사회에 기여하는 교회의 모습을 담고 있습니다. 특히, 고령화 사회의 문제점에 대한 인식을 공유하고, 돌봄 통합지원법과 같은 사회적 노력에 발맞춰 교회가 돌봄 공동체로서의 역할을 수행해야 함을 강조합니다. 새롬교회의 환대와 돌봄 사역이 한국 사회에 희망을 불어넣을 수 있기를 기대하며, 앞으로도 지역 사회와 함께 성장하는 교회의 모습을 응원합니다.

＊새롬교회의 39년 역사와 미래 비전

지난 39년간 새롬교회는 교회 담장을 허물고 지역 이웃들과 함께하는 사역에 힘써 왔으며, 그 열정과 노력을 한국교회 내 많은 목회자들이 존경하고 따르고 있다. 앞으로는 교회 마당을 더 넓히고, 이웃과의 협력 속에서 돌봄, 화해, 새로운 창조의 사역을 통해 교회의 성장을 기대한다. 성령의 인도 아래, 새롬교회가 지역사회와 더욱 깊게 연결될 것을 바라고 있다. 39주년을 맞아 모든 이들에게 감사를 전하며, 교회와 지역사회의 미래에 대한 축하와 기대를 표현한다 .

＊고령화 사회의 심각성과 교회의 돌봄 공동체 역할

2045년에 한국의 고령자 비율이 37.1%로 세계 최고 수준이 될 것으로 전망된다. 한국 사회는 고령자 증가에 대비가 부족한 상태로, 자살과 우울증 등 다양한 사회적 문제가 발생하고 있다. 이를 해결하기 위해 돌봄통합지원법이 만들어졌으며, 각 지역사회에서 마을공동체의 돌봄 역할이 구체적으로 요구되고 있다. 누가 돌볼 것인지에 대한 사회적 논의가 계속되는 가운데, 새롬교회는 30년의 역사 속에서 환대와 돌봄 사역을 실천함으로써 사회적으로 중요한 역할을 하고 있다. 새롬교회와 같은 교회 공동체가 한국사회의 어려움 극복과 새로운 희망의 원천이 될 것으로 기대된다.

새롬39주년,어떤의미가있을까요?

=봉사자들의 따뜻한 손길, 공동체를 만들다!=

질문	답변
돌봄 사역이 왜 지금 중요해졌나요?	우리 사회가 준비되지 않은 상황에서 자살, 청년/노령층 어려움 등 다양한 문제가 생기고 있기 때문이에요 .
이런 문제를 해결하기 위한 움직임이 있나요?	네, 이러한 현실 때문에 돌봄통합지원법이라는 법이 만들어졌고, 마을공동체가 돌봄 역할을 하도록 하는 과정이 진행 중이에요 .
새롬교회는 어떤 역할을 하나요?	새롬교회는 이미 39년 동안 돌봄과 환대 사역을 꾸준히 해왔어요. 이런 마음과 행동이 지금 시대에 정말 꼭 필요한 가치랍니다 .
새롬교회의 돌봄 사역이 어떤 의미가 있나요?	새롬교회의 돌봄 사역은 단순히 교회의 일이 아니라, 사회 전반에 돌봄의 중요성을 알리고 확산시키는 귀한 역할을 하고 있어요 .

역할	활동 내용	기여	특징
봉사자	행사에 헌신적으로 참여	공동체 형성, 어르신들의 행복 증진	따뜻한 손길, 꾸준한 헌신, 변함없는 사랑과 기도
어르신	프로그램 참여, 봉사자와 교류	즐거운 시간, 감사와 행복 느낌	봉사자와 돌봄 사역, 왜 지금 중요할까요? 한 가족처럼 지냄

2. 약대동마을40년을기록한, 꼽이 마을 임팩트 보고서!!

꼽이마을, 이름이 참 독특하죠? '꼽이'가 대체 뭘까요?
부천 약대동에 있는 '꼽이마을'은 이름부터 참 재미있어요.

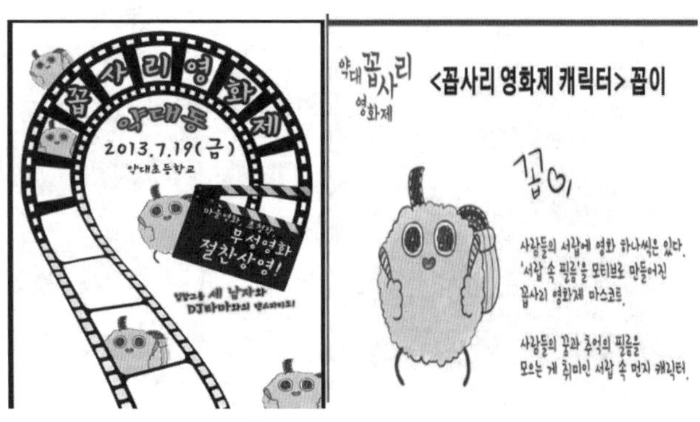

이 마을 이름은 자연에서 온 것이 아니랍니다. 원래 '꼽사리영화제'에서 만들어진 '꼽이'라는 캐릭터에서 시작된 이름이에요. 이 캐릭터는 새롬교회 목사님의 딸이 처음 만들었다고 해요.

꼽이의 소재는 바로 '먼지'였대요. 시간이 켜켜이 쌓인 서랍 속 먼지처럼, 시간과 세월을 모았다는 의미를 가지고 있죠. 이 귀여운 캐릭터에서 시작된 '꼽이'는 나중에 '코로나 꼽이' 등으로 응용되면서 마을의 상징이 되었어요. 마을이 공식적으로 '꼽이마을'이라고 불리기 시작한 것은 2013년 이후부터라고 하네요. 하지만 이 마을의 역사는 무려 40년이나 되었다는 사실, 놀랍지 않나요? 꼽이마을은 오랫동안 지역과 아동, 가족, 협동의 시기를 거쳐 지금은 '통합돌봄 공동체'를 목표로 고 있답니다. 40년 동안 꼽이마을은 어떻게 발전해 왔을까요?

꼽이마을의 40년 역사는 크게 세 단계를 거쳤어요.

첫번째는 '지역과 아동의 시기'(1986년~1997년)예요. 이때 새롬교회가 시작점이 되어 돌봄이 필요한 아동들을 위한 '새롬어린이집'이나 '새롬공부방'을 열었죠.

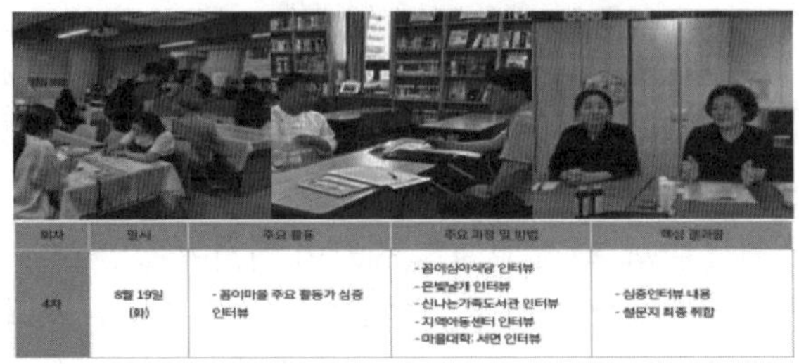

회차	일시	주요 활동	주요 과정 및 방법	핵심 결과물
4차	8월 19일 (화)	- 꿈이마을 주요 활동가 심층 인터뷰	- 꿈이삼아식당 인터뷰 - 은빛날개 인터뷰 - 신나는가족도서관 인터뷰 - 지역아동센터 인터뷰 - 마을대학: 서면 인터뷰	- 심층인터뷰 내용 - 설문지 최종 취합

꿈이마을이 출발할 수 있었던 원동력은 새롬교회가 약대동이 직면한 문제들을 해결하기 위해 움직이면서 만들어졌다. 마을공동체로 확장을 시도한 것에서 찾을 수 있다. 꿈이마을 공동체가 만들어지는데 핵심적인 역할을 한 새롬교회는 각 시기마다 마을이 필요로 하는 공간을 마을과 공유했다. 꿈이마을은 1986년 새롬교회 건물을 기점으로 현재의 새롬지역아동센터까지의 공간을 포함하면서 마을공간이 본격적으로 확장되었다. 1990년대 후반 교회를 신축하면서 기존 교회건물은 새롬교회 교육관으로 사용하게 되었다. 이 공간에서 마을공동체를 위해 다양한 활동이 이루어졌으며, 마을종합지원사업을 하는 동안 코로나 시기에도 불구하고 우쥬꿈이와 마을인생박물관이 자리를 잡았다. 현재는 꿈이마을의 새로운 협동조합으로 출발한 마을대학이 자리를 잡고 있다.

<그림> 새롬교회(교육관)의 마을활동 공간 변화

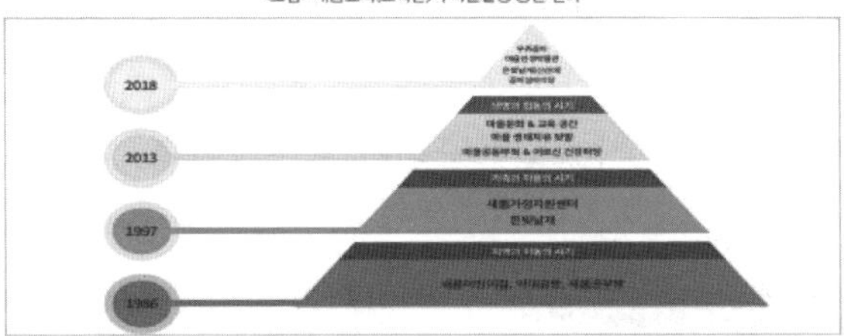

두번째는 '가족과 마을의 시기'(1997년~2013년)랍니다. IMF 외환위기로 가족해체가 많아지자 마을의 느티나무 같은 '신나는 가족도서관'을 세워 위기를 극복했어요.

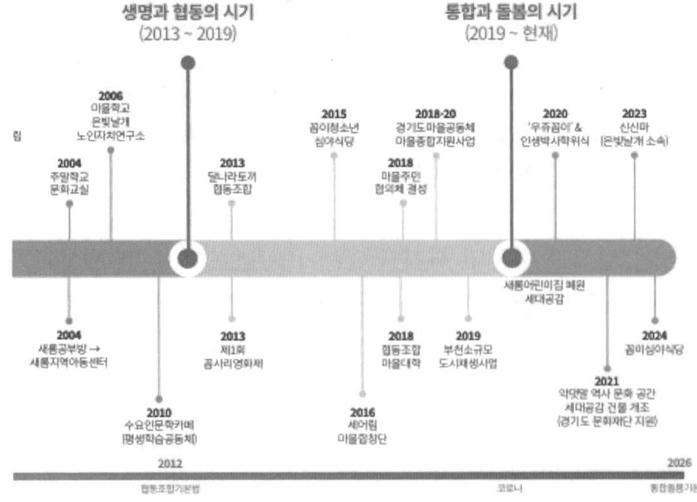

세 번째는 '생명과 협동의 시기'(2013년~2018년)예요. 이때는 '달나라토끼 협동조합'이나 '꼽이심야식당', 그리고 '꼽사리영화제' 같은 활동들이 활발해졌죠. 그리고 2018년부터는 '마을종합지원사업'을 거쳐 현재의 '통합돌봄' 마을로 나아가고 있어요. 이렇게 꼽이마을은 시대의 필요에 맞춰 끊임없이 변하고 성장해 온 멋진 곳이랍니다.

코로나 시기를 이겨낸 마을종합지원사업_마을은 인생을 담은 커다란 박물관

2018년 (1년차)	
2018년 3월	마을 주인협의체 생성
2018년 4월	'혼밥, 혼술 청년밥상' 결성/ 영화제작반 '청춘꽃애' 결성
2018년 7월	'청소녀' 냠마실 '여자아이가' 결성/ 갱년기동아리 '우따이삼'(우리동네 따뜻한 이모, 삼촌) 결성
2018년 9월	마을영화제 '꼽사리영화제'

과거 어려움 속에서 아이들의 밥과 교육은 어떻게 지켜냈나요? 꼽이마을의 시작인 1980년대 약대동은 경제적으로 취약한 가정이 많았어요. 맞벌이 부부의 자녀들이 보호나 교육을 받기 어려웠죠. 그래서 1986년에 돌봄이 필요한 아이들을 위해 '새롬어린이집'이 문을 열었어요. 이게 부천시의 첫 세대 탁아소 중 하나였다고 해요. 1990년에는 초등학생들을 위한 '새롬공부방'도 생겼는데, 당시엔 단칸방 가정이 많아 아이들이 공부할 공간조차 부족했기 때문이죠.

<사진> 새롬교회내 꿈이마을 공간 변화

1997년 외환위기가 시작되고, 1998년부터 대규모 구조조정이 진행되자 '결식아동'이라는 말이 언론에 자주 회자될 정도로 국가사회적으로 상황이 어려워졌다. 약대동 공부방에 가면 밥을 준다는 이야기가 퍼지자 많은 아동들이 식사를 해결하기 위해 공부방을 찾았다. 이 공부방이 2004년 정부의 인정을 받아 아동복지 시설인 현재의 새롬지역아동센터로 발전했다. 새롬지역아동센터는 2012년부터 2019년까지는 장애학생이 30%가 넘는 장애통합지역아동센터의 역할을 했다. 장애아동에 대한 복지시설이 확대되면서 장애아동은 전문 시설로 이동하고, 다문화 가정의 증가로 2020년부터는 장애아동 대신 다문화 가정 아동이 60% 이상을 차지하고 있다. 현재는 약대동에서 출발한 공부방이 지역아동센터로 커졌고, 인근의 삼정동 아동들까지 포괄하고 있다.

<사진> 새롬지역아동센터 내부 전시 모습

2004년 아동복지시설로 정부 인가를 받은 새롬지역아동센터를 이끌고 있는 김경회 센터장과 박혜정 선생님은 마을활동가라는 정체성을 분명하게 가지고 있다.

"이게 마을 활동 아닌가요? 어쨌든 저희가 마을활동가의 일환으로 넓게 보면 제가 지역 운동을 한다고 생각해요. 지역을 위해서 제가 사명감을 가지고 일을 하는 거고 물론 그 대상이 아동인 거지. 그래서 제가 이런 활동을 통해서 어쨌든 지역사회에 좀 좋은 영향을 미치겠다고 하는 뜻이 있는 거잖아요. 저는 꿈이마을에서 아

2020년 (3년차)	
2020년 3월	마을 주민협의체 확장 및 변화
2020년 6월	이웃사촌마을회의: 마을연석회의
2020년 7월	'기억곳간: 곳간에서 인심난다' 마을기록관 조성 / 기억곳간 개관전시 '약대동 25'
2020년 8월	'우쥬꿈이 옥상 한 뼘, 마을갤러리 개관 / 전라남도 구례현천마을과 '고향친구' 엮음
2020년 11월	마을 어르신 인생박사학위식 / 약대동 방울방울 기억의 마을여행 / 포토벽화 전시

5) 꿈이마을 40년 마을 생태계

꿈이마을 40년의 마을 생태계는 끊임없이 집중과 수렴, 확장, 상호작용을 통해서 성장하고 새로운 질서를 창출하는 진화적 속성을 가졌다. 시시각각 변화하는 사회적 여건 속에서 꿈이마을 공동체는 사회 외부의 강한 충서 거기서 같이 반찬해서 같이 먹고 집에 싸 가져가기도 했다. 코로나 시기 모든 게 멈추었지만 은빛날개의 활동은 독거 어르신을 위한 반찬과 도시락 배달 및 가정방문(마실) 활동으로 계속되었다.

<사진> 코로나 시기 한글교실 모습(2020. 11. 13) <사진> 현 교육관에 위치했던 새롬가정지원센터 현판

"시간이 지나면서 서로 신뢰가 쌓이잖아요. 믿음이라는게 생기는 거죠. 서로 신뢰가 형성되니까 저에게 털어놓으시는 거죠. 자연스럽게 지니온 삶의 이야기도 알게 되고, 고민도 알게 되고"(은빛날개 정소영 대표 인터뷰, 2025. 08. 19)

2023년 6월부터 새 어르신 모임 이름을 "신바람 어르신 마을", 약어는 신신마(신나고 신나는 마을)로 지었다.[38] 신신마는 평생학습센터의 지원을 받기 위해 동아리 자격이 필요해서 만들게 되었다. 신신마는 따뜻한 점심 밥상 + 교육문화 활동이 결합되어 있다. 노인 장기요양보험의 혜택을 받으시는 분은 주간보호센터에 갈 수 있는데, 신신마는 그런 요양 보험의 혜택을 받지 못하는 분들이 주를 이루고 함께 프로그램을 하고 싶은 분들이 찾는다.

<사진> 어르신 10분이 드실 김무침, 얌착콩과 버섯볶음, 오이빵아찌 무침(노인자치연구소 은빛날개 카페. 2020. 4. 6)

지금 은빛날개는 비영리민간단체로 등록되어 있고, 19분의 어르신이 회원으로 활동하고 있다. 가족처럼 관계망이 형성된 것이 중요한 성과다. 현재 은빛날개를 유지하는 봉사자는 6명이다. 3명이 매주 나오고, 3명은 한 달에 한 번 정도 봉사활동을 한다. 은빛날개는 후원회

특히 1997년 IMF 위기 때 '결식아동' 문제가 심각해지자, 공부방에 밥을 먹으러 오는 아이들이 많아졌어요. 이 공부방이 2004년에 정식 아동복지 시설인 '새롬지역아동센터'로 발전하게 된 거예요. 센터는 오랜 시간 동안 장애 학생이나 다문화 가정 학생들의 든든한 버팀목 역할을 해왔죠. 센터장님의 손을 거쳐 성장한 아동 숫자만 무려 1,065명에 달한다고 하니, 마을의 힘이 대단하죠.

2014년부터 준비를 시작한 꼽이청소년심야식당이 2015년 3월 부천체육관 분수광장에서 시작되었다. 매주 금요일 저녁 1톤 탑차를 개조한 '밥차'를 이용해 약대동과 중·상동에 거주하는 초등학생부터 고교생까지 청소년을 위해 무료 식사를 제공했다. 밥차가 올 시간이면 식판을 든 청소년들이 줄을 설 정도로 인기가 많았던 꼽이청소년심야식당은 한 독지가가 차량을 지원하면서 시작되었고, 밥을 매개로 한 배움과 돌봄의 공간으로 기능했다. '꼽이'라는 이름이 붙은 것에서 알 수 있듯이 약대동마을공동체, 노인자치연구소 은빛날개, 새롬가정지원센터 등 꼽이마을의 마을공동체가 꼽이청소년심야식당 활동을 주도했다.

<사진> 초기 꼽이의 심야식당 모습(한국일보, 2015. 5. 5)

꼽이청소년심야식당은 하루 70~100여 명이 방문할 정도로 인기가 많았고, 소통을 힘들어 하거나 조부모 손에 자란 아이들, 부모 맞벌이에 혼자 밥을 먹는 학생 등이 학교나 학원을 마치고 찾았다. 돌봄에 목마른 청소년들이 심야식당을 통해 변화하는 성과가 만들어졌다.[15] 그런데 꼽이청소년심야식당을 지원하면 독지가의 사정이 어려워지고, 코로나19가 오면서 부천체육관 앞에서 밥차 형식으로 운영할 수 없게 되었다.

코로나 시기에는 꼽이심야식당과 카페 달토를 통해 청소년들에게 도시락 배달을 하였다.

꼽이마을은 왜 '돌봄'에 이렇게 진심일까요? 꼽이마을의 핵심 가치는 바로 '돌봄'이에요. 마 활동가들은 '돌봄', '통합돌봄', '상호돌봄' 등 다양한 형태로 돌봄을 중요하게 생각하고 있어요. 이는 마을이 직면한 여러 위기 때문이기도 하죠. 예를 들어, 우리나라는 이미 초고령 사회에 진입했고, 노인 빈곤과 불안정한 노후 생활에 대한 우려가 커지고 있어요. 1인 가구 증가도 사회적 위험을 높이는 요인이고요.

게다가 외로움 문제도 심각해요. 경기도는 1인 가구 비율이 30%를 넘는데, 이들은 사회적 고립에 취약하답니다. 꼽이마을은 이런 문제를 해결하기 위해 40년 동안 노력해 왔어요. 1980년대 아동 돌봄 위기부터 IMF 가족 해체, 코로나 재난 상황까지 겪으면서, 사회적 약자가 재난에 훨씬 취약하다는 것을 몸소 느꼈죠. 그래서 지금 '통합돌봄'을 지향하며 사회적 약자의 고립을 막으려는 노력을 하고 있는 거랍니다.

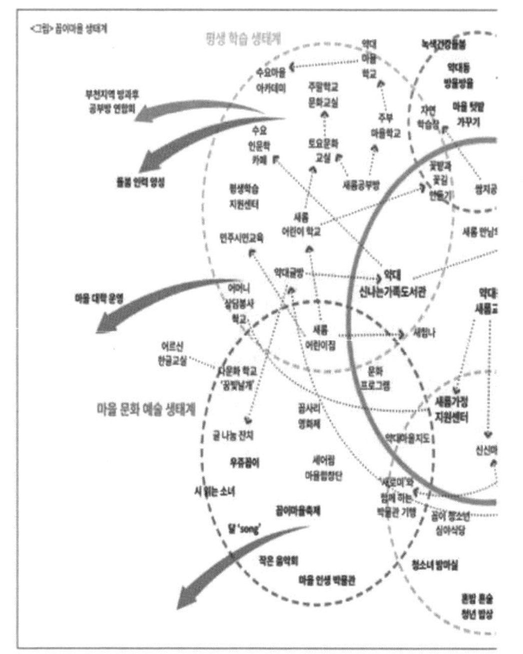

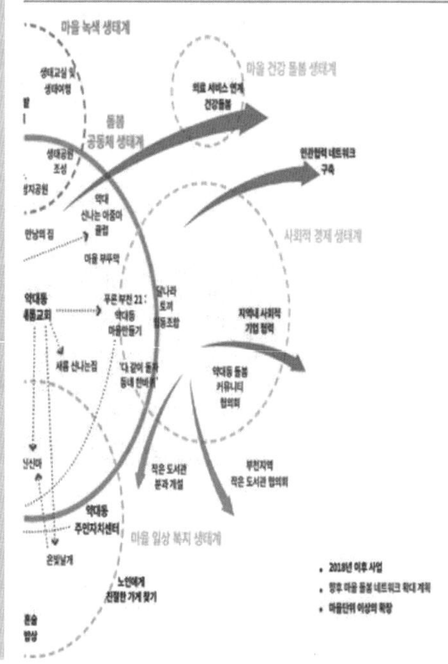

마을 사람들의 가장 큰 자랑거리는 무엇일까요? 꼽이마을 사람들에게 가장 중요한 것은 '사회적 자본'이에요. 그중에서도 마을 주민 사이의 '호혜성'이 가장 큰 자랑거리이자 변화라고 응답했어요. 호혜성은 서로 돕고 나누는 마음을 뜻하죠. 마을 활동을 하면서 서로 신뢰하는 마음이 커졌다는 응답도 높게 나타났어요. 40년간 마을활동을 통해 축적된 이 '신뢰 네트워크' 덕분에, 외부의 큰 충격에도 공동체가 흔들리지 않고 위기를 극복할 수 있었답니다. 마을활동가들은 마을 활동이 즐겁고(4.32점), 이웃과 관계에 만족하며(4.15점), 마을을 변화시킬 수 있다고 생각하고 있었어요. 이런 긍정적인 변화와 깊은 신뢰 관계가 꼽이마을의 단단한 뿌리가 된 것이죠. '꼽이심야식당'이 마을에 가장 큰 기여를 한다는데, 왜 그럴까요? 꼽이마을 활동가들이 꼽은 가장 중요한 활동은 바로 '꼽이심야식당'이에요. 이 심야식당은 빈곤 감소, 안전한 먹거리, 건강한 삶이라는 지속가능발전목표(SDGs)와 깊은 관련이 있답니다. 심야식당은 건강한 식사를 하기 어려운 청소년과 청년들에게 매주 따뜻한 밥을 제공해요. 원래 2014년에 '꼽이청소년심야식당'으로 시작해서, 밥차를 이용해 청소년들에게 무료 식사를 제공했어요.

함께 만들어가는 돌봄 공동체: 약대동의 꿈과 성령의 역사

약대동의 마을 목회는 마치 성령님의 멋진 지휘 아래 펼쳐지는 오케스트라 같아요. 40년 전 작은 어린이집과 공부방에서 시작된 돌봄 사역은 이제 부천시로 퍼져나가는 큰 물결이 되었죠. 가난한 동네 어르신들을 위한 돌봄 공간, 청소년들을 위한 꿈이식당, 마을 대학 협동조합 등 다양한 돌봄 활동이 활발하게 펼쳐지고 있답니다. 약대동은 혼자서 모든 것을 해결하려 하지 않아요. 경기도 마을공동체 지원센터나 부천시 시의원들과 손을 잡고 문제 해결을 위해 함께 고민하죠. 이 모든 과정은 성령이 인도하심과 교우님들과 마을 분들의 적극적인 참여 덕분인데요. '애썼다, 잘했다'는 칭찬처럼, 성령님께서 이 모든 역사를 이끌어 가시고 평가하신답니다. 약대동의 이야기는 섬김과 나눔, 돌봄이 만들어내는 아름다운 변화를 보여주는 살아있는 증거랍니다!

심야식당이 문을 열 때마다 청소년들이 줄을 설 정도로 인기가 많았다고 해요. 코로나 시기에는 도시락 배달까지 하면서 아이들의 돌봄을 책임

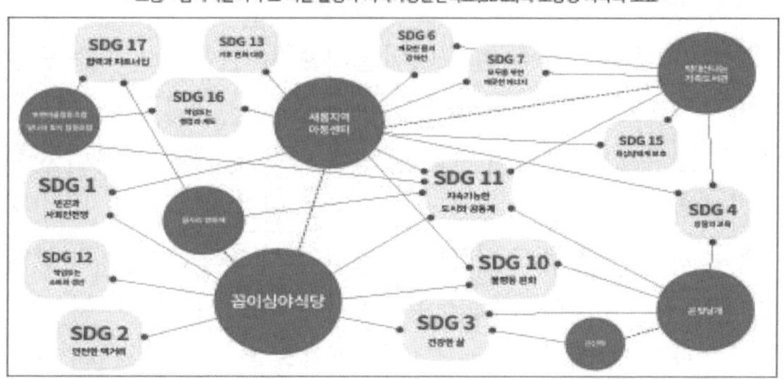

<그림> 꿈이마을의 주요 마을 활동과 지속가능발전목표(SDGs)의 호응성 시각화 도표

1986년부터 2025년 현재까지 꿈이마을의 마을공동체 활동은 곧 지속가능한 마을만들기를 위한 실천이라고 할 수 있다. 꿈이마을 마을활동가 및 주민들을 통해 확인한 바에 따르면, 꿈이마을은 꿈이심야식당(아동, 청소년, 청년), 새롬지역아동센터(아동), 약대신나는가족도서관(아동과 가족, 전세대), 은빛날개(노인)를 중심으로 전 세대에 걸쳐 7가지 지속가능발전목표가 선순환하고 있다.

졌죠. 이제는 연령대가 넓어져 청년들까지 지원하는 '꼽이심야식당'으로 바뀌었어요. 밥을 먹으러 온 아이들을 마을 사람들이 관찰하며 신체적, 정신적 건강을 살피는 든든한 '마을 안전망' 역할도 하고 있답니다. 심야식당 활동가 중 많은 수가 센터를 이용했던 청소년들로 성장한 청년들이라는 점도 특별해요.

꼽이마을은 모든 세대가 함께 잘 사는 방법을 찾았나요? 네, 꼽이마을의 가장 큰 특징은 세대 공존과 선순환 구조를 만들었다는 점이에요. 이곳에서는 아이들이 자라 청년이 되고, 그 청년들이 다시 마을의 활동가가 되어 다음 세대를 돌보는 시스템이 갖춰져 있어요. 새롬지역아동센터를 졸업한 아이들은 '꼽이심야식당'이나 '신나는가족도서관'과 연결되어 마을에서 계속 역할을 하고 있답니다. 노인 세대를 위한 활동도 활발해요. '은빛날개'와 '신신마(신나고 신나는 마을)'는 노인 자치 공동체로 발전했어요. 은빛날개는 독거 어르신을 위한 도시락 배달이나 공동 밥상 활동을 이어왔죠. 심지어 필리핀 출신 다문화 가정 어머니가 전문 요리사로 심야식당에서 요리를 돕고, 그 자녀들은 심야식당을 이용하는 경우도 있다고 해요. 아동, 청소년, 청년, 노인, 다문화 가정이 모두 서로를 돌보며 하나의 큰 공동체를 이루고 있는 것이죠.

쓰러지지 않고 40년을 버틴 마을이 있다니, 이 작은 동네가 어떻게 시대의 파도를 이겨냈을까요? 부천 꼽이마을의 이야기는 '신뢰'라는 단단한 뿌리를 기반으로 아동부터 노인까지 모두를 챙기는 '통합돌봄 공동체'로 진화해온 놀라운 기록입니다. 이 마을은 복지, 외로움, 재난 등 우리 사회가 직면한 굵직한 문제들('마을 4.0 아젠다')에 꾸준히 답하며, 개인의 삶의 질을 높이고 마을을 지속 가능하게 만드는 성공적인 사회적 자본 축적 모델을 보여줍니다. 결국, 꼽이마을의 핵심 인사이트는 법과 제도가 미처 닿지 않는 곳까지 이웃과의 '호혜성'과 '돌봄'으로 채워 넣은 40년의 연대 그 자체입니다.

주요 활동	대상 세대	핵심 역할(SDGs 기여)	특징
꼽이심야식당	아동, 청소년, 청년	빈곤 감소(SDG1), 건강한 삶(SDG3)	이용자가 성장하여 활동가로 순환
새롬지역 아동센터	아동	양질의 교육(SDG4), 불평등 완화(SDG10)	장애 통합에서 다문화 학생 60% 이상으로 변화
은빛날개 (신신마)	노인	건강한 삶(SDG3), 지속가능한 공동체(SDG11)	독거 어르신 밥상/반찬 배달, 교육문화 활동
신나는 가족도 서관	전 세대	지속가능한 도시(SDG11), 양질의 교육(SDG4)	마을의 사랑방 역할, 다양한 동아리 활동 연계

2025년 8월 10일 주일예배 대표 기도문(김경희 권사)

2025 꼽이 마을 활동 이야기 한마당 (경기도 임택트 보고서)

=== 새롬 지역아동센타 김경희 원장님과 박혜정 복지사 ==

주일을 맞아 새롬교회 교우들 주님 앞에 모여 마음을 모아 예배드리게 하여 주심에 감사드립니다. 주님! 지금 우리는 폭염이 지속되어 온열로 사망하는 일이 발생하고 있고, 극한 폭우로 삶의 터전이 휩쓸려가고 사람과 가축들이 죽어 나가는 불안하고 위험한 환경에서 살아가고 있습니다. 우리나라 뿐 아니라 세계 곳곳에서도 폭염과 폭우로 삶이 무너지고 많은 사람이 사망하며 삶의 터전이 무너지는 현실에서 살아가고 있습니다.

인간의 욕망과 오만, 자연을 거스르는 수 많은 행동들이 무서운 재앙으로 우리 앞으로 다시 돌아오는 것 같아 주님 앞에 두려운 마음으로 회개하고 우리의 죄를 고백하며 주님이 함께해 주시길 기도드립니다.

　주님! 이제 새롬교회는 경기도마을공동체지원센터의 지원을 받아 40여 년의 역사를 돌아보며 약대동과 인근 지역에서의 활동을 총 정리하여 새롬교회를 중심으로 관련 기관과 단체들의 공동체 성과와 지속가능발전목표 관련 성과를 정리하고 있습니다. 1980년대부터 마을만들기 활동을 해온 약대동 새롬교회의 마을 활동을 주목하여 주민 간의 신뢰와 협력, 풍부한 사회적 자본을 바탕으로 경기도 마을공동체의 임펙트 모델 사례로 선정되었습니다. 이 사업들을 위해 40여년을 사역하며 헌신하신 목사님을 비롯하여 새롬교회 교인들과 지역주민, 활동가들의 그동안의 노력과 기여가 잘 기록되고 표현 될 수 있도록 이끌어 주시길 기도드립니다. 오늘은 마을의 어르신들과 함께 예배드리고 있습니다. 한 달에 한 번 새롬교회 주일예배를 드릴 때에 주님의 말씀을 듣고 마음의 양식이 되고 풍요로워지는 예배 시간이 되길 기도드립니다. 무더위가 지속되어 몸과 마음이 지치기도 하지만 서로의 안부를 물으며 공동체와 이웃을 돌아보며 함께 할 수 있기를 기도드립니다.
　이제 말씀 전하시는 목사님께도 함께 하시어 말씀이 우리 마음의 양식과 위로가 되게 하시옵고, 그 말씀을 따르며 살아가는 우리가 되길 기도드립니다. 이 모든 말씀 예수님의 이름으로 기도드렸습니다. 아멘

3. 약대동 꿈터 자산화운동(약대동 마을의 미래를 엿본다)

우리동네 꿈터의 놀라운 변신 이야기!

1. '꿈터'가 뭐 하는 곳이었을까요? 우리 동네의 작은 보금자리!

　우리 동네 약대동에 '꿈터'라는 공간이 있었어요. 이 꿈터는 처음에는 어린이집으로 시작했답니다. 아이들이 꿈을 키우는 공간이었죠. 시간이 흐르면서 지역아동센터 역할도 했고요. 지역 아이들을 돌보는 중요한 장소였어요.또 어르신들을 위한 돌봄 인큐베이팅 공간으로도 쓰였답니다. 정말 다양한 역할을 했던 곳이죠. 이렇게 꿈터는 약대동 주민들의 삶과 밀접하게 연결되어 있었어요. 말 그대로 우리 동네의 소중한 보금자리였죠.

2. 코로나19 이후, 꿈터는 어떻게 달라졌을까요?

　어르신들을 위한 공간으로 변신!

코로나19 팬데믹 이후, 꿈터는 큰 변화를 맞이했어요. 예전에는 어린이집이나 지역아동센터 역할도 했지만, 코로나19 이후에는 어르신 돌봄 공간으로 바뀌었답니다. 경기도 문화 공간 지원 사업 덕분에 '세대공감' 프로그램도 생겼었죠. '꼽이 심야식당'이나 '신나고 신나는 어르신 마을(신신마)' 같은 재미있는 프로그램들이요. 이 프로그램들은 새롬교회 1, 2층 세대공간으로 옮겨갔어요. 그리고 꿈터는 한동안 교회 교육 공간으로 사용되었죠.

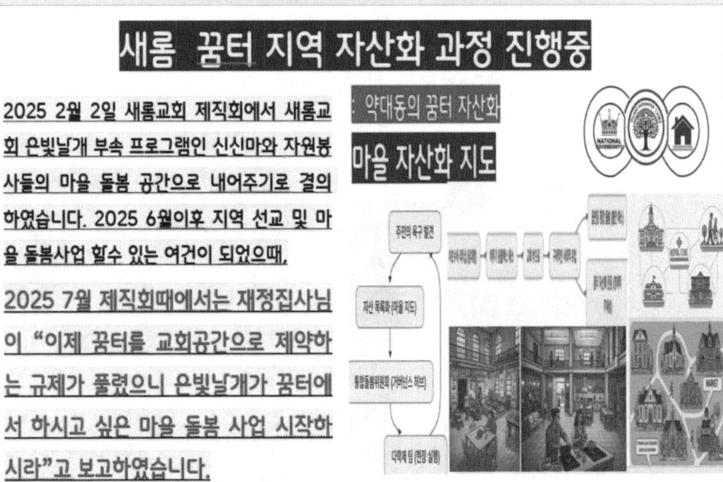

하지만 2025년 6월 이후, 다시 돌봄 사업을 할 수 있는 여건이 마련되었어요. 새롬교회 2025 7월 제직회에서는 꿈터를 새롬교회 은빛날개 부속 프로그램인 '신신마'와 자원봉사자들의 마을 돌봄 공간으로 내어주기로 결정했고, 11월2일 공동의회를 열어 영구무상임대 형식으로 마을에 자산화 하기로 결정하였습니다. 약대동 마을과 청소년과 어르신들의 통합돌봄의 따뜻한 공간으로 다시 태어난 거예요.

3. '부마대'는 대체 뭘까요? 부천 마을대학 협동조합의 탄생!

'부마대'는 바로 '부천 마을대학 협동조합'을 줄인 말이에요. 꿈터 자산화 운동은 교회에서 꿈터 공간을 마을에 내놓아 신신마 자원봉사자분들과 부천 마을대학 관계자분들이 꿈터 공간을 함께 청소하면서 시작된 이야기랍니다. 이곳을 어르신 돌봄 공간과 그리고 여성분들을 위한 슬로패션 교육 공간으로도 또한 청소년 여행학교 공간으로도 사용하려고 청소를 시작했을 때 지붕과 화장실과 곰팡이의 문제를 해결하기 동네 시의원과 의논했을 때 시의원이 부천 희망 재단을 통해 자산화를 이 문제를 풀자고 제안 했습니다. 이러한 교회 선교공동체와 마을의 움직임과 제안들을 새롬 교회 공동의회가 받아들여, 영구 무상임대 형식으로 새롬교회 꿈터를 마을 자산화 하기로 결의를 해 주어서 마을 자산화의 꿈이 시작된 것입니다.

4. 마을 청년 청소년 여행학교? 약대동 마을의 미래를 엿보다!

25년 8월 31일에는 '약대동 마을여행학교' 발표회가 열렸어요. 임소영 선생님이 마을 여행학교에 대해 발표하셨죠. 임소영 선생님은 카톨릭대학교 심리학과를 졸업하고 학교 밖 청년 상담사로 활동하고 계신답니다. 발표회에는 심어진 부천 마을대학 이사장님의 따님 온유 씨를 비롯해 여러 관계자들이 초대되었어요. 이 마을여행학교 발표회가 잘 되면, 우리 마을대학 사업으로 채택될 가능성도 있답니다. 청소년들이 직접 마을을 탐방하고, 그 경험을 나누는 멋진 프로그램이 될 수 있을 거예요. 우리 동네 청소년들이 세상을 넓게 보고 꿈을 키울 수 있는 기회가 될 거죠.이 모든 일을 위해 마을대학 협동조합을 만들기로 했어요. 마을대학 이사회를 통해 모든 사업을 진행하기로 의견이 모아진 거죠. 앞으로는 꿈터와 관련된 모든 일은 마을대학을 중심으로 이루어질 예정이에요. 어르신들 돌봄과 청소년 마을여행, 여성 분들의 마을 활동까지 우리 동네 모두에게 유익한 공간이 될 거예요.

5. 마을과 K-교회의 미래 비전
=통합 돌봄과 평신도 제사장 시대의 방향=

현재 한국 사회의 전체적 흐름은 국민주권 시대로 가고 있으며, 읍면동 단위에서는 통합 돌봄으로 구체화되고 있습니다. 국가와 시장이 채우지 못하는 돌봄의 빈 공간을 마을 단위에서 K-마을이나 K-교회가 채워야 하는 미션이 발생하고 있는 것 입니다. 이러한 시대에 이제 마을 교회들은 예배당안에만 머무르는것이 아니라 예배당 밖으로 마을로 나가야 살며, 이는 마을 꿈터와 같은 구체적인 사회적 자산을 만드는 실천을 의미합니다. 새로운 시대에는 우리 평신도들은 왕 같은 제사장이 되어야 합니다. 초대교회는 하나님과 인간 사이의 브로커 역할을 하는 제사장 제도를 폐지하고 만인 제사장을 선언했습니다. 앞으로는 평신도들이 마을 평민 지식인이 되어 마을의 주인이 되는 시대가 올 것입니다. 꿈터 자산화 운동은 이러한 통합 돌봄 시대의 교두보가 될 것이며, 이러한 마을 자산화 운동은 교회가 자기 것을 마을에 내놓아 사회적 자본을 형성하는 것을 의미 합니다. 이러한 하나님의 약속의 땅을 향해 나가는일은, 우리의 신앙이 메뚜기와 같은 비교 의식이나 생존의 공포에서 해방되어, 교회와 마을 공동체의 책임 있는 제사장이 될때, K-마을과 K-교회가 완성될 뿐 아니라, 우리는 하나님 나의 약속의 상속자들이 될 것 입니다.

우리가 '거인들'에 압도되지 않고 약속의 땅을 차지하려면, 교회는 예배 당 밖으로 나가 '마을'을 자산화하는 구체적인 행동을 해야 합니다. 궁극적으로 다음 세대에 물려줄 진정한 유산은 물리적인 건물이 아니라, 건강한 공동체, 정의로운 도시와 마을, 그리고 사회적 자본입니다. 이 일은 교회가 가진 자산을 마을 공동체에 내놓아 마을 주민들이 '경제적 주체이자 땅의 청지기'가 되게 하는 마을 자산화 운동을 통해 실현될 줄로 믿습니다.

4. 약대동 신나는 가족도서관 이 취임식

2025 크리스 마스 이브에 약대동 신나는 가족 도서관 23주년 기념과
약대신나는 가족도서관 관장 이 취임식이 있었다.

　　1987년 부천과는 아무 연고도 없는 20대 서울 청년이 약대동에 터를 잡
았다. 당시 약대동은 뚝방동네라고 해서 삼정공단이나 도당공단에 다니는
공장 노동자와 빈민들이 많이 거주하는 지역이었다. 청년은 약대동에 막
설립된 새롬교회에 나가면서 교회에서 운영하는 공부방에도 참여하고, 교

회와는 별개로 약대오거리 아남산업 앞에 '약대글방'을 열어 운영했다.

약대글방은 1989년 2월, 새롬교회에 다니던 윤석희, 박진옥 부부가 사재를 털어 설립한 '갑돌이글방'을 인수한 것으로 글방을 찾아온 회원들에게 책도 빌려주고, 만남(소모임) 공간도 제공하는 그런 사랑방 같은 곳이었다. 다양한 소모임을 만들어 지역주민들의 참여를 활성화하고 회지 <글나눔>을 창간하는 등 약대글방을 지역주민들의 문화적 소통 공간으로 만들기 위해 노력했지만, 운영은 쉽지 않았다.

청년은 결국 다른 사람에게 글방을 지키게 하고 자신은 부천역에 있는 경인문고에 나가 아르바이트생으로 일했다. 하루 4시간 근무를 해서 번 돈으로 약대글방을 운영하며 1992년 9월, 좋은 책 읽기 부천시민 도서 한마당 개최, 1994년 1월, 재미있는 책 읽기 교실 개설, 1994년 3월, 작은도서관 전국대회에서 모범사례 발표, 1994년 5월, 부천 작은도서관 협의회 결성 등 작은도서관 운동이 부천을 넘어 전국으로 들불처럼 번져나가는 불씨 역할을 담당했다. 덕분에 1995년, 지역사회 발전에 기여한 공로를 인정받아 '故 고미애 약사상'을 수상했고 같은 해 4월에는 부천시 사립 공공문고 1호로 등록되는 영예를 안았다. 1996년에는 전국 도서관인 큰모임 '국무총리상'을 수상했다.

하지만 이런 성과에도 불구하고 운영은 점점 어려워져만 갔다. 결국 청년은 글방 운영을 새롬교회에 위탁하고 경인문고 직원으로 정식 취업해서 5년을 근무한 후 2001년, 독립해서 다문화서적 전문서점인 현재의 ㈜한결문고를 창업하게 된다.

약대신나는가족도서관 관장 이취임식_축하공연_새롬지역아동센터 아동들의 마림바 연주

약대신나는가족도서관의 역사를 설명하는 이원돈 관장약대신나는가족도서관 관장 이취임식

　한편, 새롬교회가 위탁 운영을 맡은 약대글방은 2002년 12월 24일, 약대신나는가족도서관이라는 이름으로 약대동행정복지센터 3층에 둥지를 틀었다. 새롬교회 이원돈 목사는 1대 관장으로 취임 후, '푸른부천21' 작은 도서관 운동과 연계하여 약대신나는가족도서관을 전국적인 민관협력모델로 발전시켜 나갔다. 2005년에는 노무현 대통령 부인 권양숙 여사가 직접 도서관을 방문했으며 2006년에는 일본 가와사키시와 도서관 상호 교류 행사를 하기도 했다.

　그동안 독서교실, 생태교실, 그림 동아리 등 지역주민의 배움과 성장을 돕고 개인의 역량을 개발할 수 있도록 평생교육의 기회를 제공해온 약대신나는가족도서관은 2022년 1월, 더불어복지사회적협동조합으로 운영법인이 변경되었으며 지난 24일, 1대 이원돈 관장 퇴임과 함께 신임 정성회 관장이 취임했다.

　정성회 관장은 다름아닌 1996년, 약대글방을 새롬교회에 위탁하고 떠났던 바로 그 청년이다. 1989년 약대글방을 설립해 8년 동안 자신의 모든 것을 쏟아부었던 그가 약대글방의 후신인 약대신나는가족도서관 2대 관장이 되어 30년 만에 다시 돌아온 것이다.

약대신나는가족도서관 관장 이취임식_정성회 신임 관장

약대신나는가족도서관 관장 이취임식_임명장 수여

정성회 관장은 취임사에서 "약대신나는가족도서관은 약대동 주민들의 의지와 힘으로 만들어진 부천 최초의 공공작은도서관으로 약대동의 살아 있는 역사이자 자부심이다"라며 "최근 작은도서관들이 어려움을 겪고 있다. 정부 지원도 줄고 있다. 도서관은 단순히 책만 읽는 곳이 아니라 주민을 하나로 묶고 소통하는 커뮤니티 공간이다. 약대신나는가족도서관을 유아에서 성인까지 세대와 문화를 연계한 지역공동체의 중심이자 소통의 공간으로 유지 발전시켜 나가겠다"라고 소감을 밝혔다.

약대신나는가족도서관의 빛나는 미래를 응원합니다
- 이원돈 초대 관장의 이임과 2대 정성회 관장의 취임에 부쳐

존경하는 약대동 주민 여러분, 그리고 이 뜻깊은 자리를 빛내주시기 위해 참석해 주신 내빈 여러분, 안녕하십니까? 약대신나는가족도서관의 위탁 운영을 맡고 있는 더봄복지사회적협동조합의 이사장 김유화입니다.

오늘의 이 자리는 한 분의 아름다운 헌신을 기리고, 또 다른 한 분의 희망찬 시작을 함께 축하하는 매우 의미 있는 자리입니다. 먼저, 오랫동안 약대신나는가족도서관의 든든한 초석을 다져주시고, 이제 명예롭게 이임하시는 이원돈 초대 관장님의 노고에 깊은 감사와 존경의 마음을 전합니다. 새롬공부방 시절부터 시작된 관장님의 지역사회와 미래세대에 대한 헌신은, 이 도서관이 단순한 책의 공간을 넘어 사람과 마음이 모이는 따뜻한 공동체로 자리 잡는 데 가장 큰 밑거름이 되었습니다. 관장님께서 뿌리신 사랑과 배움의 씨앗은 우리 모두의 마음속에 오랫동안 기억될 것입니다. 이제 관장이라는 무거운 짐을 내려놓으시는 이원돈 관장님의 새로운 앞날에 건강과 행복이 가득하시기를 진심으로 기원합니다.

그리고 그 소중한 바통을 이어받아 도서관의 새로운 역사를 이끌어주실 정성회 제2대 신임 관장님의 취임을 진심으로 축하드립니다. 사실 저는 오늘, 정성회 관장님을 처음 뵙습니다. 하지만 관장님의 성함을 듣고, 그분께서 약대동과 부천에서 걸어오신 길을 기사를 통해 접하며, 마치 오랫동안 알아 온 좋은 이웃처럼 깊은 감명과 신뢰를 느꼈습니다. 이미 많은 주민분께서 더 잘 아시겠지만, 정성회 관장님은 제1회 콩나물시민상이 증명하듯, 말이 아닌 행동과 마음으로 이웃과 함께해 오신 분입니다. 특히, 1980년대 바로 이 약대동 땅에 '약대글방'을 열어 마을 운동에 헌신하셨던 그 첫 마음이, 수십 년의 시간을 지나 오늘 이 자리로 이어졌다는 사실은 참으로 감동적입니다.

　도서관은 아이들의 꿈이 자라고, 어른들의 지혜가 깊어지며, 세대와 세대가 어우러지는 우리 마을의 심장과도 같은 곳입니다. 이원돈 관장님께서 사랑으로 그 심장의 터를 닦으셨다면, 이제 정성회 관장님께서는 그 심장이 더욱 힘차게 뛸 수 있도록 새로운 활력을 불어넣어 주실 것이라 믿습니다. 한결문고와 달나라토끼협동조합, 여러 활동을 통해 보여주셨던 그 헌신과 지혜는, 우리 약대신나는가족도서관을 부천에서 가장 따뜻하고 사람 냄새나는 문화 공동체로 만드는 가장 큰 동력이 될 것입니다.

　정성회 관장님, 다시 한번 진심으로 취임을 축하드립니다. 부디 그동안 지역사회를 위해 쏟으셨던 열정과 애정으로, 우리 아이들과 주민들을 위해 도서관을 지혜롭게 이끌어주시길 부탁드립니다. 주민 여러분께서도 새로운 관장님과 함께, 이 도서관의 주인이 되어주시고, 더 많이 사랑하고 아껴주시길 바랍니다. 두 분 관장님의 앞날과 약대신나는가족도서관의 빛나는 미래를 힘껏 응원하겠습니다. 감사합니다.

글 | 이종헌(콩나물신문 편집위원장)